정의+진리+지혜의 샘

성경의 비밀과
영의 비밀

정의+진리+지혜의 샘
성경의 비밀과 영의 비밀

초판 1쇄 인쇄 2012년 4월 1일
초판 1쇄 발행 2012년 4월 5일

지은이 허헌구
펴낸이 金泰奉
펴낸곳 한솜미디어
등 록 제5-213호

편 집 김주영, 김수정, 이혜정
마케팅 김영길, 김명준
홍 보 김태일

주 소 (우143-200) 서울시 광진구 구의동 243-22
전 화 (02)454-0492(代)
팩 스 (02)454-0493
이메일 hansom@hansom.co.kr
홈페이지 www.hansom.co.kr

ISBN 978-89-5959-308-8 (03470)

*책값은 표지에 표시되어 있습니다.
*잘못 만들어진 책은 구입하신 서점에서 친절하게 바꿔드립니다.

정의+진리+지혜의 샘

성경의 비밀과 영의 비밀

허헌구 지음

Secret of the Bible and Spirit

- 노아 홍수의 진위 ■ 태극음양과 기(氣)
- 만물의 근원인 영의 장(場) ■ 불경과 성경이 유사한 이유
- 기독교의 원부 조로아스터교 ■ 부활의 메커니즘인 텔레포테이션

한솜미디어

| 머리말 |

태양빛(광자+전자기파)으로 생물은 살아가므로 빛에너지인 광자에너지 속에는 에너지와 정보가 들어 있고, 이를 다루는 영도 들어 있습니다. 그 때문에 동물은 광자에너지로 움직이고, 광자 속의 영으로 생각합니다. 영 단독으로는 활성화에너지가 없기 때문에 활동을 할 수 없습니다. 영은 항상 빛의 광자에너지 속에 거하고, 광자에너지와 함께 작용하므로 영의 기운인 영기(기, 기운, 생기, 정기, 전자기파, 전자기장, 중력장, 척력장)로 작용합니다. 영은 광자에너지 속에서 광자에너지가 지닌 정보와 에너지를 다룹니다. 그러므로 영은 정보와 에너지를 지니고 다루는 영적인 존재입니다. 정보가 들어 있는 에너지가 기운이고 영기이고 정기이고 생기입니다.

하나님은 하나님의 기운(영기)으로 만물을 창조하시고 다스리십니다. 하나님의 기운(영기)은 빛 속에 광자에너지 속에 들어 있고 빛의 광자에너지는 힘의 장(영의 장, 정보와 에너지장)인 전자기장, 중력장(인력장), 척력장을 형성합니다. 힘의 장인 영의 장으로 소립자와 만물이 만들어지고 다스려지며 진화되어 가며 창조되어집니다. 하나님은 영(정보+에너지)의 원천이시므로 정보와 에너지의 원천이십니다. 그 때문에 하나님은 하나님의 정보(생각, 말씀, 설계)와 에너지(힘, 기운, 영기)가 들어 있는 힘의 장(정보와 에너지장)으로 만물을 창조하고 다스리고 작동 변화시켜 나가십니다. 그 때문에 영의 참모습을 모르고서는 하나님의 말씀, 의도, 감정, 창조기술, 지성, 품성, 다스림 등 하나님의 모든 면을 진실 그대로 헤아릴 수 없으므로 하나님과 진정한 영적 교제도 이루어질 수 없는 것입니다.

하나님은 질서와 화평과 사랑과 공의로운 하나님이시므로 성경말씀이 하나라도 거짓과 비진리로 왜곡되어 숨겨져 있다면, 하나님의 뜻(의도)에 순종하기 위해서도 하루 속히 진실 그대로 밝혀져야 마땅할 것입니다. 그래서 본 도서는 전반부에서는 성경의 양지(밝은 면, 사실적인 면, 진리)와 음지(어두운 면, 의문적인 면, 비진리)에 속하는 모든 영역을 가능한 공정하게 자세히 살펴봄으로써 하나님의 참뜻을 헤아려 보고, 후반부에서는 하나님의 영에 대하여 자세히 살펴봄으로써 하나님의 창조기술, 지성, 품성, 의도 등을 헤아려 보고자 노력했습니다.

성경은 인간을 교육시키기 위해서 하나님과 선지자와 현자들의 말씀과 행적을 기록한 책입니다. 말씀에도 직접 하는 직접적인 말씀과 제3자를 통한 간접적인 말씀이 있듯이, 계시에도 직접적인 계시와 제3자를 통한 간접적인 계시가 있습니다. 교육을 하려면 직접적인 말씀뿐만 아니라 간접적인 남의 말씀도 타산지석적으로 매우 필요합니다. 그리고 어떤 미지적인 어려운 것을 교육시킬 때에도 직접적인 표현방법으로 묘사하기 어려워 교육효과가 적을 때에는 풍자적, 우화적, 비유적, 은유적(암시적)인 간접적인 표현방법을 써서 이해를 더하고 흥미를 끌게 하여 더 높은 교육효과를 올릴 수 있습니다. 성경교육을 하더라도 하나님의 직접적인 계시와 직접적인 표현방법뿐만 아니라 하나님의 간접적인 계시와 간접적인 표현방법도 절대로 필요한 것입니다.

예를 들어 하나님이 천지창조를 하시고 최초의 인간이 벌거벗고 과일을 따먹으며 살아가는 원시생활 모습과 하나님의 법을 지켜가며 살아가는 인류 원시역사에 대한 내용을, 그 당시 빈약한 지식으로 직설적으로만 묘사하면, 불과 몇 줄로 딱딱하게 묘사되므로 하나님의 지성과 품성, 하나님과 인간과의 관계에 관한 지혜교육, 신앙교육, 윤리교육에 큰 효과를 충분히 올릴 수 없습니다. 그러나 에덴동산 이야기로 만들어 간접적인 표현방법으로 풍자적, 은유적, 비유적, 우화적으로 꾸며서 인류 원시역사를 다루면, 큰 흥미를 끌면서 큰 감명을 주므로 교육적으로 큰 효과를 충분히 올릴 수 있습니다.

에덴동산 이야기는 하나님의 간접적인 계시이고, 음지에 속하는 비사실적이고 가상적인 내용이나 교육효과를 올리는 면에서는 직접적인 계시 못지않게 양지의 효과를 충분히 올립니다. 생물이 살아가기 위해서는 양지와 음지가 모두 필요하듯이 인간을 살아가도록 교육시키기 위해서도 양지와 음지적인 이야기가 모두 필요한 것입니다.

성경은 하나님의 직접적인 계시와 간접적인 계시, 직접적인 표현방법과 간접적인 표현방법, 양지와 음지적인 이야기로 쓰여 있습니다. 시대가 시대인 만큼 2,000여 년 전 미개하던 시대에 쓰여진 경전들 속에는 미개하고 기적적이고 신화적이고 전설적이고 과장적이고 비진리적인 음지적인 내용과 비유, 은유, 풍자, 우화적인 간접적인 표현방법으로 묘사된 이야기들도 많이 들어 있습니다. 하나님과 예수님의 말씀도 비유적, 은유적(암시적)인 간접적인 표현방법의 말씀들도 많은데, 이를 모두 하나님의 직접적인 계시로 하나님의 직언(直言)으로 이해해서, 글자 그대로 믿으면 하나님의 진정한 뜻(의도)과는 전혀 다르게 왜곡되기 때문에 그릇된 신앙을 가지게 되어 그릇된 신앙생활을 하게 됩니다.

비진리적인 음지적인 내용을 무조건 글자 그대로 진리적인 양지적인 내용으로 믿는 행위는 잘못된 믿음으로 광신적인 믿음입니다. 사리를 판단하지 못하는 믿음은 광신적인 믿음으로 하나님의 참뜻을 헤아리지 못해 하나님의 뜻에 따르지 못하므로 하나님을 진정으로 영광스럽게 하는 것이 아니라, 오히려 하나님을 괴롭히는 것입니다.

구원을 받은 사람들 중에서도 상당수가 살아가면서 자신의 구원을 의심하고 도중하차하는 경우가 있습니다. 단순한 몇 가지 성경 구절만 보고 감탄해서 순간적으로 충동적으로 머리로만 쉽게 구원을 받았기 때문입니다. 그리고 성경은 성경기자들이 성령의 감동을 받아 쓴 성서로 일점일획도 틀리지 않는다고 성경무오설을 믿어왔기 때문에, 사소한 내용적인 차이나 상반되는 구절이나 신화나 우화 같은 이야기를 보더라도 성경과 성경의 하나님을 의심하게 되기 때문입니다.

대부분의 교인들은 제3자를 통한 하나님의 간접적인 계시나 간접적인 표현방법의 말씀이나 음지적인 내용을 무시한 채, 성경의 모든 말씀은 하나같이 하나님의 직접적인 계시라고 주장하면서 문자 그대로 믿으려 하기 때문에 성경 내용이 진실 그대로 밝혀지지 않고 진실 그대로 전해지지 않으므로 성경의 참모습이 숨겨져 왜곡되어 전해지기 때문에 잘못된 신앙을 가지게 됩니다.

2천여 년 전 원시고대의 선지자나 사제들이 하나님의 영감을 받아썼다고 모두 사실이고 진리일 수는 없습니다. 예를 들어 요한계시록의 내용, 6일 창조, 에덴동산 이야기, 노아 홍수 이야기 등의 내용들이 모두 역사적인 사실이고 진리일 수는 없습니다. 왜냐하면 성경은 성경기자들의 뇌세포 속에 있는 영들로 쓰여졌기 때문에 영들도 시대적 지역적 사회적 교육적 주위환경 등의 영향을 절대적으로 받으므로 자연히 그 시대의 문학이나 사고관이나 관습이나 종교사상에 영향을 많이 받기 때문입니다.

성경에서 하나님의 직접적인 계시로는 예언, 율법, 이스라엘 역사, 복음, 성경의 과학적인 이야기 등이 있습니다. 하나님의 간접적인 계시로는 창조 이야기, 에덴동산 이야기, 노아의 홍수 이야기, 요한계시록 등 이웃나라의 경전, 신화, 설화, 지혜서 등을 인용 응용한 제3자를 통한 하나님의 간접적인 계시가 있습니다. 이웃나라 선대 조상들이 지어낸 지혜의 말씀이나 신화, 설화 등의 이야기도 인간 뇌 속에 있는 하나님의 성령(영, 신, 신령)으로 쓰여진 지혜의 말씀이므로 하나님의 간접적인 계시에 속하는 것입니다.

하나님의 계시는 특정한 사람에게만 내려지는 것이 아니라, 하나님의 뜻(의도)에 따라 정의+사랑+선을 베풀면서 자비주의+이타주의+화평주의적으로 살아가며, 하나님을 진심으로 찾고 믿고 의지하고, 하나님과 진실로 영적 교제를 하려는 자에게는 누구에게나 반드시 내려지는 하나님의 공의로운 말씀으로 누구나 받을 수 있는 것입니다.

하나님의 참교육을 진실 그대로 살펴보고 이해하려면 모든 성경 내용들이 숨김없이 왜곡 없이 냉철하게 사실 그대로 밝혀져야 할 것입니다. 성경 내용을 진실 그대로 참모습대로 밝히는 방법이나 과정도 한쪽으로 기울지 않고 공정하게 진실을 밝혀야만 되기 때문에 본 도서는 심혈을 기울여 모든 분야에 대하여 공정하게 수사(추적)하고 공정하게 판단하도록 노력했으므로, 본 도서는 마치 성경의 수사(추적)기록이나 다름없습니다. 그리고 다른 성서들에 대해서도 한쪽으로 기울지 않고 공정하게 수사하고 공정하게 판단 비평했으므로 성서의 비평집이나 다름없습니다. 하나님의 말씀을 진실 그대로 이해하고 전하는 것이 가장 좋은 교육이고 가장 좋은 가르침이고, 가장 좋은 복음이며, 이는 곧 인간의 마땅한 본분이고 도리이며, 하나님의 공의의 길을 따르는 바른 신앙의 길입니다.

하나님이 정말로 존재하는지는 자연물에 서려 있는 신성을 살펴보면 알 수 있고, 신성을 살펴보기 위해서는 하나님의 창조기술(창조과학)인 영의 기술을 살펴보아야 할 것입니다. 성경의 하나님이 참 하나님인지는 이스라엘 역사와 성경의 과학적인 이야기 등 하나님의 직접적인 계시는 물론, 간접적인 계시와 성경의 양지와 음지적인 이야기와 다른 경전들도 가능한 숨김없이 진실 그대로 공정하게 살펴보아야 할 것입니다.

하나님을 시대에 따라 지역에 따라 민족에 따라 모두 다르게 부르지만, 결국 똑같은 빛의 신이며 창조주 한 하나님을 칭하는 것입니다. 그러나 전체 하나님을 진실 그대로 보고 믿는 것이 아니라 자신들이 처한 환경여건에 따라 자신들의 종교관으로 하나님을 보고 믿기 때문에 하나님의 일부만 보고 믿는 것입니다. 하나님을 전체적으로 보고 믿으려면 하나님은 만물을 창조한 만물의 하나님이시므로 천지 우주 만물의 원리와 다른 경전들도 어느 정도는 살펴보아야 할 것입니다.

허헌구

〈참고서적〉

- Basiswissen Physik, Chemie und Biochemie
- Biochemie, Springer-Lehrbuch
- Physikalische Chemie und Biophysik Springer-Lehrbuch
- Ökologie der Erde Ⅰ, Ⅱ
- Multivariate Statistik in der Ökologie Spinger-Lehrbuch
- 백과사전, 성경 등

| 목 차 |

제4장 종교의 탄생과 변천

제5장 종교 간의 유사점과 차이점

제6장 영의 세계

제1장
성경은 모두 사실인가?

- 성경과 탈무드
- 성경의 과학적인 이야기
- 성경무오설과 모순

1. 성경과 탈무드

구약성경은 기원전 약 1450년경 모세로부터 기원전 400년대 사이에 오랜 세월을 거치면서 엘람, 수메르, 바빌로니아, 시리아, 팔레스티나, 이집트 등의 지역에서 선지자들에 의해 기록된 낱권들의 책들을 바벨론 유수 이후 BC 400~AD 90년경까지 성경기자들에 의해 한 권으로 엮어진 책입니다.

바벨론의 포로가 된 유대인들(BC 597~BC 538)이 70년간 그곳에서 배운 바벨론교(수메르교)와 조로아스터교(미트라교)의 종교사상, 신화, 설화, 지혜서, 정치제도, 경제, 문학, 과학, 수학, 천문학, 건축, 예술, 공예 등은 나라 없이 포로로 끌려다니던 수난의 민족인 유대인들에게는 매우 충격적이고 놀라운 수준의 것들이었습니다.

바벨론 유수 이후 성전을 재건축하고 성경기자들이 구전되어 내려오는 구전성경과 부분적으로 기록된 기록성경을 수집 정리 기록 편집하기 시작했습니다. 그 당시에는 인간의 미개함으로 자연물 속에도 선령과 악령이 깃들여 있어, 모든 자연현상이나 천재지변, 재앙 등은 선령과 악령의 작용이라고 믿어 수많은 미신과 자연신들을 숭배하던 시대였습니다. 그 때문에 미신적이고 기적적이고 신비적이고 신화적이고 우화적인 이야기들이 큰 호기심과 흥미를 끌면서 큰 감명을 주면서 자연스레 현실적으로 받아들여지던 시대였습니다. 그래서 인도의 베다경전과 마하바라타 책 속에도 흥미와 이해도와 집중도를 높이기 위해 신화, 전설, 설화, 우화, 지혜서, 야담사 등의 이야기들이 사이사이에 첨가되었습니다. 그것을 본받아 성경기자들도 조상국인 수메르(바벨론)와 엘람(페르시아)의 신화, 설화, 지혜서 등의 이야기를 인용 응용해서 성경과 탈무드 속에 사이사이 첨가시켰습니다.

그래서 성경 속에는 천지창조 이야기, 에덴동산 이야기, 노아 홍수 이야기처럼 수메르-엘람 문학에서 들어온 것들도 있습니다. 그런가 하면 아베스타, 베다, 불경에서 많은 지혜와 진리와 교훈과 신앙사상들이 성경에 들어온 것들도 있습니다. 그 때문에 성경은 하나님의 직접적인 계시로만 쓰여진 것이 아니라 하나님의 간접적인 계시로도 쓰여진 것입니다. 그래서 사도 바울 다음으로 기독교에 크게 공헌한 성 어거스틴(354~430)은 성경 창세기 처음부터 9장까지를 신화적 우화적으로 해석하라고 충고했습니다. 이 부분이 하나님의 직접적인 계시가 아니라 수메르-엘람 문학에서 들어온 하나님의 간접적인 계시이기 때문에 성 어거스틴은 그렇게 말씀한 것입니다.

> 증거하는 이는 성령이시니 성령은 진리니라. [요일 5:7]

> 너희가 하나님의 성전인 것과 하나님의 영께서 너희 안에 거하시는 것을 너희가 알지 못하느냐? [고전 3:16]

사람의 뇌나 마음속은 하나님의 영(성령)이 머무는 하나님의 성전이므로, 지혜나 진리의 말씀들은 뇌세포 속에 있는 하나님의 성령으로 만들어집니다. 그러므로 현자(성현, 철인)들에 의해 만들어지는 지혜와 진리의 말씀이나 신화, 전설, 설화, 우화, 야담사, 지혜서 등도 하나님의 성령으로 만들어지므로 하나님의 뜻에 부합되므로 하나님의 간접적인 계시에 속하는 것입니다. 그 때문에 하나님과 선지자와 현자들의 말씀과 행적을 기록한 책을 경전(經典, 聖典, 성서, 정경, 정전, canon)이라고 합니다.

유대교에서는 구약성경 39권(히브리어 원전 24권)만 경전으로 삼고, 가톨릭교에서는 외경도 제2정경(7권)이라고 하여 구약 46권+신약 27권 모두 73권을 경전으로 삼고, 개신교에서는 구약 39권+신약 27권 모두 66권을 경전으로 삼습니다. 개신교와 가톨릭교와 유대교 사이에도 하나님의 계시로 쓰여진 성경말씀의 내용과 분량을 달리하고 있으므로 하나님의 뜻에 부합되는 모든 지혜와 진리의 말씀으로 쓰여진 다른 여러 경전들도 모두 성서에 속하는 것입니다.

하나님의 뜻에 부합되는 지혜와 진리의 말씀은 모두 성령으로 만들어지기 때문에 하나님의 성령은 모든 사람의 뇌세포 속에 거하므로, 하나님의 말씀은 성경 속에만 들어 있는 것이 아니라 아베스타(조로아스터교), 베다(브라만교, 힌두교), 불경(불교), 사서삼경(유교), 코란(이슬람교) 등 다른 경전 속에도 들어 있는 것입니다. 그러므로 모든 경전 속에도 하나님의 성령이 들어 있으므로 모든 경전들도 하나님의 영이 역사(役事)하신 것입니다. 경전 내용이 종교마다 다소 다르고 종교마다 선지자(예언자, 하나님의 대언자)가 다른 것은 하나님은 시대와 지역과 주위환경과 교제 상대자에 따라 적당한 선지자를 선택하시고 적절한 말씀을 하시기 때문입니다.

인도인들이 '마하바라타'를 인도의 베다경전처럼 신성시 숭배하는 것을 본받아서 유대인들도 탈무드(Talmud)를 경전인 성경처럼 신성시 숭배합니다. 마하바라타가 힌두인(인도인)의 삶을 다룬 탈무드라면, 제6권에 있는 '바가바드 기타'는 인도인의 성경이라 할 수 있습니다. 그래서 힌두교에서는 마하바라타를 탈무드처럼 경전 중에 하나로 존숭합니다. 그 때문에 마하바라타가 만들어진 과정을 살펴보면, 탈무드가 만들어진 과정을 알 수 있고, 탈무드가 만들어진 과정을 살펴보면 성경이 만들어진 과정을 추정할 수 있고, 탈무드에 대한 신앙의 믿음을 살펴보면 자연히 성경에 대한 신앙의 믿음도 추정할 수 있는 것입니다.

마하바라타가 '위대한 바라타 왕조' 또는 '위대한 인도인' 또는 '위대한 인도의 역사'라는 의미를 갖는 것처럼 탈무드도 '위대한 연구, 위대한 학문, 위대한 교훈, 위대한 이스라엘 역사'라는 뜻을 가집니다. 마하바라타는 인도 고대의 산스크리트어로 쓰여진 대서사시로 인도–아리안족에 속하는 바라타족(인도족)의 전쟁을 읊은 서사시로, 오랜 세월에 걸쳐 구전(口傳)되어 내려오는 내용을 정리 수정 증보하여 4세기경(탈무드는 4~6세기경)에 완성되었습니다.

마하바라타의 내용은 성경이나 탈무드의 내용처럼 바라타족의 전쟁이야기(1/5) 외에 사이사이 여러 인물, 신화, 설화, 전설, 우화, 종교, 철학, 정치, 율법, 사회, 역사, 도덕, 의학, 과학, 문학, 교훈담, 사회풍습, 야담서, 지혜서, 제례의식, 축제, 민간전승 등과 브라만교, 힌두교의 베다경전 내용과 기본 교의인 다르마(法, 자연의 법칙), 카르마(業, 행위), 해탈, 인과응보, 열반, 범아일여 사상, 윤회 사상 등 수없이 많은 자료들을 수집 정리 증보한 책입니다.

그 때문에 마하바라타 책 속에는 삶을 위한 모든 내용들이 들어 있으므로 백과사전적 성격을 띠고 있기 때문에 인도 사람들은 흔히 '세상에 있는 모든 것은 마하바라타 속에 다 있고, 마하바라타에 없는 것은 세상에도 없다'라고 말합니다. 그래서 마하바라타는 인도인의 정신적 지주로 내려오고 있습니다. 총 20만 개가 넘는 운문, 250만여 단어(탈무드도 250만여 단어)로 된 책으로 유대인의 탈무드와 같은 방대한 책입니다.

유대인 율법학자(랍비, 현자)들이 문서 토라와 사회의 모든 사상(事象)에 대하여 마하바라타처럼 구전되어 내려오던 지혜와 진리의 말씀들을 수집 정리 증보 해설한 것을 집대성한 책이 탈무드입니다. 탈무드도 마하바라타처럼 토라(율법) · 규율 · 도덕 · 관습 · 신화 · 설화 · 전설 · 우화 · 지혜서 · 역사서 · 의학 · 과학 · 축제 · 제례의식 · 민간전승 · 해설 등을 총망라하고 있습니다. 탈무드는 유대인의 정신적 · 문화적인 유산으로 유대교에서는 토라(Torah, 모세오경, 율법서) 다음으로 중요한 성서로 간주되어 나라 잃은 유대 민족에게 5,000년에 걸쳐 정신적인 지주가 되어 왔습니다.

탈무드는 옛날부터 기원후 500년까지 구전되어 내려오던 선조 학자들의 지혜와 진리의 말씀들을 2,000여 명의 학자가 10여 년에 걸쳐서 수집 정리 편찬한 공동 문학작품입니다. 통권 20권, 12,000쪽, 250여 만 개의 단어, 무게 75킬로그램이나 되는 방대한 양의 지혜의 책입니다.

유대인들은 인도인의 마하바라타처럼 탈무드에서 삶의 지혜와 희망을 얻으며 살아오고 있습니다. 심지어 탈무드가 유대인들을 지켜주고 이끌어준다고 생각합니다. 그러므로 탈무드는 유대 민족의 얼(혼, 넋)이 들어 있는 것입니다. 유대 민족은 수천 년에 걸쳐 세계 각처에 흩어져 온갖 박해와 시련 속에서 살아온 수난의 민족입니다. 이 민족의 수난사는 한마디로 한(恨)과 통곡의 역사였습니다. 이러한 수난의 역사를 끝까지 버티며 이겨내어 오늘의 우수한 유태인으로 살아남게 한 데에는 탈무드라는 정신적인 기둥이 있었기 때문에 가능한 것이었습니다. 그래서 탈무드는 유태 민족을 이끌어주는 빛으로 하나님의 영으로 하나님의 말씀으로 작용하고 있습니다. 그러나 지금의 유태인들은 모두 탈무드를 공부하고 있지 않지만, 부모나 다른 사람들의 생활규범을 보고 배우며 따라가므로 간접적으로 탈무드의 자양분을 섭취하면서 자신도 모르게 자신의 생활규범으로 삼고 있습니다.

유대인들은 문서성경인 토라나 선조 때부터 입으로 전해 내려오는 구전성경을 모두 담은 탈무드를 하나님의 말씀인 성경으로 간주하므로 평생교육의 교과서로 삼고 평생을 공부하며 탈무드의 가르침을 생활규범으로 삼아 일상생활을 해나갑니다. 기독교인은 예수님의 대속을 믿음으로써 구원을 받고 교인이 되지만, 유태인은 그렇지가 않습니다. 유태인에게는 오직 행위만이 유태인으로 인정하고 행위에 따라 구원을 받고 못 받고 한다는 믿음 속에서 철저한 '행위의 구원' 생활을 합니다.

유대인들은 자기들이 하나님으로부터 특별히 선택되었다는 '선민' 의식을 무엇보다 중요하게 생각합니다. 그 징표로 하나님은 자기들에게 율법을 주셨다고 믿습니다. 그러므로 그들은 성서에 대해 특별한 애정과 지식을 갖고 살아왔습니다. 그러므로 율법뿐만 아니라 설화 신화 속에 들어 있는 선조들의 지혜와 진리의 말씀이나 가르침이나 랍비나 장로들의 해석이나 의견들도 모두 하나님의 간접적인 계시로 존중하고 지키며 생활화합니다.

모세오경(토라)을 모세가 직접 썼던 아니면 여러 사람들에 의해 쓰여졌던 간에 이스라엘인들은 그것을 그렇게 중요시 생각하지 않고 토라는 하나님의 계시를 받은 모세가 썼다고 간주하고, 토라의 한 구절 한 구절은 하나님의 계시로 쓰여졌다고 믿습니다. 에덴동산 이야기, 창조 이야기, 노아 홍수 이야기가 설혹 유대인의 선조가 쓴 수메르의 설화를 인용 응용했더라도 하나님이 인간에게 죄와 의와 선과 악을 타산지석적으로 교육시키시기 위한 것으로 보고, 하나님의 간접적인 계시로 믿고, 그 속에서 하나님이 뜻하시는 권선징악의 엄한 섭리대로 행위의 구원생활을 하기 때문에 모든 토라의 구절들을 존숭합니다.

탈무드는 구약성서를 보완하여 그 지혜를 더하고 옛 학자들의 지혜와 진리의 말씀들을 모은 책입니다. 탈무드는 팔레스타인에서 나온 '팔레스타인 탈무드(예루살렘 탈무드, AD 4세기경 편찬)'와 메소포타미아에서 나온 '바벨론 탈무드(AD 6세기경 편찬)'의 두 종류가 있습니다. 바벨론은 남유다의 백성들이 바벨론에 정착하면서부터 디아스포라(흩어진 유대인) 유대인의 중심지가 되었고 성전이 파괴된 이후 율법 연구는 팔레스타인이 아닌 바벨론 바그다드의 수라(Sura)와 품베디타(Pumbadita)에서 탈무드 연구의 중심지가 되어 계속 발전되었습니다. 바벨론(수메르)이 탈무드 연구의 중심지가 되었다는 사실은 성경 연구, 성경 자료에도 중심지가 되었음을 뜻하는 것입니다. 이는 곧 성경이 수메르교(바벨론교)와 조로아스터교(미트라교)의 영향을 많이 받았음을 뜻합니다. 이스라엘의 탈무드(AD 4~6세기)는 시대적으로 보아 인도의 마하바라타(AD 4세기)를 본받은 것입니다.

탈무드는 편집 과정에서 모세오경에 대한 설명 외에도 구전되어 내려오는 조상들의 지혜와 진리의 말씀들을 모아서 첨가했습니다. 따라서 탈무드는 크게 두 부분으로 구성되어 있습니다. 첫 부분은 약 2/3를 차지하는 모세오경의 해석 부분이며, 이를 '하라카(halacha, 할라카, 율법)'라고 합니다. 둘째 부분은 약 1/3을 차지하는 조상들의 지혜 모음(탈무드의 지혜)이며, 이를 '아가다(agada, 전설, 설화, 신화, 우화, 야담사, 지혜서)'라고 합니다. 그러므로 유대인들은 조상들의 지혜가 담긴 수메르-엘람의 전설, 설화, 신화, 우화, 야담사, 지혜서 등도 하나님의 성령(영)으로 쓰여진 하나님의 간접적인 말씀으로 간접적인 계시로 간주해서 율법처럼 존숭하므로 구약성경과 탈무드 속에 지혜교육, 신앙교육, 윤리교육 목적으로 들어가게 된 것입니다.

하나님이 인간과 약속한 말씀(언약)은 모두 성경에 기록되어 있습니다. 성경에는 크게 옛 약속(옛 언약)인 구약(舊約聖經, 예수가 나기 전에 하나님이 모세를 중심으로 여러 선지자를 통해 이스라엘 민족에게 준 구원의 약속)과 새 약속인 신약(新約聖經, 하나님이 예수의 복음을 통하여 준 새로운 약속)이 있습니다. 구약(옛 약속)은 메시아(구세주, 그리스도)를 보내주시겠다고 하신 약속이고, 신약(새 약속)은 예수님이 다시 재림하신다는 약속입니다.

그 외에도 성경에는 수없이 많은 약속이 들어 있습니다. 이들 수많은 약속 중에서 재림의 약속과 몇몇 약속을 제외하고는 거의 대부분 이루어져 있습니다. 이는 성경의 역사가 거의 이루어져 가고 있음을 뜻하는 것입니다. 그러므로 하나님은 나머지 몇 개의 약속과 재림의 약속도 반드시 이루어지게 하실 것입니다. 성경의 수많은 약속과 예언과 이스라엘 역사가 예언대로 정확히 이루어지고 예언대로 흘러가는 사실은 성경의 약속과 예언은 곧 하나님의 직접적인 계시이고, 하나님은 약속하신 것을 반드시 지키시는 분이라는 것을 인간에게 명백히 증거하시고 보여주시는 것입니다.

2. 성경의 과학적인 이야기

성경의 과학적인 이야기는 이스라엘 역사처럼 성경이 사실임을 명백히 증거합니다. 역사상 수많은 과학자들이 과학(자연법칙학)을 발전시킬 수 있었던 원동력은, 성경 속에 담겨 있는 과학을 토대로 했기 때문입니다. 과학자들이 성경 속에서 많은 지혜와 지식, 아이디어의 영감을 받은 것입니다. 성경은 과학 서적은 아니지만 천지를 만드신 창조주의 말씀을 기록한 책이기 때문에, 과학적인 지혜와 진리를 많이 내포하고 있습니다. 수천 년 전 과학 지식이 거의 없었던 선지자들에 의해 기록된 성경의 과학적인 내용들은 그 당시 선지자들이 도저히 상상도 할 수 없었던 내용들입니다. 성경에만 유난히 많이 기록되어 있는 상상하지도 못했던 과학적인 내용들은 성경이 분명히 하나님의 특별한 계시에 의해 기록되어졌음을 과학적으로 명백히 입증하는 것입니다.

(1) 태양의 운행

성경이 비과학적이고 무지한 책이라고 심하게 비난받는 데는 여러 가지 이유들이 있지만 그 중에서도 대표적인 것이 시편 19편입니다.

> 태양은 하늘 이 끝에서 나와 하늘 저 끝까지 운행함이여, 태양의 온기에서 피하여 숨은 자가 없도다. [시 19:6]

태양이 이 끝에서 저 끝까지 운행한다 하여 중세의 가톨릭교회에서는 천동설을 주장하였습니다. 그런데 갈릴레오는 코페르니쿠스가 주장한 지동설을 지지하였습니다. 그러다가 갈릴레오는 교황청에서 모질게 매를 맞고 재판에 들어가, 할 수 없이 천동설(우주의 중심은 지구이고, 모든 천체는 지구의 둘레를 돈다는 학설, 지구중심설)을 인정한 뒤 재판정에서 나오면서 "그래도 지구는 돈다"고 말했습니다.

세월이 지나서 지구가 돈다는 것이 세상에 밝혀졌습니다. 그래서 사람들은 성경은 지성인이 믿을 만한 것이 못된다고 생각하게 되었습니다. 그러나 현대과학으로는 은하계 자체가 맹렬한 속도로 회전하면서 이동하고 있고, 태양은 태양계에 속한 모든 혹성과 위성들을 데리고 빠른 속도로 은하계의 중심에 있는 은하계의 핵인 퀘이사(Quasar)를 공전하면서 하늘 이 끝에서 하늘 저 끝까지 운행하고 있다는 사실이 밝혀졌습니다. 옛날에는 천동설을 주장하다가 지구가 돈다는 사실을 알고 지동설을 주장하였습니다. 지동설은 지구가 자전하면서 태양 주위를 공전한다는 설로 태양중심설입니다.

시편 19편 6절이 뜻하는 의미는 태양계와 지구가 포함된 은하계와 은하계들이 속한 우주를 말하는 것으로, 지구는 태양의 주위를 공전하고 태양계는 은하계의 핵(퀘이사) 주위를 공전하고 은하계는 소우주의 중심을 공전하고 소우주는 대우주의 중심을 공전하는 천동설+지동설인 천지동설(天地動說)을 말하는 것입니다. 태양이 이 끝에서 저 끝까지 운행하고, 태양의 온기를 피할 자가 없다라는 말은 태양이 이동하고, 동시에 태양계에 속한 혹성과 위성들이 태양과 함께 이동하며 태양빛을 계속해서 받는 것을 말하는 천지동설인 것입니다. 모든 우주만물은 탄생(결합)과 죽음(분해)을 되풀이하며 동적평형으로 영원히 순환하므로 모든 우주만물은 멈춰 있지 않고 모양만 바꾸어 끊임없이 순환하며 움직이므로 천지동설인 것입니다. 성경은 이미 3천여 년 전에 천지동설을 밝히고 있습니다.

(2) 운석

> 여호와께서 하늘에서 큰 덩이우박을 아세가에 이르기까지 내리게 하시매…. [수 10:11]

하나님이 아모리 족속을 멸하실 때 하늘에서 큰 덩이우박을 떨어지게 하신 것이 아니라 바윗돌(운석)을 떨어지게 하신 것입니다. 영어 성경에는 'great stone'이라고 거대한 바윗돌(큰 돌)이 떨어졌다고 기록되어 있습니다. great stone의 의미는 큰 돌, 거대한 바윗돌, 큰 우박이라는 뜻이 있기 때문에 한국 성경 번역가들은 하늘에서 바위가 떨어진 것이 아니라 우박일 것이라 생각하여 바위 대신 우박으로 번역한 것입니다. 그러나 구약성경 원전인 히브리어 성경에 보면 하늘에서 '에벤'을 떨어뜨려 멸하셨다고 기록되어 있습니다.

'에벤'은 '바위' 혹은 '돌'을 뜻합니다. 히브리어로 우박은 '바라드'라는 말을 씁니다. '우박'과 '돌'은 히브리어로 분명히 다릅니다. 과학자들이 운석을 알게 된 것은 불과 200년 전인 1803년이지만 성경은 이미 3,400년 전에 운석의 존재와 운석이 지구에 떨어진다는 놀라운 사실을 설명하고 있습니다. 태고에는 목성이나 지구도 모두 작았기 때문에 목성의 만유인력이 작아 지구에 떨어지는 운석을 오늘날처럼 대신 막아주지 못했으므로 태고에는 많은 운석이 지구에도 떨어졌습니다.

(3) 우주의 불가사의한 공간과 허공에 떠 있는 지구

그는 북편 하늘을 허공에 펴시며 땅을 공간에 다시며. [욥 26:7]

욥은 아브라함 같은 족장 시대의 인물입니다. '지구가 북편 하늘 허공에 떠 있다'라는 성경 기록은 사람들의 상상을 초월하는 표현입니다. 왜냐하면 지금 우리 모두는 이 사실을 당연한 것으로 받아들이지만 지구가 허공에 떠 있음은 뉴턴이 만유인력의 법칙을 발표한 이후에야 이해되어 알게 된 놀라운 사실이기 때문입니다.

미국 「뉴욕타임」지(1981년 10월호)에 의하면 북극성 주변의 방대한 지역이 2,000여 개의 은하수를 넣을 수 있을 만큼 텅 비어 있다고 보도했습니다. 북쪽 하늘에 이러한 거대한 허공이 존재한다는 것은 빅뱅설(big bang, 우주대폭발설)에 위배되기 때문에 현대과학으로도 이해하기 어려운 문제이나 지금으로부터 약 4,000년 전 족장 시대의 욥이 이러한 사실을 말한 것은 분명히 하나님의 계시를 받아 말했음을 증거하는 것입니다.

(4) 공기의 무게

바람(공기)의 경중을 정하시며, 물을 되어 그 분량을 정하시며. [욥 28:25]

지금으로부터 4,000여 년 전에 여러 가지 과학이야기가 욥기에 많이 나오는데, 공기도 가볍고 무거운 것으로 되어 있다는, 즉 무게가 있다는 사실이 기록되어 있습니다. 그 당시 사람들은 공기에 무게가 있다는 것을 전혀 상상도 못했습니다. 그런데 수천 년이 지나 1640년에 이탈리아 과학자 토리첼리 박사가 공기의 무게(압력)를 재는 압력계를 최초로 만들었습니다. 그 이후로 1기압은 수은 기둥을 높이 760mm까지 올리는 압력으로 정했습니다. 1600년대에 알게 된 사실을 성경은 이미 수천 년 전에 밝히고 있습니다.

(5) 물의 순환

물을 가늘게 이끌어 올리신즉 그것이 안개 되어 비를 이루고 [욥 36:27]

오늘날 물이 증발, 응결, 강수의 세 단계를 거쳐 순환하고 있다는 사실을 모르는 사람은 거의 없을 것입니다. 그러나 이 순환 과정이 최초로 완전히 이해된 것은 16, 17세기경 페라울트와 마리오테의 실험 결과에 의한 것입니다. 이 두 과학자는 강수(降水)현상으로 세느 강의 흐름을 설명하였습니다. 비나 눈의 형태로 육지에 내린 물은 64%가 지표면이나 식물에 의해 증발하여 대기 중으로 되돌아가고, 25%는 하천수가 됩니다. 11%는 지하수로 낮은 곳으로 흘러 바다로 들어갑니다. 이러한 물의 순환작용을 성경은 이미 4천 년 전에 설명하고 있습니다.

(6) 바다 밑의 샘

네가 바다 근원에 들어갔었느냐. [욥 38:16]

'바다 근원'이란 단어를 영어성경으로 보면 'springs of the sea',

즉 바다 밑에 있는 샘이라는 뜻입니다. 바다 밑에 샘이 있다는 것을 네가 보았느냐고 물으시는 것입니다. 바다가 통째로 물인데 그 밑에 샘이 있다고 4천 년 전에는 아무도 생각지 못했습니다. 그런데 1960년에 Sound Navigation Ranging(SON) 연구에 의해 바닷속에 샘물이 있다는 사실이 증명되었고, 그 후 1973년에 심해 잠수함을 만들어 바닷속의 샘을 촬영하는 데 성공하였습니다. 불과 수십 년 전의 일입니다. 그러나 성경은 이미 4천 년 전에 이와 같은 사실을 밝히고 있습니다.

(7) 묘성(昴星)과 삼성(三星)

네가 묘성을 매어 떨기 되게 하겠느냐 삼성의 띠를 풀겠느냐. [욥 38:31]

처녀자리에 있는 묘성은 육안으로는 7개의 별밖에 보이지 않습니다. 하지만 고성능 천체망원경으로 관측하면 200개 이상의 별들이 개방(떨기) 성단을 이루며 함께 움직이고 있음을 볼 수 있습니다. 또한 오리온자리에 있는 삼성은 서로 가까이 있는 듯이 보입니다. 그러나 실제로는 굉장히 멀리 떨어져 있는 별들임이 연구 결과 밝혀졌습니다. 다시 말하면 삼성은 묶여 있지 않고 풀려 있는 것입니다. 그러므로 수천 년 전에 쓰여진 삼성과 묘성에 대한 욥기의 말씀은 고성능 천체망원경을 통해서만 관측할 수 있는 이야기인 것입니다.

(8) 전파(전자기파) 통신

> 네가 번개를 보내어 가게 하되 그것으로 네게 우리가 여기 있나이다 하게 하겠느냐. [욥 38:35]

여기서 번개는 전기통신 같은 전자기파(전자파, 전파)를 뜻합니다. 그 당시 신호전달 수단으로 봉홧불이나 흔들던 시절에 하나님께서 전화나 무전이나 휴대폰에 대해 이야기를 했으니, 그 당시 사람들이 전혀 이해할 수 없었던 것입니다.

프랭클린(Benjamin Franklin, 1706~1790)은 번개가 전기를 발생한다는 사실을 연을 띄워서 확인한 후 피뢰침을 만들었고, 모르스(Morse 1837)는 전신기를 발명하고 모리스 부호를 발명해 전기를 통해서 정보를 보냈습니다. 전파를 이용하여 라디오, 전화, 텔레비전, 휴대폰 등 광통신을 하게 된 것은 최근의 일입니다. 어떻게 욥이 번개로, 즉 전파로 통신하는 것을 4천여 년 전에 말할 수 있었겠습니까?

(9) 물질을 이루는 소립자(素粒子, 극미입자)

> 보이는 것은 나타난 것으로 말미암아 된 것이 아니니라. [히 11:3]

현재 밝혀진 물질을 구성하는 가장 미세한 입자는 쿼크(quark)라고 불리는 극미입자들입니다. 이들 쿼크들은 하나씩 개별적으로 작용하지 않고 3가지 쿼크들이 한 조를 이루어 작용하기 때문에 일상에서는 낱개로는 보이지 않습니다. 예를 들어 양성자는 업(up) 다운(down) 등

3개의 쿼크가 한 조로 구성되는데 양성자는 일상에서 관측되지만 업다운 등 낱개의 쿼크는 너무나 미세한 입자들이기 때문에 개별적으로는 관측되지 않습니다.

소립자세계 이하의 미시세계에 속하는 소립자나 극미입자들은 물질을 만들지만 고성능 현미경으로도 겨우 희미한 빛만 보이거나 또는 전혀 보이지 않으므로 정확한 형체를 알 수 없습니다. 더구나 빛을 전혀 내뿜지 않는 입자들은 고성능 현미경으로도 빛이 전혀 감지되지 않으므로 암흑물질이고 암흑에너지인 것입니다. 이들 극미입자(극미립자)들보다 훨씬 더 작아 크기가 전혀 없어 형체가 전혀 없고, 오직 정보와 에너지만 지니는 영적인 영(성령, 신, 신령)도 존재하는 것입니다. 하나님은 우주를 무한히 크게 하시는 광대한 능력뿐만 아니라 상대적인 극성관계(음양관계)로 극미입자, 영처럼 무한히 작게 하시어 형체도 없게 하시는 영적인 능력도 있으십니다.

(10) 해로의 발견

공중의 새와 바다의 어족과 해로에 다니는 것이니이다. [시 8:8]

성경은 이미 3000년 전에 바다에 '해로'가 있다고 했습니다. 미국 해양학의 아버지 마태 마우리 박사는 신앙이 좋으신 분이었습니다. 이분이 병에 걸려 장기간 누워 있을 때, 그의 아들이 성경을 읽어 드리곤 했는데, 마우리 박사는 이 시편 구절을 듣다가 큰 충격을 받고 영감을 받아서 '내가 해양에 대해서는 잘 알고 있다고 자부해 왔는데 해로라는 것이 있다는 것은 처음 들어보았다. 그런데 성경이 그렇게 말을 하니,

병이 나으면 한번 조사해 보아야겠다'라고 생각했습니다. 그리고 병이 낫자마자 바다에 가서 연구한 결과 세계 최초로 해로를 발견하게 되었고, 그 결과 세계 최초로 해양지도를 만들었다고 합니다. 마우리 박사의 고향인 미국 버지니아 주의 리치몬드 시에는 마우리 박사의 묘가 있는데, 거기에는 이렇게 쓰여져 있는 기념비문이 있습니다.

"해양학의 아버지 마태 마우리는 시편 8편 8절을 읽고 해로가 있음을 깨달아 최초의 해양지도를 만들었다."

(11) 할례

> 너희 중 남자는 다 할례를 받으라 이것이 나와 너희와 너희 후손 사이에 지킬 내 언약이니라… 난 지 팔일 만에 할례를 받을 것이라. [창 17:10~12]

할례는 하나님이 주신 중요한 건강 율법입니다. 할례를 받아야 하는 이유는, 여성은 자궁경부암이 많이 걸리는데, 그 원인은 남자 성기에 살고 있는 치구균(恥垢菌, Mycobacterium smegmatis)이라는 균이 성교제를 통해서 여성에게 전염되기 때문입니다. 만일 성 병균이 없어 성병이 없다면 성은 더 문란해질 것입니다. 할례를 받으면 피가 많이 흐르는데, 혈액응고를 시키는 물질은 피 속에 있는 프로트롬빈입니다. 생후 8일된 아이의 프로트롬빈의 농도가 성인의 110%로 일생 중 가장 높기 때문에 이때 할례수술을 받으면 혈액응고가 가장 잘 됩니다. 만일 수천 년 전 하나님의 계시가 없었다면 유대교도나 이슬람교도나 아프리카 여러 종족들이 어떻게 생후 8일된 연약한 갓난아이가 할례받기에 가장 적합한 시기임을 알고 할례수술을 했겠습니까?

(12) 지구를 보호하는 생명우산

하늘을 차일(포장)같이 펴셨으며 거할 천막같이 베푸셨으며 [사 40:22]

· 대기권 : 대류권(0~16km), 성층권(16~50km), 중간권(50~85km), 열권(85~800km)
· 오존층 : 성층권의 30km지점, 생태계에 치명적인 피해를 주는 자외선 차단
· 구름의 층 : 구름은 고도에 따라 상층운(권운, 권층운, 권적운), 중층운(고층운, 고적운), 하층운(층운, 층적운), 수직 발달구름(난층운, 적란운, 적운)이 있음
· 지구자기장 : 자외선, 우주선 등을 막아 생물이 지구에서 살게 함

하나님은 여러 가지 포장(장막, 휘장)을 하늘에 펴시어 지구에서 연약한 생물이 살아갈 수 있게 하셨음을 이미 수천 년 전에 밝히셨습니다.

(13) 태초의 초대륙(판게아, 하나의 대륙)

그가 땅을 움직여 그 자리에서 미신즉 그 기둥이 흔들리며 [욥기 9:6]

그 지식으로는 해양이 갈라지게 하셨으며 공중에서 이슬이 내리게 하셨느니라. [잠언 3:20]

지진과 화산이 일어나며 그 힘으로 지구 대륙의 판구조가 밀리면서

땅의 기둥들이 흔들리며 해양이 갈라진다고 묘사했는데, 그 당시 욥(BC 2030년경) 시대에 과학 지식이 전혀 없어 미개한 문명 속에 살면서 이러한 현대과학적인 지식을 어떻게 알고 기록할 수 있었겠습니까? 이들 성경구절들은 그 당시 욥의 지적능력으로 쓴 것이 아니라 오직 욥이 하나님의 영감을 받아 하나님의 계시대로 기록했음을 명백히 증거하는 것입니다.

(14) 상대적인 극성관계(음양관계, 보완관계)

하나도 그 짝이 없는 것이 없으리니 [사 34:16]

하나님의 천지창조를 보면, 하늘과 땅, 낮과 밤, 아침과 저녁, 산과 바다, 하나님과 피조물, 식물과 동물, 기는 것과 나는 것, 광명과 어두움, 남자와 여자 등 음양관계로 천지 우주만물을 창조하셨습니다. 식물과 동물이 행하는 반응도 정확히 상대적인 극성관계(음양관계)로 서로 짝이 되는 가역반응으로 서로 도움을 주고받으며 서로 상호작용을 하면서 살아갑니다. 식물계와 동물계는 서로 물질(원소)과 에너지가 순환되며 생태계의 동적평형을 이루면서 영원히 존속되어 갑니다. 이러한 상부상조하는 메커니즘은 우연히 자연히 기적적으로는 만들어질 수 없는 설계입니다. 음양관계는 서로 상대적인 극성관계이지만, 적대관계(상극관계)가 아니라 서로 부부적인 동반관계로 서로 조화와 균형을 이루며 서로 단점과 미비한 점을 보완해 주며 서로 상부상조하며 상호작용을 하는 관계로 서로 공생 공존하는 관계입니다. 그러므로 만사만물에는 반드시 음양이 동시에 공존하면서 동시에 상호작용을 해야 합니다. 만물이 음양으로 만들어져서 음양으로 작동 변화되어 가기 때문에 음양관계는 동적평형을 이루는 원동력으로 생태계의 동적평형을 이루게 하여 이 세상을 영원히 유지 보존시켜 나가게 합니다.

$6CO_2$	+	$6H_2O$	⇄	$C_6H_{12}O_6$	+	$6O_2$
이산화탄소	+	물	→	포도당	+	산소(식물의 광합성 작용)
이산화탄소	+	물	←	포도당	+	산소(동물의 세포호흡)

(15) 동적평형－윤회(순환)

> 이미 있던 것이 후에 다시 있겠고, 이미 한 일을 후에 다시 할지라. 해 아래는 새것이 없나니 무엇을 가리켜 이르기를 이것이 새것이라 할 것이 있으랴. 우리 오래 전 세대에도 이미 있었느니라. 이전 세대를 기억함이 없으니 장래 세대도 그 후 세대가 기억함이 없으리라. [전 1:9~11]

우리는 이 세상에 태어나면서부터 기억세포가 새로 만들어졌기 때문에 전 세상의 기억을 조금도 할 수 없습니다. 하나님이 창조한 천지우주만물은 수명이 있는 원자, 분자, 물질로 만들어졌기 때문에 수명이 정해져 있으므로 탄생과 죽음을 되풀이하며 동적평형을 이루면서 영원히 순환(윤회)하므로 하나님처럼 영원히 존재합니다.

동적평형은 계의 구성원이 탄생(결합)과 죽음(분해)을 되풀이하거나 또는 미시세계의 구성원인 광자나 소립자들처럼 다른 모양으로 바뀌었다(전이) 다시 원래 모양대로 환원(탄생, 부활)되는, 즉 소멸(전이, 죽음)—생성(부활, 탄생) 과정을 되풀이하며 영원히 지속되는 평형상태를 말합니다. 그 때문에 탄생과 죽음은 음양관계로 자연의 동적평형이 이루어지도록 하나님이 태초부터 동시에 창조하신 것입니다. 탄생과 죽음을 통하여 영(영혼)은 단지 낡아진 겉옷(육체, 물질)만 갈아입을 뿐입니다. 영(정보+에너지)은 항상 광자에너지(정보+에너지+영) 속에 거하므로 영과 광자는 일체입니다. 광자가 전이 부활을 계속하는 영원한 입자이므로 광자 속에 들어 있는 영(영혼)도 영원한 것입니다.

우리가 주장하는 170억 년 우주의 나이는 우주배경복사의 관측과 우주의 팽창을 측정한 것으로, 이는 보이고 감지되는 물질과 에너지로 측정한 것이기 때문에 원래 우주의 정확한 나이라고 볼 수 없는 것입니다. 왜냐하면 우리에게 보이고 감지되는 에너지와 물질은 겨우 5% 미만이고 우리에게 보이지 않고 감지되지 않는 암흑물질과 암흑에너지는 95% 이상으로 절대적이기 때문에 이 세상도 대부분이 감지되지 않는 영적인 암흑에너지와 암흑물질에 의해 작동되어지고 이끌려지는 영의 세상이므로 이 세상의 기원은 아무도 알 수 없는 것입니다.

그러나 하나님이 살아가기 위해서는 생각과 감정과 사랑이 필요하므로 정신세계와 물질세계가 동시에 존재해야 하기 때문에, 영으로 만들어지는 이 세상의 만물은 모양만 바꾸어 변화되어 갈 뿐 하나님처럼 영원히 존재하는 것입니다. 하나님의 영도 정보와 에너지로 되어 있으므로 에너지보존법칙에 따라 에너지가 보존되면 에너지의 특성도 보존되고 특성(정보+에너지)이 보존되면 정보도 보존되고 정보가 보존되면 영(정보+에너지)도 보존되고 영이 보존되면 영으로 만들어진 영혼도 보존되는 것입니다.

소리에너지, 마찰에너지, 열에너지 등은 사라져 없어지는 무용한 에너지인 것처럼 보입니다. 그러나 없어지는 것이 아니라 다른 물질에 흡수되어 다른 물질의 유용한 역학적에너지(위치에너지+운동에너지)로 되어 자연변화를 도와주든가, 아니면 우주 허공의 온도를 높여주어 우주의 온도가 절대온도(-273도)화 되는 것을 막아주던가, 아니면 영기(기운)나 힘의 장에 영향을 미쳐 힘의 장들을 요동치게 하여 소립자들을 생성(부활)—소멸(전이)시키게 하든가, 아니면 태양과 같은 뜨거운 항체로 가서 질량에너지 등가원리에 따라 다시 새로운 소립자, 원자로 되어 다시 유용한 물질로 변하든가 할 것입니다.

그러므로 에너지도 유용한 에너지에서 무용한 에너지로 무용한 에너지에서 유용한 에너지로, 에너지가 물질로 물질이 에너지로 소멸(전이, 죽음)—생성(탄생, 부활)을 반복 순환하며 동적평형을 이루면서 에너지—물질 순환을 영원히 하므로 에너지도 소멸되는 것이 아니라 영원히 보존되는 것입니다. 그 때문에 에너지나 물질 속에 들어 있는 특성이나 정보나 영이나 영혼도 에너지와 물질과 함께 동적평형으로 겉옷만 다르게 갈아입을 뿐 영원히 순환하며 영원히 보존되는 것입니다.

(16) 영의 창조력

> 여호와의 말씀으로 하늘이 지음이 되었으며 그 만상이 그 입 기운(영기=에너지+정보)으로 이루었도다. [시 33:6]

하나님은 영(정보+에너지)으로 → 말씀(정보+에너지)으로 → 설계(정보+에너지)로 → 기운(정보+에너지)으로 → 빛(광자+전자기파)으로 → 광자(정보+에너지+영)로 만물이 만들어지고 작동 변화되도록 설계하셨습니다.

하나님의 영이 말씀이 되고, 말씀이 설계가 되고, 설계가 기운이 되고, 기운이 빛이 되어 빛 속의 광자에너지와 영이 입자로 되어 진화되어 가면서 만물이 창조되어집니다. 영이 말씀으로 설계로 기운으로 빛으로 광자로 입자로 되어 설계대로 다양하고 풍부한 우주만물이 만들어지려면 오랜 진화 과정이 필요합니다. 생물은 영과 입자와 세포들이 서로 상호작용을 하면서 만들어지고 서로 상호작용을 하면서 성장하므로 필요한 입자와 에너지와 물질이 정해진 시간과 정해진 진화 과정을 거쳐야만 생물 신체는 만들어지고 작동되고 성장될 수 있는 것입니다.

그러므로 말씀 한마디로 시간과 진화 과정과 에너지와 재료 없이 순식간에 생물이 창조될 수 없는 것이 참진리입니다. 하나님은 하나님이 만들어놓으신 거룩한 하늘의 법(인과법칙, 자연의 법칙)에 따라 만물을 공의롭게 다스리고 심판하시는 재판장이시므로 하늘의 법을 어겨 가면서, 자연의 질서를 무너트려 가면서 한마디 말씀으로 순간적으로 생물을 창조하시지 않으십니다.

만일 한마디 말씀으로 만물이 순간적으로 창조된다면 하늘의 법인 인과법칙이나 자연의 법칙과 자연의 질서는 조금도 필요하지 않을 것이고, 더욱이 음양의 영이나 탄생과 죽음을 통한 동적평형도 구태여 필요하지 않을 것입니다. 그리고 만물이 서로 상호작용을 하면서 서로 만들어지고 작동되고 변화해 가는 진화 과정과 창조 과정이 전혀 필요 없기 때문에 만물이 서로 존재하며 교제하며(상호작용하며) 사는 세상도 구태여 필요 없는 것입니다.

(17) 영의 진화력

> 하나님이 가라사대 물들은 생물로 번성케 하라 땅위 하늘의 궁창에는 새가 날으라 하시고, 하나님이 큰 물고기와 물에서 번성하여 움직이는 모든 생물을 그 종류대로, 날개 있는 모든 새를 그 종류대로 창조하시니 하나님이 보시기에 좋았더라. [창 1:20~21]

2천 년 전 이 구절이 쓰여질 때는 진화라는 단어가 없어 진화라는 단어를 창세기에서 전혀 사용하지 못했지만 위 성경구절은 진화 과정 속에 창조 과정을 묘사한 것입니다. 발전 발달되는 과정이 진화 과정이고, 발달된 진화의 결과가 창조이므로 진화 과정 속에 창조 과정이 이루어지고 창조 과정 속에 진화 과정이 이루어지므로 진화와 창조는 음양관계로 부부적인 동반관계로 서로 상부상조하며 상호작용을 하는 관계로 공존하며 동시에 일어나는 혼합 과정인 것입니다. 진화라는 단어는 1859년 찰스 다윈의 저서 『종의 기원』에서 맨 마지막 페이지에 단 한번 사용할 정도였기 때문에 시대적으로 보아 구약성경(BC 4~AD 1세기)이나 신약성경(AD 50~120년)이 쓰여질 때에는 진화라는 단어가 없었기 때문에 성경 속에 진화라는 단어가 기록될 수 없었던 것입니다. 하나님의 영이 말씀으로 설계로 기운으로 빛으로 광자로 되어, 광자(정보+에너지+영) 속에 있는 영이 광자와 함께 입자를 만들고, 입자가 진화해 가며 물, 공기, 흙, 생물세포, 미생물, 식물, 동물, 인간까지 무생물과 생물이 종류대로 다양하게 풍부히 창조되려면 적어도 수십억 년 내지 수백억 년이 걸리게 됩니다.

그러나 성경은 하나님이 말씀으로 6일 동안에 천지만물을 종류대로 창조하셨다고 합니다. 6일 동안에는 거의 식지 않은 뜨거운 불덩어리

마그마(magma) 위에 사람과 식물과 미생물과 동물이 서 있기도 어렵고 서 있더라도 즉시 타 죽거나 말라죽게 됩니다. 마그마가 식어 용암이 되고 단단한 용암이 눈비와 바람을 맞아가며 연약한 식물의 뿌리가 뻗어가며 자라나기 위한 기름진 좋은 토양으로 변하려면 오랜 세월이 걸리게 됩니다.

그러므로 6일 창조론은 시간을 무시한 시간이 빠진 이야기로 실제적인 이야기가 아닌 것입니다. 2천 년 전 미지했던 지식으로 만물이 진화되고 창조된 내용과 과정과 시대를 전혀 상상할 수도 없었기 때문에 수십억 년, 수백억 년의 진화—창조 과정을 생략하고 천지만물이 창조된 결과물만 여섯 부분으로 나누어 창세기 1장에 1.5페이지 분량으로 간단하게 요약하여 기록한 것입니다.

하나님은 지구의 생물과 자연이 하나님의 영—정보—에너지—물질—진화프로그램에 따라 하나님의 영이 말씀으로 설계로 에너지로 소립자로 원자로 분자로 물질로 되면서 수십억 년의 긴 진화 과정을 거치면서 스스로 창조되도록 설계하셨습니다. 하나님은 설계는 하시지만, 일선에서 직접 설계대로 만물을 창조하고 진화시키고 다스리는 일은 하나님의 혼신(분신, 혼령)이며 대리자인 영이 합니다. 하나님의 설계에 따라 하나님의 영이 만물을 창조해도 결국은 영의 아버지이시고 영의 원천이신 하나님이 창조하시는 것입니다.

만물 속에 들어 있는 하나님의 대리자인 영은 하늘의 법인 자연의 법칙을 철저히 엄수하므로 영이 들어 있는 만물은 종류에 따라 고유한 특성을 지니게 됩니다. 그러므로 하나님의 대리자인 영은 하늘의 법을 함부로 어기고 자연의 법칙을 함부로 어겨 가며 주어진 영의 특성 능력을 초월하여 천지 우주만물을 6일 동안 모두 창조할 수는 없는 것입니다. 영은 자연의 법칙에 따라 주어진 만물의 시스템과 메커니즘에 따라 주어진 특성대로 주어진 직분대로 주어진 능력대로 주어진 일만 하도록 임무와 능력이 엄격히 정해져 있습니다. 만일 영이 6일 동안 천지우주만물을 모두 창조했다면 영의 특성 능력을 초월한 것이므로 자연의 법칙과 자연의 질서는 그 당시에 이미 무너져 버렸을 것입니다.

기독교 교회사에서 기독교에 가장 크게 공헌한 다섯 인물을 손꼽으라면 바울, 콘스탄틴 황제, 어거스틴, 토마스 아퀴나스, 마틴 루터를 꼽을 것입니다. 사도 바울 다음으로 기독교에 가장 큰 영향을 끼친 인물은 성 어거스틴입니다. 성경 창세기 처음부터 9장까지를 신화적 우화적으로 해석하라는 성 어거스틴의 충고는 많은 그리스도인들에게 진화론을 믿게 했습니다. 즉, 이 세상의 창조는 순간적인 6일 창조가 아니라, 오랜 시간을 통한 진화적인 창조를 뜻하는 것입니다. 성 어거스틴(354~430)이나 성 토마스 아퀴나스(1224~1274)의 저작에는 이미 진화론 내용을 주장하고 있었습니다. 이들은 진화론이라는 용어 자체는 몰랐지만 생물의 형태가 세월이 지나가면서 점차 발전 발달 변화한다는 점을 알고 있었습니다. 1950년 교황 비오 12세가 '진화론은 인간의 발전에 유용한 과학적 접근'이라고 밝힘으로써 사실상 진화론을 교황청에서 인정한 것입니다. 그리고 2009년 2월 11일 '교황청 다윈의 진화론 수용적 입장'이라는 제목으로 교황청이 진화론을 사실상 인정한다고 영국 일간 '더 타임스' 인터넷 판이 보도했습니다. 그러나 유감스럽게도 아직도 대다수 기독교인들이 글자 그대로 순간적인 6일 창조론을 신봉하고 있으므로 하나님의 천지창조를 왜곡하고 있는 것입니다.

(18) 영의 사고력

하나님이 자기 형상대로 사람을 창조하시되 [창 1:27]

하나님이 인간을 하나님 형상대로 창조하셨기 때문에 인간은 하나님처럼 생각하는 사고력과 감정과 이성과 교제력 등을 가집니다. 동물은 영의 억제로 본능에 따라 주어진 똑같은 사고로 똑같은 삶을 살지만, 인간은 영의 활성화로 진화된 사고로 진화된 삶을 삽니다. 동물의 영은 사고력이 억제되어 있지만 인간의 영은 사고력이 자유로이 활성화되어 있습니다. 그러므로 동물은 자연의 동적평형을 이루기 위한 먹이사슬을 위해서 창조된 것이고, 인간은 다른 동물을 다스리고 하나님과 교제를 하기 위해서 특별히 창조된 것입니다.

인간은 언어의 능력이 있기 때문에 생각을 기억세포 속에 문장으로 만들어 수없이 저장하므로 눈부신 사고의 능력, 발명의 능력, 계산능력, 지적인 능력, 영적 교제의 능력 등 많은 능력을 가집니다. 그러나 동물은 언어의 능력이 없기 때문에 생각을 문장으로 만들어 뇌세포 속에 저장하지 못하므로 상상의 세계 속에 깊이 들어가지 못하므로 사고의 능력이나 발명의 능력이나 하나님을 생각하는 영적인 능력 등을 가질 수 없습니다. 동물은 단지 몸짓, 소리, 신호 등 단순한 기호 특징만을 기억하도록 뇌세포의 영의 기능이 매우 단순하게 한정적으로 엄격히 억제되어 있어 언어의 능력이 없어 깊은 사고의 세계에 들어갈 수 없습니다. 그러나 인간은 뇌세포 속 광자 속에 언어를 관할하는 영들이 한정적으로 억제됨 없이 자유로이 활성화되어 있기 때문에 무한한 언어의 능력을 가지므로 무한한 사고력으로 무한한 발명의 능력을 가지게 됩니다.

(19) 인과법칙

집마다 지은 이가 있으니 만물을 지으신 이는 하나님이시라. [히 3:4]

하늘의 법인 인과법칙에 따라 원인 없는 결과는 없으므로, 집을 지은 자가 없으면 좋은 집이든 나쁜 집이든 양옥집이든 한옥집이든 자연히 우연히 기적적으로 스스로 지어지지 않듯이, 만물을 지은 자가 없으면 아름다운 대자연이 우연히 자연히 만들어질 수는 없는 법입니다.

물건을 만들거나 발명하거나 창조하는 경우는 그것이 필요하다고 생각될 때 연구 설계되어 만들어지는 법입니다. 그러나 태초 무생물 자연은 생각하는 시스템이 없어 설계하지도 못하고 만드는 능력도 없고 필요하다고 생각도 못하고 우주만물을 꼭 만들어야 할 필요성과 목적과 이유도 없었고 설사 만들었다 치더라도 우주만물을 즐기는 감정도 없었기 때문에 만물을 만들어야 할 이유와 원인이 전혀 없었기 때문에 인과법칙의 많은 원인과 결과를 하나도 충족시켜 주지 못하므로 영 없는 자연만으로는 만물을 창조한 장본인이 될 수 없는 것입니다. 그러나 하나님은 대자연의 아름다움을 즐기시고 인간과 영적 교제를 하기 위해 우주만물을 꼭 만들어야 하는 목적과 필요성과 이유가 분명히 있으며 만들 능력도 충분히 있고, 만들어서 즐기는 감정도 충분히 있기 때문에 인과법칙의 원인과 결과를 모두 완벽하게 충족시켜 주므로 우주만물을 만든 장본인은 하나님일 수밖에 없는 것입니다.

만사만물을 상대적인 극성관계로 보나, 음양관계로 보나, 이원론적 관계로 보나, 생태계의 동적평형을 이루는 탄생과 죽음을 보나, 암컷과 수컷을 보나, 성경말씀인 "하나도 그 짝이 없는 것이 없으리니"를 보나, 이 세상이 있으면 반드시 저 세상이 있어야 하고, 만들어진 피조물이 있으면 반드시 만들어지게 한 창조주가 있어야만 이 세상이 만들어지고 작동되는 인과법칙과 자연의 법칙(동적평형)을 모두 완벽하게 충족시킬 수 있는 것입니다.

이 세상은 하늘의 법인 인과법칙과 자연의 법칙대로 자연의 질서를 지켜가며 만들어진 세상이므로 인과법칙과 자연의 법칙에 위반되는 자연현상은 일어날 수 없는 것입니다. 그래서 지금까지 수명대로 죽어가지 않은 생물은 하나도 없고, 죽어간 생물이 다시 되살아난 생물도 하나도 없고, 죽어간 육체와 영혼이 다시 새 탄생으로 부활되지 않은 육체와 영혼도 하나도 없는 것입니다.

(20) 인과법칙과 인과응보

네가 네 손이 수고한대로 먹을 것이라. [시편 128:2]

하나님은 어지러움의 하나님이 아니시요 오직 화평의 하나님이시니라. [고전 14:33]

하나님은 질서와 화평과 공의와 사랑의 하나님이십니다. 인간은 누구나 하나님이 인과응보대로 정말로 보응을 해주시는지 의문을 가집니다. 하나님은 만물을 인과법칙(因果法則, 원인에 따라 결과가 결정됨)대로 자연의 법칙(동적평형에 의한 반복적인 일정한 법칙)에 따라 만물을 공평하게 다스리므로 만물은 인과법칙에 따라 정해진 공평한 결과를 받습니다. 하나님은 인간에게는 특별히 정신적인 이성, 양심, 사고력, 자유의지적인 선택 등을 더 주셨기 때문에 육(물질)과 혼(정신)이 인과법칙에 따라 공평한 결과를 받으려면, 인과응보(因果應報, 행위에 따라 보응을 받음)대로 인간은 보응을 받아야 합니다. 만일 인간이 인과응보적으로 보응을 받지 못한다면, 하나님은 인간을 공의롭게 다스리는 것이 아닙니다. 하나님은 공의로운 심판자이시므로 만물을 인과법칙대로 인간을 인과응보대로 공의롭게 다스리십니다.

하나님은 질서와 화평과 공의와 사랑의 하나님이십니다. 만일 인간의 영혼이 이 세상에서만 존재하고 저 세상에서는 존재하지 않는다면, 하나님은 이 세상을 불공평하게 억울하게 한스럽게 다스리는 것입니다. 사고나 병으로 억울하게 죽어간 영혼들을 달래기 위해서라도 영혼은 화평적으로 저 세상에서 계속 유지되어야만 합니다. 세례 요한의 한을 풀어주기 위해서나 어린 아기를 두고 죽은 엄마나 강도에게 죽어간 젊은 여성이나 전쟁터에서 죽어간 젊은 군인들의 영혼의 한을 풀어주고 달래기 위해서나, 영혼은 탄생과 죽음을 통한 동적평형으로 영원히 순환 유지되어야만 정신세계와 물질세계의 영원한 조화(균형)로 하늘의 법인 인과법칙과 자연의 법칙을 모두 충족시키면서 이 세상과 저 세상이 아무 탈 없이 영원히 화평스럽게 공의롭게 다스려지는 것입니다.

만일 저 세상이 존재하지 않는다면 하나님은 하늘에 너무나 많은 혹성 지구별들을 이유 없이 헛수고로 너무 많이 창조하신 것입니다. 그러나 지구상의 모든 만물이나 생물신체기계가 하나도 무용한 것 없이 모두 다 유용한 시스템과 메커니즘으로 만들어져 적재적소에 배치되어 목적에 맞게 작동되어 가기 때문에 하나님은 절대로 헛수고를 하시는 분이 아니시므로, 하늘에 있는 수많은 혹성 지구별들도 시간에 따라 하나님의 의도에 따라 모두 다 유용하게 쓰이게 될 것입니다. 인간의 영혼이 시간에 따라 많아지듯이 저 세상도 시간에 따라 많아지는 것입니다.

(21) 음양의 영(氣)

음양의 영으로 이루어지는 태극음양이원론, 하나님의 3대 힘(靈氣, 氣運), 영의 장(힘의 場) 등은 하나님의 정보(생각, 말씀, 설계)와 에너지(힘, 기운, 영기)가 들어 있는 하나님의 영의 과학으로 영의 세계에서 자세히 다룹니다.

3. 성경무오설과 모순

성서가 신의 영감에 의해 쓰여졌다는 데서 영감설이 나오게 되었습니다. 축자영감설은 성서의 글자와 구절 하나하나가 모두 하나님의 영감에 의해 만들어졌으며, 인간은 다만 기계같이 받아쓴 것뿐이라는 설입니다. 그래서 성서는 그 문자 하나하나에 오류가 없다고 해서 문자무오설, 즉 성경무오설(축자영감설)을 주장합니다. 문자가 무오해야 성서가 신의 말씀이 된다고 믿고 주장하는 것은 보수주의(근본주의, 성서를 문자적으로 해석함) 신학 계열의 입장입니다. 그러나 진보주의(자유주의) 신학 계열에서는 성서 본문비평을 통해 성서의 참뜻을 알아야 신을 진실로 알 수 있으며, 신과 더 진실한 깊은 교제를 할 수 있다고 주장합니다. 그 때문에 진보주의 신학에서는 인간이 기록한 문자나 구절에 오류가 있음을 인정하면서도 성서를 신의 말씀으로 신의 계시로 신의 가르침으로 고백하고 숭배합니다.

성경의 주인공은 구세주(메시아)인 예수님입니다. 그러나 주인공 예수님에 대하여 쓰여진 4복음서라도 여러 곳에서 사소한 내용의 차이를 보이고 있습니다. 성경은 선지자들이나 사제들이나 성경기자들이 성령의 감동을 받아 하나님의 계시를 직접적으로 받거나, 또는 제3자에 의해 만들어진 자료를 간접적으로 참조하여 쓴 것이므로 성경기자들마다 다른 감명을 받을 수 있고 다른 관점을 지니고 다르게 생각할 수도 있기 때문에 글자적, 숫자적, 계산적, 내용적인 면에서 사소한 오류나 차이가 있게 마련입니다. 똑같은 사람이 똑같은 책을 여러 번 읽을지라도 매번 똑같은 감명을 받을 수는 없는 것입니다. 하물며 1,600여 년긴 세월 동안 서로 다른 시대에 다른 지역에서 다른 환경에서 다른 문명 속에서 다른 교육 수준으로 형성된 다른 개성과 다른 관점을 지닌 40여 명의 성경기자들에 의해 쓰여진 성경 내용들이 조금도 차이 없이 일점일획도 틀림이 없이 복사한 것처럼 똑같을 수는 없는 것입니다.

더구나 고대에 쓰여진 모든 경전들 속에는 신화, 설화, 우화, 전설적인 이야기들도 들어 있으므로 경전 내용 면으로도 모두 진리이고 모두 무오할 수는 없는 것입니다. 과학문명이 거의 없던 원시고대에 진리적인 말씀으로 받아들여진 성경 내용들도 2,000년이 지난 오늘날 현대 과학문명에서는 비진리적인 내용으로 밝혀진 것들도 많이 있습니다. 그러므로 성경무오설은 실제로는 실현 불가능한 가설(假說)인 것입니다. 몇 가지 예를 직접 들어보겠습니다.

(1) 서로 다른 두 가지 천지창조 이야기

첫 번째 창조 이야기는 창세기 1:1~2:3이고, P문서(제사장 문서)에 있는 내용으로 기원전 6~5세기 사이에 쓰여졌습니다. 창조 과정의 순서는 ① 하늘, 땅, 빛 ② 물, 궁창 ③ 땅, 바다, 식물 ④ 해, 달, 별 ⑤ 물고기, 동물, 새 ⑥ 동물, 사람(남자와 여자)입니다. 하나님은 천지나 사람이나 생물을 말씀으로 창조하셨습니다. 식물을 해보다 먼저 창조했다는 이론은 맞지 않습니다.

두 번째 창조 이야기는 창세기 2:4~3:24이고, J문서(야훼문서, 야웨문서)에 있는 내용으로 기원전 10~9세기 사이에 쓰여졌습니다. 창조 과정의 순서는 ① 남자(아담) ② 에덴동산 ③ 나무(생명나무, 선악나무, 과일나무) ④ 강 ⑤ 들짐승, 새 ⑥ 여자(하와)입니다. 하나님은 생물을 흙으로 창조하셨습니다. 아담을 식물이나 동물보다 먼저 창조했다는 이론은 맞지 않습니다.

두 가지 창조 이야기는 창조의 내용과 창조 과정의 순서가 서로 판이하게 다르며 쓰여진 연대도 크게 다릅니다. 두 창조 이야기의 창조 과정이 서로 다른 것은 하나님의 직접적인 계시로 쓰여진 것이 아니라, 구전되어 전해 내려오던 이웃나라 조상국인 수메르교와 바벨론교와 조로아스터교의 여러 창조신화들을 제각각 다르게 인용 응용했기 때문입니다.

(2) 예수님이 십자가에서 마지막으로 하신 말씀

나의 하나님, 어찌하여 나를 버리셨나이까 하는 뜻이라. [마 27:46, 막 16:34]
아버지여 내 영혼을 아버지 손에 부탁하나이다. [눅 23:46]
다 이루었다. [요 19:30]

(3) 예수님의 재림

여기 섰는 사람 중에 죽기 전에 인자가 그 왕권을 가지고 오는 것을 볼 자들도 있느니라. [마 16:28]
여기 섰는 사람 중에 죽기 전에 하나님의 나라를 볼 자들도 있느니라. [눅 9:27]
여기 섰는 사람 중에 죽기 전에 하나님의 나라가 권능으로 임하는 것을 볼 자들도 있느니라 하시니라. [막 9:1]

4복음서가 예수님에 대해서 다르게 기술하고 있는 이유는 네 명의 사도가 다소 다르게 보고 듣고 전해 들었거나 또는 후대 성경기자들이 구전되어 전해 내려오는 내용을 다소 다르게 전해 들었거나 다소 다르게 이해했기 때문일 것입니다. 또는 네 사도가 각각 다른 입장에서 다른 관점으로 예수님을 바라보고 썼기 때문일 것입니다. 세리(稅吏) 출신의 마태는 예수님을 왕으로 오신 메시아로 보았고, 마가는 예수님을 종으로 오신 메시아로 보았고, 의사 출신의 누가는 예수님을 완전한 인간으로 오신 메시아로 보았고, 어부 출신의 요한은 예수님을 하나님의 아들로 오신 메시아로 보았기 때문입니다. 단어의 선택은 모두 다르지만, 나타내려는 궁극적인 뜻(의도)은 모두 같은 것입니다.

(4) 산상수훈

산상수훈에 대한 마태복음 5:1~12와 누가복음 6:17~ 26에서도 내용면이나 분량 면에서 많은 차이가 납니다.

(5) 유다가 예수님을 지적하기 위해 입을 맞출 때

마태복음, 마가복음에는 '유다가 예수께 입을 맞추니'라고 되어 있고, 누가복음에는 입을 맞추려고 유다가 예수께 가까이 가는 것으로 기술되어 있고, 요한복음에는 예수께서 무리에게 스스로 나라고 밝히셨습니다.

(6) 마태복음 족보와 누가복음 족보

엘리웃 → 엘르아살 → 맛단 → 야곱 → 요셉 → 예수 [마 1:15~16]
메기 → 레위 → 맛단 → 헬리 → 요셉 → 예수 [눅 3:23~24]

(7) 숫자의 오류

다윗이 아람 병거 칠백승의 사람과 마병 사만을 죽이고…. [삼하 10:18]
다윗이 아람 병거 칠천승의 군사와 보병 사만을 죽이고…. [대상 19:18]

(8) 번역의 오류

여호와께서 하늘에서 큰 덩이우박을 아세가에 이르기까지 내리게 하시매…. [수 10:11]

우리말 성경(한글개역)에는 '덩이우박'이라고 번역되어 있지만, 영어 성경에는 'great stone(큰 바위)'이라고 되어 있고, 성경의 원전인 히브리어 성경에는 에벤(바위, 돌)으로 되어 있습니다. 히브리어로 우박은 '바라드'라는 말을 씁니다. 우박과 돌은 히브리어로 분명히 다릅니다. 이와 같이 나라마다 단어의 뜻을 다르게 번역해 놓은 것도 있습니다.

(9) 약대와 토끼

레위기 11:1~7절에서 '약대(낙타)와 토끼는 되새김질을 하지만 굽이 갈라져 있지 않으므로 먹지 말라'라고 했는데, 낙타는 굽이 분명히 갈라졌으며, 토끼는 발가락이 갈라져 있으나 원래 굽이 없는 동물입니다. 곤충의 발은 6개인데, '날개가 있고 네 발로 기어 다니는 모든 곤충[레 11:21]'이라고 한 것은 분명히 잘못 기록되어 있는 것입니다.

레위기는 이스라엘인의 종교의식, 예배, 제사의식, 관습, 일상생활 속에서 지켜야 할 율법을 기록한 책으로 모세오경에 속합니다. 레위기는 이스라엘인들이 출애굽 이후 BC 1400년경 가나안 땅을 향해 이동하던 시기에 만들어진 내용으로 위와 같은 오류가 있습니다. 지금으로부터 약 3,400년 전 40년간 광야를 유랑생활하면서 지어낸 레위기에 사소한 오류가 있는 것은 자연스러운 일입니다. 이 구절들이 여러 번의 필사 과정을 거치면서 오류가 발견될지라도 함부로 고치지 못하고 오류 그대로 필사되었던 것입니다.

만일 필사자들이 제각기 자기 판단대로 오류를 고친다면 나중에는 내용 자체까지도 변하게 되므로 성경 필사자들은 오류라고 해도 함부로 고치지 못하고 오류 그대로 필사해야만 했습니다. 많은 필사본들이 작성되는 과정에서 제각각 오류들을 임의로 고치는 것보다는 틀린 것을 그대로 필사하는 것이 도리어 성경보존을 위해 더 중요하기 때문에 오늘날까지 사소한 오류들이나 사소한 잘못된 내용들이 그대로 전해 내려오는 것입니다.

그러므로 성경을 보는 데는 성경기자들의 시대적인 배경, 대화 상대자, 대화의 의도, 전체적인 문맥의 흐름 등을 살피면서 이해하는 것이 중요합니다. 그러나 틀리거나 잘못된 내용임을 알면서도 영원히 보존하는 것은 신앙적으로나 교육적으로나 정의적으로나 바른길이 아니므로, 종교회의 등을 통해서라도 적어도 100년에 한 번씩은 잘못된 내용을 수정해 나가는 것이 복음을 위해서도 공의로운 하나님의 뜻을 따르기 위해서도 필수적인 것입니다.

(10) 예수님이 십자가에 못 박히셨을 때

마태복음과 마가복음에는 대제사장들과 서기관들과 두 강도가 모두 예수님을 희롱하고 욕했는데, 누가복음에서는 관원들과 군병들이 예수님을 희롱하고 비방했으며 두 강도 중 하나는 예수님을 위해 대변하고 예수님과 함께 오늘 낙원에 가는 것으로 쓰여져 있습니다. 요한복음에는 예수님이 두 강도와 함께 십자가에 못 박히신 결과만 기록하고 있습니다.

(11) 예수님의 표적과 예표

> 그때에 서기관과 바리새인 중 몇 사람이 말하되 선생님이여 우리에게 표적 보여주시기를 원하나이다. 예수께서 대답하여 가라사대 악하고 음란한 세대가 표적을 구하나 선지자 요나의 표적밖에는 보일 표적이 없느니라. 요나가 밤낮 사흘을 큰 물고기 뱃속에 있었던 것 같이 인자도 밤낮 사흘을 땅속에 있으리라. [마 12:38~40]

> 노아의 때에 된 것과 같이 인자의 때에도 그러하리라 노아가 방주에 들어가던 날까지 사람들이 먹고 마시고 장가들고 시집가더니 홍수가 나서 저희를 다 멸하였으며 또 롯의 때와 같으리니 사람들이 먹고 마시고 사고팔고 심고 집을 짓더니 롯이 소돔에서 나가던 날에 하늘로서 불과 유황이 비 오듯 하여 저희를 멸하였느니라. 인자의 나타나는 날에도 이러하리라. [눅 17:26~30]

예수께서 이르시되 사단이 하늘로서 번개같이 떨어지는 것을 내가 보았노라 내가 너희에게 뱀과 전갈을 밟으며 원수의 모든 능력을 제어할 권세를 주었으니 너희를 해할 자가 결단코 없으리라. [눅 10:18~19]

예수님은 요나의 표적과 노아 방주와 롯의 예표를 들으셨는데, 요나의 물고기 뱃속 이야기나 노아의 방주 이야기나 롯의 부인 소금기둥 이야기나 사단이 떨어지는 것을 본 이야기는 실제로 있었던 이야기가 아니라 성경교육 목적으로 이웃나라의 설화, 신화, 우화 등을 인용 응용한 이야기로 실제로는 실현 불가능한 이야기들입니다. 그 때문에 이들 성경구절들은 예수님이 실지로 직접 하신 말씀이 아님이 저절로 판명됩니다. 만일 이들 이야기를 예수님이 실지로 말씀하셨다면 예수님은 실지로 없었던 이야기를 실지로 있었던 이야기처럼 거짓말을 하시므로 인성만을 지니시고, 신성은 지니시지 않은 것이 됩니다.

(12) 삼손 이야기

들릴라(삼손이 좋아하여 아내로 삼으려는 블레셋 여인)가 삼손에게 이르되 당신의 마음이 내게 있지 아니하면서 당신이 어찌 나를 사랑한다 하느뇨 당신이 이 세 번 나를 희롱하고 당신의 큰 힘이 무엇으로 말미암아 있는 것을 내게 말하지 아니하였도다 하며 날마다 그 말로 그를 재촉하여 조르매 삼손의 마음이 번뇌하여 죽을 지경이라 삼손이 진정을 토하여 그에게 이르되 내 머리에는 삭도를 대지 아니하였나니 이는 내가 모태에서 하나님의 나실인이 되었음이라 만일 내 머리가 밀리우면 내 힘이 내게서 떠나고 나는 약하여져서 다른 사람과 같으리라… 들릴라가 삼손으로 자기 무릎을 베고 자게 하고 사람을 불러 그 머리털 일곱 가닥을 밀고 괴롭게 하여본즉 그 힘이 없어졌더라… 블레셋 사람이 그를 잡아 그 눈을 빼고 끌고 가사에 내려가 놋줄로 매고 그로 옥중

에서 맷돌을 돌리게 하였더라. [삿 16:15~21]

삼손의 장사와 같은 강한 힘이 머리털 일곱 가닥에서 나오고 일곱 가닥을 밀음(깎음)으로써 장사 같은 힘이 사라졌다는 이야기는 마치 옛날이야기와 같은 설화인 것이 분명합니다.

(13) 풀무 이야기

느부갓네살이 분이 가득하여 사드락과 메삭과 아벳느고를 향하여 낯빛을 변하고 명하여 이르되 그 풀무를 뜨겁게 하고… 내가 보니 결박되지 아니한 네 사람이 불 가운데로 다니는데 상하지도 아니 하였고 그 넷째의 모양은 신들의 아들과 같도다 하고… 이 사람들을 본즉 불이 능히 그 몸을 해하지 못하였고 머리털도 그슬리지 아니하였고 고의 빛도 변하지 아니 하였고 불 탄 냄새도 없었더라. [단 3:8~27]

느부갓네살 왕이 세운 금 신상한테 유다 사람 사드락, 메삭, 아벳느고가 엎드려 절을 하지 않자 왕이 화가 나서 세 사람을 결박하여 뜨거운 불꽃이 타는 불 속으로 넣게 해서 타 버리게 했는데, 이 세 사람이 하나님의 돌봄으로 머리털도 그슬리지 않고 살이 불 탄 냄새도 없이 온전하게 뜨거운 불꽃 속을 걸어 다녔다는 이야기입니다. 성경 내용 중에는 이와 같이 사실과는 거리가 먼 꿈같은 비현실적인 옛날이야기도 가끔 있습니다. 이 이야기는 느부갓네살 왕이 세운 금 신상한테 엎드려 숭배하지 않는 자들은 엄한 벌을 받았다는 이야기를 성경기자가 더 재미있게 꾸며서 독자에게 흥미와 감명을 주면서 성경이야기에 더 큰 관심을 끌려고 혹을 붙여 우화적 풍자적으로 꾸민 이야기임이 분명합니다.

그러므로 성경을 읽을 때는 에덴동산 이야기, 홍수 이야기, 삼손 이야기, 풀무 이야기, 죽은 자를 살리는 기적 이야기 등 풍자적이고 우화적이고 기적적인 이야기인지를 가려내면서 그 속에서 뜻(의도)하는 가르침(교훈)을 이해하는 것이 중요합니다. 만일 이들 이야기를 문자 그대로 하나님의 직설적인 사실적인 이야기로 믿고 이해하면 하나님의 가르침을 왜곡하게 됩니다. 그러므로 성경 내용을 문자 그대로 왜곡하여 이해하는 것보다는 직설적인 직접적인 표현방법의 이야기인지, 풍자적이고 비유적인 간접적인 표현방법의 이야기인지, 음지적인 이야기인지 가려내면서 하나님의 참 가르침과 참진리를 헤아려 이해하는 것이 하나님의 참뜻(의도)을 왜곡 없이 진실 그대로 이해하는 것입니다.

(14) 죽은 자를 살리는 기적

> 예수께서 가라사대 돌을 옮겨 놓으라 하시니 그 죽은 자의 누이 마르다가 가로되 주여 죽은 지가 나흘이 되었으매 벌써 냄새가 나나이다 예수께서 가라사대 내 말을 네가 믿으면 하나님의 영광을 보리라 하지 아니하였느냐 하신대 돌을 옮겨 놓으니 예수께서 눈을 들어 우러러 보시고 가라사대 아버지여 내 말을 들으신 것을 감사하나이다 항상 내 말을 들으시는 줄을 내가 알았나이다 그러나 이 말씀 하옵는 것은 둘러선 무리를 위함이니 곧 아버지께서 나를 보내신 것을 저희로 믿게 하려 함이니이다 이 말씀을 하시고 큰 소리로 나사로야 나오라 부르시니 죽은 자가 수족을 베로 동인채로 나오는데 그 얼굴은 수건에 싸였더라 예수께서 가라사대 풀어 놓아 다니게 하라 하시니라. [요 11:39~44]

이 이야기도 성경기자가 예수님을 신격화시키기 위해서 과장하여 억지로 꾸민 이야기임이 분명합니다. 성경에는 이와 같은 불가사의(不可思議)한 내용들도 가끔 들어 있기 때문에 성경은 비과학적이고 무지한 책이라는 심한 비난을 받게 됩니다. 사람이 죽으면 모든 체세포들과 생체물이 즉시 활동을 멈추게 되고 영혼은 광자와 함께 떠나게 됩니다. 이어서 몸속에 있는 1,400조(성인 체세포는 140조 이상) 이상의 수많은 박테리아들로부터 분해되기 시작합니다. 결국 우리 몸은 박테리아와 세포들의 모임으로 되어 있고 박테리아와 세포들의 상호작용으로 살아가는 것입니다. 일단 박테리아에 의해 분해되어 상하거나 썩어 고약한 냄새가 나는 체세포들이나 생체물은 한마디 말씀으로 수많은 박테리아들이 자연의 법칙을 깨면서 다시 건강하고 온전한 체세포들로 원상복귀 시킬 수가 없는 것입니다.

태고 이래 지금까지 자연의 법칙과 인과법칙을 깨고 자연변화가 역반응으로 되돌아간 반응은 한 번도 없으며, 자연의 법칙을 깨고 죽어가지 않은 사람도 한 사람도 없습니다. 죽은 자를 예수님이 정말로 말씀으로 살리셨다면, 각 나라의 왕들이 죽은 왕족을 살리기 위해서 혈안이 되어 예수님을 모셔가기 위해 서로 치열한 싸움들을 했을 것입니다.

(15) 음식을 다량으로 만드는 기적

> 제자들이 가로되 여기 우리에게 있는 것은 떡 다섯 개와 물고기 두 마리뿐이니이다 가라사대 그것을 내게 가져오라 하시고 무리를 명하여 잔디 위에 앉히시고 떡 다섯 개와 물고기 두 마리를 가지사 하늘을 우러러 축사하시고 떡을 떼어 제자들에게 주시매 제자들이 무리에게 주니 다 배불리 먹고 남은 조각을 열 두 바구니에 차게 거두었으며 먹은 사람은 여자와 아이 외에 오천 명이나 되었더라. [마 14:17~21]

물 여섯 항아리로 포도주 여섯 항아리를 만드는 이야기나, 예수님이 하늘에 축사하신다고 떡 다섯 개와 물고기 두 마리로 오천 명이나 되는 많은 사람들을 배불리 먹일 수는 없는 법입니다. 모든 만물은 영(에너지+정보)으로 만들어지는데 충분한 에너지와 재료 없이 말씀 한마디로 많은 물질이 순식간에 만들어질 수는 없는 법입니다. 자연의 법칙에 위배되는 요술 같은 기적적인 일은 자연의 법칙으로 만들어진 이 세상에서는 절대로 일어날 수 없는 법입니다. 만일 그 사건이 사실이라면 제자들은 남의 집에서 얻어먹을 필요도 없이 매일 호의호식했을 것입니다. 말씀 한마디로 모든 것을 다 하신다면, 말씀 한마디로 모든 사람을 다 구원도 시키시므로 구태여 힘들게 복음을 전할 필요도 없는 것입니다.

(16) 바람을 꾸짖는 기적

> 제자들이 깨우며 가로되 선생님이여 우리의 죽게 된 것을 돌아보지 아니하시나이까 하니 예수께서 깨어 바람을 꾸짖으시며 바다더로 이르시되 잠잠하라 고요하라 하시니 바람이 그치고 아주 잔잔하여지더라 이에 제자들에게 이르시되 믿음이 없느냐 하시니 저희가 심히 두려워하여 서로 말하되 저가 뉘기에 바람과 바다라도 순종하는고 하였더라. [막 4:38~41]

이 구절도 예수님이 직접 말씀하시지 않았으나 제자들이 예수님을 신격화시키기 위해 터무니없이 꾸며서 만든 구절임이 분명합니다.

귀가 없는 바람과 바다가 어떻게 예수님 말씀을 알아듣고 말씀대로 순종할 수 있습니까?

(17) 물 위를 걷는 기적

> 밤 사경에 예수께서 바다 위로 걸어서 제자들에게 오시니 제자들이 그 바다 위로 걸어오심을 보고 놀라 유령이라 하며 무서워하여 소리 지르거늘 예수께서 즉시 일러 가라사대 안심하라 내니 두려워 말라 베드로가 대답하여 가로되 주여 만일 주시어든 나를 명하사 물 위로 오라 하소서 한대 오라 하시니 베드로가 배에서 내려 물 위로 걸어서 예수께로 가되 [마 14:25~29]

만일 예수님과 베드로가 바다 위를 걸어서 다녔다면 예수님이나 베드로의 몸무게는 거의 없을 정도로 가벼웠어야 할 것입니다. 그리되면 세포, 신체조직, 기관 등이 정상으로 머무르지 못해 생명이 존재할 수 없었으므로 비현실적인 이야기입니다. 더욱이 그곳의 바닷물이 예수님과 베드로를 알아보고 하늘의 법인 자연의 법칙과 자연의 질서를 어겨가면서 예수님과 베드로만 뜨게 하도록 간사(奸詐)하지는 않기 때문입니다.

(18) 예수님의 차별대우

> 하나님 나라의 비밀을 너희(제자들)에게는 주었으나 외인에게는 모든 것을 비유로 하나니 이는 저희로 보기는 보아도 알지 못하며 듣기는 들어도 깨닫지 못하게 하여 돌이켜 죄 사함을 얻지 못하게 하려 함이니라 하시고 [막 4:11~12]

이 구절은 예수님이 직접 말씀하시지 않고 사제나 성경기자가 나름대로 만들어 첨가한 것이 분명합니다. 제자들이 씨 뿌리는 비유를 예수님께 묻자 예수님 대답이 다른 사람들이 깨닫지 못하여 죄 사함을 얻지 못하게 비유로 말씀하셨다고 합니다. 죄 사함을 얻지 못하면 구원을 못 받아 하나님 나라에 갈 수 없으니 하나님 나라의 비밀을 아는 것이 제자들에게는 허락되어 있으나 외인에게는 허락되어 있지 않다는 것입니다. 예수님이 지상에 내려오신 근본 목적은 사악한 인간들을 죄 사함 시켜 구원을 받게 하여 천국에 가게 하는 일입니다. 천국의 비밀을 시원스럽게 알려주어 오히려 구원을 더 잘 받게 할 수도 있는 것입니다.

그런데 여기에서는 예수님이 간사하게 외인들이 알아듣지 못하고 깨닫지 못하여 죄 사함을 얻지 못하게 비유로 말씀하셨다고 합니다. 설혹 주님의 뜻을 따르지 않는 사람들이더라도 진리의 말씀을 닫아 버리지 말고, 끝까지 인내로 그들을 교화시켜 죄 사함을 얻게 하는 것이 예수님의 참 품성입니다. 만일 예수님이 위의 성경구절을 실지로 말씀하셨다면 예수님은 간사한 자, 계교를 꾀하는 자, 이간자, 하나님이 싫어하는 것을 행한 자, 거짓됨, 술수를 부린 자, 분냄 하는 자, 악을 도모하는 자, 우매한 자, 능욕하는 자, 무정한 자 등 여러 가지 성경의 죄를 지으신 것입니다.

(19) 불화를 일으키는 예수님

내가 세상에 화평을 주러 온 줄로 생각지 말라 화평이 아니요 검(분쟁)을 주러 왔노라 내가 온 것은 사람이 그 아비와, 딸이 어미와, 며느리가 시어미와 불화하게 하려 함이니 사람의 원수가 자기 집안 식구리라 아비나 어미를 나보다 더 사랑하는 자는 내게 합당치 아니하고 아들이나 딸을 나보다 더 사랑하는 자도 내게 합당치 아니하고 또 자기 십자가를 지고 나를 좇지 않는 자도 내게 합당치 아니하니라. [마 10:34~38]

이 성경구절은 예수님이 유난히 샘이 많으시고 과격하신 성품을 지니신 분으로 나타내지는 바, 예수님이 직접 말씀하시지 않은 것이 분명합니다. 단지 사제나 성경기자가 예수님을 따르려면 다른 일을 모두 제쳐놓고 따라야 하므로 자연히 집안사람들과 불화가 일어난다는 것을 강조하기 위해 간접적인 표현방법으로 비유적, 은유적(암시적)으로 묘사한 것입니다. 이 구절을 예수님의 직접적인 말씀으로 받아들이면 예수님은 분쟁을 일으키는 자, 불화를 일으키는 자, 원수를 만들게 하는 자, 샘이 많은 자, 부모와 자식 사랑을 끊게 하는 불효를 만드는 자 등 여러 가지 성경의 죄를 많이 지으신 것으로 됩니다.

(20) 육신을 절단하는 심정으로 죄짓기를 두려워하라

죄를 짓는 것보다는 차라리 손이 죄짓게 하거든 손을 잘라버리고, 발이 죄짓게 하거든 발을 잘라버리고, 눈이 죄짓게 하거든 눈을 빼버려라. [막 9:43~47]

이 말씀도 예수님이 과격하게 잔인하게 직접 하신 말씀이 아니라 성경기자가 육신을 잘라내는 심정으로 죄짓기를 두려워하라는 교훈으로 비유적인 말씀으로 만든 것이 분명합니다. 그런데 간혹 이 말씀을 예수님의 직설(直說)인 줄 알고 실지로 죄짓는 손가락이나 손목을 자른 신자들도 있다고 합니다.

(21) 의심 없는 믿음

예수께서 대답하여 저희에게 이르시되 하나님을 믿으라 내가 진실로 너희에게 이르노니 누구든지 이 산더러 들리어 바다에 던지우라 하며 그 말하는 것이 이룰 줄 믿고 마음에 의심치 아니하면 그대로 되리라 그러므로 내가 너희에게 말하노니 무엇이든지 기도하고 구하는 것은 받은 줄로 믿으라 그리하면 너희에게 그대로 되리라. [막 11:22~24]

예수께서 이르시되 사단이 하늘로서 번개같이 떨어지는 것을 내가 보았노라 내가 너희에게 뱀과 전갈을 밟으며 원수의 모든 능력을 제어할 권세를 주었으니 너희를 해할 자가 결단코 없으리라. [눅 10:18~19]

여기에서도 예수님은 너무 과장된 말씀으로 하나님의 믿음을 강조하시다가 스스로 거짓말을 하시게 된 것입니다. 산보고 들리어서 바다에 던지우라 한다고 산이 알아들어서 자연의 법칙을 깨고 기적을 일으키면서 스스로 들려서 바다로 던지울 리는 없으며, 받은 줄로 믿으면서 무엇이든지 기도한다고 무엇이든지 받는다면 이 세상에는 고통받는 자와 불행한 자 없이 모두 행복할 것입니다. 사단이 하늘에서 번개같이 떨어지는 것을 사람의 눈으로는 볼 수 없습니다. 그리고 구원을 받은 신자라도 독한 뱀과 전갈을 밟으면 인과법칙대로 죽을 가능성이 많습니다. 그리고 원수의 모든 능력을 제어할 권세를 주셔서 해할 자가 없다고 하셨는데, 12제자 중 사도 요한만이 죽음의 구렁텅에서 간신히 살아남고 나머지 사도들은 모두 비참한 순교를 당했습니다. 그리고 예수님을 믿다가 사형당한 사람들도 무수히 많습니다.

위와 같이 다혈질적이고 간사하고 기만적인 말씀들은 예수님의 인자하고 온화하고 자상한 품성과는 매우 대조적으로 다르기 때문에 예수님이 직접 말씀하시지 않은 것이 분명합니다. 사도나 성경기자들이 잘못 보았거나 잘못 들었거나 잘못 전해 들었거나 잘못 이해했거나, 아니면 예수님을 신격화시키기 위해서 예수님 말씀에 혹을 붙여 너무 강조하다 보니 과장하게 되고 과장하다 보니 사실과 멀어지게 되고 사실과 멀어지다 보니 거짓이 되고 거짓이 되다 보니 예수님이 본의 아니게 거짓말을 하고 과격하고 간사하고 기만한 분으로 되신 것입니다.

(22) 태양이 머문 기적 이야기

> 여호와께서 아모리 사람을 이스라엘 자손에게 붙이시던 날에 여호수아가 여호와께 고하되 이스라엘 목전에서 가로되 태양아 너는 기브온 위에 머무르라 달아 너도 아얄론 골짜기에 그리할지어다 하매 태양이 머물고 달이 그치기를 백성이 그 대적에게 원수를 갚도록 하였느니라 야살의 책에 기록되기를 태양이 중천에 머물러서 거의 종일토록 속히 내려가지 아니하였다 하지 아니하였느냐. [수 10:12~13]

여호수아가 이스라엘군을 이끌고 가나안 땅을 점령하는 전투(기브온 전투, 벧호른 전투)에서 가나안 아도니세덱(아멜렉)의 남부 연합군(아모리족)을 모두 물리치기 위해서 하나님께 태양과 달을 멈추게 해달고 기도를 드리니 하나님께서 하루 종일 태양이 중천에 머물고 달을 멈추게 하셨다고 합니다. 사람을 찔러 죽이는 피비린내 나는 전투는 일초 일분이 매우 길게 느껴집니다. 단 몇 시간의 생사를 가리는 혈전은 마치 하루 종일같이 매우 긴 시간으로 느껴졌을 것입니다. 그리고 이 이야기가 소문으로 전해지면서 혹이 붙어 와전되어 태양이 하루 종일 멈추었다고 성경에 기록된 것입니다. 태양이 멈추면 그 순간부터 태양의 자전과 공전도 멈추고, 이어서 태양에 딸린 지구나 다른 행성들의 자전과 공전도 멈추게 되어 태양계의 인력과 척력의 조화에도 이상이 와서 태양계의 궤도 질서를 무너뜨려 우리가 사는 태양계는 그 당시에 천체들의 충돌로 이미 파괴되었을 것입니다.

(23) 가인 이야기

> 아담이 그 아내 하와와 동침하매 하와가 잉태하여 가인을 낳고… 그가(하와) 또 가인의 아우 아벨을 낳았는데 아벨은 양 치는 자이었고 가인은 농사하는 자이었더라…. (하나님께 제물로 가인은 농산물을 아벨은 양 새끼와 그 기름을 바쳤는데, 하나님은 아벨의 제물은 받으시고 가인의 제물은 안 받으셔서 가인이 화가 나서 들에서 아우 아벨을 죽였습니다.) …무릇 나를 만나는 자가 나를 죽이겠나이다. 여호와께서 그에게 이르시되 그렇지 않다 가인을 죽이는 자는 벌을 칠 배나 받으리라 하시고… 가인이 에덴 동편 놋 땅에 거하였더니 아내와 동침하여 에녹을 낳은지라. 가인이 성을 쌓고 [창 4:1~17]

가인이 아우 아벨을 죽였을 때에는 아담, 하와, 가인 세 사람뿐이었습니다. 가인이 다른 사람한테 맞아죽을까 봐 두려워할 필요도 없고, 가인의 아내될 여자가 없었기 때문에 가인은 누구와도 동침을 할 수도 없었습니다. 만일 가인이 아내와 동침을 하여 에녹을 낳았다면, 그 당시에 아담 가족 말고 이미 다른 가족들도 많이 살고 있었다는 증거가 됩니다.

아담과 하와 가족 몇 사람만 살 때에는 과일이 천지사방에 풍성했기 때문에 사냥이나 유목이나 농업이 필요하지 않아 아직 유목이나 농업을 전혀 모르던 시대인데, 더구나 제사 드리는 제법(祭法)도 모르던 시대인데, 더구나 양순한 양도 없었던 시대인데 어떻게 아벨이 양을 치어 제물로 바칠 수가 있었습니까? 유목과 농업은 수렵(사냥) 시대 이후 적어도 수천 년 후에 하게 된 것입니다. 그리고 하나님은 동물이나 식물도 하나님이 신경 써서 창조하신 다 똑같은 소중한 피조물인데, 더구나 제물을 직접 받아 잡수시는 것도 아닌데, 더구나 질투로 동생을 죽인 대죄를 지은 가인과 자상하게 대화할 처지도 못되는데, 더구나 네 사람만 있던 시대에 가인의 정성을 나 몰라라 할 냉정한 신이 아니십니다.

이 세상에 다섯 사람(아담, 하와, 가인, 아내, 에녹)만이 있을 때 가인이 어떻게 그 큰 성을 쌓을 수가 있습니까? 성(城)은 적들로부터 주민을 보호하기 위해서 여러 사람들에 의해 힘들게 탄탄하게 웅장하게 지어지는 것인데, 그 당시에는 적들이나 전쟁도 없어 성이 전혀 필요하지 않던 시대입니다. 그럼에도 불구하고 가인이 터무니없이 죽을 고생을 다해 가며 평생 동안 성을 쌓았다는 것은 사실일 수 없습니다. 성은 겨우 BC 3000년경 수메르-엘람 지역에서 최초로 지어졌습니다. 그러므로 가인과 아벨 이야기는 하나님의 직접적인 계시로 쓰여진 역사적인 사실 이야기가 아니라, 성경기자가 최초 인류의 수만 년~수십만 년 동안의 원시생활 역사를 몇 십 년으로 단축 요약 묘사해서 흥미로운 이야기로 꾸민 것이 분명합니다.

창세기 1장 첫 번째 창조 이야기도 수십억 년~수백억 년의 천지진화 창조를 단 6일 창조로 단축 요약해서 묘사한 것입니다. 지금으로부터 2천 년 전 구약성경이 쓰여지던 시대에는 수십억 년의 진화-창조 과정 역사를 상상도 하지 못해 원시인류 역사를 시대적으로 소상히 밝힐 수 없었으므로 자연히 시간을 무시하게 되어 시간이 빠진 진화창조 과정이 빠진 창조된 창조물과 원시인류 역사를 짧은 이야기로 만들어 매우 간략하게 기록한 것입니다.

(24) 율법과 예언의 보존

> 진실로 너희에게 이르노니 천지가 없어지기 전에는 율법의 일점 일획이라도 반드시 없어지지 아니하고 다 이루리라. [마 5:18]

> 내(예수)가 이 책의 예언의 말씀을 듣는 각인에게 증거하노니 만일 누구든지 이것들 외에 더하면 하나님이 이 책에 기록된 재앙들을 그에게 더하실 터이요. 만일 누구든지 이 책의 예언의 말씀에서 제하여 버리면 하나님이 이 책에 기록된 생명나무와 및 거룩한 성에 참예함을 제하여 버리시리라. [계 22:18~19]

많은 신앙인들이 이 두 성경구절 때문에 성경무오설을 주장합니다. 율법에는 BC 1450년경 모세가 하나님으로부터 계시받은 도덕율법과 BC 1380년경 가나안 정착을 하면서 가나안 바알종교에서 들어온 제사율법도 있는데, 예수님이 오시면서 기독교에서는 구약의 제사의식인 제사율법(祭儀)은 그 효력을 이미 상실해 사라졌지만, 도덕율법은 오히려 신약에서 더 보강되어졌으므로 이 세상이 없어지기 전에는 도덕율법의 일점일획도 없어지지 아니하고 그 뜻을 다 이룬다는 것입니다. 도덕율법은 하나님이 인간을 교육시키기 위해서 특별히 직접 내려주신 직접적인 계시이기 때문에 인간이 존재하는 한 일점일획도 없어지지 않는다는 것입니다.

그리고 계시록 22장에서 예수님은 예언의 말씀은 하나님의 직접적인 계시이므로 하나님의 예언의 말씀 중에 하나라도 더하거나 없애면 하나님 말씀을 다르게 변질시키는 것으로 천국인 자격을 하나님이 없애버리신다는 것입니다. 왜냐하면 예언의 말씀은 창조주 하나님만이 하시는 말씀으로, 하나님이 존재하시며 뜻(의도)하시며 역사하시는 것을 인간에게 직접 보여주고 증거하는 성스러운 말씀이기 때문입니다. 그러므로 위 두 성경구절은 성경 전체 내용이 일점일획이라도 틀리지 않는다는 성경무오설과는 전혀 관계가 없는 내용인데도 불구하고 잘못 이해되어 성경무오설로 와전되어 내려오고 있는 것입니다.

인간을 교육시키기 위한 성경은 하나님의 직접적인 계시만 필요한 것이 아니라 하나님의 간접적인 계시로 타산지석적인 교육목적으로 이웃나라 수메르의 선조들이 지어낸 설화, 신화, 전설, 우화, 지혜서, 야담서 등의 지혜와 진리와 교훈의 말씀들도 꼭 필요한 것입니다. 이러한 하나님의 간접적인 계시를 성경기자가 인용 응용했기 때문에 성경 내용 모두가 일점일획도 틀리지 않고 사소한 내용의 차이도 없고 비현실적인 내용이 전혀 없이 모두 진리일 수는 없는 것입니다. 그 때문에 성경 어디에도 성경은 성령의 감동으로 쓰여졌기 때문에 일점일획도 틀리지 않는다고 명백히 못 박아 기록되어 있는 곳은 한 곳도 없습니다.

성경에는 오직 율법의 일점일획이라도 없어지지 아니하고 다 이루리라고 기록되어 있을 뿐입니다. 그러나 우리는 성경은 모두 하나님의 성령의 감동을 받아 쓰여진 책이기 때문에 일점일획도 틀리지 않는다는 성경무오설을 늘 들어와서 그렇게 믿어왔기 때문에 성경은 진짜로 일점일획도 틀리지 않는다고 자신도 모르게 믿어온 것입니다.

그래서 이웃나라 수메르(바벨론)－엘람(페르시아)의 신화, 설화, 우화 등을 인용 응용한 천지창조 이야기나 에덴동산 이야기나 노아 홍수 이야기까지도 성경무오설 때문에 일점일획도 틀리지 않는 하나님의 계시로 쓰여진 역사적인 사실 이야기라고 스스로 믿게 되고 억지 주장을 하게 되는 것입니다.

구약성경은 선지자나 성경기자들의 주어진 시대적, 지역 환경적, 사회적, 교육적 상황에 따라 기록 당시에 사용되던 고대 언어들로 기록되어졌습니다. 그래서 수천 년 후에 성경기자나 번역자들은 구약성경의 단어나 구절을 모두 이해할 수가 없었습니다. 유대인 간행협회(the Jewish Publication Society)에서 출판한 구약성경의 각주(脚註)들을 보면, 히브리 단어, 구문(構文), 문법, 운문(韻文), 구절 등의 많은 의미들이 확실치 않다고 기록하고 있습니다. 히브리 성경의 본문을 유대인 간행협회에서도 많은 곳에서 그 의미가 확실치 않다고 진술하고 있기 때문에 그들에 의해 만들어져 편찬된 성경이 무오할 수는 없는 것입니다.

성경이 일점일획도 틀림이 없어야 성경말씀이 신적인 권위가 서서 성서로 된다고 믿는 신앙은 잘못된 것입니다. 하나님의 권위는 글자 하나하나에 또는 한 획 한 획 속에 오류가 없는 것에 있는 것이 아니라, 성경문맥 속에 흐르고 있는 하나님의 높고 깊고 넓은 사랑+정의+선의 가르침 속에 들어 있는 것입니다.

문자 그대로 성경무오설을 절대적으로 신봉해 오다가 성경에서 사소한 내용 차이나 오류나 하나님의 간접적인 계시인 이웃나라의 신화나 우화, 설화 등을 발견하게 되면 당혹감을 면치 못하고 신앙적으로 안절부절 못하며 하나님에 대한 신앙의 믿음까지도 흔들리게 됩니다. 이러한 현상은 인간의 실수로 오는 오류나 내용 차이나 현자들의 개인적인 이야기를 사리판단하지 못하는 맹신적인 믿음에서 오는 현상입니다.

예를 들어 노아 홍수 이야기가 성경무오설 때문에 일점일획도 틀림이 없는 하나님의 직접적인 계시로 쓰여진 역사적인 사실 이야기로 믿어오다가 수메르의 홍수 이야기를 인용 응용한 것을 알았을 때 하나님에 대한 신앙의 믿음까지도 흔들리게 됩니다. 이러한 신앙적인 혼돈은 선대 신앙인들이나 교회에서 의도적으로 진실을 숨기고 왜곡된 전도 생활을 오늘날까지 해오고 있기 때문입니다.

이러한 신앙적인 혼돈을 피하기 위해서라도 성경을 진실 그대로 밝혀 나가는 것만이 오직 하나님의 뜻대로 순종하며 의를 좇고 분쟁 없이 화평하게 바른 신앙의 길을 가게 하는 것입니다. 왜냐하면 하나님은 질서와 화평과 공의와 사랑의 하나님이시기 때문입니다. 공의(公義)는 공평하고 의로운 도리입니다. 의(義, 정의)는 거짓 없는 올바른 도리로 진리, 사실, 진실, 실체, 진상, 의로운 것, 공평, 화평, 화목, 사랑, 선 등 긍정적인 모든 것을 추구하기 때문에 모든 사물의 바른 길잡이가 되기 때문입니다. 만일 성경 내용이 일부라도 왜곡되어 전해진다면, 이는 불의를 좇는 행위로 하나님의 뜻을 거역하는 것입니다. 어떠한 이유에서든 하나님의 뜻을 거역하여 의를 도외시하여 불의를 좇아서는 안 됩니다.

성 어거스틴은 창세기 9장까지를 신화적 우화적으로 생각하라고 충고했습니다. 성 어거스틴 말씀처럼 구약성경 창세기에서 몇 가지 이야기를 신화적 우화적으로 생각한다고 성경의 권위가 떨어지거나 하나님의 권위가 떨어지거나 신앙심이 떨어지는 것은 아닙니다. 시대가 시대인 만큼 2천 년 전 과학 지식이 거의 없던 시대에 천지 우주만물이 만들어진 천지창조 이야기나 하나님의 죄에 대한 엄한 벌에 대하여 이야기를 쓰려면 자연히 신화나 설화에 의존할 수밖에 없었던 것은 너무나 당연한 일입니다. 그러기에 창조 이야기이고 노아 홍수 이야기이고 에덴동산 이야기이고 기적 이야기인 것입니다. 신화나 설화 속에도 맞는 이야기와 맞지 않는 이야기가 있으므로 맞는 이야기는 맞는 대로 맞지 않는 이야기는 맞지 않지만 그 속에서 하나님이 뜻(의도)하시는 교훈대로 받아들이면 되는 것입니다.

시대가 지나갈수록 인간의 문명은 발전 발달되어 가므로 인간의 지능, 신앙, 사고관, 사상, 영의 능력도 발전 발달되어 진화 변천되어 가므로 신앙 면이나 사고 면이나 과학적인 면이 미지했던 원시고대와는 당연히 차이가 많이 나고 많이 다르게 되기 때문에 원시고대의 신앙관과 사고관과 과학관과 가치관과 진리관을 수천 년이 지난 오늘날까지도 억지로 고집하고 수호하고 주장하기보다는 시대에 맞게 상황에 맞게 상대에 맞게 신앙적으로 과학적으로 영적으로 진리적으로 융통성 있게 조화시켜 나가는 것이 최선의 바른 신앙의 길입니다. 그래야만 현대인들도 하나님 말씀을 더 쉽게 이해할 수 있고 더 친근감을 가지고 더 진실적으로 받아들여 성경에 더 큰 호감을 가지게 됩니다. 하나님은 살아계신 신(生主)으로 대화와 교제의 신이시기 때문에 인간들과 늘 대화하시고 교제하시며 인도하시고 교육시키십니다. 하나님이 인간들을 교육시키시는 책이 성경입니다. 2,000년 전 원시 고대인들을 상대로 그들 교육수준에 맞게 교육하신 성경말씀만으로는 오늘날 문명화된 현대인들까지 충분히 교육시킬 수는 없는 것입니다. 그러므로 적어도 100년에 한 번씩은 종교회의나 신앙연구회 등을 통해 하나님이 인간들에게 그동안 계시로 주신 진리와 가르침의 말씀들을 정리해 첨가해 나가면서 진리나 하나님의 가르침에 어긋나는 내용은 수정해 나가고, 불필요한 내용은 삭제해 나가거나 또는 제3의 성경(부성경)을 따로 만들어 하나님의 말씀이나 가르침을 따로 정리해 나가는 것이 오히려 하나님의 모든 중요한 진리의 말씀과 가르침을 영원히 떠받들며 보존하며 순종하며 하나님과 늘 교제하는 바른 신앙의 길인 것입니다.

수천 년 전 학교교육이라곤 전혀 없이 미신들만 들끓던 원시 고대시대에 쓰여진, 기적적 미신적 신화적 전설적 설화적 우화적인 이야기들까지 하나님의 직접적인 계시로 일점일획도 틀림이 없는 역사적인 사실 이야기라고 사수하며 억지 주장을 하면서, 성경 내용과 다소 다른 진리적인 이야기까지 무조건 눈과 귀와 입을 막으라며 하나님과 예수님을 믿으라고 하면, 현대과학 교육을 받은 현대인들은 더 이상 듣고 싶지 않으므로 자연히 멀어질 수밖에 없는 것입니다.

제2장

구원이란 무엇인가?

- 구원은 어떻게 받는가?
- 믿음 속에 행위의 구원
- 예수님 전 시대의 구원은?

1. 구원은 어떻게 받는가?

천지 우주만물은 하나님의 영(정보와 에너지를 지니고 다루는 영적인 존재)으로 만들어지기 때문에, 우리의 영도 하나님의 영으로 만들어지므로 우리 몸속 세포 속에는 하나님의 영(성령, 신령, 신)과 우리의 영(혼, 영혼)이 공존합니다. 공존하지만 우리의 영이 하나님의 영하고 교제하기를 원하지 않으면 두 영은 영적으로 잠자듯이(죽어 있듯이) 머뭅니다. 그러나 우리가 구원을 받아 우리의 영이 영적으로 깨어나면(살아나면) 하나님의 영과 영적 교제를 하게 됩니다. 이는 곧 성령이 내게 임하는 것입니다.

그러므로 구원을 받는 것은 하나님과 예수님(아들 하나님)의 은혜를 알고 믿는 것이고, 예수님의 대속을 믿는 것이고, 죄 사함을 받는 것이고, 성령이 임하는 것이고, 영적으로 거듭나는 것이고, 하나님의 자녀가 되는 것이고, 죽음이 없이 영원히 사는 영생을 얻는 것입니다. 우리의 영이 영적으로 살아나 구원을 받기 위해서는 하나님과 예수님의 은혜를 진심으로 알고 믿을 때 성령과 우리의 영이 잠자던 상태에서 동시에 깨어나 교제에 응하는 순간부터 구원을 받는 것입니다.

▎구원은 은혜를 믿음으로 받고 행위로 구원을 온전케 값지게 합니다

"하나님의 독생자인 예수님은 인간을 구원하기 위해서 성육신하셔서 우리의 모든 죄를 대신하여 십자가에서 피를 흘리시며 죽으셨습니다. 그리고 하나님은 예수님을 죽은 자 가운데서 살리셔서 3일 만에 부활시키셨습니다. 하나님은 천지 우주만물을 창조하시고 돌보시고, 예수님은 하나님의 일을 도우시고 우리의 죄를 대속하셨습니다. 하나님의 은혜를 진심으로 믿는 순간부터 나는 죄 사함을 받아 구원을 받은 것입니다."

구원을 받으면 성령이 내게 임하므로 나는 영적으로 거듭나서 하나님의 자녀가 된 것입니다. 구원으로 인해 나의 모든 죄(과거의 죄+현재의 죄+ 미래의 죄)는 영적으로 사함 받아서 지옥에 가는 정죄는 없으나 새로 짓는 육신의 죄는 하나님 앞에 고백, 회개하여 용서를 받고, 죽으면 구원으로 인해 천국에서 영생하게 됩니다. 구원받은 자가 악에 물들지 않고 죄를 덜 짓고 화평 세상에 참여하도록 하나님은 징계를 계속하십니다. 천국에도 좋은 것과 나쁜 것, 좋은 직분과 나쁜 직분이 있기 때문에 구원을 받은 자라도 인과응보대로 보응을 받게 됩니다.

구원은 만물을 창조하시고 다스리고 돌보시는 하나님과 하나님 옆에서 하나님의 일을 도우시고 인간의 죄를 대속(예수님이 십자가에 못 박혀 죽으심으로써 그 보혈로 인류의 죄를 대신 씻어 구원한 일)하신 예수님의 은혜를 진실로 믿음으로써 값없이 받는 것입니다. 하나님이 하나님과 예수님의 은혜를 알고 믿어야만 구원을 받을 수 있도록 한 이유는, 은혜를 알고 믿고 구원을 받으면 하나님과 예수님처럼 빛처럼 은혜를 베푸는 것을 본받아 정의+사랑+선을 베풀면서 자비주의+이타주의+화평주의적으로 살아가면서 천국 세상을 이루어가는 데 동참하기 때문입니다.

인간이 만물과 동물을 다스리며 화평하게 서로 상호작용을 하면서 서로 사랑하고 공생 공존하며 살아가기 위해서는 부모교육과 학교교육만으로는 부족하고 창조주 하나님의 교육이 절대적으로 필요한 것입니다. 부모에게 진실로 성심껏 공양을 하든 안 하든 자유입니다. 그러나 진정한 자식이라면 낳아주고 길러주신 부모의 은혜를 알고 은혜의 보답으로 부모를 공양하는 것이 마땅한 본분이고 의무이고 도리입니다. 마찬가지로 하나님과 예수님을 진실로 성심껏 경외하든 안 하든 믿든 안 믿든 숭배하든 안 하든 자유입니다. 그러나 진정한 하나님의 피조물인 인간이라면, 내가 살아갈 수 있도록 필요한 수많은 우주만물을 일일이 신경 써가면서 만들어놓으시고 아름다운 자연환경의 터전을 닦아 놓으시고 나의 육체에 영으로 거하시면서 매사 매시에 나를 돌보아주시는 하나님과 예수님의 은혜를 진정으로 알고 믿고 경외하고 숭배하는 것은 인간으로서 마땅한 본분이고 의무이고 도리인 것입니다.

하나님의 의도(뜻)가 들어 있는 하나님의 3대 힘(자연의 3대 힘)=상대적인 극성의 힘(음양의 힘, 보완의 힘)+평형의 힘(화평의 힘, 동적평형의 힘)+상호작용의 힘(협력의 힘, 상부상조의 힘)은 만물 사이에 서로 주고받는 힘이며 행위이며 작용인 것입니다. 서로 주고받는 힘은 서로 보완하는 힘이고 서로 화평해지는 힘이고 서로 상부상조하는 힘이고 서로 아끼고 보호하는 힘이고 서로 교제하는 힘이고 서로 공생 공존하는 힘입니다.

서로 주고받는 힘이나 행위는 자연(하나님의 피조물)의 섭리이므로 부모나 하나님이나 예수님의 뜨거운 사랑의 은혜를 받았으면 마땅히 은혜의 보답으로 뜨거운 사랑을 되돌려주는 것이 자식된 도리이고 인간된 도리입니다. 부모님에게 효도하는 최선의 방법은 부모와 자주 대화를 나누며 부모님 말씀을 경청하고 행위로 실천하는 것입니다. 부모님의 말씀을 흘려보내고 행위로 옮기지 않는다면 부모님에게 효도하는 것이 아니라 불효를 하는 대죄를 짓는 것입니다. 마찬가지로 하나님을 경외하는 최선의 방법은 하나님과 대화를 나누는 영적 교제를 자주하며 하나님 말씀을 경청하고 행위로 실천하는 것입니다. 하나님 말씀을 못 들은 것처럼 마음을 닫아버리거나 하나님 말씀을 흘려보내거나 하나님 말씀을 행위로 옮기지 않거나 하나님 말씀에 순종하지 않으면 하나님과 예수님의 큰 은혜를 조금도 헤아리지 못하는 배은망덕한 행위이기 때문에 아무리 선행을 많이 하여도 하나님과의 관계에서는 의인이 되는 것이 아니라 파렴치한 부도덕한 대죄인이 되는 것입니다.

하나님을 전혀 몰라서 하나님을 숭배하지 못하는 것과 하나님을 분명히 알면서도 모르는 척 외면하여 숭배하지 않는 것과는 분명히 다른 것입니다. 그 때문에 인간은 하나님의 가장 중요한 구원의 말씀을 경청해서 행위로 옮기는 것이 인간의 참된 도리이고 참된 의무이고 참된 본분입니다.

설사 '대속적인 구원'이 만에 하나라도 사실이 아니더라도 하나님의 은공을 알면서 하나님께 감사드리며 '믿음 속에 행위의 구원' 생활을 하면서 선하게 의롭게 화평주의적으로 살아왔기 때문에 하나님의 뜻에 따라 살아왔으므로 엎치나 뒤치나 인과응보대로 더 좋은 보응을 받게 되므로 조금도 손해 보는 신앙생활이 아닌 것입니다.

> 영생(구원)은 곧 유일하신 참 하나님과 그의 보내신 자 예수 그리스도를 아는 것이니이다. [요 17:3]

> 율법을 좇아 거의 모든 물건이 피로써 정결케 되나니 피 흘림이 없은즉 사함이 없느니라. [히 9:22]

피를 흘리지 않으면 죄가 사함 되지 않으므로 만인의 죄를 사함 시키기 위해서 예수님은 피를 흘리시며 죽어가셔야 했던 것입니다. 동물의 피나 죄 있는 자의 피로는 죄가 완전히 사하여지지 않고, 예수님같이 죄가 하나도 없는 의인의 피라야만 죄가 완전히 사하여지는 것입니다. 그러므로 인류의 죄를 깨끗이 씻어버려 죄 사함 시키기 위해서는 의인이시며 강한 신성을 지니신 예수님의 피라야만 합니다. 예수님이 우리의 죄를 대신해 죽으신 이후로는 우리가 구원을 받으면, 우리의 죄(과거의 죄+현재의 죄+미래의 죄)가 영적으로 모두 깨끗이 사함을 받았으므로 더 이상 동물의 피로 하나님께 제물로 바칠 필요가 없는 것입니다.

구원을 받는 방법은 하나님과 예수님의 은혜를 알고 믿는 것인데, 이는 하나님이 인간과 정하시고 맺으신 약속이고 하늘의 법입니다. 우리가 세계여행을 하려면 나라마다 다소 다른 그 나라 국법에 따라 항의 없이 이유 없이 처신하며 살아가야만 그 나라 법망에 걸리지 않고 그 나라에서 자유인으로 자유롭게 여행을 할 수 있습니다. 마찬가지로 우리는 창조주 하나님이 정해 놓으신 영혼법(구원법, 하늘법)에 따라 이유 없이 항의 없이 살아가야만 죄망에 걸리지 않고 자유인으로 이 세상에서나 저 세상에서 자유로이 살아갈 수 있는 것입니다.

2. 믿음 속에 행위의 구원

옛날부터 기독교에서 가장 중요한 교리는 구원입니다. 구원에 의해 저 세상에서 좋고 나쁜 운명이 결정지어지기 때문입니다. 그러나 기독교인들 사이에도 옛날부터 오늘날까지 구원에 대한 신념이 유감스럽게도 양분되어 왔습니다. 구원에 대한 신념은 종교개혁의 동기가 되었고, 개신교와 가톨릭교회가 분리되는 이유가 되었습니다. 그리고 기독교 내에서도 구원에 대한 교리로 정통파와 이단파로 갈라지고 다시 여러 갈래로 분파화되었습니다.

성경을 전체적인 문맥의 흐름을 무시한 채 성경 몇 구절만 보고 믿으면 극단적인 주장이 나올 수 있습니다. 극단적으로 치우친 모순된 교리에 빠지지 않도록 좌로나 우로나 치우치지 않도록 조심해야 합니다.

> 너희 하나님께서 너희에게 명령하신 대로 너희는 지켜 행하여 좌로나 우로나 치우치지 말고 그 모든 도를 행하라 그리하면 너희가 삶을 얻고 복을 얻어서 너희의 얻은 땅에서 너희의 날이 장구하리라. [신 5:32~33]

구원은 오직 믿음으로만 얻는 구원을 말하는가 아니면 믿음 속에 행위가 따르는 구원을 말하는가? 얼핏 보면 바울은 믿음으로만 구원을 얻는 '믿음만의 구원'을 주장하는 것 같고, 야고보는 '행위로 얻는 구원', '행위의 구원'을 주장하는 것 같습니다.

구원은 선한 행위로 받는 것이 아니라 하나님의 은혜를 믿음으로 받고, 행위로 구원을 온전케 값지게 만드는 것입니다. 믿음의 구원이 강하면 자연히 행위의 구원이 따르고, 행위의 구원이 강하면 자연히 믿음의 구원도 강해지므로 강한 믿음의 구원은 곧 강한 행위의 구원이므로 믿음의 구원 속에 행위의 구원이 있고, 행위의 구원 속에 믿음의 구원이 있으므로 강한 믿음의 구원과 강한 행위의 구원은 같은 강한 구원으로, 이는 곧 '믿음 속에 행위의 구원'이고 '행위 속에 믿음의 구원'인 것입니다. 진정으로 마음으로 하나님과 예수님의 사랑의 은혜를 믿고 구원을 받았다면, 은혜에 대한 보답으로 자연히 하나님 말씀대로 뜻(의도)대로 살게 되므로 자연히 은혜다운 이타주의적인 구원의 행위가 따르게 됩니다.

행위가 따르는 구원은 믿음 속에 행위의 구원으로 남을 위한 이타주의적인 구원이므로 하나님과 다른 사람을 화평스럽게 영광스럽게 하는 구원입니다. 그러나 행위가 따르지 않는 믿음만의 구원은 자신만을 위한 이기적인 구원이므로 하나님과 다른 사람을 화평스럽게 영광스럽게 하지 못하는 구원이므로 이상주의(공상적이나 광신적인 태도)적이고 구호적인 구원입니다. 하나님과 예수님이 그토록 강조하신 구원은 믿음만 있는 머리로만 아는 구호적인 구원이 아니고, 행위가 따르는 '믿음 속에 행위'의 구원을 말씀하신 것입니다.

> (8)너희는 그 은혜로 인하여 믿음으로 말미암아 구원을 얻었나니 이것이 너희에게서 난 것이 아니요 하나님의 선물이라 (9)행위에서 난 것이 아니니 이는 누구든지 자랑치 못하게 함이니라 (10)우리는 그의 만드신 바라 그리스도 예수 안에서 선한 일을 위하여 지으심을 받은 자니 이 일은 하나님이 전에 예비하사 우리로 그 가운데서 행하게 하려 하심이니라. [엡 2:8~10]

에베소서는 그리스도 예수의 사도 바울이 옥중에서 에페수스 교회에 쓴 편지인데, 앞에 8~9절은 행위로 구원을 받는 것이 아니라 예수님의 은혜를 믿음으로서 구원을 받는다고 하므로 믿음의 구원을 말하고, 뒤에 10절은 우리 신도들은 예수님 은혜 안에서 선한 일을 위해 창조된 피조물이라고 함으로써 행위의 구원을 말합니다. 앞절만 강조하면 믿음만의 구원이고, 뒷절만 강조하면 행위의 구원이고, 앞뒤 절 모두 강조하면 '믿음 속에 행위의 구원'입니다. 앞절과 뒷절을 따로따로 분리하여 끊어 읽으면 구원에 대하여 서로 상반되는 주장을 하는 것같이 느껴지고, 앞뒤 절을 함께 붙여 읽으면 서로 구원을 보강해 주는 것같이 느껴집니다. 그러므로 성경구절은 붙여 읽어야 할 곳에서는 반드시 붙여 읽어야 성경구절이 뜻(의도)하는 참뜻을 알 수 있는 것입니다. 앞절만 얼핏 보면 바울은 믿음만의 구원을 주장하는 것으로 오해되기 쉬우나 뒷절을 함께 보면 바울도 행위가 중심이 되는 행위가 따르는 '믿음 속에 행위의 구원'을 분명하게 강조하고 있는 것입니다. 그러므로 구원은 은혜를 믿음으로써 받고 행위로 구원을 온전케 값지게 하는 것입니다.

> 그런즉 누구든지 그리스도 안에 있으면 새로운 피조물이라 이전 것은 지나갔으니 보라 새것이 되었도다 모든 것이 하나님께로 났나니 저가 그리스도로 말미암아 우리를 자기와 화목하게 하시고 또 우리에게 화목하게 하는 직책을 주셨으니 [고후 5:17~18]

사도 바울이 고린도 교회에 보낸 편지도 그리스도 대속의 은혜를 믿고 구원을 받으면 신앙적으로 다시 태어나는 새로운 피조물로써 구원받은 자들은 서로 화목(화평)하게 하는 직책을 받았다는 것으로 구원의 행위가 마땅히 따라야 한다는 것을 강조하고 있기 때문에 사도 바울도

'믿음 속에 행위의 구원'을 분명히 강조하고 있는 것입니다.

> (28)그러므로 사람이 의롭다 하심을 얻는 것은 율법의 행위에 있지 않고 믿음으로 되는 줄 우리가 인정하노라… (31)그런즉 우리가 믿음으로 말미암아 율법을 폐하느뇨 그럴 수 없느니라 도리어 율법을 굳게 세우느니라. [롬 3:28~31]

로마서 3장 28절에는 구원을 받아 의롭게 되는 것은 율법의 행위에 있지 않고 믿음으로만 되는 것처럼 말하고 있으나, 곧이어 31절에서는 믿음만 있으면 의로워지므로 율법은 필요치 않아 폐할 수 있는 것으로 보이나, 율법은 죄와 의를 깨닫게 하고 죄를 사함 시키기 위해서 예수님한테로 인도하기 때문에 율법이 있음으로 구원의 역사도 이루어지므로 율법을 더 굳건히 하게 된다는 것입니다. 즉, 율법에 의해서 믿음 속에 행위의 구원도 이루어진다는 것입니다.

> 그러므로 우리가 믿음으로 의롭다 하심을 얻었은즉 우리 주 예수 그리스도로 말미암아 하나님으로 더불어 화평을 누리자 또한 그로 말미암아 우리가 믿음으로 서 있는 이 은혜에 들어감을 얻었으며 하나님의 영광을 바라고 즐거워하느니라. [롬 5:1~2]

사도 바울의 서신인 에베소서 2:8~9와 갈라디아서 3:24와 로마서 3:28, 5:1에서 뒷절은 안 보고 앞절만 보고 주장하기 때문에 한쪽으로 치우친 견해를 가지게 됩니다. 그래서 마틴 루터나 많은 신앙인들이 구원은 믿음으로만 받는 것인 줄로 크게 오해하여 행위를 등한시하게 되어 '믿음만의 구원'을 강조하는 구원파가 많이 생겨나게 되었습니다. 그러나 오해되는 구절 앞뒤 구절을 살펴보든가 또는 사도 바울의 복음서를 총체적으로 살펴보면 사도 바울도 '믿음 속에 행위의 구원'을 분명하게 강조하고 있습니다. 예수님의 은혜는 우리의 죄를 대신 짊어지고 대신 죄를 받으신 것으로 이는 자비주의적이고 이타주의적이고 화평주의적인 행위인 것입니다. '우리가 이 은혜에 들어감을 얻었으며'의 의미는 이 사랑의 희생 행위 속에 들어감을 얻었다는 말로, 예수님처럼 남을 위한 사랑의 희생 행위를 본받아 자비주의적이고 이타주의적이고 화평주의적인 삶을 살게 되므로 하나님께 영광이 될 것을 믿고 즐거워한다는 것입니다.

마틴 루터(Martin Luther, 1483~1546)는 젊어서는 하나님은 인간에게 행위를 요구하는 것이 아니라, 예수 그리스도를 통해 인간에게 접근해서 은혜를 베풀어 인간을 구원하신다고 생각했습니다. 그래서 젊어서는 '믿음만의 구원'을 강조했습니다. 그러나 노년에는 예수 그리스도의 사랑의 은혜로 구원을 받고 죄를 용서받으면, 은혜에 보답하기 위해서 인간은 마땅히 선행행위가 따라야 한다고 '믿음 속에 행위의 구원'을 분명하게 강조했습니다.

야고보 선지자는 행함이 없는 믿음은 헛것이라고 말합니다. 행함이 없이 입으로 하는 믿음은 헛된 믿음이라고 합니다. 그러한 믿음만을 가지고는 자신을 구원할 수 없습니다. 마음으로 하나님과 예수님의 은혜를 진정으로 믿어 구원을 받았다면 마땅히 은혜의 보답으로 믿음과 행위에서도 구원받은 변화된 삶이 행해져야 구원의 의의와 보람도 있는 것입니다. 머리로만 믿고 마음과 행위로는 조금도 나타나지 않는 이기적인 구원이라면 안 받은 구원이나 죽은 구원이나 쓸모없는 구원이나 조금도 다를 바 없습니다.

행위가 따르지 않는 형식적이고 구호적인 구원은 예수님이 피를 흘리시며 십자가에서 돌아가시면서 우리의 죄를 대신한 아무런 보람과

의의가 없는 것입니다. 그 때문에 행위가 따르지 않는 구원은 우리 사이에 사랑과 화평과 즐거움이 될 수 없고, 하나님께는 영광이 될 수 없습니다. 양심이 조금이라도 있다면 예수님의 뜨거운 사랑으로 이루어진 값진 대속 은혜에 대하여 감사한 뜨거운 마음이 절실하기 때문에 말씀대로 행하며 살아가려는 의도가 자신도 모르게 행위에 나타나게 됩니다. 그러므로 행위가 따르지 않는 구원은 구원을 실지로 받은 것이 아닌 것입니다.

> 내 형제들아 만일 사람이 믿음이 있노라 하고 행함이 없으면 무슨 이익이 있으리요 그 믿음이 능히 자기를 구원하겠느냐… 이와 같이 행함이 없는 믿음은 그 자체가 죽은 것이라… 믿음이 그의 행함과 함께 일하고 행함으로 믿음이 온전케 되었느니라… 사람이 행함으로 의롭다 하심을 받고 믿음으로만 아니니라… 영혼 없는 몸이 죽은 것같이 행함이 없는 믿음은 죽은 것이니라.
> [약 2:14~26]

사도 바울과 선지자 야고보의 구원에 대한 가르침은 서로 상충되지 않습니다. 서로 같은 주장을 하면서 다만 다른 관점으로 강조하고 있을 뿐입니다. 바울은 오직 믿음에 의해서 의롭게 되어 구원을 받으면 새로 태어나 마음과 행위에 변화가 있는 것을, 즉 선구원 후행위를 강조하고 있습니다. 야고보는 그리스도 안의 진정한 믿음으로 구원을 진정으로 받으면 선한 행위가 자연히 따른다는 것을 강조하고 있기 때문에 역시 '선구원 후행위'를 강조하고 있습니다. 즉, 두 선지자의 가르침은 믿음만의 구원이 아니고 행위가 따르는 '믿음 속에 행위의 구원'을, 즉 '선구원 후행위'를 분명히 강조하고 있는 것입니다.

예수님도 말만하는 형식적이고 구호적인 믿음만으로는 안 되고 오직 하나님 뜻대로 행하는 자라야 천국에 갈 수 있다고 분명히 말씀하셨습니다. 마지막 심판 때 예수님은 불우한 이웃을 돕지 않은 왼편(염소)에 속한 사람들은 마귀들을 위해 예비된 '영원한 불'에 들어갈 것이라고 분명하게 말씀하셨습니다.

> 인자(예수)가 자기 영광으로 모든 천사와 함께 올 때에 자기 영광의 보좌에 앉으리니 모든 민족을 그 앞에 모으고 각각 분별하기를 목자가 양과 염소를 분별하는 것같이 하여 양(의인)은 그 오른편에, 염소(죄인)는 왼편에 두리라… 임금(예수)이 대답하여 가라사대 내가 진실로 너희에게 이르노니 너희가 여기 내 형제 중에 지극히 작은 자 하나에게 한 것이 곧 내게 한 것이니라 하시고… 이 지극히 작은 자(가난하고 불쌍한 자) 하나에게 하지 아니한 것이 곧 내게 하지 아니한 것이니라 하시리니 저희는 영벌(지옥에서 받는 영원한 벌)에 의인들은 영생에 들어가리라 하시니라. [마 25:31~46]

> 내가 너희에게 이르노니 너희 의가 서기관과 바리새인보다 더 낫지 못하면 결단코 천국에 들어가지 못하리라. [마 5:20]

> 나더러 주여 주여 하는 자마다 천국에 다 들어갈 것이 아니요 다만 하늘에 계신 내 아버지의 뜻대로 행하는 자라야 들어가리라. [마 7:21]

> 네가 네 손이 수고한 대로 먹을 것이라. [시 128:2]

인간은 이 세상이나 저 세상에서 인과응보대로 보응을 받는다는 가르침입니다. 이 세상에서 충분한 보응을 미처 못 받은 사람은 저 세상에서 충분한 보응을 받게 됩니다. 가장 이상적인 구원은 '선구원 후행위'입니다. 먼저 교회에 나가며 하나님과 예수님의 은혜를 깨우쳐 믿음으로써 구원을 받고, 구원을 받아 성경을 읽고 배우며 찬송하며 감화된 마음으로 신앙생활을 해나가면 하나님과 예수님의 더 큰 은혜를 진실로 깨우치게 되어 은혜의 고마움으로 자연히 하나님과 예수님처럼 빛과 같은 이타주의적인 삶을 살게 되므로 자연히 하나님이 뜻하시는 화평한 세상을 이루어가는 데 동참하게 됩니다.

3. 예수님 전 시대의 구원은?

예수님이 오시기 전 시대나 예수님의 복음이 들어가지 않은 지역이나 구원을 들어보지 못한 사람들은 어떻게 구원을 받았는가? 구원을 모르고 자기 양심에 따라 선하게 살다 죽은 선량한 사람들이나 아이들은 어떻게 구원을 받았는가?

> 알지 못하던 시대에는 하나님이 허물치 아니하셨거니와 이제는 어디든지 사람을 다 명하사 회개하라 하셨으니 이는 정하신 사람으로 하여금 천하를 공의로 심판할 날을 작정하시고 이에 저를 죽은 자 가운데서 다시 살리신 것으로 모든 사람에게 믿을 만한 증거를 주셨음이니라 하니라. [행 17:30~31]

예수님이 오시기 전 구원을 모르던 시대나 성경이 들어가지 않은 지역의 사람들은 성경의 하나님을 잘 알지 못하였으므로 하나님이 허물치 아니하신다고 하셨습니다. 예수님이 오시기 전에도 자연물에 서려 있는 신성함을 보고 하나님을 믿고 숭배하며, 자기 양심에 따라 선하게 살아간 사람들은 행위에 따른 '행위의 구원'을 받게 하셨습니다. 그리고 복음이 전파되어 예수님을 알게 된 시대부터는 '공의의 구원(믿음 속에 행위의 구원)'을 받게 하셨습니다. 그러나 예수님이 오신 이후에도 예수님을 모르고 성경을 모르는 사람들은 여전히 행위의 구원을 받게 될 것입니다.

복음에는 하나님의 의가 나타나서 믿음으로 믿음에 이르게 하나니 기록된 바 오직 의인은 믿음으로 말미암아 살리라 함과 같으니라. 하나님의 진노가 불의로 진리를 막는 사람들의 모든 경건치 않음과 불의에 대하여 하늘로 좇아 나타나나니 이는 하나님을 알 만한 것이 저희 속에 보임이라 하나님께서 이를 저희에게 보이셨느니라. 창세로부터 그의 보이지 아니하는 것들 곧 그의 영원하신 능력과 신성이 그 만드신 만물에 분명히 보여 알게 되나니 그러므로 저희가 핑계치 못할지니라. [롬 1:17~20]

하나님은 성경이 없던 시대나 성경이 들어가지 않은 지역은 자연물에 서려 있는 신성(영)함과 영의 전지전능한 능력을 보고 하나님의 존재하심을 믿고 의지하고 기도하고 양심(옳고 그름, 선과 악, 사랑과 미움, 좋고 나쁨을 변별 판단하는 영의 활동)에 따라 선하게 살아가는 것만으로도 의롭게 생각하시고 기뻐하시어 '행위의 구원'을 해주셨습니다.

하나님을 진실로 마음속으로 믿고 의지하고 섬기고 기도하고 숭배하는 자는 자연히 자신의 양심의 활동으로 하나님의 뜻인 의를 좇고 죄와 악을 멀리하고 사랑을 베풀면서 화평하게 살아가게 되므로 성경을 모르고 구원을 모르더라도 자연히 행위의 구원을 받아 천국 국민이 될 수 있는 것입니다.

여호와를 의지하는 자는 다 복이 있도다. [시 2:12]

아브람이 여호와를 믿으니 여호와께서 이를 그의 의로 여기시고 [창 15:6]

하나님 앞에서는 율법을 듣는 자가 의인이 아니요 오직 율법을 행하는 자라야 의롭다 하심을 얻으리니(율법 없는 이방인이 본성으로 율법의 일을 행할 때는 이 사람은 율법이 없어도 자기가 자기에게 율법이 되나니 이런 이들은 그 양심이 증거가 되어 그 생각들이 서로 혹은 송사하며 혹은 변명하여 그 마음에 새긴 율법의 행위를 나타내느니라) [롬 2:13~15]

하나님은 인간에게 특별히 양심을 주셨기 때문에 하나님과 예수님을 모르더라도 양심에 따라 선하게 살아간 자는 누구나 구원을 받게 하셨습니다. 율법을 모르고 자신의 양심에 따라 선하게 살아간 사람들도 하나님의 뜻대로 화평하게 살아갔으므로 하나님을 영광스럽게 하므로 의로운 사람에 속하기 때문에 구원을 받습니다. 그 때문에 성경이 없던 아브라함이나 노아나 선지자들 시대에도 하나님을 믿고 의지하고 양심대로 선하게 살아가는 것만으로도 하나님은 기뻐하시고 구원을 해주셨습니다.

예수님이 오시고 복음이 들어간 때부터는 복음 시대가 시작되었으므로 예수님의 대속을 믿음으로써 구원을 받는 공의의 구원(믿음 속에 행위의 구원)이 이루어집니다. 복음 시대 이후에도 공의의 구원을 받을 수 없는 사람들은 자연히 행위에 따른 행위의 구원을 받으나 결코 공의의 구원을 받는 자들보다는 더 좋은 보응을 받을 수는 없을 것입니다. 왜냐하면 공의의 구원을 받은 자는 하나님과 예수님의 은혜를 알고 믿고 구원을 받았으므로 자연히 하나님 말씀에 순종하며 이타주의적이고 화평주의적인 신앙생활을 공의의 구원을 받지 않은 사람들보다 더 잘하게 되고, 그리고 하나님과 늘 교제하며 매사에 하나님께 감사드리며 살아온 공덕이 있기 때문입니다.

부모도 모든 자식을 똑같이 사랑하고 생각하나 그래도 부모와 가장 많이 대화를 나누고 부모를 늘 생각하고 부모를 기쁘게 하고 부모 말을 경청하고 잘 따르는 자식을 더 생각하게 되고 더 사랑하게 되고 유산도 더 물려주게 되는 법입니다. 그러나 부모를 모르듯 부모와 교제 없이 살아간 자식이라도 부모는 늘 생각하고 잘못을 늘 용서해 주고 잘 되기를 늘 바라고, 도움을 주지 못해 늘 마음과 뼈가 아픈 것처럼 하나님을 모르고 살아갔다고 하나님이 토라져서 하나님의 영의 씨앗인 영혼이 들어 있는 인간들을 큰 죄인으로 몰아 지옥에서 영원히 살도록 하시지는 않을 것입니다. 어린 아이들은 아직 죄에 대한 양심의 활동이 부족하므로 죄에 대한 심판이 없을 것입니다.

세상엔 착하고 선행을 많이 했으나 유감스럽게도 예수를 모르는 사람들이 많이 있습니다. 이들 착하고 선행을 많이 한 사람들이 예수를 단지 믿지 않았다는 이유로 모두 값없이 지옥에 가게 하는 것은 결코 공평하고 공의로운 심판이 아닌 것입니다. 우리 대다수가 절대로 공평하지 않고 의롭지 않다고 믿고 생각하고 판단하는 것은 역시 하나님도 같은 생각과 같은 판단을 하게 됩니다. 그래야만 인간이 하나님의 공의의 길을 따를 수 있기 때문입니다.

로마 가톨릭의 마지막 공의회인 제2차 바티칸 공의회(1962~1965)에서는 이미 공식적으로 타종교나 종교를 갖지 않은 사람이라도 선행하며 살아가는 사람은 구원의 길이 있다는 종교다원주의(타종교도 구원의 길이 있다고 믿음) 구원론을 선포했습니다. 「교회헌장」 16항에서는 이러한 사람들도(예수를 모르는 사람들) 성실히 살 때 구원을 얻을 수 있는 길이 있다고 기록되어 있습니다.

"사실, 자기의 탓 없이 그리스도의 복음과 교회를 알지 못하지만, 성실한 마음으로 하느님을 찾으며 양심의 명령으로 알려진 하느님의 뜻을 은총의 힘으로 실천하려고 노력하는 사람은 영원한 구원을 얻을 수 있는 것이다. 또한 자기의 탓 없이 하느님을 아직 명백히 인정하지는 못할지라도, 하느님의 은총으로 올바로 살아 보려고 노력하는 사람에게는 하느님의 섭리가 구원에 필요한 도움을 거절치 않으신다."

그리스도의 가르침을 따르는 기독교가 하나로 통합하자는 세계교회주의 운동(에큐메니즘, Ecumenism, 에큐메니컬 운동)으로 1948년에 세계교회협의회가 결성되었습니다. 세계교회협의회는 다른 종교에도 하나님이 역사할 수 있음으로 구원의 길이 있다고 인정합니다. 그들은 기독교의 신, 이슬람교의 신, 힌두교의 신이 있는 것은 하나님을 다른 방식으로 이해하고 있기 때문이라고 생각합니다.

"인간으로서 참되게 사는 사람은 하느님께서 다 구원해 주신다"라고 김수환 천주교 추기경도 생전에 늘 말씀하셨습니다. "진정 거듭난 신앙인이라면, 모든 종교에 다 구원이 있다. 참되게 살기만 하면 다 구원을 받는다"라는 김 추기경의 말씀은 정말로 참 하나님이 바라시는 바를 진실 그대로 대변한 것입니다. 이러한 종교다원주의 신앙이 김 추기경 개인의 신앙고백이 아니라 천주교의 공식적인 구원관입니다.

"선하게 산 자는 누구나 구원을 받는다"라는 인과응보적인 구원관은 수메르교(바벨론교), 조로아스터교(미트라교), 브라만교(힌두교), 불교, 유대교(기독교), 유교, 도교, 이슬람교 등 거의 모든 종교의 공통적인 구원관입니다. 단지 기독교만 인과응보적인 구원관 속에 하나님과 예수님의 은혜를 깨우치게 하는 대속적인 구원관을 첨부한 것입니다.

네가 거기서 네 하나님 여호와를 구하게 되리니 만일 마음을 다하고 성품을 다하여 그를 구하면 만나리라. [신 4:29]

하나님을 마음으로 진실로 믿고 찾는 자는 누구든지 그를 만나게 된다는 것입니다. 진정으로 하나님을 알기 원한다면, 하나님은 자신을 나타내 보이십니다. 이는 기독교나 가톨릭교나 불교나 이슬람교나 무종교이건 간에 이 세상을 창조한 하나님을 마음으로 진실로 믿고 찾고 의지하고 기도하면 창조주 하나님은 그 사람에게 꼭 나타나십니다. 성경이 없던 시대에도 수많은 사람들이 진실로 하나님을 믿고 기도했고 그때마다 하나님은 수많은 사람들에게 나타나셔서 말씀하시고 소원도 들어주셨습니다.

구원을 받은 사람이나 안 받은 사람이나 종교를 믿건 안 믿건 어려운 역경에 부닥쳤을 때에는 누구나 마음속으로 진실로 하나님을 찾고 하나님의 도움을 요청하는 기도를 올립니다. 그러면 하나님은 마음에서 우러나오는 진실된 기도에는 외면하지 않으시고 반드시 응답을 하십니다. 역경에 처했을 때 하나님께 진심으로 기도를 하면 외면하시지 않고 하나님이 소원을 기꺼이 들어준 경험을 누구나 적어도 2~3번은 체험했을 것입니다. 이러한 체험은 참 하나님은 반드시 성경만의 하나님이 아니시고 구원받은 자만의 하나님만이 아니시고 이스라엘만의 하나님이 아니시고 모든 사람과 모든 만물의 하나님이시라는 것을 명백히 증거하는 것입니다.

여의도순복음교회 조용기 목사는 2004년 5월 12일 동국대학교 불교대학원 초청 특강에서 '불교와 기독교의 가르침은 근본적으로 같다'고 자신의 종교다원주의적 종교관을 밝혔습니다.

"길은 많아도 생명의 길은 하나입니다. 기독교에만 구원 있다는 것은 유아독존적인 생각입니다. 그리스도가 내 마음 안에 있다는 말씀이나, 깨달으면 마음이 곧 부처(心是佛)라는 말씀은 표현만 다를 뿐 같은 말입니다. 불교와 기독교의 가르침은 근본적으로 같습니다. 부처님의 자비와 예수님의 사랑은 같은 것입니다."

50여 년 동안 목사로 신앙생활을 해온 그는 "불교는 불교만의 구원의 메시지가 있고 기독교는 기독교만의 메시지가 있기 때문에 예수 그리스도를 통해서만 구원이 이루어지는 것이 아니라 다른 구원의 길도 있다"라고 강조했습니다. 천주교의 김수환 추기경이나 기독교의 조용기 목사 같은 분들이 한평생 동안 신앙생활을 하며 감명받은 신앙관을 노년에 신앙고백하는 말씀들은 하나같이 종교다원주의 사상으로, 하나님은 예수님을 통한 공의의 구원(믿음 속에 행위의 구원) 못지않게 양심의 행위에 따라 받는 '행위의 구원'도 기꺼이 기뻐하시며 의롭게 생각하시어 구원하신다는 사실을 강조하고 있는 것입니다.

종교다원주의(宗敎多元主義, 타종교에도 구원의 길이 있다고 믿음)는 각 종교는 각각의 구원의 길이 있으므로 서로 개방성과 존경심을 가지고 서로 존중하고 받아들여 함께 구원의 길을 가야 한다는 것입니다. 특정 종교가 시공간 물질을 초월하는 영원불멸하는 영적 세계를 독점할 수 없고, 특정 종교의 신앙교리만으로 하나님 말씀을 모두 대변할 수 없으므로 타종교의 신앙까지 독점할 수는 없는 것입니다. 인간의 신앙사상이 시대적, 지리적, 역사적, 문화적, 환경적, 사회적 영향을 받으면서 형성되어 왔기 때문에 특정 종교의 신앙도 이러한 요인들을 특정적으로 받으며 발전되어 왔기 때문에 특정 종교의 신앙이 특정한 면을 벗어나 모든 면에서 신앙적으로 완벽할 수는 없기 때문입니다. 그 때문에 지역마다 나라마다 다른 종교가 우세적입니다. 그러므로 자기가 귀의하는 종교에 헌신하면서도 하나님의 뜻에 따라 자비주의적이고 화평주의적이고 이타주의적인 사랑으로 다른 종교도 존경하며 포용하면서 종교간의 대화와 상호작용을 모색해 나가면서 하나님의 참뜻과 참진리를 공동의 힘으로 찾아내어 빛내면서 공동으로 화평한 세상을 이루어가는 것이 하나님의 뜻에 순종하는 최선의 길인 것입니다.

사람들이 각자 자신들이 믿는 하나님만이 진짜 하나님이라고 믿고 고집하고 우기는 것은 매우 어리석고 잘못된 것입니다. 그러나 그들이 믿는 하나님도 진짜 하나님인 것만은 틀림없는 사실이나 전체적인 하나님은 아닌 것입니다. 왜냐하면 사람에게 감지되지 않는 하나님의 능력은 무한히 더 크고 더 많기 때문에 인간이 하나님의 모든 면을 모두 감지할 수는 없기 때문입니다. 하나님의 영(정보+에너지)으로 만들어진 빛이나 비는 우리 집과 우리 가족과 우리 농토의 농작물과 우리 종교와 우리 교회에만 내려지는 것이 아니라 온 세상 만물한테 생명의 태양빛이 골고루 비춰지고 생명의 단비가 골고루 내려지므로 하나님의 영이 하나님의 보살핌이 만물한테 광역적으로 골고루 내려지므로 하나님은 구원받은 자만의 하나님이 아니라 전 인류와 만물의 하나님이십니다.

그러나 경전들 중에서도 유난히 성경에만 수없이 많은 예언들이 있고, 예언대로 이스라엘 역사가 성취되며 예언대로 흘러가는 것은, 창조주 하나님이 인간에게 하시고 싶은 말씀을 다른 경전들보다 성경에 더 많이 하시고 더 많이 교제하시고 계시는 것을 증거하기 때문에 성경의 가르침대로 하나님을 믿고 의지하며 숭배하며 살아가는 것이 가장 확실하고 안전한 신앙생활로 최상의 보응을 받게 될 것입니다. 하나님을 모르고 자기 양심대로 선행을 하며 자아주의(자기중심으로 생각하는 사상, 이기주의. 에고이즘)적으로 살아가는 것보다, 구원을 받고 이타주의(사랑으로 남도 생각하는 사상, 박애주의)적으로 신앙생활을 하며 성경대로 살아가는 것이 하나님의 뜻인 자비주의+이타주의+화평주의적으로 살아가는 최선의 길이므로 최상의 보응(최상의 낙원)을 받게 될 것입니다. 그러나 행위가 따르지 않고 머리로만 구원받은 자는 성경을 모르고 선하게 산 자보다 결코 더 좋은 보응을 받을 수는 없을 것입니다. 왜냐하면 하나님은 행위 없는 구원보다는 구원 없는 행위를 더 의롭게 생각하시기 때문입니다. 만물에게는 인과법칙대로 결과가 주어지듯이 인간에게는 인과응보대로 보응이 주어지게 됩니다.

하나님께서 각 사람에게 그 행한 대로 보응하시되 [롬 2:6]

제3장

노아 홍수 이야기의 진위(眞僞)

■ 노아 홍수는 역사적인 사실인가?

■ 노아 홍수 이야기가 생기게 된 배경

■ 길가메시 서사시와 노아 홍수의 유사성

1. 노아 홍수는 역사적인 사실인가?

성경을 설교하는 대부분의 사람들은 노아 홍수는 하나님의 계시로 쓰여진 성경말씀으로, 일점일획도 틀리지 않는 역사적인 사실 이야기라고 주장합니다. 그래서 거의 모든 신학대학이나 교회에서는 노아 홍수를 사실 이야기라고 설교합니다. 그러나 많은 교인들은 노아 홍수에 대해서 많은 의문점을 갖게 되어 신앙생활에 적잖은 저해 요소가 되고 있습니다. 노아 홍수 이야기는 성경의 진실성과 하나님의 권위, 지성, 품성에 직접적으로 영향을 미치는 것으로 진실을 진실 그대로 밝히는 것은 매우 중요한 일입니다. 진실을 밝힘으로써 창조주 하나님이 정말로 사악하고 자아주의(이기주의, 에고이즘)적이고 질투적인 하나님인지 아니면 인자하고 이타주의(박애주의)적이고 관대한 하나님인지를 판단하고 그에 따라 순종하며 신앙생활을 할 수 있기 때문입니다.

부족한 것 없이 늘 풍부하시어 나누어주시는 것을 기쁨으로 여기시고, 만물을 돌보시는 것을 즐거움으로 여기시고, 감정을 나누는 교제를 낙으로 삼으시는 하나님은 만물과 잘 어울리시는 분으로 만물에 애착을 가지시고 세심하게 돌보시므로 늘 사랑이 넘쳐흐르시며 감정도 풍부하시고, 만물이 잘되기를 늘 바라시므로 잘못도 잘 용서해 주시는 자비로우시고 관대하신 분이십니다. 하나님은 부족한 것이 하나도 없고 부러운 것도 하나도 없고 무엇이든지 다 하실 수 있으므로 화를 내고 한탄하고 후회하고 근심하실 이유와 필요가 전혀 없으십니다. 하나님은 한마디 말씀으로 한 생각으로 정신감응력으로 정신격동력으로 사람들의 마음을 쉽게 돌이키게 하시거나 상황을 즉시 바꾸어 놓을 수 있으시기 때문입니다. 그 때문에 전지전능한 하나님이 질투와 미움으로 가득 차서 화가 북받쳐 인간과 동물까지 전멸시킬 정도로 이성을 잃으셔서 포악해질 이유와 필요가 전혀 없으신 것입니다. 그리고 하나님은 홍수로 인간을 몰살해 봤자 천성이 원래 음양적으로 선한 면과 악한 면을 동시에 지닌 인간이기 때문에 다시 태어나는 노아의 자손들이 홍수 전의 사람들보다 죄를 덜 지을 것이라고 생각하시지도 않기 때문입니다.

노아 홍수에 나오는 사악하고 자아주의적이고 질투적인 하나님을 믿고 따르면 자신도 사악하고 자아주의적이고 질투적인 신앙생활을 하게 되므로 참 하나님의 자비주의+이타주의+화평주의에 크게 어긋나는 불순종의 길을 가게 됩니다.

노아 홍수의 옹졸하고 이기적이고 질투가 많은 하나님으로는 무소부재하면서 모든 만물에게 빛(광명과 에너지와 생명의 정보)과 비(생수)를 골고루 내려주시는 무소불능한 보살핌의 능력이 전혀 갖추어져 있지 않은 것입니다. 그러므로 어떠한 이유에서든지 진실이 숨겨져 왜곡된 상황에서는 하나님의 참모습을 볼 수도 없고 하나님의 참사랑을 느낄 수도 없고 하나님의 참교육을 받을 수도 없으므로 참다운 영적 교제도 이루어질 수 없는 것입니다. 숨겨져 왜곡된 신앙은 하나님을 숭배하는 것이 아니라 오히려 모함 모독하는 행위이므로 진실을 진실 그대로 밝혀서 진실 그대로 따르는 것이 가장 좋은 가르침이고 가장 좋은 복음이고, 가장 좋은 신앙의 길인 것입니다.

발굴되는 많은 점토서판 문헌을 종합해 보면, 에덴동산 이야기, 천지창조 이야기, 노아 홍수 이야기 등은 수메르(바벨론), 페르시아의 신화를 신앙 윤리교육 목적으로 성경에 인용 응용한 것이 분명합니다. 점토서판에 의한 확실한 역사적인 증거가 있음에도 불구하고, 부도덕하게 계속적으로 노아 홍수 이야기를 하나님의 말씀으로 일점일획도 틀리지 않는 역사적인 사실 이야기라고 억지 주장을 하는 것은 하나님의 뜻에 순종하는 것이 아닙니다. 거짓된 억지 주장을 하면서 계속해서 끝없이 싸워가며 성경의 권위와 진실성과 신앙심을 높이려고 하기보다는 신앙 윤리교육 목적으로 이스라엘 선조 수메르인들의 이야기가 성경에 실린 것이라고 자연스럽게 시인하고 사실을 사실대로 밝히는 것이 신앙분쟁의 원천을 뿌리째 뽑아버리는 것이기 때문에 오히려 성경의 권위와 진실성과 신앙심을 영원히 높이는 일인 것입니다.

그럼에도 불구하고 교인들이 노아 홍수를 역사적인 사실 이야기라고 끝까지 사수하고 믿고 주장하는 가장 큰 이유는 성경에서 예수님은 다시 오실 예표로써(재림하실 징후로써) 노아 홍수를 인용하고 있기 때문입니다[눅 17:26~27, 마 24:37~39]. 그리고 사도 베드로나 바울이나 이사야도 노아 홍수를 분명한 전 세계적인 역사적인 실제적인 사건이라고 확증적으로 말하고 있기 때문입니다[벧전 3:20, 벧후 2:5, 3:3~6, 히 11:7, 사 54:9]. 만일 노아 홍수 이야기가 사실 이야기가 아니라 지은 이야기라고 한다면 예수님 말씀과 베드로나 바울이나 이사야의 말씀과 긴 노아 홍수 이야기의 하나님의 많은 말씀들이 모두 거짓이 되기 때문에 오류가 없다는 성경말씀에 오류가 많이 생기기 때문입니다. 그러나 누가복음, 마태복음, 베드로전서, 베드로후서, 히브리서, 이사야서에 있는 홍수에 관한 구절들은 사도들이나 성경기자가 그렇게 생각하여 기록한 것이지, 결코 예수님이 그러한 예표로 직접 말씀하시지 않은 것이 분명합니다. 왜냐하면 만일 예수님이 실지로 그렇게 말씀하셨다면 실지로 없던 사건을 실지로 있던 사건으로 꾸며서 거짓말을 하셨기 때문에 신적인 신성은 없고 다만 인성만을 지닌 것으로 되기 때문입니다. 노아의 대홍수가 과연 사실적인 이야기인지 아닌지 차례대로 하나하나 모두 세밀히 살펴보겠습니다.

▌노아의 대홍수

(1) 라멕의 나이

> 라멕이 노아를 낳은 후 오백 구십 오년을 지내며 자녀를 낳았으며 그는 칠백 칠십 칠세를 향수하고 죽었더라 노아가 오백세 된 후에 셈과 함과 야벳을 낳았더라. [창 5:30~32]

노아가 500년 동안 전혀 자식이 없다가 500세 된 후에야 세 아들을 잇달아 낳았다고 했는데, 이는 근력적으로나 생리적으로나 잉태적으로나 모두 순리에 맞지 않는 이야기입니다. 그 당시에는 1, 2, 3… 자연수를 1,000까지 세는 것도 몰랐을 것입니다. 그 당시에는 햇수를 세는 연호(서기)가 없어 생년월일도 몰라 나이를 셀 수도 없었을 것입니다. 그 때문에 성경에는 노아 홍수, 아담과 하와, 바벨탑 등 성경의 고대 사건들이 일어난 연호와 노아(성경연대표로 대략 BC 3500~4000년경)가 탄생한 연호와 방주를 짓기 시작해서 완성한 연호 등을 전혀 기록하고 있지 않습니다. 지금으로부터 약 5,500~6,000년 전(실제로는 훨씬 그 이전) 그 당시에는 문자나 숫자가 없어 세지도 못하고 기록도 못하고 연호도 없어 나이를 세어 계산도 못했는데, 어떻게 라멕의 나이를 정확히 777세로 셀 수 있었습니까?

초식과 육식을 하며 활동력이 많고 뇌세포를 많이 사용하여 에너지를 많이 소모하는 인간으로서는 120살을 넘기기도 어렵습니다. 그 당시에는 오염이 적어 더 오래 살았을 것이라고 하는데, 그렇다면 오염이 지금보다 훨씬 낮은 중세 사람들의 수명은 현대 사람들보다 훨씬 높아야 하나 실제로는 훨씬 낮습니다. 현대인일수록 의학과 영양섭취가 발전 발달되어 수명이 연장되는 법입니다. 이러한 것을 종합해 볼 때 라멕이 777세, 아담이 930세, 노아가 950세를 살았다는 것은 전혀 근거가 없는 이야기입니다.

고고학자들이 발굴한 점토판에 기록되어 있는 고대 근동의 문헌에 의하면 여러 왕들이 몇 만 년까지 살았다고 합니다. 그러한 소문을 들은 고대 이스라엘 사람들은 자신들의 조상들도 그에 버금가는 1,000년 가까이는 살았을 것이라고 생각했기 때문에 성경에 1,000년 가까이 장수하는 수명을 기록했을 것입니다. 삼국유사(1281, 삼국시대 설화집)에 기록되어 있는 단군신화에도 단군(BC 2333)이 1,908세를 살다가 아사달 산신이 되었다고 기록하고 있습니다.

육지동물들의 평균 수명을 보면 거북이 150~200, 사람 80, 코끼리 69, 말 50, 침팬지 60, 원숭이 40, 호랑이 25, 사자 20살로 대체로 초식을 하며 덩치가 크고 활동을 적게 하고 온순한 동물일수록 오래 삽니다. 원시인들은 주로 사냥으로 육식을 하고 의학이 발달되지 않았으므로 중세인들보다도 평균 수명이 훨씬 짧아 20세 정도였을 것이라고 합니다. 1900년 초에 선진국 사람들의 평균 수명은 40~50세 사이였으나 100년이 지난 2000년에는 선진국 사람들의 평균 수명이 80세 정도였으므로 장수의 비결에는 오염보다는 의학의 발달과 영양섭취에 더 큰 영향을 받는 것으로 나타났습니다. 그 때문에 현대인의 수명이 원시인들보다 훨씬 더 긴 것이 참진리입니다. 공기 오염도가 높을수록 오히려 자외선, 방사선, 우주선 등 인체에 해로운 강한 전자기파를 덜 통과시킵니다.

(2) 하나님 아들들의 성욕

> 사람이 땅위에 번성하기 시작할 때에 그들에게서 딸들이 나니 하나님의 아들들이 사람의 딸들의 아름다움을 보고 자기들의 좋아하는 모든 자로 아내를 삼는지라 여호와께서 가라사대 나의 신(영)이 영원히 사람과 함께 하지 아니하리니 이는 그들이 육체가 됨이라 그러나 그들의 날은 일백 이십년이 되리라 하시니라 당시에 땅에 네피림(구약 성경 창세기에 나오는 거인 종족의 이름)이 있었고 그 후에도 하나님의 아들들이 사람의 딸들을 취하여 자식을 낳았으니 그들이 용사라 고대에 유명한 사람이었더라. [창 6:1~4]

여기서 말하는 하나님의 아들들은 하나님이 육체적으로 직접 낳은 아들들이 아니라 하나님의 영으로 된 천사들을 말합니다.

하나님의 영으로 만들어진 하나님의 아들(천사)들이 천국 일에는 등한시하고 지상 여인들의 아름다움에 홀려서, 지상에 내려와 사람의 딸들을 아내로 취하고 먹고 마시고 방탕하고 우상숭배하고 불륜관계를 맺는 문란한 음욕의 세상을 하나님이 보시고는 더 이상 죄악으로 물들어 타락되어 가는 세상을 하나님은 방치할 수 없었다고 합니다. 하나님은 사람 지으신 것을 한탄 후회하시고 노아 가족만 제외하고 물로써 모든 인간을 한꺼번에 멸하시려고 계획하십니다.

많은 신앙인들은 창 6:1~4에 있는 '일백이십 년'을 근거로 해서 노아가 방주를 지은 기간이 120년이라고 주장하나 이는 잘못된 것입니다.

하나님의 영(성령, 신령, 신)으로 된 하나님의 아들들(천사들)이 아름다운 인간의 여인들을 취하기 위해 인간으로 되었지만 하나님이 그들의 행위를 영원히 보시기를 원하시지 않아 그들의 수명을 120년으로 한정시켜 놓았다는 것으로 노아의 방주 이야기와는 전혀 상관이 없는 이야기입니다.

성경 어디에도 방주를 만들기 시작한 노아의 나이나 또는 몇 년 동안 방주를 만들었다는 내용이 전혀 없으므로 실제로 노아가 정확히 몇 년 걸려서 방주를 지었는지는 아무도 모릅니다. 그러나 대강은 추측할 수 있습니다. 창 6:5~16에서 노아가 세 아들을 낳은 후에 하나님은 노아에게 방주의 설계를 주시면서 방주를 지으라고 계시를 주셨습니다. 세 아들은 노아가 500세 된 후에 낳았는데, 500세 후에 언제부터 아들을 낳기 시작했으며 세 아들의 터울이 모두 몇 년 걸렸는지는 모르나 500세 후 약 10~20년 정도일 것입니다. 노아가 600세 때 홍수가 시작되었으므로 방주는 약 80~90년 안에 만들어졌다고 가상할 수 있습니다.

하늘에서 땅으로 내려온 하나님의 신(성령, 영, 신령)이나 천사나 아들들이 동물 또는 인간과 결혼해 자손을 번식시켰다는 설화는 전 세계 각국에 건국신화로 널리 퍼져 있습니다. 우리나라에도 단군신화, 주몽(동명성왕), 김수로왕, 박혁거세 같은 건국신화와 일본의 건국신화가 이러한 것을 말해 줍니다. 하늘에서 내려온 천사들을 사람들은 신(영들의 우두머리)으로 생각하고 믿었습니다.

(3) 하나님의 한탄

여호와께서 사람의 죄악이 세상에 관영함(가득 참)과 그 마음의 생각의 모든 계획이 항상 악할 뿐임을 보시고 땅위에 사람 지으셨음을 한탄하사 마음에 근심하시고 가라사대 나의 창조한 사람을 내가 지면에서 쓸어버리되 사람으로부터 육축과 기는 것(벌레와 곤충)과 공중의 새까지 그리하리니 이는 내가 그것을 지었음을 한탄함이니라 하시니라. 그러나 노아는 여호와께 은혜를 입었더라. 노아의 사적은 이러하니라. 노아는 의인이요 당세에 완전한 자라 그가 하나님과 동행하였으며 그가 세 아들을 낳았으니 셈과 함과 야벳이라 때에 온 땅이 하나님 앞에 패괴하여 강포(잔인하고 사나움)가 땅에 충만한지라… 하나님이 노아에게 이르시되 모든 혈육 있는 자의 강포가 땅에 가득하므로 그 끝 날이 내 앞에 이르렀으니 내가 그들을 땅과 함께 멸하리라. [창 6:5~13]

인간은 누구나 때로는 선한 일을 하고 때로는 죄도 짓게끔 하나님이 사람 세포 속에 선령과 악령, 음양의 영을 동시에 집어넣어 사람을 만들어놓으시고는 사람이 죄악으로 가득 찼다고 한탄하고 후회하시고 근심하시고, 그 벌로 죄도 모르는 애매한 동물과 새와 곤충과 벌레까지 싸잡아 홍수로 몰살시키시는 것은 자비롭고 관대한 하나님다운 공의로운 처사가 아닙니다. 말씀으로 6일 만에 천지와 만물을 모두 창조하신 하나님이 말씀 한마디로 죄 짓는 자들만의 마음을 돌려놓아 선인으로 되게 하시거나, 또는 죄 짓는 사람들만 죽게 할 수도 있기 때문에 죄를 모르는 동물들까지 몰살시킬 필요가 전혀 없기 때문입니다.

그리고 말씀 한마디로 동물들을 천지창조 때처럼 하루 이틀 안에 다시 창조하실 텐데, 번거롭고 힘들게 거대한 방주를 만들게 하고 동물 암수 한 쌍씩과 먹이, 식수 등을 싣게 하고 1년 동안 배에서 동물들을 갖은 고생을 다해가며 힘들게 돌보도록 하게 하실 필요와 이유가 전혀 없기 때문입니다. 그러므로 6일 천지창조와 노아 홍수 이야기는 서로 앞뒤가 안 맞는 이야기입니다. 홍수로 동물을 몰살시키는 것은 자연의 동적평형에도 크게 어긋나므로 생태계의 순환에도 큰 악영향을 미치므로 하나님의 천지창조를 하나님 스스로 파괴하고 무너뜨리는 광란적이고 어리석은 일인 것입니다.

더구나 전지전능한 하나님이 자신이 만들어놓은 인간이 죄를 지을 것이라는 것을 미리 알지 못했을 리는 추호도 없었을 것입니다. 하나님은 애당초 태초에 인간이 죄를 짓도록 탐욕과 의욕 호르몬인 아드레날린 호르몬과 노르아드레날린 호르몬을 체세포 속에 넣어서 인간이 탐욕과 의욕 때문에 죄를 짓게끔 만들었습니다. 탐욕이 있어야 삶의 의욕을 가지고 삶의 활동을 적극적으로 하기 때문입니다. 탐욕 호르몬이 없으면 탐욕과 의욕이 없어 삶의 활동이 제대로 행해지지 못하므로 생물의 번창을 가져오지 못합니다.

하나님은 인간 태초부터 이미 인간이 공포와 두려움과 탐욕을 가지고 죄를 짓도록 인간을 설계해서 만드셨기 때문에 인간이 공포와 두려움을 무서워하고 탐욕으로 죄를 지을 것을 이미 아셨습니다. 하나님은 인간이 죄를 지으면 잘못을 알게 되고 잘못을 알게 되면 뉘우치게 되고, 뉘우치게 되면 지은 죄의 무거운 짐에서 벗어나기 위해 지은 죄를 사하기 위해, 하나님을 찾고 기도하고 고백하고 회개하게 하여 하나님과 영적 교제가 자연스레 항상 이루어지도록 하신 것입니다.

그런데 인간의 죄가 세상에 가득 찼다고 모두 멸하시고, 노아만 의인이고 완전한 자라고 노아 가족만 하나님이 돌보신다고 하셨는데, 도대체 노아는 어떠한 행실을 했기에 의인이고 완전한 자이고, 몰살되는 인류는 도대체 어떤 죽을죄를 졌다고 모두 사그리 전멸시키신다는 것입니까? 사람을 몰살시키려면 사람들이 어떤 죽을죄를 졌는지 죄목을 조목조목 명백하게 밝히는 것이 공의로운 심판이지 죄목도 안 밝히고 사소한 죄나 무거운 죄나 모두 싸잡아 모두 죽을죄가 있다고 단정하고 모두 몰살시키는 것은 공의로운 심판이 아니고 잔악한 학살 행위인 것입니다.

(4) 방주의 설계

> 너는 잣나무로 너를 위하여 방주를 짓되 그 안에 간들을 막고 역청으로 그 안팎에 칠하라 그 방주의 제도는 이러하니 장이 삼백 규빗(1규빗=45~56cm), 광이 오십 규빗, 고(높이)가 삼십 규빗이며 거기 창을 내되 위에서부터 한 규빗에 내고 그 문은 옆으로 내고 상 중 하 삼층으로 할찌니라. [창 6:14~16]

노아는 하나님께서 설계해 주신 대로 잣나무로 거대한 방주를 만들었습니다. 아담으로부터 헤아려 10대째에 해당하는 노아 시대(BC 3500~4000)는 지금으로부터 약 5,500~6,000년 전이므로 청동기 시대(BC 3500~1500, 구리+주석) 이전이므로 마땅한 청동기 도구가 없었을 것입니다. 설혹 청동기 연장이 있었다고 치더라도 청동으로 만든 연장으로는 대패나 톱이나 도끼는 약해 잣나무를 다량으로 켤 수 없었을 것입니다. 더구나 그 당시에는 대패나 톱 같은 발달된 청동기 도구도 없었을 것입니다. 나무를 켤 수 있는 쇠로 된 연장은 철기 시대(BC 1500~AD 600) 때에나 겨우 출현하기 시작했습니다. 마땅한 연장이 없어 통나무를 자르기도 힘드는데 굵은 통나무를 켜서 수많은 송판을 만들어 많은 간막과 3층이나 되는 거대한 방주를 만들기는 더욱 불가능한 일입니다. 노아 방주로부터 약 6,000년 후인(실제로는 훨씬 더 오래됨) 17~18세기까지도 목선은 재료 구입 문제와 선체강도 문제로 길이 60m, 1,000톤 이상의 것은 건조하지 못했던 것이 역사적인 사실입니다.

노아의 가족 8명과 수많은 동물들을 태운 방주는 3층으로 길이가 135m, 폭이 23m, 높이가 14m로 기다란 직사각형 모양입니다. 이 용적 크기의 배로 과연 덩치가 큰 포유류로부터 조류, 파충류, 양서류, 곤충, 벌레 등 지상에서 호흡하는 모든 동물들 한 쌍씩과 먹이와 식수를 모두 실을 수 있겠습니까?

방주의 높이가 14m이고 3층으로 된 방주의 한 층의 높이는 불과 4.6m이었으므로 키 큰 기린(5.5m)은 탈 수도 없었고, 설사 탔다고 해도 자유로이 움직이지도 못했을 것입니다. 동물은 글자 그대로 살아서 움직이는 생물이기 때문에 움직여야 할 충분한 장소를 필요로 하며 만일 충분한 활동 장소가 없었다면, 1년간 운동 부족으로 많은 동물들은 병들었을 것입니다. 동물은 저항력이 약하기 때문에 한 동물이 병들면 함께 거주하는 다른 동물들에게도 쉽게 전염됩니다. 더구나 그 당시에는 의학이 발달되지 않았으므로 1년 동안 모든 동물들이 방주 안에서 건강을 유지하기는 불가능한 것입니다.

창문은 방주 지붕으로부터 아래쪽으로 약 50cm 밑으로 조그맣게 옆으로 내었는데, 그러면 그 큰 방주 안과 바닥은 햇빛도 1년 동안 잘 안 들어가 침침해서 일광욕이 안 되어 병균이 많아 동물들 건강도 나빴을 것입니다. 그리고 그 조그마한 창문으로는 방주 안의 공기가 순환이 잘 되지 않아 동물의 배설물과 풀이 혼합하여 썩는 냄새와 메탄, 암모니아 등 질식가스와 산소 부족으로 연약한 동물들이나 곤충, 벌레들은 쉽게 병에 걸리거나 질식하여 죽어버렸을 것입니다.

잣나무는 해발 1,000m 이상에서, 일본과 같은 더운 지방에서는 해발 2,000m 이상에서 서식하는 한대지방 고산 식물입니다. 잣나무는 주로 캐나다, 알프스산맥, 시베리아 동부와 만주, 한반도와 일본 열도 산악지대와 같이 냉한 지역에 분포되어 있습니다. 그러나 노아가 산 지역은 메소포타미아 남부 지역으로 이라크 남쪽 지방이므로 여름에는 섭씨 40도 이상으로 세계에서 가장 더운 곳으로 한대고산 식물인 잣나무가 거의 없는 지역입니다.

이라크 지역은 대부분 고원지대, 사막지대, 강유역의 낮은 충적평원 지대(소택지)로 강 유역에는 야자수 나무 정도만 큰 나무가 존재하고, 산에는 풀과 키 작은 소나무가 드문드문 있을 뿐 재목으로 쓸 키 큰 나무들이나 잣나무가 없어 목재가 귀해서 원격지 무역에 의존하는 지역입니다. 더구나 노아 시대에는 기온이 더 높았다고 하므로 찬 기온을 좋아하는 잣나무는 전혀 없었을 것입니다. 그리고 인근 이웃나라 페르시아 자그로스산맥도 주로 초원과 사막과 돌로 된 산맥이므로, 잣나무를 구하기 위해서는 먼 북방 나라에서 운반해 왔어야 하는데 그 당시 왕의 권력도 아니고 노아 가족 힘만으로 낙타나 말로 모래와 진흙, 사막을 지나 크고 무거운 잣나무를 엄청난 양으로 먼 거리까지 운반해 오지는 못했을 것입니다.

성경족보대로라면 아담의 10대 손인 노아 시대까지는 아담과 하와 한 가족으로부터 시작해서 인간이 죽어가면서 불어나봤자 많아야 4백만 명도 되지 못했을 것입니다. 그 당시 원시 시대에는 의학이나 문명의 발달 없이 전염병, 기근, 지진, 화산, 홍수 등의 천재지변과 재앙에 자주 시달리며 허술한 의식주로 영양실조로 높은 사망률을 이루던 시대였습니다. 근래 300년 동안 세계 인구 증가율은 1세기(100년) 동안에 2~2.1배씩 증가하여 왔습니다.

학계에서는 기원 전후의 세계 인구를 약 2억 ~3억으로 추정하고 있습니다. 기원 전후로부터 2,000년이 지난 2011년 10월의 세계 인구는 70(69.7)억 명입니다. 기원 전후의 세계 인구를 약 2억5천만 명으로 보고 계산하면 현재 세계 인구는 약 28~30배 증가했습니다. 2천 년 동안 1세기의 평균 세계 인구 증가율은 1.5배(연 1.5%)입니다. 기원 전후로부터 약 4천 년 전 노아 홍수 전인 BC 4000년경(실제로는 훨씬 더 오래 전에)에는 인구가 기원 전후보다 약 60배 정도 적었을 것이므로 대략 4백만 명 정도였을 것입니다. 실제로는 노아 방주가 훨씬 더 오래전이므로 4백만 명보다도 훨씬 더 적었을 것입니다. 5백만 명도 안 되는 이 적은 인구를 몰살시키기 위해 전 세계적인 대홍수를 일으켜 코로 호흡하는 지구상의 모든 동물, 벌레, 곤충들까지 덩달아 모두 전멸시켜서 아름다운 대자연을 파괴시킨다는 것은 이치적으로 보나 생태계의 동적평형으로 보나 너무나 타당성이 없는 무모한 짓입니다.

(5) 방주 동물의 먹이와 식수

> 내가 홍수를 땅에 일으켜 무릇 생명의 기식 있는 육체를 천하에서 멸절하리니 땅에 있는 자가 다 죽으리라 그러나 너와는 내가 내 언약을 세우리니 너는 네 아들들과 네 아내와 네 자부들과 함께 그 방주로 들어가고 혈육 있는 모든 생물을 너는 각기 암수 한 쌍씩 방주로 이끌어 들여 너와 함께 생명을 보존케 하되 새가 그 종류대로, 육축이 그 종류대로, 땅에 기는 모든 것이 그 종류대로, 각기 둘씩 네게로 나아오리니 그 생명을 보존케 하라 너는 먹을 모든 식물(食物)을 네게로 가져다가 저축하라 이것이 너와 그들의 식물이 되리라 노아가 그와 같이 하되 하나님이 자기에게 명하신대로 다 준행하였더라. [창 6:17~22]

기식하는(코로 숨을 쉬는) 수많은 종류의 동물과 곤충과 벌레와 새와, 그들이 일 년간 먹을 먹이와 식수를 방주(네모진 모양의 배)에 싣게 한 것도 하나님이 설계한 방주 크기로는 불가능합니다. 수많은 동물들이 하루에 먹어치우는 산더미같이 많은 먹이의 양과 동시에 마시는 식수의 양은 엄청난데, 하물며 일 년간 먹을 식수와 먹이를 어디에 모두 저장해 놓겠습니까? 새들이나 작은 동물이나 곤충이 하루에 먹어치우는 벌레나 곤충이나 작은 동물들의 양도 어마어마한 양인데 일 년간의 먹이가 될 벌레, 곤충, 작은 동물들을 모두 어디에서 잡아다가 어디에 모두 저장하겠습니까? 여덟 식구가 일 년간 먹을 식량과 반찬과 식수를 구해서 저장하기도 힘듭니다. 동물이 섭취한 먹이와 식수는 대부분 배설물로 몇 시간 후면 다시 나옵니다. 그 많은 배설물을 치우려면 사용할 문이 있어야 하는데, 사용할 문이라고는 방주 위에서 50cm 떨어져 옆으로 나 있는 조그마한 창문밖에 없는데 어떻게 그 많은 배설물을 치울 수 있습니까? 그리고 식수는 오히려 먹이보다도 더 중요합니다. 오염이 된 홍수물을 식수로 직접 사용할 수는 없으며, 끓이자니 무슨 수로 땔감을 따로 구해서 어디에 따로 저장해 놓겠습니까? 방주 지붕에서 빗물을 받아 식수로 사용할 수도 있지만 빗물 속에는 세균이 많이 들어 있기 때문에 장기간 복용하면 설사병 등을 일으키므로 끓이지 않은 빗물은 오랫동안 사용할 수도 없습니다. 더구나 빗물이라도 홍수 기간 40일 동안은 모르지만 일 년 10일간(방주생활 기간) 장기간 받을 수도 없는 일입니다. 더구나 그 많은 양의 빗물을 어디에다 모두 받아놓겠습니까? 그 당시에는 조그마한 토기밖에 없었는데, 그 많은 빗물을 모두 담아서 놓아둘 곳도 없습니다.

모든 종류의 육식동물 한 쌍들이 하루 동안 먹어치우는 동물의 양은 엄청나므로 한 달 안에 방주에 실려 있는 동물들을 먹이사슬에 따라 강한 동물들이 약한 동물들을 거의 모두 잡아먹어 버렸을 것입니다.

먹이사슬은 피라미드형으로 하등동물로 갈수록 그 수가 기하급수적으로 많아져야 하고, 동시에 계속해서 새끼를 낳아야 동물의 먹이사슬은 유지되어 갈 수 있습니다. 생활조건이 나쁜 칸막이 방주생활에서는 살아가기도 힘들어 새끼를 가질 형편이 못 되고, 새끼를 갖더라도 새끼를 낳으려면 여러 달 걸리게 됩니다. 그런데 각 동물 한 쌍씩만 배에 실었으므로 먹이사슬이 며칠 안에 파괴되므로 방주 안의 많은 동물들이 여러 달은커녕 한 주도 살아가기 힘든 것입니다.

그러므로 모든 동물과 곤충과 벌레와 새의 암수 한 쌍만으로는 먹이사슬이 금방 파괴되므로 홍수 동안이나 홍수 후에 먹이사슬의 파괴로 인하여 동물세계를 다시 정상으로 쉽게 회복시킬 수 없습니다. 그러므로 동물이 몰살된 후 먹이사슬로 양분과 에너지가 전달되어 하등생물에서 고등생물이 만들어져 노아 홍수시기 때처럼 동물들이 다시 번창하려면 적어도 수억 년 내지 수십억 년이 다시 걸리게 됩니다.

방주에 동물 한 쌍씩 싣는다는 이야기는 먹이사슬을 전혀 고려하지 않은 동화와 같은 이야기입니다. 생물을 홍수로 일시에 몰살시키면서 한편으로는 씨받이로 동물 한 쌍씩만 방주에 싣게 하는 그러한 어리석고 멍청한 생각을 하는 신이라면 우주만물과 생태계를 설계해서 창조하고 보살필 능력이 전혀 갖추어져 있지 않은 신입니다.

(6) 정결한 동물과 부정한 동물

> 여호와께서 노아에게 이르시되 너와 네 온 집은 방주로 들어가라 네가 이 세대에 내 앞에서 의로움을 내가 보았음이니라. 너는 모든 정결한 짐승은 암수 일곱씩, 부정한 것은 암수 둘씩을 네게로 취하며 공중의 새도 암수 일곱씩을 취하여 그 씨를 온 지면에 유전케 하라 지금부터 칠일이면 내가 사십 주야를 땅에 비를 내려 나의 지은 모든 생물을 지면에서 쓸어버리리라. 노아가 여호와께서 자기에게 명하신대로 다 준행하였더라. [창 7:1~5]

창세기 6장에서는 암수 한 쌍씩 방주로 이끌고, 창세기 7장에서는 정결한 짐승은 암수 7쌍씩, 부정한 짐승은 암수 한 쌍씩 방주로 이끌라고 했습니다. 노아의 홍수 이야기도 두 가지가 있으며, 노아가 둘 다 준행했다고 했는데 두 가지 중에 한 가지는 준행치 안 한 것이 분명하므로 한 가지는 분명히 거짓말을 기록한 것입니다. 왜냐하면 두 가지 말씀을 모두 준행할 수는 없기 때문입니다.

이와 같이 두 가지 말씀이 일치하지 않고 차이가 나는 것은 원래 성경의 내용은 몇 가지 사료들 중에서 발췌해서 편집했기 때문입니다. 이들 사료들 중에는 한쪽은 교리를 잘 모르고 학식이 부족한 층에 의해 만들어진 사료이고, 다른 한쪽은 교리를 잘 알고 해박한 층에 의해 기록된 사료이기 때문입니다. 이 두 가지가 서로 다르게 기록된 사료를 보더라도 노아 홍수 이야기는 실제적인 이야기가 아니라 지은 이야기라는 것이 자연히 판명되는 것입니다. 그리고 모든 동물을 하나님이 창조하셨는데, 하나님이 무엇 때문에 동물 태초에 의도적으로 정결한 동물과 부정한 동물을 따로따로 창조하셨으며, 그리고 정결한 짐승과 부정한 짐승을 도대체 어떻게 구별한다는 것입니까? 그리고 방주에 씨받이 동물만 태울 게 아니라 씨받이 식물의 씨앗도 마땅히 실어야 할 것입니다.

(7) 노아 홍수물의 출처

홍수가 땅에 있을 때에 노아가 육백 세라 노아가 아들들과 아내와 자부들과 함께 홍수를 피하여 방주에 들어갔고, 정결한 짐승과 부정한 짐승과 새와 땅에 기는 모든 것이 하나님이 노아에게 명하신대로 암수 둘씩 노아에게 나아와 방주로 들어갔더니 칠일 후에 홍수가 땅에 덮이니 노아 육백세 되던 해 이월 곧 그 달 십칠일이라 그 날에 큰 깊음의 샘들이 터지며 하늘의 창들이 열려 사십 주야를 비가 땅에 쏟아졌더라. [창 7:6~12]

노아가 600세 되던 해 2월 17일에 하늘의 궁창의 창들이 열리며 땅 속에 지하수가 터져 나오며 40일 밤낮으로 비가 쏟아지면서 대홍수가 시작되었다고 합니다. 많은 신앙인들은 하늘의 궁창을 궁창 위의 물과 궁창 아래의 물로 이들은 보이지 않는 수증기층(물층)으로 대기권 위에 있었다고 주장합니다. 그 이유는 욥기 26장 때문입니다.

물을 빽빽한 구름에 싸시나 그 밑의 구름이 찢어지지 아니하느니라. 그는 자기의 보좌 앞을 가리우시고 자기 구름으로 그 위에 펴시며 수면에 경계를 그으셨으되 빛과 어두움의 지경까지 한정을 세우셨느니라. 그가 꾸짖으신즉 하늘기둥이 떨며 놀라느니라. [욥 26:8~11]

고대 히브리인들은 하늘 기둥이 구름과 궁창을 떠받치고 있다고 생각했습니다. 일부 성경학자들은 홍수 전에는 지구를 둘러싸고 있는 이 수증기층(물층) 때문에 인간에게 해로운 고주파(방사선, 자외선, 우주선)는 반사되고, 온실 효과를 일으키는 저주파만 통과시켜 지구를 따듯하게 했다고 주장합니다.

지구를 둘러싸고 있는 대기의 99%는 중력작용에 의해 지상 약 32km 이내에 존재합니다. 수증기의 90%는 지표면에서 보통 13km 이내에 밀집되어 있고, 중간권인 지상 50km부터는 수증기가 거의 없습니다. 물의 순환은 대부분 지표면 위 15km 높이에서 지표면 아래 5km 사이에서 일어납니다.

지표면에서 멀리 떨어져 위로 올라갈수록 공기가 희박하고 기압이 낮아져 분자끼리의 충돌보다는 확산이 우세하므로 공기가 무게별로 나누어져 층을 이룹니다. 따라서 가장 무거운 기체분자가 아래로부터 질소, 산소원자, 헬륨, 수소로 층을 이루기 때문에 산소층과 수소층이 다른 높이로 떨어져 분리되어 있으므로 수증기(H_2O)가 형성되지 못해 물층(수증기층)이 존재할 수 없습니다. 그러므로 일부 성경학자들이 주장하는 궁창 위의 물인 대기권 위의 수증기층이나 물층은 실제로는 존재할 수 없는 것입니다.

구름은 물방울이나 얼음입자가 모여서 하늘에 떠 있는 것으로 보통 지상 13km까지만 존재합니다. 공기가 상승하면 기압이 낮아져 부피가 늘어나고 기온이 낮아져 기온이 이슬점 아래까지 낮아지면 공기 중의 수증기가 응결되어 물방울이 되어 구름을 형성합니다. 물방울이나 얼음결정을 지닌 구름은 공기보다 무거운데도 저기압의 상승기류 때문에 공중에 떠 있게 됩니다. 하강기류가 상승기류보다 커지면서 떠 있던 구름이 비나 눈으로 오게 됩니다. 저기압(상승기류)과 고기압(하강기류)은 이동하면서 수시로 교대하므로 한 번 만들어진 구름은 길어야 9일간 하늘에 머물게 되고 대부분의 구름은 9일 이내에 땅으로 비나 눈으로 떨어지게 됩니다. 그러므로 궁창 위의 물층(수증기층, 구름)이 40일 동안 머물면서 비를 계속해서 내린다는 것은 잘못된 이론입니다.

만일 대홍수의 물의 양이 수증기층이나 물층으로 하늘에 모두 머문다고 가정하면, 햇빛의 일조량을 극단적으로 감소시키므로 온난한 지구환경을 만들 수도 없는 것입니다. 구름으로 온 지구를 덮으며 비가 오면 태양빛이 지구에 전혀 도달되지 못하므로 지표면의 온도가 급강하하여 추워서 수증기가 증발되지 않는데 어떻게 40일간 계속해서 온 지구가 장마질 수 있겠습니까?

'큰 깊음의 샘들이 터지며'는 지하수가 터져 나오는 것을 말합니다.

물은 지표면의 3/4이 바다, 강, 빙원, 호소(湖沼), 하천의 형태로 분포되어 있습니다. 지구 물의 분포는 바닷물(97.33%), 빙하(2.04%), 지하수(0.61%), 호수와 강(0.01%) 그리고 기타(0.01%)로 이루어져 있습니다. 지표상의 물을 모두 합하면 약 13억 3,000만㎦에 달한다고 합니다. 지하수(지표하의 물)는 약 820만㎦로 지구상의 전체 물의 0.61%에 불과한 매우 적은 양입니다. 남북극 빙하(얼음과 눈)에 저장된 물은 약 2,650만㎦로 지구상의 전체 물에 비해 2.04%에 불과하므로 역시 매우 적은 양입니다.

지표상의 해수, 육수 등이 태양열을 흡수하여 약 1만3000㎦에 달하는 수증기가 되어 대기 속에 확산되고, 그 수증기가 응축되고 모여서 구름이나 안개가 되고 다시 비, 눈, 우박이 되어 지표면에 내리게 되는 물의 순환을 거치게 됩니다. 구름의 양은 지구 전체의 물에 비하면 0.00097%로 무시할 정도로 매우 미미한 양입니다. 지표하의 지하수와 구름의 수증기 양과 남북극의 얼음을 다 합치더라도 지표상의 전체 물의 양의 2.65%에 지나지 않는 미미한 양입니다. 남북극 빙하가(2.04%) 다 녹으면 해수면을 7m 정도 높인다고 하므로 3.3배 적은 지하수(0.61%)가 모두 터져 나오면 해수면이 2.12m 정도 높아질 것입니다. 그러므로 궁창 위의 물과 큰 깊음의 샘들이 터진 물의 양과 남북극 얼음물을 다 합친다 해도 해수면을 겨우 9.2m 정도밖에 올리지 못하므로 전 세계의 산들은커녕 아산을 덮을 만한 충분한 물의 양도 되지 못하는 것입니다. 다만 고대 히브리인들이 성경 내용대로 상상했을 뿐입니다. 더구나 지하수는 지구의 혈관이나 마찬가지이므로 샘들이 한꺼번에 터져서 모두 한꺼번에 나올 수도 없고, 모두 나오면 생물은 살아갈 수도 없는 것입니다.

노아의 나이가 600세일 때 겨우 아들 셋과 자부들 셋만 있고 손자 손녀 증손자 증손녀 들은 하나도 없었다는 것은 너무도 사리에 어긋나는 일입니다. 노아가 500세일 때 세 아들을 잇달아 낳았으므로 홍수 때는 세 아들의 나이가 모두 100세인데 이들이 모두 자녀가 하나도 없었다는 말은 역시 사리에 어긋납니다. 만일 후손들이 있었다면 당연히 함께 방주에 들어갔을 것입니다. 노아의 손자만 16명이 있었으므로 후손을 퍼뜨리기 위해 손녀들도 적어도 16명 정도는 있었을 것입니다. 창세기 10장에 보면 노아는 야벳, 함, 셈 세 아들과 16명의 손자를 두었습니다. 야벳의 아들은 7명[창10:1~2], 함의 아들은 4명[창10:6], 셈의 아들은 5명[창10:22]으로 도합 16명입니다. 노아와 노아의 16명의 손자 이름과 후손들의 이름이 고대의 지명과 민족들의 이름 속에 남아 있는 것은 노아가 실지로 생존했던 인물임을 증거합니다.

창세기 7장 2~3절에서는 '정결한 짐승과 새들은 암수 일곱 쌍씩, 부정한 짐승은 한 쌍씩' 취하도록 했는데, 창세기 7장 9절에서는 '암수 한 쌍씩 노아에게 나아와 방주로 들어갔더니'라고 두 곳의 내용이 분명히 다르게 기록되어 있습니다. 결국 노아는 암수 한 쌍씩만 방주에 들여보냈으므로 하나님 말씀 중 반쪽은 거역하고 반쪽만 실행한 것입니다.

> 노아가 오백세 된 후에 셈과 함과 야벳을 낳았더라. [창 5:32]
> 홍수가 땅에 있을 때에 노아가 육백 세라. [창 7:6]
> 셈은 일백세 곧 홍수 후 이년에 아르박삿을 낳았고 [창 11:10]

노아는 셈을 500세에 낳고 노아가 600세 때에 홍수가 일어났습니다. 홍수 후 2년 뒤에 셈이 아르박삿을 낳았으므로 셈의 나이는 102살이어야 하는데, 홍수 후 2년 뒤에도 셈의 나이는 여전히 100살로 나타나므로 나이 계산에서도 틀려 있습니다.

(8) 방주로 집결하는 동물들

> 곧 그날에 노아와 그의 아들 셈, 함, 야벳과 노아의 처와 세 자부가 다 방주로 들어갔고 그들과 모든 들짐승이 그 종류대로, 모든 육축이 그 종류대로, 땅에 기는 모든 것이 그 종류대로, 모든 새 곧 각양의 새가 그 종류대로 무릇 기식이 있는 육체가 둘씩 노아에게 나아와 방주로 들어갔으니 들어간 것들은 모든 것의 암수라 하나님이 그에게 명하신대로 들어가매 여호와께서 그를 닫아 넣으시니라. [창 7:13~16]

노아의 처와 세 자부들은 친정 부모님이나 형제, 친척들에게 아무 연락 없이 자기들만 배에 탔을 리가 없었을 것입니다. 그리고 노아의 아버지 라멕은 홍수가 일어나기 5년 전에 죽었고, 할아버지인 므두셀라는 홍수가 일어나는 해에 969세로 죽었으므로 노아의 친인척들이 많았을 것입니다. 노아는 친인척들이 죽거나 말거나 직속가족들만 배에 태우지는 않았을 것입니다. 만일 성경대로라면 노아는 동기간에 우애가 깊지 않은 파렴치한이므로 의인에 속하지 못하고 악인에 속하는 것입니다. 노아는 동물들은 태우면서도 친인척들을 나 몰라라 하고 하나도 안 태웠을 리가 없는 것입니다.

세계 곳곳에 사는 동물들은 같은 종류들도 많지만, 다른 지역성에 따라 다른 종류들도 많이 있습니다. 그 이유는 다른 기후와 다른 토질 다른 수질 등 다른 환경 요인으로 만들어진 먹이 성분이 다르기 때문입니다. 어떻게 연약한 동물과 곤충, 벌레들이 한 쌍씩 세계 곳곳에서 스스로 자진해서(물론 하나님의 보살핌이 있었다고 하지만) 그 먼 노아 방주까지 모여갈 수 있습니까? 오히려 도중에서 다른 동물들한테 잡혀 먹히거나 다른 환경조건으로 먹이 문제나 갈증이나 병 때문에 쉽게 죽어갔을 것입니다. 더구나 이들이 걸어가거나 기어가려면 수십 년 내지 수백 년 이상 걸릴 텐데, 이들의 생명은 대부분 몇 년 미만들이기 때문에 도중에서 거의 모두 자연사하였을 것입니다. 오스트레일리아에서만 사는 캥거루, 오리너구리, 바늘두더지, 코알라, 나무늘보가 기고 걸어서 노아 방주까지 가려면 수십 년, 수백 년 이상 걸리므로 도중에 모두 몰사했을 것입니다.

메소포타미아 남부 지방 수메르 지역이 있는 이라크는 전체 국토 면적의 14%가 농경지이고, 86%가 사막지대로 나무가 매우 드문 곳으로 빈곤한 식물로 다양한 동물들이 살지 않는 지역입니다. 초식동물과 육식동물들의 먹이가 부족한 중동대륙을 지나면서 전 세계의 연약한 동물 종들이 먹이와 식수를 스스로 구해 먹어가면서 수십 년 이상 걸리면서 기고 걸어서 노아 방주까지 일제히 때를 맞추어 간다는 것은 불가능한 일입니다. 더운 중동대륙을 지나면서 도중에 먹이가 없어 굶주림에 지친 강한 육식동물들이, 나무나 덤불이 빈약하여 숨을 곳이 없어 잘 보이는 사막지대에서 약한 육식동물이나 초식동물들을 보는 대로 잡아먹어 치웠을 것입니다. 수많은 육식 초식동물 한 쌍들이 모두 건강하게 사이좋게 때를 맞추어 종착점 방주까지 일제히 몰려와서 일시에 방주 안으로 몰려 들어간다는 것도 불가능한 일입니다.

(9) 지상동물들의 대몰살

홍수가 땅에 사십일을 있었는지라 물이 많아져 방주가 땅에서 떠올랐고 물이 더 많아져 땅에 창일(물이 불어 넘침)하매 방주가 물위에 떠 다녔으며 물이 땅에 더욱 창일하매 천하에 높은 산이 다 덮였더니 물이 불어서 십오 규빗이 오르매 산들이 덮인지라 땅위에 움직이는 생물이 다 죽었으니 곧 새와 육축과 들짐승과 땅에 기는 모든 것과 모든 사람이라 육지에 있어 코로 생물의 기식(숨을 쉼)을 호흡하는 것은 다 죽었더라. 지면의 모든 생물을 쓸어버리시니 곧 사람과 짐승과 기는 것과 공중의 새까지라 이들은 땅에서 쓸어버림을 당하였으되 홀로 노아와 그와 함께 방주에 있던 자만 남았더라. 물이 일백 오십일을 땅에 창일하였더라. [창 7:17~24]

홍수 시작 후 150일간 물이 불어 천하에 높은 산이 다 덮였고 땅 위에서 코로 호흡하는 모든 동물은 벌레까지 모두 몰살되었으므로 홍수 후 방주에서 살아남은 육식동물들은 무엇을 먹이로 해서 살아남아 번창할 수 있었습니까? 그리고 지구의 모든 산들을 메울 정도로 많았던 물은 모두 다 어디로 갔습니까?

세계에는 아라라트산(5,165m)보다 높은 6,000m 이상 되는 산들이 에베레스트산(8,848m)을 비롯하여 무려 120개가 넘으며, 이들 산들은 일년 내내 눈으로 얼음으로 덮여 있는 만년설(萬年雪), 만년빙(萬年氷)입니다. 빗물이 늘어 높은 산을 뒤덮기 전에 이미 지구상의 모든 물은 지상 4,000m 높이 이상에서는 이미 얼음으로 변하기 때문에 방주가 높은 산 중턱에서 얼어붙어 산꼭대기까지는 오를 수가 없었을 것입니다. 더구나 방주 속에 들어 있는 사람과 동물들은 그 높이에서 난방시설이 없었으므로 혹한 강추위를 이겨내지 못해 모두 얼어 죽었을 것입니다. 더구나 그 높이에서는 산소가 희박하므로 모든 동물은 산소 부족으로도 병에 걸려 죽었을 것입니다. 산을 다 뒤덮는 홍수가 일어나도 새나 뱀이나 소나 개들은 홍수 시 떠다니던 거대한 나무 매트(뗏목이나 나무들)에서 살아남을 수 있습니다. 그러나 그 높이에서는 강추위로 거의 모든 동물들이 얼어 죽었을 것입니다.

세계에서 하루 동안 비가 가장 많이 내린 곳은 1952년 인도양의 적도 지방 라유니온 섬으로 1,870mm로 세계 1일 최다 강우량을 기록했습니다. 이러한 현상은 적도 대양에서는 수증기의 증발량이 많기 때문이며, 그것도 일부 지역에서 하루 이틀 정도이지 전 세계적으로 여러 날 동안 세계 최대 강우량으로 비가 계속해서 내릴 수는 없는 것입니다. 왜냐하면 전 세계적으로 비가 오면 전 세계적으로 구름이 덮여 있어 전 세계적으로 온도가 하강하기 때문에 수증기가 다량으로 증발될 수 없기 때문입니다. 그리고 구름은 한곳에 머물러 있는 것이 아니고 고기압과 저기압의 빈번한 교대와 이동으로 바람이 불면서 항상 이동하기 때문입니다.

전 세계가 북극 남극 육지 없이 모두 적도 대양 지역이라고 가정하고, 1일 최다 강우량으로 비가 40일간 계속해서 쏟아진다고 가정하고 계산을 해도 40일간의 강우량은 75m(40×1.87=74.8) 정도밖에 안 됩니다. 이 정도 강우량으로는 전 세계적으로 낮은 산도 덮기 어렵기 때문에 동물이나 인간을 전멸시킬 수는 없는 것입니다. 북극과 남극은 지구가 자성(磁性)을 띠고 공전과 자전을 하고 지구 자기장으로 생물을 보호하기 위해서 태초부터 존재해야 했으며, 북극과 남극이 존재하는 한 한대지방과 온대지방이 존재하므로 40일간 계속해서 전 세계적으로 장마가 질 수도 없고, 설사 장마가 진다고 해도 40일간의 세계적인 강우량은 11m도 되기 어려운 것입니다. 우리나라 일일 최다 강우량은 1981년 264mm를 기록하고 있습니다. 온대지방인 우리나라 일일 최다 강우량으로 40일간 계산하면 40×0.264m=10.56m밖에 안 되므로 전 세계의 낮은 산들은커녕 낮은 언덕도 덮을 수 없는 미미한 물의 양입니다.

(10) 노아 홍수물의 감소

> 하나님이 노아와 그와 함께 방주에 있는 모든 들짐승과 육축을 권념하사 바람으로 땅위에 불게 하시매 물이 감하였고 깊음의 샘과 하늘의 창이 막히고 하늘에서 비가 그치매 물이 땅에서 물러가고 점점 물러가서 일백 오십일 후에 감하고 칠월 곧 그 달 십칠일에 방주가 아라랏산에 머물렀으며 물이 점점 감하여 시월 곧 그 달 일일에 산들의 봉우리가 보였더라. [창 8:1~5]

홍수가 시작된 지 150일 후 7월 17일에 방주는 아라라트(Ararat, 아라랏)산에 머물렀으며 그 후 166일간 물이 점점 감하여져서 노아가 601세 되던 해 1월 1일에는 땅에서 물이 완전히 걷혔고 그 후 57일 동안 땅이 급격히 말랐습니다.

아라라트산은 터키의 동부 아르메니아 고원에 있는 사화산으로 터키, 이라크, 이란, 아르메니아에 걸쳐 있는 큰 산(해발 5, 185m)으로 1년 내내 만년설로 덮여 있습니다. 아라라트산은 노아 방주 근처에서는 제일 높은 산이나, 이 산을 물이 15규빗(6.75m, 45cm×15=675cm) 오른다고 해서 이보다 높은 산들이나 세계의 최고봉인 에베레스트산(해발 8, 848m)을 덮을 수는 없는 것입니다. 세계에는 아라라트산보다 높은 산들이 많이 있습니다. 지상 약 4,000m부터는 물이 빙하로 변하기 때문에 아라라트산 정상은 계속되는 홍수로 눈이 내려 빙산으로 되어 쌓이고 쌓여 훨씬 더 높아졌기 때문에 방주가 아라라트산 정상에는 도저히 도착할 수 없었을 것입니다. 방주는 이미 빙하 속에 갇혀 버렸기 때문입니다. 설혹 방주가 아라라트산 정상에 도착했다 하더라도, 연약한 동물들이 빙산을 기어 내려오기도 전에 모두 얼어 죽었을 것입니다. 설혹 평지에 내려와 다시 고향 지역으로 이동한다 하더라도, 1년간의 대홍수로 모든 동물들이 전멸되었으므로 육식동물들은 먹이를 구하지 못해 도중에 모두 굶어 죽었을 것입니다. 육식동물들이 풀을 먹을 수도 있으나 풀만 먹으면 몸이 부으므로 오랫동안 풀만 먹을 수는 없습니다.

위의 성경구절은 햇빛과 바람에 의해 물이 증발하여 구름이 되고, 일부는 바람에 의해 남극과 북극으로 운송되어 눈으로 되어 빙산을 만들어 대부분의 물의 양이 줄었음을 말합니다. 그러나 현재의 북극과 남극의 빙산이 모두 녹으면 해수면이 약 7m 증가한다고 합니다. 7m 증가하면 낮은 해변가를 제외하고는 높은 산은커녕 낮은 언덕도 물에 잠기기 어렵습니다. 장마가 진 지역이 장마 후에 쉽게 물이 빠져서 감소되는 현상은 물이 물러나갈 냇가, 강, 바다가 있기 때문입니다.

만일 빗물이 산과 육지를 모두 침수시켰다면 홍수 후에도 물이 빠져나갈 곳이 없기 때문에 몇 달이나 일 년 안에 걸쳐 그 많은 물이 물러가 땅이 드러나고 마르기까지 할 수 없는 것입니다. 적당한 기후로 생물이 존재하며 물의 순환이 이루어지는 생물지구에서는 물이 증발이 되면 물의 순환에 의해 대부분 9일 이내로 곧 다시 비나 눈으로 오기 때문에 물은 증발되어 없어지는 것이 아니라 순환하기 때문에 항상 같은 양으로 머물게 됩니다. 산까지 다 덮인 물은 물의 순환으로 영원히 머물게 되지 수십 년이나 수백 년 안에 빠지거나 마르거나 할 수 없는 것입니다. 그 때문에 태평양이나 대서양 등 대양이나 큰 강들이 수천만 년, 수억 년, 수십억 년 동안 강과 바다로 그대로 머물러 있는 것입니다.

(11) 까마귀와 비둘기의 정찰

사십일을 지나서 노아가 그 방주에 지은 창을 열고 까마귀를 내어 놓으매 까마귀가 물이 땅에서 마르기까지 날아 왕래하였더라. 그가 또 비둘기를 내어 놓아 지면에 물이 감한 여부를 알고자 하매 온 지면에 물이 있으므로 비둘기가 접촉할 곳을 찾지 못하고 방주로 돌아와 그에게로 오는지라 그가 손을 내밀어 방주 속 자기에게로 받아들이고 또 칠일을 기다려 다시 비둘기를 방주에서 내어놓으매 저녁때에 비둘기가 그에게로 돌아왔는데 그 입에 감람 새 잎사귀가 있는지라 이에 노아가 땅에 물이 감한 줄 알았으며 또 칠일을 기다려 비둘기를 내어 놓으매 다시는 그에게로 돌아오지 아니하였더라. [창 8:6~12]

방주가 아라라트산에 머물렀으므로 낮은 지면에 물이 있더라도 산기슭에는 물이 없었을 것입니다. 까마귀나 비둘기는 산에서 얼마든지 살 수 있으므로 첫날 내어 놓았을 때 햇빛이 들지 않고 공기가 탁하고 산소가 부족하고 시끄럽고 냄새나는 방주 안으로 다시 돌아오지는 않았을 것입니다. 홍수물이 일 년간(홍수 총 기간 1년 10일) 지상에 잠겨 있었으므로 감람 새 잎도 일 년간 물속에 잠겨 있었으므로 다 썩었을 텐데, 비둘기가 어디에서 감람 새 잎사귀를 물고 왔습니까? 지구의 물은 바닷물(염수)이 97%를 차지하고 민물(담수)은 겨우 3%밖에 되지 않습니다. 대홍수물로 담수(단물)와 염수(짠물)가 일 년 동안 섞여 있었으면 전체적으로 염수로 변했기 때문에 담수가 없어 지구상의 생물인 미생물, 식물, 동물이 거의 모두 전멸되었을 것입니다.

(12) 방주생활에서의 해방

육백 일년 정월 곧 그달 일일에 지면에 물이 걷힌지라 노아가 방주 뚜껑을 제치고 본즉 지면에 물이 걷혔더니 이월 이십칠일에 땅이 말랐더라. 하나님이 노아에게 말씀하여 가라사대 너는 네 아내와 네 아들들과 네 자부들로 더불어 방주에서 나오고 너와 함께한 모든 혈육 있는 생물 곧 새와 육축과 땅에 기는 모든 것을 다 이끌어 내라 이것들이 땅에서 생육하고 땅에서 번성하리라 하시매 노아가 그 아들들과 그 아내와 그 자부들과 함께 나왔고 땅위의 동물 곧 모든 짐승과 모든 기는 것과 모든 새도 그 종류대로 방주에서 나왔더라.

[창 8:13~19]

노아가 601세 되던 해 1월 1일에 땅에서 물이 완전히 걷혔고 그 후 57일 후 2월 27일에 땅이 말랐습니다. 방주에 탄 사람은 노아와 아내, 아들 셋과 그들의 아내 셋 모두 8명뿐이었는데, 어떻게 그 수많은 곤충, 벌레, 새들, 동물들을 일 년 동안 탈 없이 돌보고 먹이와 식수를 구해주고 배설물을 치워줄 수 있었습니까?

방주의 동물들이 일 년간 먹어치우는 먹이와 식수의 양은 자기 몸의 몇 십 배를 먹어치우는데, 일 년간 방대한 양의 먹이와 식수와 동물들을 모두 실으려면 방주 크기보다 적어도 10배 이상 더 큰 배라야 할 것입니다. 먹이 문제로 하나님이 동면을 시키듯 잠을 재울 수도 있으나 동면하는 동물이 있고 하지 않는 동물이 있습니다. 동면하는 동물이라도 배에 기름기를 채우고 배부른 상태에서 조용하고 어두운 굴속이나 땅속에서 하지, 충분히 먹지 못한 배고픈 상태에서 많은 동물들이 시끄럽게 울며 부르짖으며 들끓고 악취가 나고 신선한 공기가 부족한 방주 속에서는 조용하게 동면을 할 수도 없는 것입니다.

(13) 번제와 하나님의 변심

노아가 여호와를 위하여 단을 쌓고 모든 정결한 짐승 중에서와 모든 정결한 새 중에서 취하여 번제(짐승을 통째로 태워 제물로 바치는 제사)로 단에 드렸더니 여호와께서 그 향기를 흠향(제물의 향기를 맡음)하시고 그 중심에 이르시되 내가 다시는 사람으로 인하여 땅을 저주하지 아니하리니 이는 사람의 마음의 계획하는 바가 어려서부터 악함이라 내가 전에 행한 것 같이 모든 생물을 멸하지 아니하리니 땅이 있을 동안에는 심음과 거둠과 추위와 더위와 여름과 겨울과 낮과 밤이 쉬지 아니하리라. [창 8:20~22]

한 쌍씩 방주에 실은 동물 중에서 정결한 동물과 정결한 새를 취해서 번제로 드렸다면, 그 동물은 씨종이 없어져 멸절되었을 것입니다.

부족함과 부러움 없이 모든 것이 풍부한 하나님이 동물을 통째로 태우는 고약한 냄새를 맡으시고 허기를 메우시고 마음이 변하여 변덕이 생겨서 다시는 생물을 멸하지 아니하시겠다고 맹세하시는 것은 결코 하나님다운 품성이 아닌 것입니다.

홍수 전과 같이 땅이 있을 동안에는 심음(봄)과 거둠(가을)과 추위(북극과 남극)와 더위(적도)와 여름과 겨울과 낮과 밤이 계속된다고 합니다. 지구가 북극과 남극을 지니고 자전과 공전을 하면서 사시사철과 낮과 밤이 있으려면 지구는 홍수 전후에도 반드시 자석처럼 상대적인 극성인 N(+)극과 S(−)극으로 되어 있어야 합니다. 지구가 태초부터 자성을 띠어 북극과 남극의 한대지방과 사이에 적도지방과 온대지방을 가지고 있는 한 수증기가 전 지구적으로 대량으로 빨리 만들어질 수 없으므로 전 세계적인 장마가 40일 동안 장시간에 걸쳐 계속적으로 이루어질 수 없기 때문에 전 세계적인 대홍수는 태초부터 지금까지 한 번도 일어나지 않은 것이 분명합니다.

(14) 언약의 표인 무지개

> 하나님이 노아와 그와 함께한 아들들에게 일러 가라사대 내가 내 언약을 너희와 너희 후손과 너희와 함께한 모든 생물 곧 너희와 함께한 새와 육축과 땅의 모든 생물에게 세우리니 방주에서 나온 모든 것 곧 땅의 모든 짐승에게니라. 내가 너희와 언약을 세우리니 다시는 모든 생물을 홍수로 멸하지 아니할 것이라 … 내가 내 무지개를 구름 속에 두었나니 이것이 나의 세상과의 언약의 증거니라 내가 구름으로 땅을 덮을 때에 무지개가 구름 속에 나타나면 내가 나와 너희와 및 혈기 있는 모든 생물 사이의 내 언약을 기억하리니… 내가 나와 땅에 있는 모든 생물 사이에 세운 언약의 증거가 이것이라 하셨더라. [창 9:8~17]

하나님이 방주에서 나온 모든 생물과 노아 가족에게 언약을 세우셔서 다시는 홍수로 모든 생물을 멸하시지 않겠다고 약속하셨습니다. 언약의 증거를 무지개로 하신다고 하셨습니다. 무지개는 태양과 반대쪽에 비가 올 경우, 그 물방울에 비친 태양광선이 물방울 안에서 반사 굴절되어 나타나는 일곱 빛깔의 원호로 나타나는 현상입니다. 태양을 등지고 분무기로 물을 뿜으면 인공적으로도 무지개를 만들 수 있습니다. 하늘의 무지개는 하나님이 일일이 만드는 것이 아니라 자연의 법칙에 따라 만들어져 자연히 나타나는 자연현상입니다.

이 글을 쓴 그 당시의 성경기자는 무지개의 원리를 전혀 몰라서 신비한 존재로 하나님에 의해 일일이 만들어지는 줄로만 믿어서 하나님의 언약의 표시로 믿은 것입니다. 사람의 생각이나 믿음이 항상 모두 옳은 것만은 아니며, 생각을 잘못한 믿음은 즉 충분한 지식과 정보를 지니지 못한 영의 사리판단이나 생각이나 믿음은 틀릴 수도 있는 것입니다. 지구상에는 무지개가 무수히 나타나는데, 하나님이 언약의 증거로 무지개를 일일이 만드시는 것이 아니고 자연현상으로 자연히 생기는 것입니다.

그러므로 구름이 땅을 덮으며 무지개가 생기는 것은 하나님의 언약과는 전혀 상관이 없는 것입니다. 생물을 멸하는 홍수가 다시는 있지 아니할 것이라고 했는데, 전 세계적으로 해마다 홍수로 죽어가는 인간과 생물의 수는 여전히 많습니다.

∗ 지구의 나이와 성경의 족보 ∗

판구조론은 대륙이동설을 설명하는 이론입니다. 바다 바닥의 차가운 지각은 땅속으로 들어가고 맨틀 부분의 뜨거운 지각은 돌출하면서 해양지각(시마)이 형성되어 좌우로 이동하게 되는데, 시알(대륙지각 윗부분)로 된 대륙은 해양지각 위에 떠서 해양지각과 함께 이동합니다. 즉 지구 표면을 이루는 10여 개의 판 조각들은 물 위에 떠 있는 얼음판처럼 맨틀 속의 뜨거운 유동물질 위에 떠서 이동합니다. 대륙(지각판)의 이동속도는 곳에 따라 다르지만, 연간 1~10cm로 평균 5cm로 이동합니다. 지각의 상하운동으로 인해 지진, 화산 활동, 해일, 구조산맥, 지각변동(침식작용) 등이 일어납니다.

남아메리카 대륙의 동쪽 해안선과 아프리카 대륙의 서쪽 해안선이 거의 완벽하게 딱 들어맞으며, 현재의 5대륙은 하나의 초대륙으로 대륙퍼즐처럼 딱 들어맞습니다. 그리고 남아메리카 대륙과 아프리카 대륙에서 공통적인 생물화석이 발견되는 것은 이들 대륙이 처음에는 하나의 초대륙으로 붙어 있었다는 증거입니다.

중생대 초까지 대륙이 한 덩어리로 붙어 있던 판게아(하나의 초대륙)는 중생대(약 2억 2,500만 년 전부터 약 6,500만 년 전까지) 초 이후에 이동하기 시작하여 현재의 5대륙을 형성했기 때문에 지구의 5대륙은 이미 2억 년 전에 떨어져 이동하기 시작했기 때문에 노아 홍수 시대(약 BC 4000년경)에는 적어도 5cm×2억=10억cm=10,000km(25,000리)로 대륙들이 이미 많이 떨어져 있던 상태이므로 대륙마다 다른 벌레나 곤충이나 동물들이 노아 방주가 있는 메소포타미아 지역으로 멀리 떨어진 바다를 건너 스스로 갈 수도 없고 홍수 후에 다시 스스로 고향 지역으로 되돌아갈 수도 없었을 것입니다.

달릴 때는 두 발로 점프하며, 새끼를 육아낭에서 기르는 주머니 동물(피낭동물)인 캥거루는 오스트레일리아와 인근 주변 섬에서만 삽니다. 오스트레일리아 대륙은 이미 노아 홍수 때 멀리 떨어져 있던 대륙이므로 캥거루가 쉽게 다른 대륙으로 이동할 수 없었습니다. 그 증거로는 캥거루가 오스트레일리아에서만 생존하고 있다는 사실이며, 이는 노아 홍수 때 캥거루가 노아 방주에 탑승하지 않았다는 명백한 증거가 됩니다. 이는 또한 세계적인 대홍수가 일어나지 않았기 때문에 방주에 탑승하지 않은 캥거루가 생존해 있다는 것을 증거하는 것입니다.

일부 성경학자들은 성경에 기록되어 있는 아담 때부터 족보를 계산하여 지구의 나이가 길어야 6,000년 정도밖에 안 된다고 주장합니다. 그러나 대륙 이동거리로 환산해 보면, 5cm×6,000=3만cm=300m로 현재 대륙들이 겨우 300m 떨어져 있다는 주장으로 현실과는 전혀 맞지 않는 이론입니다. 인류학자나 과학자들은 방사성탄소연대측정법을 통해 화석을 검증한 결과, 문명인의 출현을 대략 20만 년 전으로 보고, 지구의 나이는 약 46억 년으로 추정하고 있습니다.

방사성탄소연대측정법(放射性炭素年代測定法, 탄소동위원소법)은 탄소의 방사성 동위원소에 의해 절대연령이나 연대를 재는 방법입니다. 생물이 죽으면 이산화탄소의 결합이 끊겨 사체(死體) 속의 탄소 14가 일정한 반감기로 계속 줄어들기 때문에 시료 속의 탄소 14의 양을 근거로 그 생물이 살았던 연대를 과학적으로 추정할 수 있습니다. 만일 지구의 역사가 6,000년밖에 안 되었다면 인간은 공룡, 맘모스(매머드) 등과 같은 거대한 동물과 함께 살았을 것이고 노아 방주(성경 연대표로 지금으로부터 대략 6,000년 전)에도 이들 동물들이 모두 함께 탔어야 할 것입니다. 그러면 키가 10m 이상이나 되는 초식공룡은 어떻게 지냈으며, 동족이나 다른 동물을 잡아먹는 육식공룡은 방주 속에서 일 년 동안 무엇을 먹고 살았습니까?

인간이 기록을 하기 전 선사 시대(문헌기록이 전혀 없던 시대)는 태초 조상으로부터 몇 대가 흘러 내려왔는지 1만 년인지, 10만 년인지, 30만 년인지는 아무도 정확히 알 수 없습니다. 그 이유는 태초의 인간들의 뼈가 삭아 없어져 버렸기 때문이며, 더욱이 태초의 인간화석이 존재하지도 않기 때문입니다.

2천 년 전에 성경기자들이 수천 년 전, 수만 년 전 죽은 수많은 사람들의 기록이 전혀 없었는데 어떻게 아담으로부터 정확히 세대주 이름을 알아서 세대대로 족보를 따져서 성경에 기록할 수 있었겠습니까? 하나님이 천지창조를 기원전 몇 년에 하셨는지, 아담이 언제 태어나서 언제 죽었는지, 노아는 언제 태어나서 언제 죽었는지, 노아의 대홍수는 언제 일어났는지, 바벨탑 사건과 인류분산은 언제 일어났는지 등등 연호기록이 없어 인류사를 아직까지도 정확히 모르고 있는데 어떻게 아담부터 노아까지의 족보를 정확히 따져서 기록할 수 있었겠습니까?

지금으로부터 2천 년 전 예수님 족보도 마태복음 족보와 누가복음 족보는 아버지대 요셉까지는 맞으나 할아버지대부터는 모두 틀립니다. 그러므로 성경의 태초 인류의 족보는 사실일 수 없으므로 일부 성경학자들이 주장하는 지구의 6,000년 나이는 전혀 타당성이 없고 근거가 없는 잘못된 주장입니다. 세계 최초로 어느 정도 충분한 뜻을 나타낸 기록문자는 BC 25~21세기의 수메르—엘람의 점토판에 쓰여진 설형문자(쐐기문자)입니다. 그러므로 BC 25세기 이전에는 충분한 뜻을 나타내는 문자가 없었으므로 성경의 족보는 사실일 수 없기 때문에 지구의 6,000년 나이도 사실일 수 없는 것입니다.

2. 노아 홍수 이야기가 생기게 된 배경

구약성경의 노아 홍수 이야기는 구약성경이 쓰여지기 약 2천 년 전에 이미 쓰여진 바벨론 신화인 길가메시 서사시에서 인용 응용한 것입니다. 이 사실은 영국 국립박물관의 조지 스미스(George Smith)에 의해 바빌로니아의 '길가메시 서사시(Epic of Gilgamesh)'의 점토서판이 판독됨으로써 세상에 널리 알려지게 되었습니다.

영국의 고고학자 오스틴 헨리 레이어드(Austin Henry Layard)는 1849년 이라크 북부 지방에서 발굴 중 니느웨(Nineveh, 니네베)의 궁전터 아슈르바니팔(Ashurbanipal, BC 669~629) 아시리아 왕의 궁전터 왕립 도서관에서 '에누마 엘리쉬(Enuma Elish)' 점토판을 발굴했습니다. 라삼(Rassam)은 1853년에 '길가메시 서사시' 점토판을 발굴했습니다. 그 외에도 그곳에서는 부조와 약 26,000개의 점토판이 발견되었고 출토된 유물은 대영박물관에 보관되어 있습니다. 왕실 도서관의 점토판들은 아슈르바니팔 왕이 고대 역사에 흥미를 가지고 심취되어 고대 최초로 최대의 도서관을 세우고 그의 서기관(신하)들을 고대 인접 여러 나라로 파견해 기록물들을 수집하거나 복사를 해서 모은 후 보관한 것들입니다.

대영박물관에서 종사하던 조지 스미스가 1862년 길가메시 서사시 점토판을 번역 공표함으로써 세상에 널리 알려지게 되었습니다. '길가메시 서사시'라는 이름이 붙은 점토판은 모두 12개의 점토판으로 되어 있습니다. 그 중 제11번째 점토판에는 노아 홍수 이야기와 매우 유사한 대홍수 이야기가 있습니다. 그리고 1876년 역시 조지 스미스는 '에누마 엘리쉬(바벨론 창조신화)' 점토판을 번역 공표했습니다. 에누마 엘리쉬(Enuma Elish)는 7개의 점토판에 약 1,100행의 시(pome) 형태로 쓰여져 있습니다.

길가메시 서사시의 홍수 이야기는 성경의 노아 홍수 이야기와 매우 유사합니다. 예를 들어 비둘기와 까마귀를 날려 보내서 육지를 확인하는 내용까지도 똑같습니다. 이러한 홍수 이야기는 수메르, 바벨론신화뿐만 아니라 인도, 중국, 한국 등 중앙아시아의 알타이 신화와 아프리카, 북남미 인디언 신화 등 세계 도처에서도 유사하게 발견됩니다. 그 이유는 이러한 이야기를 만든 고대 수메르―엘람인들이 전쟁을 피해 피난을 가거나, 또는 그 당시에는 전 세계적으로 인적이 매우 드물었으므로 날씨 좋고 살기 좋은 나라로 이주하여 살면서 자신들의 신화, 설화 등의 이야기를 자손에게 들려주면서 퍼뜨렸기 때문입니다.

수메르―엘람 문명을 전달받은 동이족(몽고와 동시베리아에 살던 한국, 일본 종족들을 중국인들이 부르던 명칭) 일부는 베링해협을 건너 알라스카로 북아메리카로 남하하여 인디언 문명을 이루고 남아메리카로 더 남하하여 인디오(라틴아메리카의 인디언) 문명인 마야 문명(멕시코+과테말라)과 잉카 문명(페루)을 이룩했으며 동시에 대홍수 이야기도 전했습니다. 그래서 미국 인디언 기왓장에 노아 홍수에 대한 석화가 그려져 있고, 멕시코와 페루에 메소포타미아 문명인 계단식 지구라트(성탑)와 태음양력 만다라, 태양기둥, 돔, 석등, 아치형 건축물 등이 있습니다. 유대민족은 이 홍수 이야기를 바벨론 포로시절에 듣고서는 마치 자신들만이 대홍수를 겪은 것처럼 길가메시 서사시를 인용 응용 변형해서 노아의 대홍수 이야기로 다루면서 죄에 대한 하나님의 엄한 섭리를 교육시키려 했던 것입니다.

사실 인류의 홍수설화는 모든 신화 속에 등장하는 단골 메뉴입니다.

고대에는 인간이 죄를 지어 세상이 사악해지면 하나님이 벌로 홍수를 내려 전멸시킨다는 수메르의 홍수설화가 공식화되어 입에서 입으로 전 세계로 퍼져 나갔습니다. 그래서 홍수 이야기의 줄거리 내용도 대부분 유사합니다. 세계 곳곳에는 고대의 대홍수 설화들이 200여 부족에 300개 이상이 전해져 내려온다고 합니다.

홍수를 피한 사람의 이름이 중국에서는 노와, 하와이 부족에서는 누우, 사가라이 족속에서는 노이, 인도에서는 마누, 그리스에서는 데우칼리온, 아즈텍(멕시코 고원에 살던 인디언족)에서는 노타 등 세계에는 여러 전설들이 전해 내려오고 있습니다. 특히 미국 인디언들의 기와 조각에 그려진 50개가 넘는 석판 그림은 성경에 나오는 노아의 홍수와 똑같은 내용들이 묘사되어 있습니다.

중국인이 쓰는 한자는 모양과 뜻에 따라서 구성되는 표의 문자입니다. 큰 배를 뜻하는 한자는 선(船, 배 선)입니다. 선(船)자는 돛단배 주(舟), 여덟 팔(八), 입구(口)라는 한자가 모여서 큰 배를 나타내는데, 배 선(船)자는 '배에 여덟 명의 사람이 타고 있다'라는 내용을 의미하므로 노아 방주를 의미하는 것입니다.

수메르인의 고대 문학은 주로 신화 설화 전설 우화를 토대로 한 것이었습니다. 여러 신화와 전설 설화 우화들은 각 도시의 건설자, 전쟁의 영웅, 유명한 왕들에 관한 이야기였습니다. 그 중 유명한 것들 중에 하나가 바로 길가메시 왕을 신격화하여 전설적인 왕으로 다룬 길가메시 서사시가 있습니다.

노아의 홍수 이야기를 사실이라고 주장하는 측은, 구전되어 내려오는 노아 홍수 이야기를 수메르인들이 인용 응용하여 길가메시 홍수 이야기로 만들어 점토판에 기록했다고 주장합니다. 그러나 이스라엘의 역사는 아브라함이 BC 2090년경 가나안에 이주하면서 겨우 씨족을 형성해 나가면서 시작되었습니다. 그러나 수메르의 역사는 BC 3000년경에 이미 고대도시들이 건설되어 고도의 문명화를 이룩했고 신화, 전설, 설화, 우화, 지혜서 등 많은 문학작품이 이미 BC 2800년경 전부터 만들어져 구전되어 내려오다가 아브라함이 가나안에 이주할 무렵인 BC 2090년경에 길가메시 홍수 이야기 등 많은 문학작품들이 점토판에 기록되어졌기 때문에 두 나라의 문명이나 문학이나 종교 신앙의 시대적인 차이는 적어도 1,500~2,000년 이상 납니다. 성경의 노아 홍수 이야기는 겨우 BC 4~1세기경에 구약성경에 쓰여졌으므로 노아 홍수 이야기는 수메르의 길가메시 홍수 이야기를 인용 응용한 것이 명백한 사실입니다. 그러므로 구전되어 내려오던 노아 홍수 이야기는 바로 길가메시 서사시였던 것입니다.

그리고 또 다른 이유로는 침적토층 지질 분석으로 수메르 지역은 쿠르디스탄산지와 이란 자그로스산맥의 강수량이 모여 가끔 지역적인 대홍수가 실지로 있었기 때문에 수메르인들은 실지로 대홍수를 직접 경험했으므로 길가메시 대홍수 이야기를 실감 있게 지을 수 있었습니다. 그러나 이스라엘이나 팔레스타인 지역은 지중해 연안 지역으로 지중해성 기후인 온대하계건조 기후로 겨울에는 온난한 우기가 되고, 여름에는 고온 건조한 맑은 날씨가 계속되는 건조기후를 유지합니다. 이 지역 연 강수량은 500mm(한국 1, 159mm)밖에 안 되므로 대홍수가 일어날 수 있는 지역이 아닙니다. 그러므로 이스라엘이나 팔레스타인 지역에서는 대홍수가 일어난 침적토층의 흔적이 전혀 없기 때문에 지금까지 대홍수가 한 번도 일어나지 않은 곳입니다.

대홍수를 전혀 경험해 보지도 못한 이스라엘인들에 의해 노아의 대홍수 이야기가 실감 있게 쓰여졌다고 보기에는 어려운 것이며, 오직 가끔 대홍수를 직접 경험해 본 수메르인들에 의해 대홍수 이야기로 길가메시 서사시가 실감나게 쓰여진 것입니다. 단지 구약성경 기자들은 죄에 대한 하나님의 엄한 섭리를 묘사하기 위해서 조상국인 수메르의 길가메시 대홍수 이야기를 인용 응용해서 노아의 대홍수로 만든 것이 분명합니다.

바다 생물의 화석이 에베레스트산이나 아라라트산 등 높은 산 위에서 발견되고 아랄해, 카스피해 등 거대한 염호(염수호, 소금호수)들이 있으므로 전 세계적인 대홍수가 있었다고 주장되어 왔으나, 실제로는 홍수에 의한 것이 아니라 침식작용에 의해 지반이 상승하여 호수가 생기고, 산이 솟아올라 어패류 화석이 산 정상에서 발견된 것으로 알려졌습니다.

노아의 장자는 셈이고 셈의 장자는 엘람인데, 엘람이 셈의 장자권자로서 가문의 수장을 했으며, 이들 엘람의 자손들이 이란 자그로스 산악지대에서 활로 사냥을 하며 살다가 후에 티그리스강 동남부 엘람 지방과 서남부 수메르 지방으로 이동해서 유목과 농경을 시작하며 정착하면서 눈부신 수메르 문명(수메르 문명+엘람 문명)을 일으켰습니다. 그러므로 엘람인들은 셈족 큰집 가문에 속하고 수메르인들은 작은 집 가문에 속하고 이스라엘인들은 셈족 후손에 속하므로 엘람인과 수메르인들은 이스라엘 민족의 조상이며 동시에 문명과 종교의 조상이기도 합니다.

구약성서는 구전되어 전해 내려오던, 모세가 기록했다는 모세오경과 70년간 바벨론 포로생활에서 들었던 바벨론(바벨론교+수메르교)과 페르시아(조로아스터교+미트라교)의 문명과 신앙교리, 신화, 전설, 우화, 문학, 지혜서 등의 자료를 모아서 바벨론 유수생활에서 돌아온 후 기원전

4세기경부터 기원후 90년 얌니야 회의까지 성경기자들이 수집 정리 선택해서 기록하여 편집한 것이기 때문에 자연히 메소포타미아의 종교사상, 문학내용 등이 성경에 들어가게 된 것입니다.

그러므로 성경의 노아 홍수 이야기는 2,000여 년 전에 먼저 쓰여진 길가메시 홍수 이야기를 인용 응용한 것이 명백한 사실입니다. 수난의 역사로 문화를 발전시킬 기회와 터전이 주어지지 않아 빈곤한 문화를 지닌 이스라엘은 자연히 조상국의 찬란한 수메르-엘람 문명의 문학, 사상, 건축양식, 예술, 종교적 영향을 강하게 받을 수밖에 없었습니다. 그 때문에 바벨론 유수 이후 구약성경이 만들어질 때와, 기원후 신약성경과 탈무드가 만들어질 때에도 조상국인 메소포타미아(이라크+시리아+페르시아)의 종교사상과 문학사상의 영향을 자연히 많이 받게 된 것은 부인할 수 없는 역사적인 사실입니다. 구약성서가 쓰여지던 고대에는 과학문명이 발달되지 않아 인간의 무지로 인해 역사적인 사건이나 자연적인 천재지변이나 재앙 등은 모두 하나님과 사탄에 의해 일어난다고 미신적으로 믿던 시대입니다.

그 당시 사람들은 인간들이 죄를 지으면 하나님은 벌을 반드시 내리시는데, 홍수나 화산, 지진, 해일, 전염병, 전쟁, 기근 등으로 엄한 벌을 내리신다고 믿었습니다. 그래서 인간의 문란하고 타락된 생활에 대한 하나님의 엄한 벌로 성경에서 인간을 전멸시키는 대홍수 이야기를 다루게 되었고, 대홍수 이야기 내용은 선조국인 수메르(바벨론)의 길가메시 서사시를 인용 응용하게 된 것입니다.

고대 팔레스타인(팔레스티나)에서는 바벨론의 종교사상을 이어 받아 태양신인 바알신(엘의 아들)이 내리는 비를 지신인 여신(아스다롯, 이스타르, 이슈타르, 세미라미스)이 흡수하면 농사가 잘된다고 믿었습니다. 여신이 땀을 흘리면 비도 잘 와서 대풍을 맞는다는 미신 때문에 신전에서의 성교행위를 신성시하는 음란한 풍습이 있어서 성전에서 여사제들과 성교를 자유로이 했으므로 성이 극도로 문란했습니다. 이스라엘인들 중에는 가나안에 정착하면서 가나안 여인들과도 결혼했으므로 야훼 이외에 태양신이며 농업신인 바알신도 함께 섬기며 성이 문란한 사회를 거쳐야만 했습니다. 후에 구약성경이 만들어지면서 이러한 문란한 죄에 대한 하나님의 엄한 벌을 다루기 위해 노아 홍수 이야기를 기록하게 된 것으로 보여집니다.

> 백성이 여호와께 부르짖어 이르되 우리가 여호와를 버리고 바알(태양신)들과 아스다롯(아세라, 이슈타르, 여신)을 섬김으로 범죄하였나이다. [삼상 12:10]

3. 길가메시 서사시와 노아 홍수의 유사성

고대 메소포타미아(이라크+시리아+페르시아)의 길가메시 서사시는 세계 최초의 서사시(역사, 신화, 전설, 영웅 이야기 등을 묘사한 시)로 수메르 남부의 도시국가 우루크(Uruk, 우룩, 우르크)의 길가메시 왕을 노래한 서사시입니다. 19세기 서남아시아 지방을 탐사하던 고고학자들이 수메르의 고대 도시들을 발굴하던 과정에서 홍수 이야기가 기록되어 있는 길가메시 서사시 점토판과 창조 이야기가 기록되어 있는 에누마 엘리쉬 점토판 등 여러 점토판을 발굴했습니다. 앗수르(아수르, 아시리아)의 아슈르바니팔(재위 BC 668~627) 왕실 서고에서 발굴된 점토판 중에는 12개의 점토판으로 된 '길가메시 서사시'도 있었습니다. 그 중 제11번째 점토판에는 창세기의 노아 홍수 이야기와 매우 유사한 대홍수 이야기가 기록되어 있습니다.

길가메시 신화인 불로초(不老草) 신화도 수메르에서 만들어졌으나 바벨론 시대를 거치면서 내용이 더욱 충실해졌습니다. 원래 수메르인들의 홍수 이야기(지우쑤드라의 홍수 이야기)와 바벨론 홍수 이야기(길가메시 서사시), 아시리아인들의 홍수 이야기, 성경 창세기의 홍수 이야기(노아 홍수 이야기) 사이에는 사소한 내용의 차이는 있지만 근본 이야기 줄거리 내용은 모두 최초의 수메르 홍수 이야기와 매우 유사합니다.

길가메시 왕은 자신을 주인공으로 하여, 죽음에 대한 공포를 느끼는 인간의 모습을 그렸습니다. 길가메시 왕은 BC 2800년경 우루크 제1왕조 제5대 왕으로 우루크 도시국가를 실제로 다스린 왕입니다. 그가 죽은 후 그를 반신반인(半神半人)으로 2/3는 신이고 1/3은 사람인 4m의 거인으로 묘사해 마치 성경에 나오는 네피림(창세기에 나오는 거인족의 이름)족처럼 신화적 전설적인 영웅으로 떠받들어진 전설은 '길가메시 서사시'로 백성들 사이에 구전되어 시로 불려져 내려오다 BC 21세기경 우르왕 슐기 때 설형문자로 점토판에 기록되어졌습니다.

▌두 홍수 이야기의 유사성

- 여호와(야훼, 야웨, yahweh) 신은 인간의 사악한 죄 때문에(길가메시 서사시에서는 신들이 인간의 죄악과 시끄러움 때문에) 인간을 창조한 것을 후회하고, 대홍수를 일으켜 세상의 모든 인간들과 호흡하는 모든 동물들을 멸망시키려 계획한다.
- 신(신들)은 신을 숭배하는 의로운 인물 한 명을 선택하고 무서운 대홍수가 닥칠 것을 경고한다. 노아(성경), 우트나피쉬팀(길가메시 서사시).
- 신은 노아에게 잣나무로 3층으로(우트나피쉬팀에게 집들을 부순 재목으로 6층으로 된 방주를 만들게 함) 된 네모 상자 모양의 방주를 만들도록 명령한다.
- 방주는 피치(역청)로 나무 틈이 봉해지고 많은 선실이 간막으로 나뉘며 문은 하나이고 적어도 하나의 창이 있게 한다.
- 노아는 방주를 90년 가까이 만들고 우트나피쉬팀은 7일 만에 완성한다.
- 노아는 가족과 모든 종류의 동물 한 쌍씩을 방주에 싣는다(가족과 하인들과 모든 생물의 씨앗과 모든 씨받이 동물을 배에 싣는다).
- 노아는 사람과 동물의 먹이를 싣는다(동물의 먹이와 식료품을 싣고 양

을 매일 잡는다).

- 방주 문을 닫자 천둥번개와 폭풍우가 몰아치며 40일 동안의 거대한 홍수가 시작된다(6일 낮과 7일 밤 동안).
- 전 지구적인 대홍수로 산들은 모두 물에 잠긴다.
- 땅 위에서 코로 호흡하는 동물은 새와 벌레까지 모두 몰살되었다.
- 선택된 인물은 까마귀와 비둘기를 날려 보내 물이 감소하여 육지가 있는지 살펴본다. 처음에는 비둘기와 까마귀가 방주로 돌아왔으나 얼마 후에는 육지를 발견했는지 비둘기와 까마귀가 방주로 돌아오지 않는다.
- 홍수 후 방주가 아라라트산(480km 떨어진 니쉬르, Nisir산) 위에 도착한다.
- 선택된 인물은 방주에서 나와서 제일 먼저 동물을 신에게 제물로 바친다.
- 신은 희생양을 태울 때 나는 냄새를 맡으며 선택된 인물이 자신을 잊지 않고 숭배하는 것을 알고 홍수에 대해서 유감을 표한다(신들은 번제의 냄새를 맡고 우트나피쉬팀 주위로 모여들어 허기를 채운 후, 신들은 신들의 모임을 거치지 않고 홍수를 내린 엔릴신을 책망한다. 엔릴신은 죄지은 인간들은 마땅히 벌을 받아야 한다고 답한다).
- 그리고 나서 다시는 홍수로 인간과 동물을 멸하지 않겠다고 약속한다.
- 신은 노아 가족과 동물들에게 축복을 하여 대대손손 번영을 누리게 한다(엔릴신이 우트나피쉬팀과 그의 아내 이마를 만지며 축복한다. 이제부터는 두 사람이 신처럼 영혼불멸의 삶을 살게 된다).

시대적으로 보아 노아 홍수 이야기는 길가메시 서사시를 인용 응용한 것이 분명합니다. 그러나 셈족 수메르–엘람의 후손인 유대인들이 조상들의 신앙과 수메르의 길가메시 대홍수 이야기를 인용 응용해서 신앙교육 윤리교육 목적으로 성경 창세기에 기록한 것은 당연하고 자연스러운 일입니다.

＊부자와 가난한 자의 운명＊

운명(運命)은 억지로 바꿀 수 없는 정해진 것이라고 사람들은 흔히 말합니다. 그러나 운명의 운(運)자는 운전할 운자이므로 운전하기에 따라 운명은 바꾸어질 수 있는 것입니다. 달리 운전하여 운명을 바꾸려면 옛날 성현들은 생각을 바꾸라고 했습니다. 생각을 바꾸면 행위가 바뀌고 행위가 바뀌면 행적이 바뀌므로 운명이 자연히 바뀌게 됩니다. 생각은 마음(영들의 생각)에서 우러나오므로 긍정적인 현명한 계획이나 생각을 하게 되면 자연히 긍정적인 행위가 따르게 되고 이어서 긍정적인 행적도 따르게 되어 긍정적인 운명으로 바뀌게 됩니다. 그래서 오늘의 현명한 생각이나 계획은 내일의 운명을 바꾸어 놓을 수도 있습니다.

그러나 아무리 좋은 생각이나 계획이라도 시대나 장소, 주위환경이나 상대나 상황에 맞지 않으면 기회를 잃거나 여건이 주어지지 않으므로 매사 일이 실패로 돌아가기 일쑤입니다. 인간관계를 맺는 처세술도 정해져 있는 것이 아니라 주어진 환경 여건에 따라 상대에 따라 상황에 맞게 해야 합니다. 그 때문에 좋은 계획이나 현명한 생각이나 현명한 처세술은 시대, 장소, 환경, 상대, 상황 등을 잘 고려한 지혜로운 사고라야 합니다. 그러나 때로는 운이 저절로 따라붙어서 운을 타게 되어 운명의 기회를 살려서 자연스레 성공하는 경우도 없지 않아 드물게는 있습니다.

사람이 한평생 사는 동안에는 대략 2~3번 운명의 기회가 주어지는데 매사를 심사숙고하면서 이 기회를 잘 살리면 크게 성공하게 됩니다. 성공의 비결은 먼저 인내를 기르고 자신의 성격과 마음을 다스리고 부모에게 효도하고 가족에게 화목하고 동기간에 우애가 있고 아는 사람들에게 친분을 가지고 학문이나 기술을 닦고 견문을 넓혀 사회에 잘 적응하면 자연히 마음과 생각과 발이 넓어져서 성공할 기회와 확률이 많아져 좋은 운명으로 바뀌게 됩니다. 그리고 '하늘은 스스로 돕는 자를 돕는다', '진인사대천명(盡人事待天命)' 격언처럼 맡은 일에 인내를 가지고 신중하게 진력을 다해 최선으로 노력해 나가면 좋은 결과를 얻게 되어 남이 인정해 주게 되므로 운명을 바꾸게 하는 계기가 될 수도 있습니다.

그러나 세상만사가 모두 생각한 대로 마음먹은 대로 잘되지는 않는 법입니다. 그 때문에 잘된 사람과 잘 안된 사람이 있게 되어 사회를 운영해 나갈 수 있는 것입니다. 왜냐하면 사회는 잘된 사람이나 잘 안된 사람을 모두 필요로 하기 때문입니다. 잘 안 되었다고 자신의 운명을 탓하면서 너무 좌절하고 비관할 일은 아닙니다. 자신이 잘 안 되고 실패하고 못살기 때문에 상대적 극성적으로 음양적으로 잘되고 성공하고 잘사는 사람이 있게 마련입니다.

그 때문에 자신의 실패는 곧 다른 사람에게 성공의 기회와 여건을 만들어 주는 터전이 되었으므로 자신의 실패는 인간사회에 크게 공헌한 것입니다. 왜냐하면 살기 좋은 사회는 부자와 가난한 자가 골고루 섞여 있는 사회라야 하기 때문입니다. 그 이유는 부자만 사는 사회는 돈으로 노동력을 사기 어렵고, 가난한 자만 사는 사회는 노동력을 팔아 돈을 만들기 힘드니 한쪽으로 치우쳐 있는 사회는 살아가기도 힘든 사회로 불행한 사회입니다. 그래서 가난한 자는 부자가 필요하고, 부자는 가난한 자가 필요한 법입니다. 살기 좋은 사회는 부자만이 또는 가난한 자만이 이룰 수 없으며, 오직 부자와 가난한 자들의 공동 상호작용으로 이루어집니다.

그러므로 부자는 가난한 자들 때문에 부자가 될 여건과 기회가 주어져서 부자가 되어 부를 누리며 잘 살아가므로 가난한 자들의 은공에 보답하기 위해 적어도 부의 1/20~1/10은 불쌍하고 가난한 자를 돕는 자선사업에 기부하거나 투자하여 사회에 어느 정도는 부를 환원시켜 화평한 사회를 이루는데 동참하는 것이 부자로서의 값진 본분이고 마땅한 의무이고 참다운 도리인 것입니다. 부자도 만물과 상호작용을 하면서 혼과 육체가 만들어져 태어나 만물과 가난한 자와 상호작용을 하면서 도움을 주고받으며 살아가기 때문입니다. 나눔의 기쁨보다 더 큰 기쁨은 없으며, 즐거움을 주는 것보다 더 큰 즐거움은 없는 법입니다. 나눔은 하나님의 뜻인 화평주의를 실천하는 행위로 자신의 인과응보를 더 크게 하는 것입니다. 아무리 재산을 많이 모아두었어도 뜻있게 제대로 한번 쓰지 못하고 죽어 빈손으로 가는 것같이 인과응보의 벌을 키우는 어리석고 무모하고 억울한 짓은 없을 것입니다. 나 혼자 잘살아보겠다고 이기적으로 욕심을 부리면 사회 분위기도 나빠져 서로 못살게 되고, 욕심을 누그러뜨리며 아량을 베풀면 사회 분위기도 좋아져 화평한 사회를 이루어 모두 잘살게 되는 것입니다. 그래서 선진국일수록 많은 국민들이 재산을 국가에 기증합니다.

그리고 삶의 희망을 잃고 쓰러져가는 가난하고 불쌍한 자는 하나님과 예수님(아들 하나님)한테 의지해서 모든 것을 하나님한테 맡기고 하나님 뜻에 따라 살아가면서 하나님한테서 소망과 안식과 위안을 받으면서 새로운 삶의 길을 모색해 나가는 것이 최선의 방법입니다. 하나님은 부자보다는 진실로 하나님을 필요로 하고 진실로 하나님에게 의지하고 진실로 기도하고 진실로 하소연하는 힘없고 억울하고 가슴 아파하는 불쌍한 자의 기도를 기꺼이 먼저 들어주시기 때문입니다. 부자와 가난한 자는 영원히 머물러 있는 것이 아니라 언젠가는 바뀌지기 때문에 이 세상에서 바뀌지지 않으면 저 세상에서라도 바뀌지기 때문에 가난도 경험해 보는 것이 삶의 진미를 풍부하게 하는 것입니다. 그 때문에 마음의 부자가 물질적인 부자보다 더 풍요로운 참부자인 것입니다.

부모가 자식을 올바르게 교육시키기 위해서는 사랑으로만 하는 것이 아니라 때로는 엄하게 벌을 주거나 때로는 매까지 들게 됩니다. 마찬가지로 하나님이 하나님의 영의 씨앗이 들어 있는 인간을 올바르게 교육시키기 위해서 사랑으로만 하는 것이 아니라, 인간을 경험시키고 죄를 덜 짓게 하고 화평한 세상을 이루는 데 동참하게 하기 위해서, 또는 하나님의 자녀로 키우기 위해서 끊임없는 징계로 고난, 고통, 가난 등으로 시련을 주시며 단련시키시며 교육을 하십니다.

우리 몸속 세포 속에는 하나님의 영(신, 신령, 성령)과 하나님의 영으로 만들어진 우리의 영(혼, 영혼)이 공존하기 때문에 우리 자신(혼)을 바닥까지 낮추어 겸손하며 선행을 추구하면, 상대적으로 하나님의 영의 활동이 커져서 하나님의 영이 우리의 영을 인도하시므로 하나님의 사랑을 진실로 느낄 수 있고, 하나님의 교육을 진실로 이해하게 되어 삶의 용기와 희망이 샘솟아 자연히 행복하게 잘살게 됩니다. 그러나 우리 자신을 높일 대로 높여 거만하며 악행을 추구하면, 상대적으로 하나님의 영은 낮아질 대로 낮아져 활동을 안 하므로, 우리가 아무리 열심히 기도를 해도 하나님은 들어줄 수가 없는 것입니다.

가난한 환경이더라도 하나님이 나를 하나님의 자녀로 키우시기 위해 단련시키시는 것으로 생각하고 감사한 마음으로 살아가면 하나님의 뜨거운 사랑과 보살피심을 진실로 느끼게 되어 삶의 용기가 저절로 샘솟아 영생의 희망을 가지고 행복하게 살아가게 됩니다. 그러나 가난을 한탄하고 원망하며 스스로 자포자기하여 쓰러지거나 자살을 하면 하나님도 도울 수 없는 것입니다. '실패는 성공의 어머니'라고 실패했다고 쓰러지지 말고 용기를 가지고 다시 일어서야만 하나님도 기뻐하시며 도울 수 있는 것입니다. 게으른 자는 스스로 노력하여 기쁨과 행운이 오게끔 기회를 만드는 데도 게으르고, 설혹 주위에 기쁨과 행운의 요소들이 많이 널려 있더라도 부지런히 가져다가 가공하고 요리하여 큰 기쁨과 행운으로 만드는 데도 게으르기 때문에 충분히 즐기지도 못하므로 하나님은 게으른 자를 가장 싫어하시고 축복도 안 하십니다. 그러나 스스로 돕고 노력하는 부지런한 자는 항상 긍정적인 것을 추구하기 때문에 주위에 있는 사소한 것이라도 부지런히 사소한 기쁨과 행운으로 만들어가므로 자연히 기쁨과 행운이 찾아들게 되므로 자연히 행복해지는 것입니다.

가난하면 불행하고 부유하면 반드시 행복한 것은 아닙니다. 부자일수록 많은 사람을 다스리고 많은 재산을 관리하고 부자의 자리를 지키기 위해 항상 안간힘을 쓰며 근심 걱정을 더 많이 하게 되므로 세상사를 여유 있게 즐길 겨를이 없어 밤에도 단잠을 잘 수 없으며, 모든 것을 돈으로 해결하려 하기 때문에 인간성이 메마르게 되어 인간 교제에서도 진정한 행복을 찾을 수 없는 것입니다. 그 때문에 부자는 나눔의 기쁨에서 하나님의 은혜의 사랑을 진실로 느끼고 깨달아야 진정한 부자로서의 행복을 느낄 수 있는 것입니다.

제4장

종교의 탄생과 변천

- 창조 이야기(창조신화)
- 인류 문명의 모태인 수메르 문명
- 수메르 종교
- 바벨론 종교
- 정의와 진리의 종교 조로아스터교
- 유대교와 기독교의 원부 조로아스터교
- 기독교로 흡수된 미트라교(태양신교)
- 태양신을 상징하는 십자가와 건축양식

1. 창조 이야기(창조신화)

신화(神話, mythology)는 삶과 자연현상을 소재로 하여 그 속에 숨어 있는 깊은 뜻을 신성하게 신비하게 묘사한 것입니다. 그러므로 신화는 신과 영웅과 자연물의 기원에 관한 신성한 전승설화입니다. 그래서 모든 신화들은 신성한 종교신앙을 품고 있으므로 원시종교 역할을 했습니다. 신화는 대부분 원시고대의 미신적인 사회에 만들어졌기 때문에 시대가 시대인 만큼 삶과 자연현상에 신비적이고 기적적이고 미신적이고 과장된 혹이 자연히 붙게 마련입니다. 그래서 신화에는 우주 창조신화와 같이 혹이 적게 붙어 비교적 사실적인 이야기로 된 것도 있고, 단군 건국신화와 같이 사실적인 이야기에 신비적인 혹이 많이 붙은 이야기도 있고, 노아 홍수 이야기와 같이 하나님의 엄한 벌을 다루기 위해 가상적 상징적으로 지어낸 이야기도 있습니다.

(1) 에누마 엘리쉬(Enuma Elish, 바벨론 창조신화)

성경 창세기 1장 첫 번째 창조 이야기는 바벨론 창조신화(에누마 엘리쉬)와 조로아스터교의 창조신화를 혼합 인용 응용한 것이고, 에덴동산 이야기는 수메르의 딜문동산 이야기를 인용 응용한 것이 분명합니다. 바벨론 창조신화인 에누마 엘리쉬는 전 세계로 퍼져나가면서 토착신화와 융합되면서 새로운 그 지역 창조신화로 재창작되어졌기 때문에 창조신화들은 서로 유사성을 띠고 있습니다.

에누마 엘리쉬는 7개의 점토판에 약 1,100행의 긴 서사시로 쓰여졌습니다. 에누마 엘리쉬 창조신화는 바벨론을 세운 마르둑(Marduk)과 그의 업적을 찬양하기 위해 마르둑을 신으로 묘사해 마르둑을 창조신으로 태양신으로 바벨론의 수호신으로 숭배했습니다. 전통적으로 바빌로니아의 왕들은 마르둑 태양신의 화신으로 마르둑신의 대리자로 마르둑신처럼 숭배되어졌습니다. 그래서 니므롯이나 담무스(탐무즈)도 마르둑 태양신의 화신으로 태양신으로 숭배되어졌습니다. 마르둑 태양신이 바벨론 도시의 수호신이므로 바벨탑(지구라트, 성탑) 정상에는 마르둑 신전이 있었습니다. 태양신은 만물을 만들고 돌보고 수호하므로 태양신은 창조신, 보호신, 수호신으로 숭배되어졌습니다. 태양신의 신(신령, 성령, 영)으로 만들어진 동물신들 중에는 태양신을 대리하여 태양신처럼 만물을 보호하고 수호하는 동물 수호신들이 있었습니다. 동물 수호신들은 나라, 왕, 건물, 도시, 주민, 국민을 보호하고 수호한다고 믿었습니다.

태양신을 대리하는 동물 수호신들은 용, 뱀, 독수리, 매, 까마귀, 늑대, 여우, 사자, 호랑이, 곰, 말, 황소, 거북이, 봉황새 등이 있습니다. 동서양 전 세계의 사원, 궁전, 지구라트(성탑), 왕릉이나 묘소, 이집트의 피라미드, 페루의 계단식 성탑 같은 큰 건축물에는 동물 수호신들이나 인간과 신이 혼합된 반신반인(半神半人)이나 인간과 짐승이 혼합된 반인반수(半人半獸)의 조각물이나 석화가 있습니다. 이러한 동물 수호신의 관습은 수메르-엘람에서 전 세계로 퍼져나가 각 나라의 국장(紋章, 문양)이나 국기, 배지, 관공건물 등에도 동물 수호신들이나 반신반인이나 반인반수의 조각이나 그림이 그려져 있습니다. 마르둑 태양신은 수메르의 벨 마르둑신으로 수메르의 주신으로 숭배되어지다가 기원전 18세기 함무라비 왕 시대부터는 바빌로니아의 주신(主神)으로 숭배되어졌습니다.

❙ 에누마 엘리쉬(바벨론 창조신화)

하늘과 땅이라는 이름도 없었던 태초의 혼돈 속에 담수를 다스리는 단물신인 압주(Abzu)와 짠물(염수)신인 티아마트(Tiamat, 어두움과 악령의 신, 바다의 여신)는 단물과 짠물을 혼합하여 여러 아들 신들을 낳았다. 그러나 아들 신들이 너무 시끄럽게 하여 잠을 잘 수 없게 되자 압주신은 아들 신들을 죽이려 한다. 티아마트신은 반대하고 아들 신들에게 이 사실을 알린다. 아들 신들은 압주신을 마기로 깊이 잠들게 하여 죽이고 그 자리를 차지한다. 아들 신인 에아(Ea)신과 그의 부인 담키나(Damkina)신이 마르둑(Marduk, 창조신, 태양신, 신들의 왕)신을 낳는다. 신들도 선령의 신들과 악령의 신들이 많이 있기 때문에 서로 그룹으로 나뉘어 싸움을 자주 한다.

마르둑 창조신은 광명과 질서의 세상을 만들기 위해 어두움과 혼돈의 신이며 악령의 신인 거대한 체구의 티아마트신을 죽인다. 그리고 나서 거대한 티아마트 시체를 둘로 나누어 하늘과 땅을 창조하면서 빛과 질서의 세상으로 우주의 법칙과 우주의 질서를 확립하면서 우주만물을 창조한다. 그리고 티아마트의 아들이자 남편인 킨구를 처형하여 그의 피와 점토를 섞어 사람을 만든다. 마르둑신은 사람들로 하여금 바벨론 도시를 건설하게 하고 신들의 거처로 많은 성탑(지구라트)을 건축해서 그 정상에 신전을 두게 한다. 마르둑신의 위엄을 본 신들은 그를 신들의 왕으로 추대하고, 50가지 이름을 바치고 50가지 이름으로 그를 칭송한다.

에누마 엘리쉬 서사시는 마르둑 태양신을 창조신으로 신들의 왕으로 추앙하며 찬미하기 위해서 만들어졌습니다.

마르둑 창조신이 천지창조를 한 내역은 다음과 같습니다.

- 땅이 혼돈하고 황막하고 공허하고 어두움에 싸여 있었다.
  (성경에는 땅이 혼돈하고 공허하며 흑암이 깊음 위에 있고)
- 마르둑 창조신이 있기를 원하는 것은 스스로 자연히 만들어진다. 즉, 마르둑 신은 생각(정보+에너지)으로 만물을 창조함.
  (하나님은 말씀(정보+에너지)으로 만물을 창조함)
- 만물을 만들고 불어나게 하는 것은 보이지 않는 작은 것(영)이다.
  (하나님은 말씀으로 즉 영으로 만물을 창조함)
- 빛을 창조한다. (하나님도 빛을 창조함)
- 빛을 낮이라 칭하고 어두움을 밤이라 칭한다.
  (빛을 낮이라 칭하시고 어두움을 밤이라 칭하심)
- 티아마트의 시체를 둘로 나누어 하늘과 땅을 창조한다.
  (하나님이 하늘과 땅을 창조함)
- 하늘이 솟아오르자 물이 나뉘어 하늘과 땅을 나누었다.
  (궁창을 나뉘어 물과 하늘을 만들고 물이 모여 뭍과 바다를 만듦)
- 큰 빛(태양)과 작은 빛(달)과 별이 창조되고 이들이 낮과 밤을 다스린다. (큰 광명과 작은 광명을 만들어 낮과 밤을 주관하게 하고 별들을 만듦)
- 곡식과 식물을 창조하고 동물을 창조한다.
  (식물과 동물을 창조하고 동물의 먹이로 식물을 창조함)
- 점토에 피를 섞어서 인간을 창조한다.
  (흙으로 사람을 지으시고 생기를 그 코에 불어서 인간을 창조함)
- 마르둑신은 신들의 일을 덜고 신들을 섬기도록 인간을 창조한다.

(모든 동물을 다스리고 하나님과 교제를 하도록 인간을 창조함)

- 마르둑 창조신에게 거역하지 않는 나라는 꽃이 피며 부강하다.

(하나님에게 순종하는 자는 복을 받음)

- 신들은 휴식(안식)을 취한다. (하나님은 일곱째 날에 안식하심)

구약성서 창세기 천지창조 내용은 에누마 엘리쉬 천지창조 이야기 내용과 매우 유사합니다. 신이 빛으로부터 시작해서 인간까지 만든 다음에 휴식하는 창조 과정이 거의 같습니다. 그리고 두 창조신이 상대적 극성관계로 빛과 어두움, 혼돈과 질서, 하늘과 땅, 큰 광명과 작은 광명, 낮과 밤, 식물과 동물, 일과 휴식 등 이원론적으로 음양적으로 우주 만물을 창조한 것이나 창조한 피조물들의 내역도 똑같습니다.

(2) 조로아스터교의 창조신화

빛의 신이며 창조주이며 천주인 아후라 마즈다(Ahura Mazda)에서 태초에 두 영인 쌍둥이 두 아들이 나왔는데, 하나는 선령인 스펜타 마이뉴(Spentas Mainyu, 천사)이고, 다른 하나는 악령인 앙그라 마이뉴(Angra Mainyu, 사탄, 마귀, 아리만)이다. 그런데 악령인 아리만이 창조주 아후라 마주다에게 대항하자, 아후라 마즈다는 9,000년간 세상을 다스린 아리만(아흐리만, Ahriman)을 물리쳐 잡아서 3천 년 동안 어둠 속에 가두어 둔다.

아리만을 가둔 아후라 마즈다 창조주는 혼돈된 우주에 형체와 질서를 부여하며 만물을 창조하기 시작하니 이때가 바로 태초, 곧 세상의 시작이다. 아후라 마즈다는 먼저 하늘을 만들었다. 하늘은 원래 빛이 나는 금속 또는 거대한 돌(운석)과 같은 모습이었다(즉 하늘에는 빛을 내는 무한히 많은 불덩어리들과 먼지, 운석과 빙석들이 있음을 뜻합니다). 하늘을 만든 아후라 마즈다는 다시 천체를 만든 뒤 악의 신, 아리만과의 전쟁에 출전할 용사들인 많은 별들을 만들었다.

그 다음 아후라 마즈다는 달과 태양을 만들었는데 이때까지의 기간이 40일이었다. 이후 아후라 마즈다는 5일간 휴식을 취한 뒤 다시 물을 만들었다. 물을 만든 아후라 마즈다는 이를 바다에 넣어 바다가 대지의 1/3이 되게 만들었는데 이때까지의 기간이 55일이 걸렸다(그 당시에는 육지가 바다보다 더 넓다고 믿었습니다. 어떻게 보면 바다는 지각 위에 고여 있으므로 전체적으로 보면 땅이 훨씬 더 큽니다).

다시 5일간 휴식을 취한 아후라 마즈다는 대지를 만들었다. 이 기간은 70일이 걸렸고 이후 5일을 쉰 아후라 마즈다는 식물들을 만들었다. 이 기간은 25일이 걸렸으며 식물을 만들고 5일을 쉰 아후라 마즈다는 흰 황소(동물의 상징)를 만들었다. 이는 75일이 걸렸고 5일을 다시 쉰 아후라 마즈다는 최초의 인간 가요마르트(Gayomart)를 만들었다. 이 기간은 70일이 걸렸고 인간을 끝으로 아후라 마즈다가 모든 창조 행위를 마치게 되니 아후라 마즈다의 천지창조는 도합 365일이 걸렸으며 1년의 기간에 해당한다.

아후라 마즈다 창조주는 하늘(빛+운석) → 별(천체) → 태양+달 → 물 → 바다+육지(대지) → 식물 → 황소(동물의 상징) → 인간 순서로 1년 동안 천지만물을 창조했습니다. 구약성경의 창조 이야기보다 오히려 창조 과정 순서가 이치적으로 더 잘 맞아들어 가는 것을 볼 수 있습니다. 더욱이 창조주 아후라 마즈다가 선령과 악령 음양의 영을 만들고 음양의 영으로 자연의 질서(자연의 법칙)를 부여하며 만물을 창조했다는 것은 너무나 놀라운 진리를 밝히고 있는 것입니다. 구약성경의 창조 이야기는 바벨론의 창조 이야기와 조로아스터교의 창조 이야기를 인용 응용한 것임을 알 수 있습니다.

구약성경 기자들은 하나님은 말씀으로 만물을 창조하시는데 구태여 일 년까지 걸릴 필요가 있느냐고 생각하여 6일 창조로 한 것으로 보여집니다. 그러나 영이 말씀이 되고 말씀이 설계가 되고 설계가 빛에너지(광자에너지)로 되고 빛에너지가 입자로 되어 영이 들어 있는 입자가 진화 과정을 거치면서 다양하고 풍부한 천지 우주만물로 창조되려면 수십억 년 내지 수백억 년이 걸리게 됩니다.

무한한 시간 동안 빛에 거하는 아후라 마즈다와 어둠에 거하는 아리만(아흐리만, Ahriman)은 무한한 시간 동안 서로 공존한다. 첫 3,000년이 끝날 때 아리만은 그들을 갈라놓았던 공허를 건너 아후라 마즈다를 공격한다. 아후라 마즈다가 빛의 주문인 아후라 바이랴를 암송하자 아리만은 혼비백산하여 심연(깊은 못, 구렁)으로 후퇴한 뒤, 다음 3,000년간 그곳에 머무른다. 이 기간 동안 아후라 마즈다는 먼저 자애로운 불멸자를 비롯한 영적인 존재인 영(성령, 신)들을 창조한 뒤, 영들로 만물인 하늘 · 물 · 땅 · 식물 및 최초의 황소와 최초의 인간을 창조한다.

2번째 3,000년이 끝날 때 아리만은 최초의 여자인 창녀의 유혹을 받아 하늘을 찢고 아후라 마즈다의 창조물을 타락시킨다. 아리만이 가요마르트를 죽이자 그의 몸에서 인간과 광물이 나왔고, 황소를 죽이자 그 몸에서 동물과 식물이 나왔다. 3번째 기간에 아리만은 물질세계에서 승리를 거두었지만, 아후라 마즈다가 만든 함정을 피할 수 없었기 때문에 그는 자기 스스로를 파괴하는 운명에 처했다.

악의 신인 아리만을 빛의 주문으로 가둬놓은 지 3,000년이 흐르자 빛의 주문(심령을 닦은 사람이 술법을 부리거나 귀신을 쫓을 때 외는 글귀)이 그

힘을 다하게 된다. 빛의 주문에서 풀려난 아리만이 땅속 깊은 곳에서 군사를 일으켜 지상에 나타나자 대지(大地)가 아리만의 군대를 땅에서 떨어뜨리기 위해 심하게 몸을 흔들며 지진을 일으킨다. 대지가 지진을 일으키자 땅 위에 살던 많은 생물들을 구하고 뒤틀려 부서지는 땅을 지키기 위해 알부르즈(Alburz)산맥과 그를 따르는 많은 산들이 일어나 땅 속에서부터 서로 꽉 쥐고 놓지 않았고 오늘날 대지가 단단히 굳어 강하고 무거운 모양을 지니게 되었다. 아리만이 개구리, 뱀, 전갈, 독도마뱀과 수많은 해악을 끼칠 동물들인 마물을 만들어내자 아후라 마즈다는 천계의 시리우스별을 보내 이들을 물리치게 한다. 아후라 마즈다의 명을 받은 시리우스별은 30일 밤과 낮을 한 눈에 꿰뚫는 빛을 발하며 사람, 말, 소 등으로 변신하며 아리만이 만든 마물(魔物, 악마, 사탄, 악령)들과 싸웠고 마침내 큰 비가 내려 대홍수가 일어나 대지가 물속에 잠기자 마물들이 모두 전멸했다.

하지만 죽은 마물들의 독과 악취가 대지에 스며들어 깊은 곳까지 오염시키자 아후라 마즈다 천신은 이를 없애기 위해 다시 시리우스를 천마(天馬)로 변신시켜 지상으로 내려 보낸다. 아후라 마즈다가 보낸 시리우스별이 백색의 천마로 변해 긴 꼬리를 바람에 나부끼며 지상으로 내려오자 아리만이 가뭄의 신을 꼬리가 짧은 흑마로 바꿔 백마를 막으라고 내보낸다. 백마인 시리우스별은 가뭄의 신인 흑마와 싸우게 되었고 결국 아후라 마즈다의 도움을 받아 가뭄의 신, 흑마를 몰아내었고 땅을 뒤덮으며 땅속으로 스며들던 마물들의 독과 악취를 품은 물은 바람에 밀려 부르카샤 바다로 흘러 들어갔다. 아후라 마즈다와 아리만의 싸움이 끝난 뒤 대지는 일곱 구획으로 나뉘어져 동 · 서 · 동남 · 서남 · 동북 · 서북과 그 중앙에 있는 비옥한 땅 이란이 생겨났으며 일곱 구획 밖을 둘러싸고 알부르즈산맥이 있고 알부르즈산맥 넘어 그 바깥에는 대홍수가 물러나며 생긴 부르카샤 바다가 세계를 둘러싸고 있다.

조로아스터의 우주론은 4개의 3,000년의 시간 블록들 속에서 12,000년 지속된다고 합니다. 조로아스터는 12,000년 중 마지막 3,000년이 시작될 때 탄생했습니다. 그리고 조로아스터의 사후 3,000년이 지나면, 악으로 가득 찬 세상을 구하기 위해 구세주(메시아, 미트라, 성자) 사오샨트가 동정녀의 몸에 잉태되어 세상에 태어난다고 합니다. 마지막 3,000년이 시작되자 지상에 종교가 도래했습니다. 그것은 자라투스트라(영어로 조로아스터)의 탄생이었습니다. 1,000년 주기가 끝날 때에는 자라투스트라의 계승자요, 사후에 낳은 아들인 새로운 구원자가 등장하는 것이 특징입니다.

조로아스터교는 창시자 조로아스터가 죽은 후 3천 년이 지나면, 메시아가 와서 최후 심판기가 오고, 그때 모든 인간은 부활하며 용해된 금속(불타는 유성)으로 심판이 행해진 후, 영생복락의 메시아 세상이 온다는 재림설이 있습니다. 그리고 무한한 시간에서 비롯된 유한한 시간은 12,000년이 지난 뒤 다시 무한한 시간과 융합된다고 합니다. 이는 우주만물은 영원히 순환(윤회)하며 창조주 하나님과 함께 영원히 존재함을 의미하는 것입니다. 그러므로 만물의 윤회설도 조로아스터교에서 처음으로 만들어진 것입니다.

신약성경(요한계시록), 구약성경, 베다, 불경, 코란 등은 조로아스터교의 창조신화와 신앙교리를 거의 대부분 인용 응용했음을 짐작할 수 있습니다. 그러므로 조로아스터교(미트라교)는 유대교, 기독교뿐만 아니라 전 세계 종교의 시조이고 원부이고 모태 역할을 하면서 여러 종교의 혼으로 환생하여 오늘날에도 활발히 활동하고 있는 것입니다.

(3) 수메르의 딜문동산 신화와 에덴동산 이야기

성경 두 번째 창조 이야기인 에덴동산 이야기[창세기 2:4~3:24]는 고대 수메르의 딜문(Dilmun) 동산 신화를 인용 응용한 것이 분명합니다. 수메르 딜문신화에 보면 신들은 동산을 돌보는 한 남자 엔키(Enki)신을 창조합니다. 아담이 온갖 들짐승들에게 이름을 불러주고 뱀과도 서로 말을 주고받는 이야기와 하나님이 흙으로 사람과 동물을 지으시는 이야기는 수메르 딜문신화의 내용과 매우 유사합니다.

'강이 에덴에서 발원하여 동산을 적시고 거기서부터 갈라져 네 근원이 되었으니[창세기 2:10]'라는 내용은 '딜문동산에서 발원하여 티그리스, 유프라테스, 비손, 기혼의 4개 강 지류를 이루었다'라는 내용과 유사합니다. 수신(水神)인 엔키신이 따먹어서는 안 되는 딜문동산의 실과를 따먹자 병과 죽음이 딜문동산에 들어오고 동산에서 쫓겨나는 이야기는, 아담과 이브가 선악과를 따먹자 죽음과 고통이 들어오고 에덴동산에서 쫓겨나는 이야기와 거의 똑같습니다. 엔키신이 금지된 실과를 따먹고 갈비뼈에 병이 들어 죽어가자 신들은 닌티(Ninti) 여신(갈비뼈의 여인 혹은 생명을 주는 여인)을 만들어 엔키의 병을 고쳐 함께 살아가게 합니다. 왜 하필이면 갈비뼈로 병을 고치고 여자를 만들었느냐 하면, 수메르어로 '-ti'는'갈비뼈'와 '생명을 만드는'이라는 두 가지 의미로 쓰이기 때문입니다. 'nin'은 '여주인, 여신'을 뜻하므로 닌티는 '갈비뼈의 여신, 생명을 만드는 여신'이라는 두 가지 뜻을 지니고 있습니다.

생명의 여신인 닌티는 남자신 엔키의 병을 고쳐 생명을 주었지만, 에덴동산에서는 반대로 하나님이 남자 아담의 갈비뼈로 여자 하와(영어로 이브)를 만들었는데, 이는 남자가 여자에게 생명을 준 것입니다. 히브리어로 이브(Eve)라는 뜻은 '생명을 창조하는 여인'이란 의미로 수메르어의 닌티와 같은 의미의 단어입니다. 성경기자가 닌티의 이름을 단지 히브리어로 바꾸기만 한 것입니다. 딜문신화에서 여신들이 분만의 고통 없이 생산을 했다는 이야기는, 하나님이 이브에게 저주하여 잉태하는 고통을 크게 더하리니[창 3:16]라는 내용과 정반대입니다. 실과를 따먹는 주인공이 에덴동산에서는 여자였는데, 딜문동산에서는 남자입니다. 남자의 병을 고쳐 생명을 주는 자가 딜문동산에서는 여자였는데, 에덴동산에서는 남자가 여자에게 생명을 줍니다.

성경기자가 에덴동산을 쓸 때 수메르의 딜문신화를 인용 응용하면서 더러는 비슷하게 더러는 반대로 변형해서 썼음이 분명합니다. 만일 그대로 비슷하게만 쓰면 수메르의 딜문신화를 모두 베껴 쓴 것으로 보여지기 때문일 것입니다.

에덴동산 이야기에서 아담과 이브가 생명과일을 따먹기 전까지는 발가벗고 살았다고 합니다. 에덴동산이 있는 곳은 4대 강 근원이 발원하는 곳으로 수메르 남부 지역(북위 30~33도)으로 추정되는데 그곳에도 밤이나 겨울(10℃ 이하)에는 추워서 옷을 안 입고서는 살아갈 수 없는 곳이므로 동물의 가죽옷이라도 입고 살아가야만 합니다. 단지 옷을 벗고 살 수 있는 지역은 적도 지방(북위 남위 0~15도)에서만 가능합니다. 그러므로 에덴동산 이야기는 사실적인 이야기가 아니라 수메르의 딜문동산 이야기를 인용 응용한 것이 분명합니다. 나무는 양심의 활동이 행해지는 심장(心臟)을 가지고 있지 않기 때문에 선과 악을 알지 못하므로 선악과(善惡果) 나무는 원래 존재하지도 않는 것입니다.

(4) 인도신화

인도유럽어족이며 인도아리안족인 이란과 인도의 종교라고 하면, 수메르–엘람 토속종교와 4대 원시고대종교인 수메르교+바벨론교+

조로아스터교+미트라교가 근원이고 그 다음이 브라만교와 힌두교, 불교입니다. 힌두교(인도교, 범인도교)는 아리안 계통의 고대 브라만교가 인도 토착 민간신앙과 철학사상과 융합하여 발전되어 형성된 종교입니다. 힌두교를 범인도교라 함은 힌두교의 힌두(Hindu)라는 단어는 힌두쿠시(Hindu Kush)산맥을 넘어간 인도아리안족(인도유럽인종, 인도게르만족)을 의미하는 페르시아어이며, 이들이 만든 종교를 힌두교라고 인도아리안족인 페르시아인들은 칭했습니다. 이들 아리안족 조상은 수메르-엘람 토속종교와 4대 원시고대종교를 믿었으므로 힌두교는 자연히 이들 조상종교에 뿌리를 둔 종교입니다. 이와 같이 오랜 세월에 걸쳐 브라만교(힌두교)가 수메르-엘람 토속종교와 4대 원시고대종교의 영향을 받으며 탄생되면서 베다경전도 만들어졌습니다. 구약성경이나 신약성경도 베다경전처럼 4대 원시고대종교의 영향을 받으며 만들어진 것입니다.

아베스타경전의 아베스타어와 베다경전의 산스크리트어는 같은 인도이란어파에 속하는 언어로 방언적인 차이만 있을 뿐 거의 같은 언어로 그 당시에는 두 경전을 어려움 없이 서로 볼 수 있었습니다. 아베스타경전(BC 7세기경)이 베다경전(BC 3~1세기경)보다 적어도 400~600년 앞서 만들어졌기 때문에 브라만교와 힌두교는 자연히 인도와 인접해 있는 메소포타미아의 종교사상에 많은 영향을 받았습니다.

인도신화는 베다신화와 힌두교신화로 크게 나뉘는데, 인도신화를 살펴보면 모두 수메르-엘람 토속종교와 4대 원시고대종교의 신화를 모두 인용 응용했음을 알 수 있습니다. 베다에 등장하는 자연신들은 수메르-엘람의 중요한 자연신들입니다.

인도의 창조신화를 살펴보면, 망망한 물속에 황금의 태아가 잉태되어 거기에서 신들이 태어나 태양과 교접함으로써 산과 바다가 생겨났다는 것, 유도 무도 없던 태고의 암흑 속에서 잠자고 있던 유일한 중성적 원리(음양이 합친 전체를 보았을 때)에서 일체가 개벽(세상이 처음으로 열림)했다는 것, 또한 원인(原人) 푸르샤를 신에게 제물로 바침으로써 그 신체의 각 부분에서 삼라만상과 4성 계급이 생겼다는 거인해체 신화 등입니다. 교접에 의한 신들의 탄생은 수메르(바벨론) 창조신화를 인용 응용한 것이고, 신체의 각 부분으로 삼라만상이 생겼다는 것은 바벨론 창조신화인 '에누마 엘리쉬'에서 시체로 천지 우주만물을 창조한 것을 인용 응용한 것입니다. 노아의 방주를 연상케 하는 홍수신화, 오직 혼자 살아남은 인간의 조상 마누가 겪은 고행 덕분에 인류가 번영하였다는 전설도 바벨론 길가메시 서사시에 있는 대홍수 이야기를 인용 응용한 것입니다. 인도의 베다 홍수신화가 수메르의 길가메시 서사시를 인용 응용한 것처럼 성경의 노아 홍수신화도 수메르의 길가메시 서사시를 인용 응용한 것입니다. 인도의 중요한 신들도 모두 수메르—엘람(페르시아)에서 인용한 것입니다.

인도 브라만교(힌두교)의 범천(천주)은 조로아스터교의 아후라 마즈다 천주님을 인용한 것이고, 불교의 제석천은 베다에 등장하는 수메르—엘람의 인디라신(천둥벼락신)을 인용한 것이고, 미륵미래불 역시 베다에 등장하는 페르시아의 미트라 태양신을 인용한 것입니다. 인도는 아리안족 조상국인 메소포타미아(이라크+페르시아+시리아)의 종교신앙 뿐만 아니라 건축양식, 조각양식 등 문명도 거의 그대로 답습하다시피 했습니다.

2. 인류 문명의 모태인 수메르 문명

만사만물은 하나님의 3대 힘(음양의 힘+평형의 힘+상호작용의 힘)으로 이루어지고 행해지므로, 생태계를 이루는 무생물, 생물, 인류도 따로따로 독자적으로 탄생되어 독자적으로 존재하며 독자적으로 활동하는 것이 아니라 만물이 서로 영적으로 정보적으로 에너지적으로 물질적으로 서로 끊임없이 상호작용을 하면서 서로를 탄생시키고, 서로를 변화시키고, 서로를 소멸시키고, 서로를 진화시키고 서로를 창조시키면서 서로가 생태계의 일원으로써 상태계의 거대한 수레바퀴를 동적평형으로 공동의 힘으로 돌려나가는 것입니다. 만물이 서로 상호작용을 하면서 서로 만들어지고 작동되기 때문에 만물이 한마디 말씀으로 설계자+노동자+에너지+재료 없이 순간적으로 독자적으로 창조되어 독자적으로 작용될 수는 없는 것입니다.

마찬가지로 인류의 종교, 역사, 철학, 문학, 과학 등도 따로따로 독자적으로 만들어져서 독자적으로 발전 발달되는 것이 아니라, 서로 상호작용을 하면서 서로를 탄생시키고 서로를 발전 발달시키면서 문명의 수레바퀴를 공동의 힘으로 돌려나가는 것입니다. 그 때문에 어떤 종교도 문명과의 상호작용 없이 순간적으로 단시간 안에 독자적으로 탄생되어 독자적으로 발전될 수는 없습니다. 그러므로 탄생되는 종교는 기존의 종교와 기존의 문명의 영향을 받아가며 탄생되기 때문에 탄생되는 종교의 경전 내용은 자연히 영향을 준 기존 종교의 경전 내용과 유사하게 됩니다. 그 때문에 어떤 종교에 대하여 알아보려면 그 종교를 탄생시키고 발전 발달시킨 모태의 종교와 모태의 문명을 마땅히 알아보아야 할 것입니다.

일반적으로 문명의 성립 요소는 도시국가의 형성, 문자의 사용, 청동기문화의 발달(야금술이나 기념물인 화폐) 등을 고려하여 문명의 연대가 정해집니다. 그 때문에 인류의 4대 고대 문명의 발상지는 BC 3500년경 티그리스 유프라테스강 유역의 메소포타미아 문명, BC 3000년경 이집트 나일강 유역의 이집트 문명, BC 2500년경 인도 인더스강 유역의 인더스 문명, BC 2000년경 중국 황허강 유역의 황허 문명입니다. 인류가 메소포타미아 문명인 수메르 문명을 일으킨 수메르인들에게서 상속받은 유산은 헤아릴 수 없이 너무나 많습니다. 수메르인들은 서쪽의 레반트 지역(동지중해 연안 지역)에 거주하던 셈족에게는 알파벳과 종교적 유산을 넘겨주었고, 동쪽으로는 인도 문명과 황허 문명을, 남쪽으로는 이집트 문명의 산파 역할을 했습니다. 이집트의 파피루스나 유적은 이집트 문명의 발아기에 메소포타미아인들의 이집트 원정을 통해서 문명이 전달되어 이루어졌습니다. 그 때문에 이집트 문명이 남긴 전통 어휘들의 기원은 대부분 수메르어입니다. 이집트를 지배했던 수메르인들은 기원전 3100년경 원주민 세력에 밀려, 그 일부가 아프리카의 중서부로 이동했습니다.

수메르에서는 점토 이외의 원료가 산출되지 않아 석재나 목재, 광석, 귀금속은 모두 무역에 의존할 수밖에 없었습니다. 그래서 수메르에서는 일찍부터 원격지 무역이 행해져 동쪽은 인더스 유역, 중국 황하 유역으로, 서쪽은 아나톨리아(터키 고원지대) · 시리아 · 이집트 그리스 로마까지 미쳤으며, 그 무역을 통하여 수메르 문명은 오리엔트 각지와 유럽, 아프리카 등으로 전파되어졌습니다. 인류 문명의 발상지 중 수메르인들이 이루어 놓은 메소포타미아 문명이 세계에서 가장 오래되고 가장 눈부신 문명이었습니다. 수메르 지역은 사방이 열린 지역이므로 고대에는 전쟁이 잦았기 때문에 대다수 수메르인들은 전쟁을 피해 다른 나라로 피난을 가거나, 또는 진흙과 모래사막으로 된 무더운 곳을 피해 사시사철 날씨 좋은 기후로 농사짓기 좋은 지방으로 이주하거나 또는 종교적인 일로 왕래하거나 또는 원격지 무역을 통해 그들의 선천적인 눈부신 수메르 문명을 전 세계에 전파시켰습니다.

약 BC 5000년경부터 엘람과 수메르에서는 고대 문명의 싹이 움트기 시작했으며, BC 3500년경부터는 고대 문명의 꽃을 피우기 시작했고, BC 3000년경부터는 고대 문명의 열매를 맺기 시작했습니다. 메소포타미아는 그리스어로 '두 강 사이'라는 뜻으로 메소포타미아는 유프라테스강과 티그리스강 사이에 있는 이라크와 시리아 지역을 말하고, 수메르 지역은 두 강 사이 메소포타미아 남부 지역을 말합니다. 그래서 수메르 문명은 곧 메소포타미아 남부 문명에 속합니다. 그러나 메소포타미아 문명은 좁은 티그리스강 서쪽에서만 일어난 것이 아니라 강 동쪽 엘람 지역(자그로스산맥을 포함한 이란 서남쪽 지방)에서도 동시에 일어났으므로 메소포타미아 문명은 넓게는 이라크+시리아+페르시아 문명을 말합니다.

메소포타미아 남부 지역 수메르 지역은 소택지가 많고, 두 강의 잦은 홍수와 페르시아만의 높은 조수로 인하여 일찍부터 치수, 관개, 간척, 축제(築堤) 등 대규모 배수시설과 토목공사 등이 수메르인들에 의해 연구 개발되었으므로 자연히 건축, 역법, 농업기술, 천문학 등이 발달되었습니다. 비옥한 강 유역에 농사짓는데 필요한 역법(달력), 천문학, 수학 등과 수확물을 기록하는 설형문자(쐐기문자) 등의 실용적인 문화가 자연히 연구되어 발달되었습니다. 발명은 대체로 어떤 것이 꼭 필요하다고 생각되어질 때 연구되어 이루어집니다.

그 당시 갈대아 우르 지역의 수메르인들이 인류 최초로 이루어 놓은 고대 문명의 업적은 너무도 찬란하고 감탄할 만한 고도의 수준이었습니다. 역법(曆法), 문학, 신학, 수학, 철학, 천문학, 미술, 공예, 건축학, 자연과학, 교육, 종교, 산업, 정부 등 개화된 사회가 갖추어야 할 거의 모든 요소를 이미 전반적으로 골고루 갖추고 있었습니다.

달의 운행을 기준으로 하여 1년을 12달, 1달은 30일로 나누고 3~4년에 한 번씩 윤달을 둔 태음력을 만들었습니다. 천문학도 발달하여 일식 월식이 있는 날을 미리 알았습니다. 그들은 10진법에 따른 수학을 발달시켜 가감승제는 물론 분수 대분수까지 사용했습니다. 수메르인들은 안식일을 만들고, 한 달을 4주로 하고, 7일을 1주일로 하는 7요제를 정하고, 1일을 24시간으로, 1시간을 60분으로, 1분을 60초로, 원을 360도 나누는 등 10, 12, 24, 60진법을 이미 만들어 썼습니다. 그리고 그들은 해, 달, 별 등의 천체가 인간의 운명도 지배한다고 믿었습니다. 그 때문에 천체의 움직임을 관측함으로써 앞날을 예견하는 점성술이 크게 성행하여 천문학과 역법, 수학 등의 발달을 촉진시켰습니다.

황도12궁도도 수메르—엘람에서 처음 만들어져 태음력, 태음양력이 만들어졌습니다. 그리고 태극 만다라, 태극음양 문양, 태극8원소설, 태극음양이원론, 태양신, 신의 문인 누각, 석등, 돔, 아치형문, 동물 수호신, 자연신, 반신반인, 반인반수, 태양기둥, 지구라트(성탑), 십자가, 만자(卍字), 수레바퀴, 수레, 쟁기, 그물, 창, 활, 토기, 톱니바퀴, 연꽃무늬, 화려한 꽃무늬 장식, 신화, 우화, 설화, 전설, 지혜서, 야담사, 예술, 철학, 학문 등이 엘람—수메르 지역에서 처음으로 만들어져 동서양으로 전파되었습니다. 엘람—수메르인들은 그림문자(회화문자)

로부터 독특한 설형문자를 인류 최초로 발명했습니다. 수메르 우르 3왕조의 우르남무 왕이 제정한 '우르남무 법전(BC 2050년경)'은 인류 최초의 법전입니다. 이 법전은 300년 뒤에 쓰여진 바빌로니아의 함무라비 법전(BC 1750년경)과 구약성서 모세율법(BC 1440년경)과 우리나라 고조선(~BC 108년까지)의 8조 금법(8조법)에 근간이 되었습니다.

수메르어는 메소포타미아 남쪽의 고대 수메르족이 쓰던 언어입니다. 수메르인들은 BC 3000년대 말경에 점토(부드럽고 찰진 흙)에 갈대 펜으로 문자를 새기기 시작했습니다. 그 당시에는 상형문자(사물의 모양을 본떠 만든 문자)에 가까웠으며 곡물로 바치는 세금을 곡물의 모양을 본떠 표시함으로써 단순히 행정기록으로 남길 수 있었습니다. 그 후 수 세기 동안 문자 체계를 수정 개선하여 순수한 표음문자(소리글자) 체계로 발전하여 BC 2500~2000년 사이에는 복잡한 역사적, 문학적, 종교적 작품도 어렵지 않게 표현할 수 있는 충분한 감각과 유연성을 갖춘 설형문자(쐐기문자)가 세계 최초로 만들어졌습니다. 수메르의 설형문자 발명으로 찬란한 메소포타미아 문명을 이룩할 수 있었습니다. 그리고 설형문자는 수메르 문명을 전 세계로 전달해 주는 매개물 역할을 했습니다.

그 당시 수메르인들은 점토판, 기둥, 원주, 벽돌 등에 구전되어 내려오던 신화, 설화, 전설 등의 이야기를 새겼습니다. 기록문헌은 BC 21세기 것들을 가장 오래된 것으로 보고 있습니다. 그 때문에 BC 25세기 이전에는 뜻을 충분히 나타내는 문자가 존재하지 않았으므로 성경의 족보는 사실일 수 없는 것입니다. 메소포타미아 지방에서는 석재가 부족하여 점토를 이겨서 판을 만들고 그 위에 갈대 펜으로 글씨를 써서 햇볕에 말리거나 가마에 구워 돌 같은 견고한 글로 된 점토판 문서를 만들어 썼습니다. 모두 쐐기문자(설형문자)로 쓰여진 점토판 문서는 세계에서 가장 오래된 문자기록으로 고대 오리엔트를 중심으로 널리 쓰여졌으며 오늘날까지 견고히 보전되어 내려와 그 시대의 역사 연구에 매우 중요한 자료가 되고 있습니다. 고대 메소포타미아 문명은 19세기 초부터 발굴된 점토판 문서에 기록된 설형문자 해독으로 생생하게 재조명할 수 있게 되었습니다.

노아 방주의 원본이라 할 수 있는 대홍수 전설을 담고 있는 '길가메시 서사시'도 잘 알려져 있습니다. 건축 · 미술 · 공예에도 뛰어나 신전이 정상에 있는 성탑인 지구라트(ziggurat, 평면의 직사각형 기단을 계단상으로 쌓아올린 성탑)와 바벨탑(원형 피라미드형으로 쌓아올린 바벨론 특유의 성탑)을 건축했습니다. 궁전과 신전 건축에 아치형 문과 둥근 천장(돔), 태양기둥, 석등, 미트라 신전(여러 개의 태양기둥으로 지어진 건물) 등이 사용되었습니다. 이 지역은 돌과 목재가 매우 귀했기 때문에 수메르인들은 대부분 벽돌로 성이나 탑이나 집을 건축하였습니다. 도자기를 구워 이용하여 물을 끌어오기 위한 놀라운 기술의 거대한 상하수도 시설을 이미 수천 년 전에 설비했습니다. 그와 동시에 신들을 위한 신전 53개, 마르둑신을 위한 예배당 55개, 땅의 신들을 위한 예배당 300개, 하늘의 신들을 위한 예배당이 600개, 여러 신들을 위한 제단이 400개 등 많은 신을 위한 신전과 예배당, 제단을 건축했습니다. 그 중에는 '신의 문'을 상징하는 거대한 바벨탑도 있었습니다.

이스라엘 역사가인 플라비우스 요세푸스는 바벨탑의 건축자는 니므롯이라고 합니다. 바벨탑의 건축은 니므롯이 큰 성(도시국가)들을 건설하던 BC 3500~3000년경 사이에 시작되었을 것입니다. 바벨(Babel)은 수메르어로 '신의 문'이고, 히브리어로는 '혼돈'의 뜻을 지닙니다. 그래서 바벨론에서는 바벨탑을 신의 문으로 하늘의 신이 오면 맞이하는 곳으로 또는 도시를 수호하는 수호신이 머무는 곳으로 여기고 신전을 성탑 정상에 두었습니다. 그러나 이스라엘에서는 바벨탑은 혼돈 혼란을 일으키는 탑으로 생각하여 하나님이 언어를 혼돈시켜 여러 민족들이 흩어지게 한 탑이라고 믿었습니다.

신의 문을 의미하는 바벨의 개념은 중동뿐만 아니라 이집트 마야의 신화나 성탑에서도 나타납니다. 이집트나 중남미 등 세계 각지에서 발견되는 계단식 피라미드 성탑은 메소포타미아의 지구라트(성탑)의 영향을 받은 것입니다. 바벨탑 정상에 있는 마르둑 태양신 신전에는 마르둑신을 수호하는 '용'이 여러 마리 새겨져 있습니다. 그리고 이집트의 피라미드, 마야의 계단식 피라미드, 궁전, 사원 등 유적물에도 신들이 뱀, 매, 독수리, 사자 등의 수호를 받고 있거나 반신반인, 반인반수의 그림이나 조각물들이 있는데, 이는 대부분 수메르-엘람에서 유래된 것입니다. 수메르의 시날평야와 니느웨와 바벨 땅을 정복하고 큰 성(도시국가)들을 건설하고 많은 성탑을 건축한 니므롯의 폭력적이고 제국주의적인 통치 행위와 하나님에게 대항하려고 높은 바벨탑을 쌓는 행위는 하나님에게 정면으로 대항하고 거역하는 행위이므로 자연히 파멸의 길을 가게 되어 바벨탑은 결코 완공되지 못하였고, 니므롯은 마침내 전쟁터에서 비참하게 창에 맞아 피를 흘려가며 죽어갔습니다.

❙ 수메르어와 한국어

우리나라 한글도 언어학자들에 의하면 수메르 이주민들에 의해 처음 기초해 놓은 것을 세종대왕이 참조 응용하여 만들었다고 합니다.

영국의 '대영백과사전'은 수메르어와 한국어는 동일한 교착어로서 그 어근(語根)을 같이 한다고 기록하고 있습니다. 이는 두 언어가 태초에 한 어근에서 나왔다는 것이고, 수메르어가 세계 최초의 언어이기 때문에 한국어가 수메르어를 토대로 만들어진 것을 의미하는 것입니다.

우리나라 한글은 세종대왕에 의해 창제되었다고 하나, 임승국 교수의 한단고기 번역서에서 밝힌 것을 보면, “세종실록 계해 25년 12월 말에 말글 28자를 정하시니 그 글자는 옛 전(篆)자를 모방하였다”는 내용을 들어, 한글은 옛글을 모방하여 만들어졌다고 주장합니다. 여기에서 옛글이란 수메르 이주민들에 의해 처음 만들어진 글자로 쓰여진 글을 의미하는 것으로 보입니다.

언어학자들은 수메르어와 한국어는 언어학 분류로 같은 우랄-알타이 어족에 속하며 같은 교착어라고 합니다. 교착언어란 주어나 목적어 소유격 다음에 ‘은, 는, 이, 가, 의, 로, 에게, 을, 를’ 등의 토시(조사, 助詞)가 붙어 문장의 의미가 달라지는 언어를 말합니다. 그리고 수메르어와 한국어는 ‘주어 · 목적어 · 동사’ 어순으로 같은 문장구조를 하고 있기 때문에 두 언어는 거의 완벽하게 같은 계통의 언어라고 합니다. 수메르어에는 실지로 우리말과 거의 같은 음과 뜻을 가진 우리말의 원형이 많이 있다고 합니다.

예를 들어 수메르어의 ‘gir’은 우리말의 ‘기르 → 길(路)’이며 ‘bad’는 ‘바드 → 받 → 밭(田)’을 의미하며 ‘nim’은 ‘니므 → 님’과 같습니다. 우리말의 ‘나’라는 1인칭은 역시 ‘나(Na)’라는 1인칭이고, ‘너’라는 2인칭은 ‘Ne(네)’이고, ‘그(게)’라는 3인칭은 역시 ‘게(Ge)’라는 3인칭이고, ‘이’라는 지시대명사는 역시 ‘이’라는 1인칭입니다. 아버지를 부를 때 ‘abba’는 ‘압바 → 아빠’이고, 아버지를 낮추어 부를 때는 ‘abi’는 역시 ‘아비’라고 부르고, ‘abum’은 ‘아붐 → 아범’이고, ‘엄마’는 ‘Uhma(움마) → 엄마’이고, 엄마라는 ‘어멈’은 수메르어로 ‘Umum(어뭄) → 어멈’입니다. 수메르어로 ‘Ahu’는 동생을 의미하고 그 발음은 ‘아후’입니다. 동생을 ‘아후(아우)’로 발음하는 언어는 수메르어와 한국어뿐이라고 합니다. 강신택 박사는 우리나라 고어의 5% 이상이 수메르어와 비슷하거나 같다고 합니다.

언어, 건축양식, 배지, 태극문양, 묘장제도, 순장제도, 10~60진법, 수메르의 12궁도와 한민족의 12간지, 수메르의 지구라트(성탑, 제천의식)와 강화도 최고봉 마니산의 참성단, 만주에 100개 이상의 '동이족 피라미드', 씨름 모습의 유사성, 봉황을 왕이나 국가원수의 상징으로 삼는 관습 등을 종합해서 비교해 보면 인적이 드물던 고대에 수메르-엘람인들이 빈번한 전쟁을 피해, 또는 살기 좋은 곳을 찾아 농사법, 무기, 설형문자, 천문학 등 선진 메소포타미아 문명을 가지고 한반도까지 와서 정착해서 언어와 문명을 발달시킨 것으로 보여집니다. 예를 들어 고인돌은 조장(鳥葬) 풍습을 갖고 있었던 수메르-엘람인들이 전 세계(아시아, 유럽, 북아프리카)로 이동하여 세운 제단이자 무덤(지석묘)으로, 우리나라와 일본에도 고인돌과 선돌(태양기둥)이 많이 있습니다.

역사학자들은 우리 민족을 알타이족 몽고족이라고 말합니다. 이는 우리 조상이 중동에서 중앙아시아를 경유하여 알타이산맥을 지나 몽고 지역을 거쳐 한반도로 이주해 온 것을 뜻합니다. 그러므로 우리 민족의 뿌리는 눈이 째지고 댕기를 드린 검은 머리를 하고 뒤통수가 납작하고 몸집이 비교적 작은 수메르족일 가능성이 매우 큽니다.

라이너(E. Reiner)의 '수메르 세계의 산과 강 목록'에는 '아라리(A-Ra-Li)'라는 산이 있습니다. 우리 민요인 "아리 아리랑 쓰리 쓰리랑 아라리가 났네"라는 의미는 '수메르의 아라리가 아리랑(아리아인, Aryan)과 쓰리랑(수메르인, Sumerian)을 낳았다'는 뜻이라고 합니다. 아리랑 민요도 이주해 온 수메르인들에 의해 고향을 그리며 만들어져 불려진 것으로 보입니다. 많은 사학자들은 환웅(桓雄, 天帝 환인의 아들로 단군의 아버지)이 하늘에서 내려온 것이 아니라 멀리 수메르 지방에서 온 수메르인이라고 합니다. 수메르어로 처음 1을 '아스(as)'라고 합니다. 처음 빨래를 '아시 빨래', 아침을 '아사', '해 뜨는 아침을 Asis'라고 합니다. 그래서 단군조선의 아사달(asadal)은 수메르어로 아침의 땅, 처음 시작하는 땅을 의미하므로 이주해 온 수메르인들이 단군조선을 건설하면서 붙인 이름으로 보입니다. 수메르인들이 세운 도시국가의 이름들 중에는 우루, 우르, 우르크(우루크), 수밀리국 등이 있는데, 환국(桓國, 고조선, 환웅 시대)의 12지국의 이름 중에는 우루국과 수밀리국이 있습니다. 이는 수메르인들이 환국 12지국을 만들 때 참여했음을 증거하는 것입니다. 단군신화에 단군이 단군조선을 BC 2333년에 건국한 것으로 되어 있으나, 수메르는 이미 BC 3500~3000년경 사이에 여러 도시국가들을 세웠습니다.

✳자아의식과 자기 신격화✳

자아의식(自我意識)은 자기 자신에 대하여 깨닫는 것입니다. 자기 자신을 알고, 주위환경 여건에 알맞게 자기 자신을 적응시켜 나가는 깨달음입니다. 그러나 자기 자신에 대하여 알아보면 항상 불충분해 보이므로 늘 불만족입니다. 그래서 자아의식이 강하면 강할수록 자신을 강하게 크게 키우려는 탐욕이 생겨납니다. 그래서 인간들은 누구나 니므롯처럼 자아의식이 강하면 자신을 행동하는 주체인 주인으로 강하게 인식하게 됩니다. 그래서 '내가 하는 일이 바로 나다, 내가 이루어 놓은 업적이 바로 나다, 내가 잘해야 나라는 내가 커진다, 나 자신의 주인은 바로 나다'라는 인식에 사로잡혀 있습니다. 하나님의 영으로 만들어진 내 혼(삶의 활동을 이끄는 영)인 내 자신이 나라는 권위를 가지고 많은 영들을 다스리며 내 육체 안에서 주인행세를 하기 때문입니다. 그래서 다른 사람들이 명령을 하거나 잔소리하는 것을 원래 싫어합니다. 그래서 가만히 있지를 못하고 능력과 기회가 주어지면 자신의 생각을 행동으로 옮겨서 자신의 권위를 더 키우고자 갖은 노력을 다합니다. 그리하여 이 세상에서 자기의 명예와 행적을 더욱 빛나게 하여 다른 사람들로부터 열광적인 존경과 환영을 받고, 아울러 이 세상에 다녀간 뚜렷한 흔적을 남기려고 수단과 방법을 가리지 않고 쉴 새 없이 끊임없이 애를 쓰며 노력합니다.

그리고 인간은 누구나 니므롯처럼 능력과 기회가 주어지면 세상과 다른 사람을 정복 군림하려고 합니다. 모든 것을 자기가 소유하고 자기 세력 하에 두고 다스리고 통제하려는 강한 욕망에 사로잡혀 있습니다. 자기가 주인이 되어 남을 다스리고 싶어 합니다. 자기 자신은 하나님의 영으로 만들어진 혼(삶의 활동을 이끄는 영)이고, 혼은 여러 영들을 다스리고 통솔하기 때문에 혼의 본능으로 다른 사람들을 다스리고 통솔하기를 원합니다. 그와 반대로 하인처럼 남에게 소속되어 주관 없이 남의 명령에 따라 행하거나 남을 존경하고 섬기기를 싫어합니다. 그러한 습성을 강하게 지닌 사람일수록 자신을 낮추면서 하나님을 진실로 믿고 숭배하는 것을 싫어합니다. 이러한 인간심리를 '자기 신격화'라고 합니다. 이러한 자기 신격화하려는 욕망 때문에 다른 사람들로부터 가능한 신처럼 큰 찬양과 큰 숭배도 받으려고 능력과 기회가 주어지면 부단히 노력을 하게 되므로 자기 자신을 평안함이 없는 끝없이 일하는 인간기계로, 인간성이 결여된 메마른 기계로 스스로 만들어갑니다.

이와 같이 자아의식이 강하고 자기 신격화 의식이 강한 사람은 자기만 알고 자기만 생각하는 자아주의적인 자기 위주의 이기적인 삶을 살려고 하므로, 하나님의 뜻이고 하나님의 3대 힘인 상대적인 극성의 힘(음양의 힘, 보완의 힘)과 평형의 힘(화평의 힘, 동적평형의 힘)과 상호작용의 힘(협력의 힘, 상부상조의 힘)이 결여되어 있기 때문에 자연히 하나님의 뜻에 어긋나게 되므로 자연히 하나님과 멀어지게 되는 것입니다.

그 때문에 대제국을 이룬 니므롯이나 알렉산더 대왕이나 나폴레옹이나 히틀러나 그 밖의 다른 많은 군사독재자들은 하나님을 믿지 못하고 숭배하지 못하고 자기 자신만 믿고 자신의 이름과 세력만을 키워 자기를 영웅화시키고 신격화시키는 방향으로만 매진하게 됩니다. 그 때문에 이러한 독재자들은 다른 사람들을 생각하는 아량과 사랑과 관용과 너그러움이 없이 스스로 차갑고 매섭고 독종스러운 성격으로 몰고 가므로 기회와 여건이 주어지면 언제든지 다른 사람들의 권리와 자유와 목숨까지도 쉽게 약탈하게 됩니다. 자연히 이러한 독재자들에게는 뒤를 돌아보며 심사숙고하는 마음의 여유가 없으므로 올바른 진언의 충고를 듣기 싫어하기 때문에 전체적인 통찰력과 분수에 맞게 행동하는 자제력과 사람들과 상호작용하는 교제의 힘이 부족하게 됩니다. 이들에게는 공통적으로 오직 자기 자신의 명성만을 점점 더 키우려고 자신의 탐욕대로 자신의 권력대로 독선적으로 일을 더 크게 벌려 나가게 되므로 자연히 파멸의 프로그램을 짜게 되어 파멸의 함정을 더 크게 파서 스스로 자신이 파놓은 거대한 파멸의 함정 속에 스스로 빠져서 스스로 파멸되어 가게 마련입니다.

자아의식과 자기 신격화는 바로 하나님의 속성이므로, 인간에게만 들어 있는 특성이 아니라 하나님의 영으로 된 무생물이든 생물이든 모든 우주만물에게는 공통적으로 공존하는 특성입니다. 무생물인 태양이나 퀘이사(은하계핵)도 이들 특성 때문에 태양계나 은하계를 이끌어 나갑니다. 식물의 풀이나 나무도 이들 특성을 지니고 있기 때문에 지구상에 세력을 넓혀 나가서 푸른 아름다운 지구를 만들 수 있었고 동물이나 인간도 이들 특성 때문에 전 지구로 세력을 넓혀 나가 전 지구 곳곳에서 번창할 수 있었습니다.

인간, 동물, 곤충, 벌레 등은 이들 특성 때문에 우두머리가 있어 무리를 이끌고 다스리게 됩니다. 인간은 이들 특성 때문에 가족이나 사회를 이끌어 나가고 하나님을 대신하여 지구의 생물을 다스려 나갑니다. 다만 지혜롭고 현명한 인간일수록 이성과 통찰과 인내로 자아의식과 자기신격화의 특성을 주위환경과 상대에 맞게 잘 조화시키며 잘 억제해 나가며 다른 사람의 인권도 존중해 가면서 하나님의 뜻이고 하나님의 3대 힘인 만물과 잘 어울리면서 화평한 세상을 이루어 가는데 동참하게 됩니다. 이와 같이 모든 우주만물이 하나님의 속성인 자아의식과 자기 신격화 속성을 공통으로 지니고 있는 것은, 하나님의 영으로 모든 만물이 만들어지고 영으로 다스려지고 영으로 작동되고 영으로 변화되어 가는 것을 증거하는 것입니다.

3. 수메르 종교

엘람—수메르 토속종교(…BC 3000…) → 수메르교(…BC 3000~1800년경) → 바벨론교(BC 1800~539) → 조로아스터교(…BC 1800~600) → 미트라교(…BC 1800~AD 400) → 브라만교(BC 1700~AD 200) → 힌두교(BC 1500~AD 200) → 유대교(BC 1450~AD 90) → 불교(BC 560~AD 300) → 유교(BC 550~AD 200) → 기독교(AD 30~120) → 이슬람교(AD 570~630) (종교의 시작부터 경전 완성까지 추정함)

페르시아의 엘람인들이나 이라크의 수메르인들은 인류의 번창을 위해 하나님이 태초에 특별히 보내주신 민족으로 노아의 장자 셈족 가문입니다. 이들 셈족 중에 수메르 지역 갈대아 우르(Ur) 지방에 살던 아브라함이 나중에 이스라엘의 조상이 됩니다. 우르 지역은 바벨론 남쪽 지방으로 바벨론처럼 많은 자연신들을 우상숭배하는 지역이니 하나님은 그곳에서 아버지와 함께 우상을 파는 아브라함에게 역사하실 수 없었습니다. 따라서 하나님은 수메르 우르 지역에 살던 아브라함에게 명하여, 가나안 땅으로 옮겨와 유대인의 조상이 되어 유일한 여호와 신을 섬기게 했습니다.

본래 수메르 사람이었던 아브라함이 수메르 문명 아래서 여러 형제자매 친척과 더불어 60여 년을 살다가 친인척들을 남겨두고 BC 2090년경 가나안 땅으로 자기 가족과 조카 롯 가족만 데리고 가서 살 적에 그는 수메르인으로서 자연히 수메르인의 문학과 생활풍습과 수메르어를 사용했습니다. 아브라함은 수메르에서 말씀하시고 인도하신 하나님을 믿었기 때문에 아브라함의 하나님은 원래 수메르의 엔릴(Enlil)=엘(El)=벨(Bel)신이었는데, 후에 아브라함의 후손인 히브리인들에 의해 야훼로 이름만 바뀌어 불려진 것입니다. 아브라함은 원래 수메르인으로서 후에 히브리인(이스라엘인)의 조상이 되었습니다. 그 때문에 셈족인 엘람인이나 수메르인들은 셈족인 유대인들의 조상입니다. 그래서 유대교나 기독교는 자연히 유대인의 선조가 믿던 4대 원시고대종교인 수메르교+바벨론교+조로아스터교+미트라교에 큰 영향을 받았습니다.

하나님은 아브라함과 아브라함 자손인 이스라엘 사람과 성경기자들에게만 말씀하시거나 계시를 내리시는 분이 아니라, 태초부터 지금까지 하나님을 진심으로 믿고 찾고 의지하고 기도하고 교제하려는 모든 진실하고 의로운 자들에게 차별을 두시지 않고 항상 나타나시어 자상하게 대화하시는 살아계신 공의로운 대화의 신이십니다. 그 때문에 하나님은 노아의 장손인 셈의 자손인 엘람인과 수메르인들과도 자상하게 말씀하시며 교제하며 돌보셨기 때문에 4대 원시고대종교도 하나님의 성령이 임하셔서 만들어진 종교이므로, 하나님이 사랑하시며 교제하시며 역사하신 종교인 것입니다.

▎수메르교의 종교사상

- 인간은 신들을 섬기기 위한 단 하나의 목적으로 창조되었다고 합니다. 성경도 인간이 신과 영적 교제를 하기 위해 창조되었다고 합니다.
- 신들도 인간과 같은 형상을 하고 있지만, 인간과 다른 점은 죽지 않는 것, 사람 눈에 보이지 않는 것, 정해진 법과 질서에 따라 우

주만물을 통치하는 것이라고 합니다. 즉, 신은 하늘의 법인 인과 법칙, 자연의 법칙(동적평형),자연의 질서를 철저히 지킨다는 것입니다. 성경에도 인간은 하나님의 형상을 하고 있으며, 하나님은 보이지 않는 영적인 분이시라고 합니다. 하나님은 화평과 질서의 하나님이시므로 자연의 법칙과 자연의 질서를 지켜가며 우주만물을 창조하고 다스리십니다.

- 수메르의 만신전(판테온, Pantheon, 萬神殿)은 의회와 같은 형식으로 운영되며, 주신(태양신, 천신, 천주, 신들의 아버지, 신들의 왕, 창조신)은 신들의 회의를 주관합니다. 그러므로 수메르-엘람 시대부터 이미 생주(生主)이며 대화의 신인 천주 하나님은 계신 것입니다. 수메르에서 인류 최초로 의회 민주주의 사상이 싹튼 것입니다.
- 수메르 종교에서 신들의 왕이며 창조신 이외에 여러 신(영들의 우두머리)들이 있어야만 하는 이유는 신마다 우주의 각 분야의 책임을 하나씩 맡아 자연의 법칙에 따라 자연의 질서를 지키며 우주만물을 다스려 운영한다고 믿었기 때문입니다. 그러나 신들은 인간과는 달리 죽지 않기 때문에 우주의 질서는 어김없이 존속된다는 것입니다. 만일 신들 중 어느 하나라도 죽으면 우주 질서의 한 부분이 무너질 것이라고 생각했습니다. 그들이 믿던 신들은 결국 창조주 하나님의 대리자인 하나님의 영(신, 성령, 신령)들의 우두머리이므로 결코 틀린 이론이 아닙니다. 영(정보+에너지)으로 물질의 시스템과 메커니즘과 특성이 만들어지면서 만물이 만들어지고 영으로 만물이 다스려지기 때문에 영들의 우두머리를 신이라 칭할 수 있는 것입니다. 그리고 만물은 종류에 따라 영으로 만들어진 시스템과 메커니즘과 특성이 다 다르기 때문에 만물마다 영들을 다스리는 신들이 다 다르다고 본 것입니다. 수메르-엘람인들

은 하나님이 한마디 말씀으로 순식간에 기적으로 만물을 창조하는 것이 아니라, 일선에서 영들의 우두머리인 신들에 의해 영들이 다스려져 영들로 만물이 만들어지고 돌보아지고 다스려진다고 보았습니다. 그 당시에 벌써 너무나 놀라운 진리를 밝히고 있는 것입니다.

- 수메르인들은 창조주가 태초에 나쁜 것은 하나도 없이 모두 좋은 것으로만 되어 있는 살기 좋은 낙원을 창조하였다고 합니다. 태초 딜문동산에는 부정적인 나쁜 것들인 병과 사나운 동물과 도둑, 죽음, 굶주림, 두려움, 공포 등이 전혀 없었고 긍정적인 좋은 것으로만 되어 있는 살기 좋은 평화로운 세상이었다고 합니다. 사자가 사람을 죽이지 않았고, 이리가 양을 물어가지 않았으며 눈병도 나지 않았고 밤에도 도둑이나 강도가 없어 파수꾼이 돌아다니지 않았다고 합니다. 그래서 온 세상과 모든 민족은 입을 모아 신들을 찬양하며 살아갔습니다. 그러던 어느 날 엔키라는 수신이 먹어서는 안 될 풀을 먹어 죽음과 고통의 세상으로 변했다고 합니다. 이 내용은 아담과 이브가 따먹지 말라는 선악과를 따먹음으로써 죄가 들어와 살기 좋은 에덴동산이 갑자기 죽음과 고통의 세상으로 변했다는 이야기와 같은 것입니다.
- 인류의 첫 윤리관이 수메르에서 생겨났습니다. 수메르인들은 인간의 불완전성을 강조한 반면, 신에게는 높은 윤리적 속성과 덕성이 있다고 믿었습니다. 그래서 신은 긍정적인 요소인 선함과 참된 것, 법과 공의, 자유와 의무, 질서와 화평, 자비와 사랑, 공평과 의 등을 좋아하고 부정적 요소인 악과 죄, 거짓과 속임, 불의와 불공평, 무질서와 혼란, 폭력과 억압 등을 싫어한다고 믿었습니다.

- 신은 세상을 바로 이끌어가기 위하여 왕을 세웠다고 믿었습니다. 그 때문에 왕은 신의 화신으로 신의 자손으로 신의 대리자라고 믿었습니다. 그러므로 왕은 신의 뜻을 받들어 세상에 법과 질서를 세우며, 약한 백성과 가난한 사람들을 보호하며, 과부와 고아를 돌보아주는 일을 본분과 자랑으로 삼아야 된다고 믿었습니다. 이슬람교는 이 사상 때문에 전쟁으로 고아나 과부가 된 자를 돌보기 위해 일부다처제를 허용하고 있습니다. 왕이 신의 대리자라는 이러한 사상은 후에 '교황은 사도 베드로의 후계자이자 그리스도의 대리자로서 천주교의 수장이며 사도들의 후계자로 주교들과 더불어 전 세계의 가톨릭교회를 다스린다'라는 로마 가톨릭 교회헌장이 만들어지게 되었습니다.
- 거의 모든 신들과 신화가 수메르-엘람에서 유래되어졌다는 것은 거의 정설로 되어 있습니다. 수메르의 신화 중 유명한 것은 길가메시 홍수신화와 이난나 신화가 있습니다. 이난나(Inanna)가 하계(죽음의 세계, 지하의 세계)로 내려가는 신화는 사랑 이야기로 시작합니다. 이 신화에서 보듯이 수메르인들은 땅속에 죽음의 세계인 지하세계가 있다고 믿었는데, 이를 본받아 성경도 땅속에 지하세계인 지옥과 지하낙원이 있다고 합니다.
- 수메르의 창조신화는 구전되어 내려오다가 그대로 바빌로니아 창조신화인 '에누마 엘리쉬'로 기록되어졌습니다. 수메르의 중요한 신들의 계보를 살펴보면 처음에 안(Anu, 아누, 천신, 태양신, 신들의 왕, 창조신) · 키(地神) · 엔키(水神)가 있었고, 안과 키가 결합하여 엔릴을 낳았는데 엔릴은 나중에 키의 자리를 빼앗습니다. 엔릴은 베엘(主), 벨(Bel)로 숭배되어지다가 바빌로니아 제1왕조 무렵에 마르둑(마르두크)에 의해 벨 마르둑으로 그 지위가 대체 되었

습니다. 엔릴(Enlil)을 가나안(페니키아 및 아랍)에서는 줄여서 간단히 엘(El)이라고 불렀습니다.

수메르에 여러 신들의 이름이 체계 없이 우왕좌왕 존재하는 것은 그 당시 메소포타미아 지역이 시리아, 이라크, 엘람 지역으로 광범위했기 때문에 지역에 따라 시대에 따라 언어에 따라 다른 이름으로 불려졌기 때문입니다.

남무(Nammu)는 바다의 여신으로 가장 오래된 신입니다. 그는 모성의 신이라 그에게서 신들이 태어났습니다. 그는 혼자의 힘으로 신들을 생산하였는데, 이는 자웅동체나 단성(單性) 수태설을 의미합니다. 태초의 바다가 생물의 자궁 역할을 했으므로 바다는 모성적인 신으로 최초의 여신으로 바다신으로 숭배되어졌습니다.

- 수메르-엘람 지역에서는 자연물 속에도 영과 생명이 들어 있다는 원시신앙인 정령신앙(精靈信仰, animism)을 믿었습니다. 그래서 자연물도 신성하다고 믿어 많은 자연신들을 숭배했습니다. 그 이유는 수메르 지역은 강 유역을 제외하고는 대부분 진흙 모래사막으로 이루어져 지형적으로 확 트여 있었으므로 천연적인 방어벽이 없었으므로, 수메르인들은 빈번한 전쟁과 홍수에 자주 시달리면서 심적 고통을 느끼며 살아가는 것이 순탄하지 않았기 때문입니다. 수메르인들은 자연신들의 빈번한 변덕에 의해 홍수, 가뭄, 기근, 전쟁, 전염병, 지진, 화산 등 재해와 천재지변이 자주 일어난다고 믿었습니다.

수메르-엘람인들은 수신(Water), 지신(Earth), 바람신(Wind, 숲의 신, 폭풍우신), 천둥번개신(Thunder, 벼락신), 태양신(Fire, 화신), 바다신(Lake, 호수신), 산신(Mountain, 金), 천신(Heaven, 천주, 하나님, 창조신) 등 중요한 자연신 8신에게 제물을 바치며 찬가를 부르며 자연신들의 비위를 맞추어가며 천재지변과 재앙을 피하려고 노력했습니다.
자연신 8신은 후에 중국의 음양 8궤로 되었습니다. 신의 도움으로 모든 재앙을 피하고 복을 받아 가족이 평안하고 매사 일이 잘되어 유목일이나 농사일도 아무 탈 없이 잘되게 해달라고 제물로 동물이나 음식을 바치면서 신을 달래며 신의 비위를 맞춰가며 주술을 외우며 신의 흥을 돋구어가며 찬가를 부르며 오랜 세월 동안 정성들여 숭배해 가면 자연히 자연신들이나 천신이 생겨나게 됩니다.
생겨난 천신과 자연신들을 오랫동안 정성들여 숭배해 가면, 자연히 신앙교리가 서서히 만들어지고 경전이 만들어지면서 새로운 종교가 자연히 생겨나게 됩니다. 그러므로 종교는 인간이 신을 절실히 필요로 하고 애절하게 부르고 찾는 곳에 자연스레 만들어지고, 신은 신을 간절히 찾고 애원하는 자에게 자연스레 나타나 위로하고 소원도 들어주게 됩니다. 그래서 하나님을 진심으로 순수하게 간절히 애절하게 찾고 기도하는 자에게는 하나님의 환상이 보일 때가 있고, 하나님의 환청이 들릴 때가 있는 것입니다.

4. 바벨론 종교

유프라테스, 티그리스 두 강 사이 남부 지역이 수메르 지역이고, 바벨론은 수메르 북방 지역에 속하므로 바벨론은 자연히 수메르 종교사상을 그대로 이어받았습니다. 수메르 시대에는 수메르어를 사용하고, 바벨론 시대에는 아카드어를 사용했기 때문에 신들의 이름은 언어적으로 자연히 바뀌게 되었습니다.

바빌론(Babylon, 바벨론, 바빌로니아) 사람들이 섬기는 신들 중에는 최고의 신인 마르둑(Marduk, 태양신, 신들의 왕, 창조신, 천신)신을 바빌론의 주신이며 민족신으로 숭배했습니다. 수메르나 바벨론의 다른 신들도 마르둑 태양신의 화신으로 마르둑 태양신처럼 숭배되어졌습니다. 수메르의 주신은 마르둑 태양신이고 담무스(탐무즈, 니므롯의 아들, 니므롯의 환생)와 니므롯은 마르둑신의 화신으로 같은 태양신으로 숭배되어졌습니다.

수메르 시대에 이미 담무스 축제와 담무스 신전, 성탑 예배당이 있었습니다. 성경에는 니므롯이 시날평야를 점령하고 도시국가들을 건설한 것으로 기록되어 있습니다. 수메르인들은 매해 봄마다 수태 준비를 마친 대지에 씨를 뿌린 뒤 농사를 잘 짓게 해달라고 태양신 담무스의 부활제를 올렸다고 합니다. 그리고 수메르인들은 마르둑신을 위한 예배당 55개를 건축하고, 정상에 신전이 있는 성탑(지구라트)을 건축한 것으로 보아, 마르둑 태양신은 니므롯을 말하고 니므롯은 BC 3500~3000년경 사이에 있었던 왕인 듯합니다.

바벨론은 바벨론어로 '신의 문'을 의미하며, 이 이름은 BC 2350년 아카드 시대에 이미 널리 알려진 이름이므로 수메르의 도시국가들이 한창 건설되던 BC 3500~3000년경 사이에 바벨론 도시가 건설되었을 것으로 추정됩니다. 많은 도시국가(성)와 지구라트(성탑)를 건축하고 바벨탑을 짓던 니므롯에 의하여 바벨론 도시도 건설된 것으로 보입니다. 니므롯 왕이나 왕후 세미라미스, 왕자 담무스는 원래는 BC 3500~3000년경 사이의 수메르의 왕족으로 길가메시 왕처럼 전설적으로 신격화되어 구전되어 내려오다 바벨론 시대에 바벨론 종교에 의해 삼위일체 신으로 정식으로 신격화되어 추앙을 받게 되어 바벨론 종교의 근원이 된 것으로 보여집니다.

절대적인 권력을 모두 지닌 옛날의 왕들은 신이 특별히 점지해 주어야 왕이 될 수 있다고 옛날 사람들은 믿었기 때문에, 왕은 신의 자손이거나 신의 화신으로 신의 대리자로 세상을 다스린다고 믿었습니다. 그래서 왕이 길가메시 왕처럼 신격화되어 신처럼 숭배되어지는 것은 옛날에는 전통적이었으므로 마르둑, 니므롯, 담무스도 태양신 창조신으로 신격화되어 숭배되어졌습니다. 특히 신화가 매우 발달한 나라는 그리스, 로마, 인도, 이집트이지만 그 기원은 거의 모두 수메르(바벨론)—엘람(페르시아)에서 유래된 신화들입니다.

바빌로니아 사람들의 신들 중에는 여신도 있었습니다. 그 중에서 유명한 여신은 밀릿타(Milita=Semiramis=세미라미스)라는 여신인데, 이 여신을 앗수르에서는 이쉬타르(Ishtar), 에베소에서는 아르테미스(Artemis), 페니키아와 팔레스티나(팔레스타인)에서는 아스다롯(Ashtaroth), 그리스에서는 아프로디테(Aphrodite), 로마 사람들한테는 비너스(Venus)라고 이름만 바뀌어 불려지면서 전 세계로 퍼져나갔습니다.

성경의 니므롯은 시날평야를 점령하고 바벨론 도시를 건설하고 대제국을 다스렸다고 합니다. 니므롯의 아내 세미라미스는 남편 니므롯이 전쟁에서 죽자 사생아 담무스를 낳아 태양신 니므롯의 환생이라고 하여 아들 담무스도 백성들로 하여금 담무스 태양신으로 숭배케 했습니다. 니므롯과 아들 담무스를 백성들로 하여금 마르둑 태양신의 화신으로 빛의 신으로 태양신으로 창조신으로 보호신으로 숭배하게 했으므로 니므롯, 담무스, 마르둑은 모두 똑같은 태양신으로 숭배되어졌습니다. 그리고 세미라미스는 후에 니므롯의 환생인 아들 담무스와 결혼하여 하루아침에 신의 어머니이자 신의 아내가 되었습니다.

메소포타미아의 시날평지에 있는 바벨론 도시는, 첫째로 니므롯이 도시와 바벨탑을 건축하던 곳으로 고대 문명의 발상지이고, 둘째로 음란의 여신 세미라미스가 음란의 극치를 보이던 음란의 도시이고, 셋째로 니므롯(태양신, 성부)+담무스(태양신, 성자)+세미라미스(여신)를 바벨론의 삼위일체 신으로 신격화한 우상숭배의 발생지이고, 넷째로 니므롯의 제국주의적인 침략으로 폭력과 무력이 만행한 악의 근원지이고, 다섯째로 니므롯이 하나님을 대항하여 바벨탑을 건축하던 곳으로 악령(사탄)의 도시입니다.

❙ 바벨론 종교와 로마 가톨릭교의 유사점

- 담무스(탐무즈) 탄생일 12월 25일=태양신 생일(예수 그리스도 탄신일=크리스마스=12월 25일)

  그 이전에는 예수 탄생일을 주현절로 1월 6일로 지킴
- 일요일을 바알신(엘의 아들, 태양신)을 숭배하는 날로 함

  (일요일과 태양신 날짜를 혼합함)
- 태양신의 상징으로 십자가상이 있음(십자고상을 만듦)
- 세미라미스를 여신으로 숭배(성모 마리아의 몽소승천을 믿음)

- 하늘 여신에게 경배하는 과자를 봉헌(십자가가 찍힌 과자를 먹음)
- 어머니와 아기 머리를 원광으로 둘러싸고 있는 모습의 그림과 조각상(아기 예수와 마리아의 머리를 둥근 후광이 비추고 있는 모습의 상)
- 유아에게 성수를 뿌리는 유아세례(유아 성수 세례)
- 담무스를 위해 40일을 금식(40일간 사순절 금욕기간)
- 이스터 여신 축제(이스터 여신 축제)
- 연옥의 존재를 믿음(연옥의 존재를 믿음)
- 죽은 자의 영혼을 달래는 영혼제일이 11월 2일(위령의 날이 11월 2일)
- 많은 신들의 노여움을 달래기 위해 제물을 바침
(인간의 선한 행위로써 구원받을 수 있다고 믿음)
- 죄를 고백하면 사해주는 고해제도를 둠(고해성사 제도를 둠)
- 태양신의 진노를 달래기 위해 인간을 번제물로 바침
(로마 가톨릭의 교의에 반대하는 사람들을 화형에 처했음)
- 삼신 숭배사상이 있음(하나님, 예수, 성령 3신 숭배사상이 있음)
- 분향의식을 거행함(분향의식과 촛불의식을 거행함)
- 반복적인 기도문을 암송(성모 마리아에게 반복적 기도문 암송)
- 악령을 쫓기 위해 몸에 지니고 다니는 부적과 작은 우상들
(자신을 보호하기 위해 십자가와 묵주 십자가상을 몸에 착용함)
- 바벨론 최고 신관을 폰티펙스 막시무스라고 함
(로마 교황의 최고 명칭들 중에는 폰티펙스 막시무스라는 명칭이 있음)
- 야누스와 퀴벨레가 천국과 지옥의 열쇠를 가지고 있다고 함
(베드로가 가졌던 천국 열쇠를 로마 교황이 양도받았다고 함)
- 대제사장인 제왕이 태양신께 예배하기 위해 이동식 왕좌에 들려감(로마 교황이 성 베드로 성당의 바실리카로 이동식 왕좌에 들려감)
- 대제사장인 파라오는 자신을 육신의 모습을 한 태양신이라고 함

(로마 교황은 자기를 예수 그리스도의 대리자라고 주장함)

- 신전에서 일하는 여사제들을 수용하는 집이 있음
  (수녀들과 수녀원이 있음)
- 성하(盛夏)축제 6월 24일(침례 요한의 탄생일 6월 24일)

로마의 콘스탄틴 황제가 그리스도의 힘으로(계시로) 전쟁에서 이기자 AD 313년에 밀라노 칙령을 발표했습니다. 이는 로마 제국이 핍박하던 기독교를 이제부터 합법적인 종교로 인정하겠다는 칙령으로 종교의 자유를 보장한 것입니다. 콘스탄틴 황제의 밀라노 칙령으로 종교의 자유화와 기독교의 공인, 보호정책, 진흥정책, 특혜조처, 황제의 미트라교에서 기독교로의 개종에 힘입어 바벨론 종교(수메르교와 조로아스터교와 미트라교를 포함하여)의 주류를 이루고 있던 기존의 많은 이교도가 스스로 교회 안으로 들어옴으로써 로마기독교(로마 가톨릭)는 이교화 거대화되기 시작하였습니다.

그 당시 기독교 신자가 되면 정치적 사회적 출세의 길이 넓어지고, 여러 가지 특권을 누릴 수 있었으므로 많은 이교도들이 기독교 교회로 몰려들었습니다. 그들은 교회가 가르치고 동화시킬 수 있는 수용능력보다 훨씬 더 많은 숫자였습니다. 그래서 기독교는 점점 이교화 거대화되고 점차 교리나 관습도 세련화되고 풍만해지기 시작했습니다. 기독교인은 사법상의 특권으로 세상 법정에서 재판을 받지 않게 되었고, 세금감면과 군대징집면제 등의 특혜를 받게 되었습니다.

그래서 로마에 머물던 이교도들이 특권을 누리려 기독교 교회에 몰려들어왔는데, 이들은 대부분 이름뿐인 기독교 신자였습니다. 이들은 이교의 우상숭배, 의식, 제도, 신앙교리 등을 함께 가지고 들어와서 이교의 관습대로 신앙생활을 했습니다. 예를 들면 유물숭배, 화려한 복장을 입고 제사를 드리는 화려한 의식, 사제복, 야누스의 열쇠, 로마의 인장, 화관, 거룩한 심장과 목걸이, 삼엽왕관, 로자리, 이스터 제, 돌과 나무로 새긴 각종 성상들, 성수, 분향, 수사들과 수녀들, 영혼불멸설, 십자가, 마리아 숭배사상, 지옥과 천국, 교직자의 구분, 연옥의 교리, 음양이원론, 삼위일체설, 일요일과 성탄절 등 수없이 많은 것이었습니다.

로마 가톨릭이 전 세계 교회 위에 군림하려면 자연히 교리, 의식, 제도 등이 외형적으로나 내용적으로 앞서가며 충실해야 하나 그때까지 박해만 받아오던 기독교가 여러 면으로 미비하고 빈약했기 때문에 이교도들에게 만족을 주지 못했습니다. 그러므로 이교도들은 자연히 자신들에게 익숙한 이교적인 찬란하고 엄숙하고 충실한 의식, 제도, 관습, 교리 등을 끌어들여서 그대로 신앙생활을 했습니다. 이러한 이교의 관습을 본받아 교회 안에서는 자연스레 이교의 의식, 제도, 교리 등을 그대로 흡수하거나 조금 여과 흡수해서 추종하게 되었기 때문에 4대 원시고대종교의 신앙교리, 의식, 제도가 알게 모르게 자연스레 흡수되어졌습니다.

개신교에서는 바벨론 종교가 가지고 있는 두드러진 특성을 '모방성'과 '혼합성'과 '파괴성'이라고 주장합니다. 그래서 바벨론 종교는 사탄이 만들어놓은 종교로 하나님께서 이루어놓으신 것들을 모방하고 응용하는 것밖에 없다고 주장합니다. 사탄이 이스라엘과 그리스도 교회에 대한 하나님의 계획을 미리 알아채고는 모방하여 만든 모조품 종교가 바로 바벨론 종교라고 주장합니다.

예를 들어 사탄은 유월절을 모방하여 '이스터(Easter)'의 절기를 만들어냈고, 속죄를 위한 희생을 모방하여 '인신제물의 의식'을 만들어냈으며, 밥티즘(침례교)을 모방하여 '유아세례(유아밥티즘)'를 만들어냈고, 성직자 체제를 모방하여 '바알'의 제사장 체제를 만들어냈으며, 주님의 만찬을 모방하여 '미사'라는 것을 만들어냈다고 합니다. 사탄의 이 같은 모방 행위들은, 거룩한 하나님의 교회를 오염시키고 세속화시키며 변질시켜서, 궁극적으로는 바벨론 종교와 혼합되게 하려는 데 그 목적이 있었다고 주장합니다.

그러나 역사 시대적으로 보아 바벨론 종교는 기독교보다 약 1,800여 년 전에 먼저 만들어진 종교입니다. 바벨론 종교가 사탄에 의해서 기독교를 모방하려고 아직 기독교가 만들어지기도 전에 여러 가지 기독교 교리를 모방하여 흉내낸 것이 아니라 기독교가 바벨론교의 교리와 관습을 인용 모방한 것입니다. 기독교는 기독교와 같은 교리를 가진 원부인 미트라교도 사탄으로 몰아 소멸시켰습니다.

하나님은 유대교, 기독교가 탄생되도록 하나님께서 진행시킨 종교 진화프로그램에 의해 4대 원시고대종교로서 바벨론 종교가 탄생되어 발전되어 나중에 유대교, 기독교가 탄생되게끔 기초를 놓게 한 것입니다. 마치 인간이 탄생되도록 하나님께서 영(정보+에너지) → 극미입자 → 소립자 → 빛 → 원자 → 분자 → 무생물 → 미생물 → 식물 → 하등동물 → 고등동물 → 인간 순으로 진화 탄생되게끔 먼저 수많은 만물로 기초와 다리를 놓게 하셔서 자연히 진화되어 거대한 생태계를 이루게 하신 것과 같은 원리입니다.

하등생물에서 고등생물로 발전 발달 진화되어 인간까지 만들어진 것처럼, 엘람―수메르 원시토속종교가 발전 발달 진화되어 4대 원시고대종교로 되었고, 이어서 4대 원시고대종교가 발전 발달 진화되어 브라만교, 유대교, 힌두교, 불교, 기독교, 유교, 이슬람교로 탄생된 것입니다.

5. 정의와 진리의 종교 조로아스터교

조로아스터교는 선지자(예언자) 조로아스터의 가르침에 종교적 · 철학적 기반을 두고 있으며, 지혜의 신이며 빛의 신인 아후라 마즈다를 유일신 창조주로 천주로 숭배하는 고대 페르시아 종교입니다. 조로아스터는 기원전 1800년경 티그리스강 동부 지역인 이란 서남부 엘람 지방에 있는 수사(지금은 슈시, 쉬슈, Shush)에서 태어나 성장했고 계시를 받고 복음을 전하려고, 여러 나라의 요충지인 박트리아(발흐, 지금의 아프가니스탄) 지방으로 자리를 옮겨 조로아스터교를 창시하고 복음을 전했습니다. 학자들마다 그의 출생을 BC 6000년에서 BC 600년까지 다르게 봅니다. 그 이유는 조로아스터교가 수메르-엘람 원시토속종교에서 유래되었기 때문에 그 기원이 불분명하기 때문입니다. 전승에 의하면 조로아스터는 고대 비스타습(vishtasp) 왕 시대에 있었던 인물이라고 하는데, 비스타습 왕에 대한 기록물이 전혀 없기 때문에 기록물이 전혀 없던 선사 시대로 BC 2500년 이전의 인물로 보는 것이 가장 타당할 것입니다.

조로아스터교의 기본 교의는 정의, 사랑, 선을 추구하여 선인이 되게 하는 것입니다. 그러기 위해서는 선한(good) 생각, 선한 말, 선한 행동으로 선행을 하며 살아가면 영생(구원)을 받는다고 합니다. 즉, '선하게 산 자는 누구나 구원을 받는다'라고 하는 '인과응보적인 행위의 구원'을 강조하고 있는 것입니다. 조로아스터가 죽은 지 1,000여 년이 넘어서 BC 7세기경에 구전되어 내려오던 그의 가르침과 창조주 아후라 마즈다가 선지자 조로아스터에게 계시한 천지 우주만물에 대한 원리, 인간 내면의 세계, 자연의 법칙, 자연의 질서 등과 율법, 제례, 의식, 신화, 전설, 우화, 지혜서 등을 총망라하여 여러 사제들이 수집, 정리, 보완, 편집하여 아베스타경전을 만들었습니다. 아베스타경전이 만들어진 이후로 복음이 활발하게 빠른 속도로 널리 퍼져나갔습니다. 기원전 7세기경에는 조로아스터교가 이란 전역으로 퍼졌으며 기원전 5세기에는 그리스 지방에까지 전해졌습니다.

창조주 아후라 마즈다의 아후라는 '주(主), 천주(天主)'를 의미하고 마즈다는 '현명한, 지혜로운, 빛으로 가득 찬'을 뜻합니다. 그러므로 '아후라 마즈다'는 지혜로운 주님, 지혜로운 천주, 빛의 신, 전지전능한 창조주 하나님으로서 완전무결한 신이었기 때문에 인간과 교통하는데도 직접 하지 않고 중재자(성자 미트라)와 천사(영, 성령)들을 통해서 했습니다. 창조주 아후라 마즈다는 선령과 악령을 만들어 음양의 영으로 하여금 만물이 만들어져 작동되고 변화해 가도록 하였습니다. 아후라 마즈다는 질서와 화평과 공의와 사랑의 하나님으로 자연의 법칙과 자연의 질서를 부여하여 태양과 별의 길을 만들고, 빛과 어두움을 만들어 때를 정하여 생물의 활동과 휴식을 부여하고, 선과 악이 공의롭게 다스려지도록 죄에 대한 심판도 만들어놓은 지혜로운 천주 하나님이십니다.

지혜로운 주님, 빛의 신, 전지전능한 창조주 천주 하나님이라는 신에 대한 추앙어는, 후에 인도의 범천이나 팔레스타인의 바알신이나 이스라엘의 야훼나 기독교의 하나님이나 이슬람의 알라 신에도 똑같이 인용되어 묘사되어졌습니다. 선지자 조로아스터는 그 당시에 있던 다른 많은 자연신들은 모두 거짓 신이고 빛의 신인 아후라 마즈다 천주 하나님만이 오직 유일한 창조주 하나님이며 참신이라고 유일신관을 처음으로 선언했습니다. 이는 유일신관에 근원이 되어 후에 창조주 천주 하나님을 믿는 브라만교, 힌두교, 유대교, 기독교, 이슬람교에 큰 영향을 주었습니다. 조로아스터교는 이슬람교 이전에 이란인들의 정신세계를 지배하던 종교입니다. 기원전 7세기에 경전이 만들어져 기원전 6세기에 흥기했던 종교로 배화교(拜火敎, 불을 숭배하는 종교), 또는 현교(祆敎)라는 이름으로 중국에까지 전파된 종교입니다. 배화교는 불을 신격화하여 숭배하는 종교로 결국 태양신을 믿는 종교입니다. 빛의 신이며 불의 신이며 창조신인 태양신을 믿는 종교들은 4대 원시고대종교의 태양신 숭배사상을 그대로 이어받았습니다. '타오르는 등불(burning lamps)'과 '켜진 촛불(lighted candles)', '석등(石燈)', '불이 타오르는 제단' 등은 모두 태양신을 숭배하는 의식(儀式)입니다.

고대 이라크의 수메르(바벨론) 지역과 페르시아의 엘람 지역은 티그리스강을 양옆으로 끼고 있었기 때문에, 고대에는 수메르 지역과 엘람 지역이 자주 번갈아가며 통치자가 바뀌어 한 나라의 통치를 두 지역이 같이 받은 적도 자주 있었으므로, 고대 두 나라의 국경 변방은 한 나라 안에서처럼 엘람과 수메르와 바벨론은 동시에 공생 공존하며 공동으로 문명과 종교를 발전 발달시켜 나갔습니다. 수메르와 바벨론과 엘람은 지리적으로도 삼각지형으로 티그리스강을 끼고 한 나라처럼 가깝게 인접한 지역이므로 문명과 종교가 함께 탄생 발전했습니다. 엘람은 셈족 장자 가문으로 큰집에 속하고 수메르는 작은집에 속하므로 엘람 토속종교와 엘람 토속 문명의 영향을 받으며 수메르 문명과 수메르 종교가 탄생하여 큰집과 함께 발전하게 되었습니다.

그러므로 수메르교, 바벨론교, 조로아스터교, 미트라교가 4형제 종교처럼 탄생되어 서로 함께 성장하며 발전 발달되어 4대 원시고대종교로 성장한 것입니다. 그 때문에 어떤 종교가 바벨론교나 미트라교의 영향을 받으면, 자연히 4대 원시고대종교의 영향을 동시에 함께 받는 것이나 다름없는 것입니다. 그러므로 수메르교, 바벨론교, 조로아스터교, 미트라교를 4대 원시고대종교로 칭할 수 있는 것입니다. 4대 원시고대종교는 후에 브라만교, 유대교, 힌두교, 불교, 유교, 기독교, 이슬람교 등 다른 세계 종교들을 탄생시킨 종교의 시조이며 원부이며 모태인 것입니다.

페르시아 제국을 이룩한 아케메네스 왕조(BC 550~330)는 BC 331년 알렉산더 대왕에게 멸망당했습니다. 알렉산더 군대는 왕궁을 불사르고 제사장들을 죽이고 경전들을 불태웠습니다. 그러나 AD 224년 사산조 반란이 일어나 이란을 다시 통치하게 되었습니다. 무함마드가 죽은 이듬해인 AD 633년 모슬렘 군대가 이란에 쳐들어올 때까지 조로아스터교는 번성기를 이룩했습니다. 모슬렘들은 조로아스터교도들에게 '코란(꾸란)을 받겠느냐 아니면 검(칼)을 받겠느냐'며 양자택일을 강요했습니다. 조로아스터교의 교리를 거의 대부분 인용 흡수한 이슬람교는 이슬람교의 발전과 번영을 위해 종교적으로 원부인 조로아스터교를 말살시키려 했던 것입니다. 그래서 사원과 경전은 불태워졌으며, 개종하지 않은 많은 조로아스터교도들은 처참히 학살당했고, 살아남은 교도들은 학살을 피해 사막의 후미진 곳이나 인도, 중국, 이집트, 그리스, 로마 등으로 피신하여 조로아스터교는 차츰 쇠퇴되어 갔습니다. 마치 기독교가 원부인 미트라교의 신앙교리를 거의 모두 흡수한 후에 탄압을 가해 소멸시켜 사라지게 한 것이나 다름없는 것입니다.

조로아스터교는 빛의 신인 아후라 마즈다를 유일한 창조주 천주 하나님으로 숭배하면서 동시에 엄격한 이원론(二元論) 교리를 신봉했습니다. 음양의 영, 선과 악, 광명과 어두움, 천국과 지옥, 천사와 사탄, 탄생과 죽음, 정의와 불의, 좋고 나쁨 등의 이원론적 교리와, 전지전능한 유일신 창조주 하나님, 우상숭배의 배척, 동정녀의 구세주 출산, 최후의 심판(불의 심판), 죄악, 종말론, 구원, 구세주(메시아)의 재림, 죽은 자의 부활, 영원한 천국생활, 천지창조, 영지주의, 윤회, 인과응보 등의 신앙교리가 있습니다. 이러한 신앙교리를 유대인들은 70년 동안 바벨론 유수시절에서(당시 조로아스터교가 국교였음) 들은 이야기들을 머릿속에 기억하거나 메모했다가 유수 이후 이스라엘로 돌아와서 구약성서를 편집했기 때문에 바벨론교(수메르교)와 조로아스터교(미트라교)의 대부분의 신앙교리는 유대교와 기독교에 거의 대부분 인용 응용되어졌으므로 결국 4대 원시고대종교는 유대교와 기독교의 모태이며 원부라는 평가를 받습니다.

종교와 철학과 문학과 역사는 따로 떼어 생각할 수 없는 혼합적인 문화입니다. 종교의 탄생과 발전이 곧 역사이고 문화에 속하므로 종교와 역사와 문화는 상호 관련지어 살펴보아야 전체적인 모습을 그리며 이해할 수 있습니다. 그런 점에서 볼 때 기독교(크리스트교) 또한 예외일 수 없습니다. 유랑민족으로 고달프게 살아온 유대 민족과 찬란한 메소포타미아 문명을 이룬 수메르—엘람의 문명을 깊이 있게 살펴보면, 메소포타미아로부터 유대인들이 물려받은 문명과 문화와 종교사상은 헤브라이즘과 유대교와 크리스트교를 낳게 한 근원이 된 것입니다.

조로아스터교(…BC 1800~600년경)는 인도 베다 시대(BC 1700~500년경)에 인도—아리안족의 브라만교나 힌두교와 뿌리를 같이 합니다. 그 이유는 고대 페르시아 민족은 인도—아리안족(인도게르만족, 키가 크고 얼굴이 하얀 편이고 코가 높고 눈이 움푹 들어갔음)으로 인도 아리안족과 같은 유목민족으로 같은 언어를 사용했고 같은 신앙을 믿었기 때문입니다. 그래서 조로아스터교의 경전인 '아베스타(Avesta)'나 힌두교 경전인 '베다'는 똑같이 '지식, 지혜'를 의미합니다. 문자화되기 전까지 아베스타경전 내용은 1천여 년 이상 구전경전으로 구전되어 내려왔습니다. 아베스타경전이 쓰여진 가장 오래된 이란어를 아베스탄(Avestan)어 또는 아베스타어라고 하는데, 아베스타어와 베다의 산스크리트어(범어)와는 같은 인도이란어파에 속하는 언어로 같은 어원을 갖는 같은 어족으로 거의 같은 언어입니다.

아베스타어는 인도의 베다가 '산스크리트어'로 기록된 시기보다 적어도 4~6세기 이전에 먼저 쓰이던 고대 이란어로 산스크리트어와 방언적인 차이만 있을 뿐 거의 같은 언어입니다. BC 4세기에 이르러 아베스타어는 일반에서는 거의 사용하지 않게 되었고, 오직 사제계급에 해당하는 마기(제사장) 사이에서만 사용하는 사어(死語)로 되었습니다. 마치 BC 2~3세기 무렵, 어려운 히브리어가 이스라엘 백성들 사이에 사어가 되어 유대교 성직자들은 유대인을 위해 히브리경전을 쉬운 아람어로 설교하고, 탈굼이라는 아람어 번역본이 나오게 한 이유와 같습니다. 조로아스터교의 문서의 기록은 크게 2가지로 구분되는데, 본래의 경전인 아베스타는 BC 7세기경 아베스타어로 불리는 고대 이란어로 기록되었고, 그보다 훨씬 뒤인 BC 300년경부터는 중기 페르시아 방언인 '팔레비어(BC 300~AD 950)'로 쓰여졌습니다.

오늘날의 이란어와 인도어는 매우 다른 모습을 보이지만, 고대 이란어인 아베스타어로 쓰여진 아베스타경전과 고대 인도어인 산스크리트어(범어)로 쓰여진 베다경전의 두 언어는 방언적인 차이만 있을 뿐 같은 인도이란어파에 속하는 언어로 둘 다 같은 언어였습니다. 그 때문에 고대 페르시아인들이나 인도인들은 서로 두 경전을 아무 어려움 없이 읽을 수 있었습니다. 고대에는 지금의 아프가니스탄이나 파키스탄이 모두 페르시아에 속했기 때문에 페르시아와 인도는 인접한 이웃나라로 같은 아리안족으로(원주민은 제외하고) 같은 언어를 사용하고 같은 신앙을 믿었으므로 조로아스터교의 아베스타경전 내용 대부분은 자연히 나중에 쓰여진 브라만교와 힌두교의 베다경전으로 인용 응용되어졌습니다.

조로아스터교(아베스타), 브라만교와 힌두교(베다), 유대교와 기독교(성경), 이슬람교(코란), 불교(불경)를 믿는 고대 민족은 거의 모두 아리안족이고, 인도유럽어족에 속하는 언어를 사용하며, 불교를 제외하고는 모두 빛의 신인 유일한 창조주 하나님을 숭배하고 있습니다. 인도유럽어족에 속하는 언어를 사용하는 인종을 통틀어 아리안족이라고 칭하는데, 메소포타미아인, 인도인, 그리스인, 로마인, 게르만인, 슬라브인, 켈트인을 모두 칭합니다. 인도-이란족이나 인도-게르만족이 모두 같은 아리안족입니다.

조로아스터교를 책임지고 전파하는 메데(메디아, BC 7세기경에 강성했던 이란 고대 국가)의 제사장 종족들을 마기(Magi, 제사장)라고 칭합니다. 그 당시는 신관정치 시대였으므로 마기들은 신관(神官)으로 정치, 경제, 사회, 문화, 군사, 제례 등 국가적인 일에 실권을 장악하고 있었으므로, 마기들은 정치나 무역이나 전쟁 등 외교상으로나 종교적인 일로 중요한 사명을 띠고 외교관 겸 선교사 겸 외국을 자주 왕래하던 궁정사제였습니다. 제사장들인 마기들은 마법, 주술(주문으로 기적을 일으키거나 술법을 부림)도 행했다고 합니다. 예수 탄생 때에 찾아온 동방박사 3인도 바로 조로아스터교의 성직자들인 제사장들이라고 합니다. 이 점에 대해서는 신학자마다 조금씩 다른 견해를 보이지만 넓게 보면 다 같은 것입니다. 왜냐하면 신학자마다 조로아스터교, 마니교, 마기교, 미트라교 등으로 기술하는데, 이 종교들은 모두 조로아스터교의 분파계열이기 때문입니다. 그 당시 지구상에는 인적이 드물고 종교들이 탄생되던 고대사회였으므로 종교들이 서로 신앙탐구에 도움을 주고받던 시대이므로 서로 같은 아리안족(인도유럽어족) 동족 간에 개방적 우호적인 관계를 유지하며 제사장들이 선교사로서 서로 친선교류를 하며 서로 견문을 넓히며 서로 신앙탐구를 하며 서로의 경전 형성에도 도움을 많이 주고받던 시대였습니다.

그 당시에는 종교사상뿐만 아니라 건축, 문학도 서로 도움을 주고받았습니다. 예를 들어 천일야화(千一夜話)는 6세기경 페르시아에서 구전으로 전해 내려오는 천일 동안의 이야기(280여 편)를 아랍어로 쓴 설화집으로 아라비안 나이트(The Arabian Nights Entertainment)라고도 부릅니다. 이 설화집에는 페르시아, 인도, 이라크, 시리아, 아라비아, 이집트 등의 설화(민화)가 포함되어 있습니다. 이집트는 주로 함족 계통이지만 아리안족인 셈족 계통과 잘 어울려 메소포타미아의 종교사상, 문학, 건축 등을 거의 그대로 인용해서 삼위일체론, 태양신, 태양신 상징물, 태양기둥, 피라미드(지구라트), 태음양력, 반신반인, 반인반수, 수레, 활, 창, 그물, 쟁기, 토기 등 메소포타미아 문명을 거의 대부분 이어받았습니다.

조로아스터교의 전승(傳承)에 따르면 조로아스터는 이란 서남부 엘람 지방 수사(지금은 슈시, Shush)에서 BC 1800년경에 태어나서 어려서부터 세상사와 우주만물의 존재에 대해 사색을 거듭하던 끝에 구도의 길을 가기 위해 12세에 집을 떠나 속세를 등지고 입산 천거해서 학문과 도를 닦으면서 명상에 잠기며 금욕생활을 했다고 합니다. 30세가 되던 해에 아후라 마즈다신의 천사장이 나타나 말하기를, 세상에는 오직 한 분 참된 창조주가 계시는데 그분이 바로 빛과 지혜의 신인 아후라 마즈다 하나님이고 조로아스터 너는 그의 선지자(예언자)라고 일러줍니다. 이때부터 강력한 신비체험과 영감을 얻은, 즉 계시를 받은 그는 그 후부터 8년 동안 정직, 바른 사고, 정의, 겸손, 성취, 불멸로 된 6가지 신의 속성을 대변하는 여섯 명의 천사 중 나머지 다섯 명의 천사들이 하나씩 그에게 나타나 진리를 전해 줍니다.

그는 계시 받은 말씀들을 정리해서 복음을 전파하는 데 진력했으나 세상 사람들은 모두 그를 광인(狂人)으로 취급해 버립니다. 그래서 그가 크게 실망하고 있을 때 악령이 찾아와 종교를 버리라고 종용합니다. 그러나 그는 단연히 거부하고 동부 지방인 발흐(지금의 아프가니스탄) 지역으로 자리를 옮겨 조로아스터교를 창시하고 복음을 전합니다. 마침내 그의 사촌 중 하나가 그를 믿고 제자가 됩니다. 그 후 조로아스터는 비시타습(vishtasp)이라고 하는 이란 고대 왕에게 소개되었습니다. 그러나 그는 이단으로 몰려 불행히도 2년간 투옥됩니다. 그러나 우여곡절 끝에 왕비의 도움으로 왕과 온 조정이 조로아스터교의 가르침을 받아들임으로써 그는 왕의 보호와 후원을 받습니다. 왕의 후원을 받은 조로아스터교는 빠르게 발전하게 됩니다. 그는 한 유목민 전투가 한창 벌어지고 있을 때 적군에 의해 77세로 생을 마감했다고 합니다.

조로아스터교는 페르시아의 국교로 세력을 떨치기도 했으나 알렉산더 대왕(재위 BC 336~323)과 이슬람교가 침입하면서 탄압이 심해지자 그 교세가 크게 줄어들었습니다. 조로아스터교는 기원전 7세기부터 기원후 7세기 중엽까지 1,400여 년 동안 성세를 누리다가 이슬람교에게 잠식당했습니다. 그러나 오늘날 조로아스터교는 인도 뭄바이(봄베이)에

10여 만 명, 이란 야즈드, 수사 등과 아제르바이잔, 중국, 유럽, 아프리카, 미국 등지에서 약 20여 만 명 등 모두 30여 만 명의 신자들이 교세를 잇고 있다고 합니다. 알렉산더 대왕과 이슬람교의 탄압으로 경전 아베스타가 불에 타서 21권 중 현재는 한 권밖에 남아 있지 않습니다.

현존하는 아베스타는 BC 7세기경에 쓰여진 단편들을 모아 사산왕조 초기인 AD 3세기에 책으로 편집한 듯하나, 현재까지 거의 그대로 남아 있는 것은 벤디다드 단편뿐이고, 다른 20권의 단편들은 제의(祭儀)와 관계있는 부분들만 일부 전해질 뿐입니다. 제의와 관계없는 사라진 대부분의 경전내용들은 베다, 불경, 성경, 코란 속에 교훈과 지혜와 진리와 신앙교리의 경전구절로 거의 모두 인용 응용되어졌습니다. 조로아스터교의 경전인 아베스타 21권이 약 1,000쪽을 넘는 방대한 분량으로 처음으로 풍부한 신앙교리를 담고 두꺼운 경전으로 엮어졌습니다. 그러므로 최초로 풍부한 경전내용을 지니고 종교다운 완전한 모습을 갖춘 종교는 조로아스터교입니다.

아베스타경전에 의하면, 태초에 아후라 마즈다 창조주에서 두 영인 쌍둥이 두 아들이 나왔는데, 하나는 선을 선택한 선령으로 스펜타 마이뉴(Spentas Mainyu, 천사)이고, 다른 하나는 악을 택한 악령으로 앙그라 마이뉴(Angra Mainyu, 훗날 아흐리만, 아리만, ahriman, 사탄)입니다. 선령인 대천사 주위에는 천사의 무리가 있어서 창조주 아후라 마즈다의 심부름꾼으로 대리자로 창조주의 명령대로 만물을 만들고 돌본다고 믿었습니다. 그러나 악령인 앙그라 마이뉴는 창조주 아후라 마즈다에 대항하여 인간과 이 세상을 어두운 세상으로 이끄는 사탄의 무리라고 믿었습니다. 악령과 선령의 대립으로 천사와 사탄의 계보가 체계화되고 이원론적 교리가 탄생하게 되었습니다.

고대 페르시아인들은 이 세상이나 저 세상은 아후라 마즈다 하나님에 이끌려지는 빛의 세력과 앙그라 마이뉴 사탄에 이끌려지는 어두움의 세력이 투쟁하는 곳으로 보았습니다. 처음에는 악령의 세력이 우세하나 종국에는 아후라 마즈다 창조주가 이끄는 선령의 세력이 승리하여 악령을 파멸시킨다고 믿었습니다. 이때 악은 영원히 파멸당하고 죽었던 선한 사람들은 다시 부활되어 영광 속에서 다시는 죽음이 없이 영원히 사는 영생을 얻는다고 믿었습니다.

조로아스터교의 이원론(二元論)은 선령과 악령은 선천적으로 타고나는 것이 아니라 선행과 악행, 진실과 거짓, 밝음과 어둠을 스스로 자유의지적으로 선택하는 것에 따라 스스로 선신과 악신으로 선택되어진다고 보았습니다. 인간은 자유의지적으로 스스로 선과 악의 세력 중 어느 하나를 선택하게 되며, 세상은 선과 악이 항상 끊임없이 서로 투쟁하는 곳이라고 믿었습니다. 세상은 대부분 악령의 세력이 커서 악령이 승리하여 지배하나 마지막 심판 때에는 고전을 면치 못하던 선한 영과 선한 인간들의 세력이 승리하고, 끝까지 순화되지 않은 악한 영과 악한 인간들은 유황불 지옥에 떨어져 완전히 소멸되어, 새로운 세상에는 악의 흔적이 하나도 남지 않게 되고, 선한 영과 선한 사람들만 영생복락의 천국에서 유일한 아후라 마즈다 창조주 하나님과 함께 영원히 산다는 것이 조로아스터교의 내세관(사후세계)입니다.

이처럼 선과 악을 분명히 구분한 조로아스터교에 따르면, 세상은 선과 악이 싸우는 투쟁의 현장이며, 인간은 타고난 이성과 자유의지를 활용하여 이 둘 중 한쪽을 선택해야 한다고 합니다. 인간의 자유의지를 중요시 한 것입니다.

인간은 자유의지에 따라 최고의 신인 아후라 마즈다신 편에 서면 최후의 심판 때 천국에 갈 수 있다고 믿었습니다. 이때 인간은 선을 선택하여 완전함에 도달할 수 있도록 행위에 노력해야 하며, 선택의 결과에 따라 인간의 운명이 결정된다고 믿었습니다. 즉, '인과응보적인 행위의 구원'을 강조하고 있는 것입니다. 이때 선과 악은 상대적 특성적으로 양쪽이 모두 존재해야만 다른 한쪽도 제 특성을 나타낼 수 있기 때문에 아후라 마즈다 창조주는 선령의 아들과 악령의 아들인 쌍둥이 두 아들을 동시에 두어야만 했던 것입니다. 그러므로 선령과 악령, 선과 악, 천국과 지옥 등은 태초부터 아후라 마즈다 창조주의 의도에 의해 동시에 만들어졌기 때문에 의와 죄도 태초에 동시에 만들어진 것입니다. 이러한 조로아스터교의 음양이원론 교리는 후에 중국의 태극음양 사상을 탄생시켰습니다.

조로아스터교의 종말론은 2단계로 되어 있습니다.

사람이 죽으면 영혼이 3일 동안 몸에 그대로 남아서 한평생 행한 일을 돌이켜본 다음에, 육체와 영혼이 분리되어 영혼은 영혼을 준 신의 심판대로 가고 육체는 육체를 준 땅으로 간다고 믿었습니다. 죽은 지 나흘째 되는 날 영혼이 신의 심판대가 있는 미트라(Mithra, 성자)신과 심판관들 앞에 섭니다. 심판관들이 죽은 자의 삶의 행위를 저울에 올려놓고 심판을 합니다. 저울이 악한 쪽으로 기울면 그 영혼은 지옥으로 가고, 약간이라도 선한 쪽으로 기울면 그 영혼은 천국으로 갑니다. 심판을 받은 영혼은 계곡을 가로질러 놓인 친바트(Chinvat) 다리를 지나가는데, 선한 영혼은 다리가 넓혀져 넓은 다리를 건너서 계곡 너머 저편에 있는 천국으로 가고, 악한 영혼은 다리가 좁혀져 칼날 같은 좁은 다리를 건너다가 결국 계곡 아래의 지옥으로 떨어진다고 합니다.

한편 조로아스터교의 사후세계에는 천국과 지옥 외에도 '하밍스타간(Hamingstagan)'이라는 곳이 있습니다. 하밍스타간은 양쪽 어디에도 갈 수 없는 사람들을 위한 중간 상태를 말하며 혼합된 지역이라는 뜻을 가집니다. 즉, 선한 행동과 악한 행동을 저울질했을 때에 전체적으로 균형을 이루는 사람들이 가는 곳으로 알려져 있습니다. 오늘날 가톨릭교가 인정하고 있는 연옥설과 유사하지만, 연옥에서 용서받은 영혼은 죄를 씻고 천국으로 옮겨질 수 있다는 점은 다릅니다. 한편 천국과 지옥에 간 영혼은 거기서 영원히 사는 것이 아니라 아후라 마즈다가 예정해 놓은 종말에(세상 끝에) 이르러 구세주(메시아, 미트라 성자)가 나타나면, 모든 영혼들이 부활하고 악한 영혼은 순화되어 선한 영혼과 합류한다고 합니다. 악한 영혼이 순화되는 것 때문에 가톨릭교의 연옥설이 만들어진 것입니다. 그러나 끝까지 순화되지 않은 악의 원천인 사탄과 악령들은 유황불에 완전히 소멸되어 새 세상에는 더 이상 악이나 악의 흔적이 없게 된다고 합니다. 아후라 마즈다 천주 하나님은 이 세상을 완전히 쓸어서 창조 때의 새 하늘과 새 땅으로 회복해 놓습니다.

고대 페르시아인들은 아케메네스 왕궁을 건축하면서 각종 꽃나무와 과일나무들과 폭포수로 왕실 정원과 유원지를 낙원처럼 꾸미고 파라다이자(pairidaeza)라고 불렀습니다. 오늘날 낙원으로 상징되는 파라다이스(Paradise)는 원래 페르시아어에서 유래된 단어입니다. 사자, 봉황새, 용 등 동물 수호신들이 왕과 낙원을 보호하고 수호한다고 믿었습니다. 인간의 영원한 수명을 염원하면서 불로초(不老草) 이야기 등 여러 신화들도 만들어졌습니다.

조로아스터교의 교리는 천당은 육욕적인 요소가 전혀 없다고 합니다. 그곳은 '노래의 집이며' 아후라 마즈다 하나님이 살고 있는 곳이라고 합니다. 그는 황금 보좌에 앉아 의인(義人)들의 섬김을 받습니다. 반면 지옥은 '귀신들의 집'으로, 악행과 거짓말하는 자들이 형벌을 받는 곳입니다. 별처(別處)라고 하는 제3의 처소는 행위가 선악의 중간으로 섞여 있는 사람들이 가 있는 곳입니다. 구천(九天)에는 8낙원이 있고, 사람의 가슴속에는 제9처가 있다고 합니다. 사람의 가슴속에 낙원이 있을 때 사람에게는 8낙원이 주어진다고 합니다. 이러한 조로아스터교의 내세관과 음양이원론 등 신앙교리를 아리안족 종교인 브라만교, 힌두교, 유대교, 기독교, 불교, 이슬람교가 모두 인용 응용한 것입니다.

조로아스터교는 아후라 마즈다 천주 하나님은 영으로 빛에 거하고 영(신, 신령)으로 만물이 만들어지고 다스려지고 작동되고 변화해 가므로 만물 속에는 하나님의 영이 거하고 있다는 영지주의 사상을 믿었습니다.

두 손 모아 기도 드립니다. 오 거룩한 주여, 만물 위에 계신 거룩한 영(신)이시여 바라오니 진리와 의를 통해 지혜의 빛과 깨끗한 양심을 허락하소서. 제가 창조의 영을 송축하나이다. [야스나 28~34]

창조주 아후라 마즈다의 뜻 중에 첫 번째는 정의이다. [야 29:7]
(정의는 화평한 세상을 이루는 근원이므로)

태초에 창조주가 성령으로 만물을 창조하였도다. [야 44: 7]

주여, 순결한 마음과 맑은 정신으로 주께 나아갑니다. 믿음이 깊은 자를 만족시키는 은혜를 허락하소서. [야 47:50]

선한 마음을 갖고, 친절하고, 자비를 베풀라. 이웃을 사랑하라. 고통 받는 사람을 위로하라. 너에게 나쁜 짓을 한 사람을 용서하라. [가타스, 찬송가]

타인에게 선을 베푸는 것은 의무가 아니고 기쁨이다. 왜냐하면 기쁨은 우리 자신을 건강하게 하고 기뻐하게 하기 때문이다. [가]

행복은 다른 사람을 행복하게 하는 자에게 있다. [가 43]

정의는 좋은 것 중에 가장 좋은 것이며, 그것은 행복이다. [Ashem Vohu]

오 주여, 제가 주의 무한한 영적인 능력을 받아서 항상 주를 경외하고 순종하게 하소서. [시편 48:8]

제게(자라투스트라) 힘이 있는 한, 사람들에게 진리의 길을 따르도록 가르칠 것입니다. [야 8:4]

지혜로운 눈을 가진 자는 정신과 물질을 구별하듯이, 빛(정의, 선)과 어두움(불의, 악)이 싸워서(종국에는) 어두움이 빛을 쫓아 평화로워진다는 것을 안다. [Bhagawadgita, 자라투스트라의 설교]

우리의 생각, 소망, 말, 행위, 혼(영혼)은 하나가 아니고 같은 것이다. [야 45:2] (영의 본질은 같고 상태는 다르므로)

주님은 거룩한 하늘 법에 따라 공의롭게 심판하시는 재판장이시다. [야 62:1] (주는 재판장이므로 하늘의 법인 자연의 법칙을 준수함)

주님은 과거에 행해진 것이나 미래에 행해질 모든 것을 아신다. [야 29:4]

영원히 행복하기 위해서는 각자 스스로 자신의 종교를 선택해야 한다. [야 30:2]

태초에 음양의 영으로 세상이 창조되었다. [야 30:3]

음양이 서로 상호작용함으로써 탄생과 죽음이 창조되었다. [야 30:4]
(음양의 상호작용으로 탄생과 죽음은 태초에 동시에 창조된 것입니다.)

음양의 원리로 거짓을 쫓는 자는 나쁜(악한) 행위를 선택한다. [야 30:5]

마지막 심판날에 첫 번째로 구원되도록 선령은 인간 육체 속에서 변함없이 늘 사랑을 베푼다. [야 30:7]

주님에 속한 것은 사랑과 힘과 지혜이다. [야 31:9]

정의를 쫓는 자는 기쁨과 행운이 기다리고, 불의를 쫓는 자는 고통과 불행이 기다린다. [야 45:7]

주님은, 우리를 위해 살기 좋은 세상을 창조한 영들의 아버지이시다. [야 47:3]
(영은 일선에서 직접 창조를 하는 장본인입니다.)

신의 법에 따라, 선하게(good, 좋게, 올바르게) 생각하고, 선하게 말하고, 선하게 행동하는 자는, 주님의 천사를 통해 영생의 선물을 받는다. [야 47:1]
('선하게 산 자는 누구나 구원을 받는다'는 것입니다.)

＊ 정의(正義)란 무엇인가? ＊

하나님의 가르침은 정의＋사랑＋선을 베풀며 자비주의＋이타주의＋화평주의로 살아가면서 공동의 힘으로 화평한 세상을 이루어 가게 하는 것입니다. 만사만물은 하나님의 3대 힘으로 이루어지고 행해지므로 정의＋사랑＋선도 독립적으로 만들어져서 독립적으로 따로따로 행해지는 것이 아니라 서로 상호작용을 하면서 함께 만들어져서 함께 행해집니다. 그래서 정의가 행해지는 곳에는 자연히 사랑과 선도 행해지고, 사랑과 선이 행해지는 곳에는 자연히 정의도 행해집니다. 마음속에 있는 양심은 옳고 그름, 선과 악, 사랑과 미움, 좋고 나쁨을 변별 판단하는 영의 활동이므로 양심의 활동은 항상 정의＋사랑＋선의 상호작용으로 이루어지고 행해집니다. 그러므로 양심 속에는 정의＋사랑＋선의 활동이 행해지고, 정의＋사랑＋선 속에는 양심의 활동이 행해지는 것입니다. 그래서 정의나 사랑이나 선이 결핍되면, 올바른 양심의 활동이 일어날 수 없는 것입니다.

인간은 누구나 가능한 양심의 가책이나 양심에 부끄럽지 않게 긍정적인 방향으로 살아가기를 원하므로 자연히 정의＋사랑＋선을 추구하기 때문에 인간은 누구나 마음속에 밝고 따뜻하고 의롭고 선하고 사랑스런 아름다운 꿈을 간직하게 되고 아름다운 꿈을 키워나가기 위해 노력합니다. 그래서 인간세상은 전쟁을 무릅쓰고 점차로 양심에 부끄럽지 않은 화평한 방향으로 노력하며 진행해 왔고 미래에도 천재지변이 없는 한 화평한 방향으로 노력하며 진행해 나갈 것입니다. 정의는 거짓 없는 올바르고 공정한 도리로 진리, 진실, 실체, 의(義), 권리, 의무, 자유, 평등, 공평, 화평, 사랑, 선 등 긍정적인 모든 것을 추구하기 때문에 모든 세상사에 올바른 길잡이가 됩니다.

정의와 사랑과 선은 조로아스터교의 교훈처럼 선하게(good, 좋게, 올바르게,

긍정적으로) 생각하고 선하게 말하고 선하게 행동하는 데 달려 있습니다. 양심(良心) 속에는 긍정적인 선령의 세력인 정의+사랑+선과 부정적인 악령의 세력인 불의+미움+악이 항상 공존하며 서로 세력을 항상 겨루고 있습니다. 정의와 불의, 사랑과 미움, 선과 악은 음양관계이기 때문에 긍정적인 세력이 약해지면 자연히 부정적인 세력이 커지고 선령의 세력이 커지면 자연히 악령의 세력이 작아지게 마련입니다. 그래서 선을 추구하는 자는 선해지고 악을 추구하는 자는 악해지고 의를 추구하는 자는 의로워지기 마련입니다. 그 때문에 진실한 행위가 따르지 않는 기만적이고 사기적인 정의가 아니라 진실한 올바른 행위가 따르는 정의라야 정의의 세력이 진정으로 커져서 정의로운 사회를 이룩할 수 있는 것입니다.

'윗물이 맑아야 아랫물이 맑다'라는 격언처럼 윗사람이 선하게 사랑스럽게 정의롭게 잘하면 자연히 아랫사람도 본을 받아 잘하게 되므로 화평한 세상이 자연히 만들어지게 됩니다. 그래서 태평성세(태평성대)는 어진 임금(현왕, 성왕)이나 어진 현자(현인) 밑에서 이루어지지, 폭군(악한 임금)이나 독재자나 기만자 밑에서는 도저히 이루어질 수 없는 것입니다. 정의가 주축이 되는 정의로운 사회는 공의로운 사회로 화평한 살기 좋은 나라를 이룩하지만, 정의가 권력과 금력과 불의에 짓눌려 정의가 도외시되고 불의가 활개 치는 불의의 사회는 권력과 이권과 뇌물이 판치는 부정부패한 사회로 노력을 해도 노력의 대가가 공정하게 나오지 않고, 주어진 권리도 정당하게 제대로 누릴 수 없으므로 살기 어려운 나라입니다. 왜냐하면 정의로운 사회는 공평하고 화평한 화합의 길을 가지만, 불의의 사회는 불공평한 불화의 길을 가기 때문입니다.

6. 유대교와 기독교의 원부 조로아스터교

> 바사 왕 고레스 원년에 여호와께서 예레미야의 입을 통하여 하신 말씀을 이루게 하시려고 바사 왕 고레스의 마음을 감동시키시매 그가 온 나라에 공포도 하고 조서도 내려 이르되, 바사 왕 고레스는 말하노니, 하늘의 하나님 여호와께서 세상 모든 나라를 내게 주셨고, 나에게 명령하사 유다 예루살렘에 성전을 건축하라 하셨나니, 이스라엘의 하나님은 참 신이시라. 너희 중에 그의 백성 된 자는 다 유다 예루살렘으로 올라가서 이스라엘의 하나님 여호와의 성전을 건축하라 너희 하나님이 함께 하시기를 원하노라. [에스라 1:1~3]

페르시아의 키루스 2세(Cyrus Ⅱ, 사이러스 대왕, 재위 BC 559~529)는 BC 559년에 현재의 이란 땅에 메디아(메데, BC 728~550년) 왕조를 정복하고 아케메네스 왕조를 창건하여 페르시아를 통일하고 신바빌로니아 왕국과 근동 지역 전체를 정복하여 페르시아 대제국을 건설한 자로 성경에서는 고레스 왕이라고 합니다. 고레스 왕은 바벨론에 있는 유대 민족을 바벨론 포로생활에서 해방시켜 팔레스타인으로 귀환하도록 칙령(왕명)을 내리고 땅을 되돌려주고 예루살렘 성전을 재건축하도록 재정지원을 해주었기 때문에 이사야 44장 28절에서는 여호와가 고레스(사이러스)왕을 여호와의 모든 기쁨을 성취하는 자로 목자로 칭송하고 있으며, 이사야 45 장 1절에서는 고레스를 기름 부음을 받은 자(메시아, 구세주)로 칭송하고 있습니다. 그 때문에 그 당시 이스라엘인들은 고레스 왕을 메시아로 생각했습니다.

그런데 유대인의 메시아로 숭배되던 페르시아 고레스 왕이 신봉하던 종교가 바로 '조로아스터교'였기 때문에 바벨론의 국교가 바벨론교에서 신앙교리가 풍부한 조로아스터교로 되었습니다. 유대인들은 바벨론에서 70년 동안 살면서 진보되고 화려한 바벨론(바벨론교)—페르시아(조로아스터교)의 문명과 종교사상에 젖어 있었으므로 본국으로 돌아와 성경을 집필할 때에도 머릿속에 젖어 있는 메소포타미아(이라크+페르시아+시리아)의 종교이며 4대 원시고대종교인 수메르교, 바벨론교, 조로아스터교, 미트라교의 신앙교리와 메소포타미아의 문학, 건축, 예술 등 문명의 영향도 많이 받았습니다. 조로아스터교의 영향을 받아 부활과 영혼불멸을 믿는 바리새(Pharisee)인은 원래 바사왕국의 '파스(Fars)'라는 도시 이름에서 나온 이름입니다. 인도의 '바사'인들을 '파시(Parsee)'라고 불리우는 것이나 현대 이란의 '파시(Farsi)'라고 불리우는 도시 이름은 모두 여기서 나온 이름들입니다.

역사적으로 하나님께 악을 행하며 문란한 죄를 짓던 북이스라엘(북왕국)은 하나님의 죄의 벌로 BC 722년 앗수르(앗시리아)에 의해 멸망당했습니다. 그 후 남유다(남왕국)는 BC 587년에 바벨론의 느부갓네살 왕에 의해 멸망당하면서 예루살렘 성전이 파괴된 후 유대인들은 바벨론으로 끌려가서 노예생활을 하게 됩니다. 이를 이른바 바벨론 유수라고 합니다. 그러나 바벨론은 신흥 강대국이었던 페르시아 왕 사이러스(고레스 왕)에 의해 곧 무너졌으며(BC 539), 동시에 이스라엘 민족의 운명은 페르시아 제국(바사)으로 넘어갔습니다. 그들은 포로인 이스라엘 민족에게 페르시아의 국교인 조로아스터교를 숭배하도록 권유하고 강요했습니다. 이사야서에는 유대인들에게 막강한 사이러스(고레스) 왕의 통치에 순종하도록 가르치고 있습니다. 유대인들은 유대 민족을 구원해 주는 페르시아 왕들을 하나님의 종으로 구세주로 생각했기 때문에 페르시아 식민 통치하에 급속히 페르시아화 되어 갔습니다.

이렇게 유대인들이 페르시아 왕들에게 순종하고 조로아스터교의 신앙교리를 따르자, BC 532년 감화된 유대인들을 귀환시켜서 대형의 조로아스터 식의(미트라 신전 모양으로) 성전을 짓게 했으며, BC 516년에 성전은 완공되었습니다. 페르시아 왕들이 유대 제사장들을 임명하기도 했으며, 이사야 66장 20~21절에는 '마기'들이 유대 제사장으로 되기도 했습니다. 그 당시에도 신관정치(神官政治)였기 때문에 페르시아 왕들은 유대 제사장(예수아, 에즈라)들 뿐만 아니라 유대 총독[스룹바벨(세스바살), 즈루빠벨, 느헤미야]들도 임명했습니다. 바벨론 포로기의 성경 내용들은 여호와가 페르시아 왕들을 여러 번 칭송하고 있습니다. 여호와가 페르시아 왕들의 마음을 움직여 유대 총독과 제사장들을 임명케 하고 임명된 자들에게 축복하여 성전을 재건케 했습니다. 부모가 자식에게 벌을 주고 다시 용서하듯이 하나님도 유대인들에게 벌을 주시고 다시 용서하시는 것입니다. 임명된 유대 총독이나 제사장들은 모두 조로아스터교의 신앙교육을 철저히 받았기 때문에 바벨론 유수 이후 성전이 지어지고 구약성서가 만들어지고 유대교가 탄생되는 데는 자연히 조로아스터교의 영향을 절대적으로 많이 받았습니다. 사후세계(내세관)에 대해서도 여호와에게 선택된 선지자까지도 바벨론 유수를 거치면서 죽은 영혼은 지하세계인 쉐올(음부)에 간다고 믿게 되었습니다. 신구약성경이 조로아스터교의 신앙교리를 거의 대부분 인용 응용했기 때문에 조로아스터교는 유대교와 기독교의 시조이며 원부이며 모태라는 평가를 받습니다.

고레스왕의 칙령에 의한 예루살렘으로의 귀환은 3번에 걸쳐 이루어졌습니다. 1차 귀환은 페르시아 왕에 의해 유대 총독으로 임명된 스룹바벨과 제사장으로 임명된 예수아에 의해서 성전 재건을 목적으로 BC

538년에 이루어졌습니다. 2차 귀환은 역시 유대 총독으로 임명된 페르시아 왕의 시종(侍從)인 느헤미야와 제사장으로 임명된 학사(서기관, Scribe) 출신인 에스라(에즈라)에 의해 예루살렘 성벽을 재건하기 위해 BC 444년에 이루어졌습니다. 학사인 에스라의 지휘로 율법 자료들이 모아져서 구약의 대부분(24권 중 22권)이 에스라에 의해서 편집되었다고 합니다. 다니엘서, 학개서, 스가랴서, 에스겔서, 에스라서, 느헤미야서, 에스더서 등은 모두 바벨론 유수 전후의 이야기로 바벨론(바벨론교)과 페르시아(조로아스터교)에 대한 이야기들이기 때문에 구약성경은 자연히 메소포타미아의 종교사상과 문명의 영향을 받으며 만들어진 것입니다. 팔레스타인 땅으로 귀환한 후에도 유대인 중 일부는 바벨론에 남아 공동체를 유지하면서 디아스포라(흩어진 유대인)의 중심지(구심점)가 되어 구약성경, 신약성경, 탈무드가 쓰여지는 데 큰 영향을 미쳤습니다.

조로아스터교의 영향을 받은 유대교와 기독교

- 아후라 마즈다 빛의 신만이 유일신 창조주이고 다른 신은 모두 거짓 신이다.
- 아후라 마즈다 천주는 천지만물을 만들고, 천체의 길을 만든 자연의 법과 자연의 질서의 아버지이다.
- 선지자(예언자) 조로아스터가 아후라 마즈다 창조주로부터 계시를 받았다.
- 세상 끝에 이르면 신은 세상을 완전히 쓸어서 새 하늘과 새 땅으로 새 창조를 한다.
- 조로아스터는 12살에 구도생활을 하기 위해 집을 떠나 30세에 천

사장을 만나서 영감을 받고(계시를 받고) 창조주의 복음을 전하기 시작했다.

- 주기적으로 정해진 성일에 맞춰 기도를 올렸다.
- 내세관(사후세계)으로 천사와 사탄, 선령과 악령, 천국과 지옥을 믿었다.
- 제례를 준수하고 동물 희생제물을 태워 신들이 흠향토록 했다.
- 물로 세례의식을 했다.
- 창조주 하나님은 음양의 영(성령)으로 이원론적으로 만물을 창조하였다. 탄생과 죽음, 악과 선, 좋고 나쁨, 죄와 의, 선령과 악령, 천국과 지옥 등
- 이 세상은 빛(정의, 선, 사랑)과 어둠(불의, 악, 미움)의 투쟁장이다.
- 악령(사탄)이 창조주와 대립하나 종국에는 창조주가 승리한다.
- 이 세상이 끝나면 만인이 부활하고 일종의 심판을 거쳐 선인, 악인이 인과응보대로 가려지는데, 선인은 천국으로 가고 악인은 지옥으로 떨어진다.
- 선하게 산 자는 누구나 구원을 받는다.
- 사후에 지하세계인 쉐올(음부)에 들어간다.
- 조로아스터교는 이 세상을 선과 악의 구도로 보고, 자유의지에 따라 자신의 선택에 의해서 선한 자와 악한 자로 된다고 믿었다.
- 전승(傳承)에 의하면 자라투스트라(페르시아어)가 스스로 광야로 가서 기도할 때, 앙그라 마이뉴(사탄, 악령)가 나타나 아후라 마즈다(창조주)를 숭배하지 않겠다고 한다면 세상을 다스릴 권세를 주겠다고 말하지만 자라투스트라(조로아스터)는 강력하게 거부한다. (이것은 예수나 석가모니가 사탄에게 시험당하는 대목과 거의 똑같은 내용입니다.)

- 영혼이 육체를 떠나기 전 무덤가에 머물다 3일 후 부활한다. (예수나 미트라도 3일 후에 부활했음)
- 아후라 마즈다(창조주, 성부), 샤오샨트(Saoshyant, 성자, 구세주, 미트라), 성령(천사장, Spenta Mainyu)의 삼위일체 사상은 기독교의 삼위일체 사상에 영향을 끼쳤다.
- 처녀가 잉태하여 구세주(메시아)가 온다. (동정녀 탄생)
- 예언자(선지자) 조로아스터 사후 3천 년 후에 구세주(메시아)가 지상에 강림해서 지상천국을 건설한다. (메시아 사상)

조로아스터교의 교리는 구세주는 구원의 방법을 알려주고, 구원을 받은 인간들은 구세주의 은혜에 대한 보답으로 선행을 행하며 세상을 살아가야 한다고 가르칩니다. 어느 시점이 되면(세상 끝에는) 아후라 마즈다 천주는 불로써 이 세상을 심판합니다. 그리고 어둠의 세상은 사라지고 새로운 광명의 세상이 펼쳐지고, 구세주가 재림하면 선한 사람들은 무덤에서 부활하여 영생을 누리게 된다고 합니다. 또 모든 사람은 선과 악 사이에 일어나는 초자연적인 투쟁의 참가자이며 그러한 투쟁이 벌어지는 곳은 지상과 각 개인의 가슴속에 있는 마음이라고 합니다. 신약의 내세관은 조로아스터교의 내세관과 거의 똑같습니다.

7. 기독교로 흡수된 미트라교(태양신교)

엘람 원시토속종교(엘람교)에서 유래된 미트라교(태양신교)는 그 기원이 실제로는 수메르교보다 훨씬 더 오래일 수도 있습니다. 왜냐하면 토기그릇이나 점토판의 발굴 연대를 살펴보면 엘람 문명이 수메르 문명보다 적어도 500년 이상 앞서가기 때문입니다. 그러므로 엘람은 셈족의 큰집 가문에 속하고, 수메르는 셈족의 작은집 가문에 속합니다. BC 1800년경 조로아스터교가 탄생하자 이란의 토속종교이며 태양신교인 미트라교가 조로아스터교의 풍부한 신앙교리를 흡수하면서 미트라 태양신이 조로아스터교의 아후라 마즈다 창조주의 아들 신으로 되면서 조로아스터교의 분파교로 되었습니다.

조로아스터교의 풍부한 지혜와 진리의 신앙교리를 흡수하여 풍만해진 미트라교는 BC 3세기경에는 페르시아에서 성행하였고, BC 1세기경에는 페르시아에서 그리스를 거쳐 로마로 들어갔습니다. 그러므로 기독교가 미트라교의 교리를 흡수하면 자연히 조로아스터교의 교리도 함께 흡수하는 것이며, 이는 곧 수메르교와 바벨론교의 신앙교리도 동시에 흡수하는 것입니다. 왜냐하면 미트라교는 4대 원시고대종교로 수메르교+바벨론교+조로아스터교+미트라교가 4형제처럼 함께 교제하며 성장했기 때문입니다.

미트라교(태양신교)는 그리스도교가 유럽 침투 이전에 BC 1세기 전반에 이미 로마제국에 널리 유포되어 있던 종교로 새 종교인 그리스도교와는 경쟁적인 종교였습니다. 미트라신은 태양신으로 빛의 신이고 광명의 신이고 지혜의 신입니다. 원시 엘람—수메르의 신은 태양신이었으므로 수메르와 바벨론 시대에는 마르둑 태양신을, 또는 마르둑신의 화신인 니므롯(성부)과 담무스(성자) 태양신을 숭배했습니다. 페르시아에서는 태양신이 미트라 태양신으로 숭배되어 내려오다 조로아스터교가 탄생하고부터는 아후라 마즈다(성부)와 미트라(성자)신으로 숭배되어졌고, 이집트에서는 오시리스(성부)와 호루스(성자)신으로, 팔레스타인에서는 바알신(성부)과 담무스신(성자)으로, 인도 브라만교와 힌두교에서는 브라만신(범천, 천주)으로, 불교에서는 미륵(미트라)보살 메시아로, 유대교에서는 야훼(야웨)신으로, 기독교에서는 하나님(성부)과 예수님(성자)으로, 이슬람교에서는 알라신으로 숭배되어졌습니다. 이름만 다를 뿐 모두 하나님의 영이 거하며 하나님의 신이 거하며 역사하는 빛의 신인 태양신을 숭배하는 것입니다. 불교를 제외한 아리안족(인도유럽어족) 종교는 모두 빛의 신이며 태양신이며 창조주이며 천주인 하나님을 숭배합니다.

수메르교와 바벨론교의 삼위일체설은 니므롯(성부, 태양신)+담무스(성자, 태양신)+세미라미스(여신)이고, 이집트의 삼위일체설은 오시리스(성부, 태양신)+호루스(성자, 태양신)+이시스(여신, 세미라미스)이고, 팔레스티나(팔레스타인)의 삼위일체설은 바알(성부, 태양신)+담무스(성자, 태양신)+아스다롯(여신, 지신, 이스타르)이고, 조로아스터교의 삼위일체설은 아후라 마즈다(성부, 태양신)+미트라(성자, 태양신)+이쉬타르(여신, 이슈타르, 세미라미스)였는데 후에 제사장(마기)들에 의해 아후라 마즈다(성부)+미트라(성자)+성령(천사장)으로 되었고, 기독교는 조로아스터교의 삼위일체설을 본받아 하나님(성부)+예수님(성자)+성령을 삼위일체 신으로 숭배합니다.

페르시아 제국의 미트라교가 그리스를 거쳐 로마로 전파되어 로마 황제의 수호신(보호신)으로 숭배되었고, 밀의 종교로서 로마제국 군인들의 불멸의 무적의 태양신이 되어 제국 곳곳에 군인들이 있는 곳에는 미트라 성전(사원)이 세워졌습니다. 미트라교도들은 미트라에움(미트라 지하신전)이라는 자연적인 동굴 모양을 모방해서 만든 동굴사원에서 의식을 행했으며, 황소를 제물로 바쳤습니다. 미트라교가 사원을 동굴 속에 둔 것은 미트라가 죽어 무덤 속에 갔다가 3일 만에 다시 부활했으므로, 미트라처럼 부활을 염원하기 위한 것입니다. 미트라 동굴에서 공통적으로 발견되는 벽화가 있는데, 한 인물이 황소의 배를 가르는 그림입니다. 황소의 배를 가르는 인물이 미트라(태양신)로서 태양신 아후라 마즈다의 아들신입니다.

조로아스터교와 미트라교에서는 황소 배 속에는 동물과 식물의 씨가 들어 있다고 믿어 미트라 태양신이 황소의 배를 갈라 많은 생물을 창조한다고 믿었습니다.

미트라(태양신)는 만물을 만들고 생물에게는 광명과 빛에너지와 생물에너지를 주며 돌보므로 '세상의 빛'으로 '광명의 신'으로 '태양신'으로 불리어졌습니다. 예수는 미트라 태양신의 쌍둥이 형제처럼 삼위일체적인 신의 아들로서 신과 인간 사이에 중재자 역할을 담당하려고 지상에 내려왔습니다. 예수와 미트라는 똑같이 동정녀 처녀한테서 태어났고, 생일이 똑같이 12월 25일이고, 만인의 죄를 대속하기 위하여 죽었다가 3일 만에 똑같이 부활하였고, 12제자를 똑같이 거느렸으며, 부활절도 똑같은 날입니다. 그리고 기독교는 수많은 의식, 제도, 관습, 교리, 예배 시 쓰는 도구와 의복 등을 미트라교에서 거의 그대로 흡수했습니다. 그 당시 미트라 태양신 숭배사상은 메소포타미아, 인도, 중국, 로마제국, 그리스, 유럽, 이집트, 아라비아반도, 북아프리카 지역에서 중요한 신이었습니다. 미트라신은 태양신, 질서의 신, 계약의 신, 창조의 신 등 여러 가지 의미를 가지지만 대부분 태양신으로 널리 알려져 있습니다.

군력이 부족한 콘스탄틴 군대는 거의 패배할 밀비안 다리 전투에서 그리스도의 힘으로(계시로) 기적으로 승리하자 콘스탄틴은 그리스도의 놀라운 신적인 능력을 확신했습니다. 비참하게 죽어갈 자신을 살려 승리로 이끌게 해서 로마제국의 황제로 만들어준 그리스도의 특별한 은혜에 보답하려고 그는 결심했습니다. 그 후 콘스탄틴 황제는 어려운 혼란기에 처해 있는 로마 대제국도 그리스도의 힘으로 부강한 로마대제국으로 건설할 수 있다고 확신하고, 동시에 그리스도의 은혜에 보답하기 위해서 기독교를 대대적으로 부흥시키려 안간힘을 썼습니다.

그러나 그때까지 수백 년 동안 박해만 받아오던 기독교는 다른 종교들처럼 의식, 제도, 교리 등을 풍부하게 발전시키지 못하고 매우 빈약해 있었습니다. 그래서 황제는 그 당시 로마제국에 큰 세력을 뻗치고 있던 미트라교(조로아스터교, 바벨론교를 포함하여)를 기독교와 혼합시켜 기독교를 부흥시키려고 노력했습니다. 그래서 황제는 AD 313년에 밀라노 칙령을 발표해서 종교의 자유를 부여하고 기독교를 공인하고, 자신은 미트라교에서 그리스도교로 개종(改宗)하고, 기독교인들에게는 특권(세금감면, 군대징집면제, 재판면제)을 부여하고, 삼위일체 교리를 확립하면서 예수님을 하나님의 아들로 공식적으로 공인(公認)하고, 기독교의 부흥정책을 대대적으로 펴나갔습니다. 그러자 미트라교(조로아스터교), 바벨론교(수메르교)의 기존의 많은 이교도가 스스로 교회 안으로 들어옴으로써 로마기독교(로마가톨릭)는 이교화, 거대화되기 시작했습니다.

기독교가 부흥되어 가는 과정에서 특히 미트라교(조로아스터교와 바벨론교도 포함하여)의 의식이나 제도, 관습, 교리 등이 초기 로마기독교에 의해 거의 대부분 흡수되어졌습니다. 미트라 태양신 숭배자였던 콘스탄틴 황제의 영향력 아래 로마 기독교는 일요일 예배, 삼위일체설, 부활, 십자가 교설, 이원론적 교리, 유일신, 메시아사상, 내세관, 천국과 지옥, 마지막 심판, 어두움에 대한 빛의 승리, 최후의 전쟁, 구세주의 대속적인 구원, 최후의 만찬, 크리스마스 등 미트라(조로아스터교) 교리를 거의 대부분 그대로 흡수했습니다. 동지 때부터 낮이 길어지며 햇빛이 강해지므로, 12월 25일(그 당시 사용된 로마달력으로 동지)이 태양신의 탄생일인데, 후에 로마의 종교가 된 기독교가 그 날을 예수의 탄생일로 삼아 축제 분위기 속에서 기독교의 세력을 확장시키려 했습니다.

현대 서양 문명의 주축을 이루는 헤브라이즘(히브리인 문화), 즉 유대교─기독교에서 이러한 이원론적 사상과 유일신, 메시아사상은 헤브라이즘의 중추를 이루고 있습니다. 이원론적 사상과 유일신, 메시아사상, 내세관 등을 히브리문화에 전달시킨 4대 원시고대종교는 현재까지 종교사상은 물론 동서양 문화에 막대한 영향을 끼치고 있는 것입니다.

미트라교는 유럽에서 기독교보다 적어도 600년은 앞서가고 있었으며, 초대 기독교와 같은 시기에 번성했습니다. 그러나 미트라교의 교리를 거의 대부분 흡수한 기독교가 AD 5세기경에 이르러 모태인 미트라교를 이단으로 선언하고 무자비하게 응징하므로 미트라교는 자취를 감추어 버렸습니다. 그 이유는 기독교가 미트라교의 교리를 거의 다 흡수 모방했기 때문에 기독교의 발전을 위해서는 미트라교를 소멸시켜야만 했던 것입니다. 마치 이슬람교가 모태인 조로아스터교를 무자비하게 탄압하여 자취를 감추게 한 것이나 같은 이유입니다. 그러나 정의와 진리의 종교인 조로아스터교나 분파인 미트라교는 완전히 소멸된 것이 아니라 이름만 바꾸어 다른 종교로 환생(還生)하여 외형적으로 다른 종교의 이름을 가지고 있더라도, 내부적으로는 조로아스터교와 미트라교의 혼이 주축을 이루어 옛날과 변함없이 오늘날에도 활발히 활동하고 있는 것입니다. 오늘날 세계 종교에서 4대 원시고대종교의 신앙교리를 모두 제거한다면, 각 종교의 중추 기본교리는 거의 하나도 남지 않을 것입니다.

신앙교리뿐만 아니라 아리안족 종교들은 거의 대부분 페르시아의 빛의 신이며 지혜의 신이며 창조주이며 유일신이며 천주(성부)인 아후라 마즈다 하나님과 성자이며 구세주(메시아)인 미트라 태양신을 똑같이 인용 수용하고 있는 것입니다. 그러나 아리안족 후손들이 아리안족 조상의 신이나 신앙을 인용 수용해서 떠받들면서 그대로 따르는 것은 신앙적으로 너무나 당연하고 자연스러운 일입니다. 아리안족 하나님은 이름만 다를 뿐 모두 유일한 창조주 빛의 신을 숭배하므로 결국 똑같은 한 하나님을 숭배하는 것입니다.

유태인들은 원래 유일신만 숭배한 것이 아니라 다수의 신을 숭배했었습니다. 초기 이스라엘은 다신론을 믿었습니다.

'우리의 형상을 따라 우리의 모양대로'[창 1:26], '신들의 왕으로 신들을 심판하시니'[시편 82편], '여호와여 신 중에 주와 같은'[출애 15:11], '여호와를 버리고 바알들과 아스다롯을 섬김으로'[삼상 12:10] 등과 같이 유태인들은 수메르교(바벨론교)의 영향을 받아 다수의 신들을 숭배했었습니다. 야곱의 12아들을 족장으로 12부족이 생겨나면서 형성된 히브리 12지파가 모두 유일신 야훼를 신봉하지 않았기 때문에 우상숭배를 금지하는 십계명이 만들어지게 되었던 것입니다. 유태인의 유일신 숭배사상은 바벨론 유수 동안에 페르시아의 빛의 신인 아후라 마즈다 천주 하나님의 유일신 사상에 감화되어 이사야서가 쓰여지면서부터 활발해지기 시작했습니다. '나는 여호와라 나 외에 다른 신은 없느니라' [이사 45:5]

아브라함은 수메르에서 말씀하시고 인도하신 하나님을 믿었기 때문에 아브라함의 하나님은 원래 수메르의 엔릴(Enlil)=엘(El)=벨(Bel)신이었는데, 후에 출애굽하는 아브라함의 후손인 히브리인들에 의해 부족신(部族神)으로 야훼(여호와, 유일신 하나님, 모세의 신)로 이름만 바뀌어 불려졌습니다. 엔릴신은 인간의 운명을 다스리는 수메르의 신으로 수메르의 천신인 안(Anu, 아누)신에 버금가는 신으로 벨(Bel)신으로 숭배되어지기도 했으며, 가니안인들은 엘(El) 주신으로 숭배했고, 바빌로니아의 제1왕조 무렵에는 마르두크(마르둑)에 의해 벨—마르둑으로 그 지위가 대체 되었습니다.

엘(El)은 셈족에 속하는 가니안인(고대 시리아, 레바논인 및 아랍인)의 주신(主神)으로 같은 셈족인 수메르의 엔릴(Enlil=El), 바빌로니아의 일(il), 엘로힘(야훼의 별칭), 아랍의 알라와 같은 계통의 신입니다. 엘(El)은 가나안 만신전의 최고신으로 '인간들의 아버지', '신들의 신'으로 숭배되는 최고신인 수메르의 엔릴신(벨신)을 말하는 것입니다.

엘로힘(Elohim, 天主, 主, 헤브라이어로 하느님)은 엘의 복수인 엘로아(히브리어)에서 나온 단어입니다. 가나안의 신인 엘(El)을 엘로힘이나 야웨로 혼합적으로 사용한 흔적을 성경 원문 여러 곳에서 볼 수 있습니다. 후기 족장 문학에서는 엘을 야훼와 구별 없이 사용하고 있습니다. 성경에 등장하는 '하나님'이란 단어는 원문에는 '엘, 엘로힘'으로 등장하기도 하고 '여호와(야훼, 야웨)'로 등장하기도 합니다. 엘은 엘 샷다이(El Shaddai, 전지전능한 주님), 엘 엘욘(El Elyon, 존귀한 주님), 엘 올람(El Olam, 영원한 주님) 등 복합명칭으로도 쓰여졌습니다. 엘로힘은 히브리어 성경 창세기에 자주 나오는 단어이며 한국어 성경에는 하나님으로 번역되어 있습니다. 그러므로 이스라엘의 야훼(야웨, 엘로힘)는 수메르의 엔릴(엘)신에서 유래된 신입니다. 그러므로 수메르인과 아브라함과 가나안인이 믿던 엔릴(엘, 벨)신이나 가나안인의 엘이나 아랍인의 알라나 이스라엘의 엘로힘(야훼)은 결국 똑같은 빛의 신이고 태양신이고 대화의 신인 하나님을 숭배하는 것입니다.

인류를 구원하러 미래에 오실 구세주(메시아)로 모든 종교는 조로아스터교의 성자 미트라 태양신을 본받아서 브라만교(힌두교)에서는 미트라, 기독교에서는 예수, 불교에서는 미륵미래불(미트라), 이집트 태양신교에서는 호루스라고 칭합니다. 이름만 다르게 부를 뿐 결국 똑같은 구세주 한 분을 말하는 것입니다. 똑같은 구세주 한 분을 숭배하며 기다리므로 구세주사상이 전승되거나 추종되어 거의 유사하게 된 것입니다.

❙ 미트라신(태양신)과 예수 그리스도의 유사점

- 미트라는 12월 25일에 태어났다. (예수도 12월 25일에 태어났다고 정함)
- 미트라신의 숭배일은 일요일이었다.
  (기독교도 토요일 예배에서 일요일 예배로 변경함)
- 미트라는 어렸을 때 매우 총명했다. (예수도 어렸을 때 매우 총명했음)
- 미트라는 세상을 구원하러 태어나서 대속으로 죽어서 부활했다가 세상 말세에 구세주로 재림해서 최후 심판으로 악이 없는 세상을 만든다. (예수도 미트라와 같은 일들을 하고 구세주로 재림함)
- 미트라는 아후라 마즈다 창조주와 인간 사이에 중재자 역할을 했다. (예수도 하나님과 인간 사이에 중재자 역할을 했음)
- 미트라는 동정녀 처녀한테서 태어났다.
  (예수도 처녀 마리아한테서 태어남)

- 미트라 탄생 시 현자들이 경배하였다. (예수 탄생 시 동방박사가 경배함)
- 미트라는 왕으로부터 생명의 위협을 받아 부모를 따라 타국으로 갔다. (예수도 헤롯 왕으로부터 생명의 위협을 받아 부모를 따라 애굽으로 감)
- 미트라는 '나는 길이요, 진리요, 빛이요'라고 했다. (예수도 나는 길이요, 진리요, 생명이요, 빛이요라고 했음)
- 미트라를 믿는 자는 영생을 받았다. (예수의 은혜를 믿는 자도 영생을 받았음)
- 미트라는 춘분에 부활했는데, 이 날은 미트라의 축제의 부활절이다. (이 날이 후에 예수의 축제의 부활절이 됨)
- 미트라는 점성학의 천궁의 12궁도(宮圖)에 해당하는 12제자를 거느렸다. (예수도 12제자를 거느렸음)
- 미트라는 30세에 복음을 전하기 시작했다. (예수도 30세에 복음을 전하기 시작함)
- 미트라는 병을 고치고, 죽은 자를 살리고, 물 위를 걷고, 소량의 음식으로 많은 사람들을 먹이는 등 많은 기적을 행사했다. (예수도 많은 유사한 기적을 행했음)
- 미트라는 창조주의 아들로서 미트라 성 삼위일체설을 형성하였다. (예수도 하나님의 아들로 삼위일체설을 이룸)
- 미트라 숭배자들은 천국과 지옥, 마지막 심판, 구원, 부활 등의 교리를 믿었다. (신약성경의 내세관 교리도 매우 유사함)
- 미트라는 소와 관련이 있으며 '목장의 주인(목자)'으로 불렸다. (예수도 목자, 어린 양으로 불렸음)
- 미트라는 만인의 죄를 대속하기 위해 죽어서 무덤에 들어갔다가 3일 만에 부활했다. (예수도 만인의 죄를 대속하고 죽어서 3일 만에 부활했음)
- 미트라의 시체는 신성한 동굴 바위 무덤에 안치되었다.

(예수의 시체도 동굴 바위 무덤에 안치됨)

- 미트라 숭배자들은 태양의 에너지가 인간의 두뇌에 축적되어 있다가 후광으로 나온다고 믿었다. 이것은 후에 중세 시대 성화에서 예수의 얼굴 모습을 나타낼 때 얼굴의 후광에 영향을 끼쳤다. 현대과학으로 살펴보아도 태양에너지인 전자기파는 끊임없이 흡수되고 방출되며 신체 주위로 원형의 자기장을 형성하고 있다.
- 두 종교 사제(신부)들은 파더(Father)라는 명칭을 쓴다.
- 가톨릭의 성직자 계급 제도나 예배 형식 및 예배 시 쓰이는 도구들, 즉 향불, 예배 의복, 염주알, 십자가 목걸이 등등 모두 미트라교와 흡사하다.
- 두 종교 모두 세례(침례) 의식과 피와 포도주에 의한 성화의례가 있다.
- 두 종교 주교들은 미트라관(미테르, 주교관)을 쓴다.
- 미트라교에서 주는 빵과 포도주는 미트라의 살과 피로 여겼다.

(기독교에서 주는 빵과 포도주도 그리스도의 살과 피로 여김)

네가 나와 더불어 하나가 되고, 나 또한 너와 더불어 하나가 되도록 내 몸을 먹고 내 피를 마셔라. 그러하지 않는 자는 구원을 받지 못할 것이다. [미트라]

인자의 살을 먹지 아니하고 인자의 피를 마시지 아니하면 너희 속에 생명이 없느니라… 내 살을 먹고 내 피를 마시는 자는 내 안에 거하고 나도 그 안에 거하나니. [요 6:53~56]

8. 태양신을 상징하는 십자가와 건축양식

태양은 광명+생명+에너지+정보+영이 들어 있는 빛을 주면서 만물을 만들고 키우고 돌보므로 옛날 사람들은 태양을 창조신으로 보호신으로 수호신으로 태양신으로 숭배했습니다. 태양신 숭배는 태양 물질 자체를 숭배하는 것이 아니라 태양 속에 거하고 있는 하나님의 영을 숭배하는 것입니다. 그러나 태양 물질 자체도 입자와 에너지로 만들어지고 입자도 정보와 에너지로 만들어지고 입자로 만들어지는 물질 자체도 영(정보+에너지)으로 만들어지기 때문에 물질 속에도 영이 거하므로 물질도 넓게 보면 영적이고 신성한 것입니다.

우리가 존경하는 사람도 그 사람의 혼(삶의 활동을 이끄는 영)만 존경하는 것이 아니라 영으로 만들어진 그 사람의 육과 혼이 결합되어 있는 그 사람의 육체적인 모습과 정신적인 지성, 품성 등을 모두 합쳐 존경하는 것처럼, 태양도 태양 속의 영만 숭배하는 것이 아니라 영으로 만들어진 태양의 모습과 태양의 능력을 모두 합쳐서 태양신으로 숭배할 수 있는 것입니다. 태양이 행하는 능력이 창조주 하나님과 같으면 하나님의 영(신, 신령)이 거하며 역사하는 것이므로 태양신으로 숭배되어질 수 있는 것입니다.

태양은 생물을 직접 만들고 생물에게 자연환경을 제공하며 광명과 에너지와 먹이까지 주며 변함없이 영원히 직접 보살펴주므로 전지전능하며 불멸불사(不滅不死)의 능력을 가지고 있다고 원시 고대인들은 믿었습니다. 이러한 태양신의 고마움을 표현하기 위해 원시 고대인들은 태양신의 상징물로 여러 조각물이나 건축물을 만들어놓고, 제물을 바치면서 주술을 외우며 찬송하고 기도하며 숭배했습니다.

태양신의 상징물로 태양 모양의 성광 표시, 태양처럼 창조능력이 왕성한 남근 모양의 태양기둥(오벨리스크), 태양기둥 모양의 첨탑, 신(영, 영혼)이 거하고 왕래하는 영묘(영혼을 모신 사당)의 정자(누각), 누각 모양의 석등, 이 세상과 저 세상을 통과하는 문인 큰 원형고리, 태양계를 상징하는 작은 원형고리, 신을 환영하고 번영과 소망을 기원하는 V, U자형과 아치형(∩형) 문이나 조각물, 신들이 회의하는 만신전 모양의 반구형으로 된 둥근 지붕(돔), 신을 맞이하고 신이 거하는 지구라트(성탑) 정상에 있는 신전, 미트라 태양신과 여신이 머무는 미트라 신전 등 조각물이나 건축물을 만들어놓고, 정성을 다해 원시고대인들은 태양신을 진심으로 숭배했습니다.

태양기둥(오벨리스크) 모양의 첨탑은, 첫째는 빛의 신인 태양신을 가장 가까이에서 환영한다는 것을 상징하고, 둘째는 모든 것보다 태양신이 월등히 거룩하고 전지전능함을 상징하고, 셋째는 태양기둥의 곧은 모양처럼 태양신은 공의롭다는 것을 상징하고, 넷째는 남근을 상징하므로 번식과 번영, 불굴의 용맹, 안녕과 평화, 보호와 수호 등을 상징합니다.

엘람-수메르인들이 숭배하던 태양신의 상징물인 오벨리스크(태양기둥)는 태양신의 남근(남경)을 상징하므로 무궁한 번식과 번영, 수호와 돌봄을 상징하며 기념비로도 이용합니다. 태양기둥 모양의 첨탑 정상에는 동식물의 조각상이나 아치형 지붕, 긴 원뿔 모양, 긴 뾰족한 다각형 지붕 모양, 석등, 천사, 십자가, 성광(태양빛), 고리, 구 모양 등으로 장식되어 있는데, 전체적인 첨탑 모양은 태양기둥 모양을 하고 있습니다. 이는 모두 태양신을 환영하고 숭배하고 찬양하기 위한 것들입니다. 그래서 옛날부터 교회의 뾰족한 지붕 건물이나 성전의 첨탑 등은 태양기둥을 모방하여 건축했습니다.

그 밖에 성탑(바벨탑 등), 기념탑(기념비), 첨탑, TV탑, 높은 빌딩 등 거대한 건축물을 태양기둥 모양으로 건축해 평야나 바닷가나 강가나 각 나라 대도시 정면에 두어 보호신이며 수호신이며 생산의 신인 태양신에 의해 도시가 보호되고 번창되어 도시의 정의사회 구현과 평화와 안녕, 번영 등이 이루어지기를 염원했습니다. 태양신을 숭배하는 메소포타미아(이라크+시리아+페르시아)의 건축양식과 신앙사상을 전 세계가 오늘날까지도 여전히 인용 모방하고 있습니다.

태양신을 환영하고 숭배한다는 상징으로 아치형(∩형) 문으로 된 성전 문이나 건물 문이나 아치형 다리 건축물 등이 있습니다. 그리고 만신전의 공동 회의장을 상징하는 반구형의 둥근 지붕(돔) 건물은 성전지붕이나 각 나라 국회의사당과 큰 건물 지붕에 이용되고 있습니다. 그리고 여러 개의 태양기둥으로 된 울타리 모양의 건축물은 미트라 태양신 신전을 모방한 것으로 역시 번영과 안녕, 수호와 보호를 상징하는 건축물입니다. 예를 들어 베드로 대성당, 그리스 파르테논신전(BC 479, 아테네 여신전), 로마 아르테미스신전(BC 440, Artemis= Diana신전), 우리나라의 경회루 같은 건물들은 모두 미트라 태양신전을 모방한 건축물인데, 미트라 태양신이 그 건물에 여신과 함께 머물며 그 도시를 번식 번영시키며 평안하게 평화롭게 수호하고 보호한다는 상징으로 지어진 건축물들입니다.

고대 수메르-엘람에서는 황소가 쟁기를 끌어 농사를 지었기 때문에 황소를 농업신으로 숭배했습니다. 그래서 소머리를 측면에서 본 모양의 U, V자형을 선호하는 풍습이 있습니다. 수메르-엘람의 관습을 흡수한 브라만교나 힌두교에서도 소를 신으로 신성시 합니다. 태양 빛 에너지를 받으며 성장하는 식물의 순(싹)이나 가지들도 하늘을 향해 U, V자형이나 아치형(∩형)을 그리며 번창합니다. 그래서 수메르-엘람에서는 U, V자형이나 아치형을 가축과 식물의 번창을, 즉 농업의 번창을 기원하는 상징 표시로 시작해서 일반적으로 번영, 성공, 소망을 기원하는 상징 표시로 쓰이게 되었습니다. 그래서 가문의 번영과 종교의 번영을 기리기 위해 기와집 지붕 처마 끝이나 힌두교, 불교 성전 처마 끝이 위로 V, U자형을 그리며 올라가게 되었고 문 모양이나 다리 모양이나 긴 천장 모양이 아치형으로 되었습니다. 오늘날도 상대방에게 성공의 표시로 손가락으로 V, U자형을 그려 보이는 풍습이 전해 내려오고 있습니다.

그리고 둥근 모자 모양의 지붕과 아치형 문을 혼합한 누각(정자)은 죽은 영(영혼)이 거하고 왕래하는 것을 상징합니다. 불이 거하고 빛이 거하는 것을 상징하는 석등도 불의 신이며 빛의 신인 태양신을 숭배하는 조각물로 조로아스터교와 미트라교의 상징물이었는데, 세계 곳곳에서 건축물에 인용하고 있으며, 각 종교의 사원에도 석등과 석등으로 된 첨탑이 공통적으로 시설되어 있습니다. 누각 모양의 석등은 4각형, 6각형, 8각형, 다각형, 원형으로 되어 있는데 이는 저 세상으로 가는 문도 여러 개임을 의미합니다. 원래 누각 모양의 석등은 이 세상과 저 세상을 교차하는 문(이 세상과 저 세상을 통과하는 문)으로 석등 안에 불이 거하므로 빛이 거하는, 하나님의 영과 인간들의 영(영혼)이 거하고, 인간들의 영혼과 하나님의 신(영)이 이 문을 통해 다른 세상으로 오고 가는 것을 의미합니다. 성전(聖殿)이나 묘소에나 왕릉에도 석등이 설치되어 있는데, 이는 죽은 영과 하나님의 영이 머물고 오고 가는 것을 의미합니다.

특히 이슬람교는 수메르—페르시아(조로아스터교)의 건축양식과 조각양식, 신앙교리 등은 모두 자신들의 아리안족 조상들의 것들이라고 믿기 때문에 이슬람교 성전에 반구형의 둥근 지붕(돔), 뾰족한 지붕으로 된 누각(정자), 태양기둥 모양의 첨탑, 아치형 문, 화려한 원무늬, 연꽃무늬, 성광, 십자가, 만자(卍字), 수레바퀴, 톱니바퀴, 토기, 네잎 원형무늬 등을 거의 그대로 모두 흡수해서 이슬람교의 상징물로 했습니다.

그리고 같은 인도유럽어족인 인도인(힌두인)들도 수메르—엘람의 상징물들은 힌두인들의 조상들인 아리안족(인도유럽어족)의 상징물이라고 해서 역시 여러 건축양식과 조각물 등을 거의 그대로 브라만교에 흡수했고, 이어서 힌두교와 불교가 흡수했습니다. 불교는 브라만교, 힌두교의 만자, 연꽃, 수레바퀴 등을 흡수해서 불교의 상징물로 했습니다. 태양은 매일 아침에 떠서 저녁에 지고를 윤회적으로 반복 순환하므로 태양을 원형의 톱니바퀴나 수레바퀴나 수레로 상징했는데, 원형의 톱니바퀴나 수레바퀴나 수레는 원래 엘람—수메르와 조로아스터교의 상징물이었습니다. 후에 브라만교, 힌두교, 불교가 조로아스터교의 상징물을 흡수하여 자신들의 상징물로 했습니다.

십자가가 두 개 또는 여러 개 겹친 그림이 태양빛 성광 그림이므로 십자가는 빛의 신인 태양신을 상징합니다.

로마 바티칸 광장에는 태양기둥(오벨리스크)이 세워져 있습니다. 태양기둥 맨 꼭대기에는 십자가가 있고 십자가 바로 밑에는 성광(빛을 내는 태양 모양)이 있고 성광 밑에는 구(球)가 있습니다. 고대의 조각물에는 태양을 십자가 표시로 나타내기도 했으므로 십자가 표시는 태양을 태양신을 상징합니다. 바티칸 광장바닥 동그라미 안에는 +와 ×가 겹쳐진 두 개의 십자가로 된 성광 표시를 하고 있는데, 이는 태양의 성광 표시로 BC 3000년경 수메르-엘람인들이 숭배하던 태양신 상징물인 쉐메쉬 모형을 인용 응용한 것입니다. 쉐메쉬 모형은 중앙에 태양을 상징하는 원이 있고 원 주위로 두 개의 십자가가 사이로 겹쳐져 8개 선으로 되어 있어 마치 태양 모양을 하고 있습니다. 황소가 쟁기를 끌어 농사를 짓는 원시고대 수메르-엘람석화 그림에 태양을 십자가로 조각한 것을 보더라도 태고 때부터 수메르-엘람 지역에서는 십자가가 태양을 태양신을 상징합니다. 그러므로 십자가의 기원은 BC 3000년경 태양신 상징물인 쉐메쉬와 십자가 석화로부터 시작된 것입니다.

바벨론 시대에는 마르둑 태양신의 화신인 담무스를 태양신으로 숭배했으므로 십자가를 담무스 태양신의 상징물로 했으며, 동시에 페르시아에서도 태양신교인 미트라교에서 십자가를 태양신인 미트라로 상징했고, 미트라교를 흡수한 기독교는 태양신을 상징하는 십자가도 흡수해 십자가를 기독교의 상징물로 했습니다. 페르시아 야즈드(yazd)에서는 특히 2개의 십자가로 된 원형 꽃무늬 만다라(Mandala, 우주의 진리를 묘사한 그림) 장식이 세계 최초로 만들어진 곳으로 성전 건물 천장이나 벽, 유리창에는 장미꽃, 연꽃 등 다양한 꽃무늬 십자가 만다라 그림이 있습니다. 특히 연꽃무늬 십자가 만다라를 브라만교, 힌두교, 불교가 흡수하여 그들의 상징물로 하고 있으나 원래는 엘람-수메르의 상징물입니다.

꽃무늬 십자가 만다라, 꽃무늬 장식, 양탄자(Carpet), 정원, 가옥, 건물 등의 건축양식이나 쟁기로 농사짓는 법, 그물로 고기 잡는 법, 활로 사냥하는 법, 활 · 창 · 마차 등의 무기, 태양기둥, 신(영)이 거하고 왕래하는 누각, 석등, 첨탑, 아치형 문, 반구형의 지붕(돔), 지구라트(성탑), 토기, 동물 수호신, 자연신, 반신반인, 반인반수, 천국과 지옥, 천사와 사탄 등의 신앙교리, 경전, 태극음양이원론, 12궁도, 태음양력, 수레바퀴, 수레, 톱니바퀴, 수학, 천문학, 건축, 예술, 신화, 전설, 우화, 설화, 지혜서, 철학서 등 문명과 건축, 예술, 종교사상은 대부분 엘람-수메르 지역에서 처음으로 고안되어 만들어져서 인도, 이집트, 중국, 아시아, 유렵 등 전 세계로 전파되었습니다.

두 개의 십자가가 사이로 겹쳐진 성광 표시로 된 원모양의 태양을 나타내는 쉐메쉬나 6각형 별(두 개의 삼각형이 마주보고 겹친 별, 다윗의 별)이나, 음양이 서로 꼬리를 물고 엉켜서 회전하는 태극마크는 하나의 태극인 태양은 두 개의 음양으로 되어 있고 음양의 영들이 상호작용을 하면서 태양계와 생태계를 동적평형으로 영원히 순환시켜 나간다는 태극음양이원론을 상징하는 것입니다. 음양의 영을 둔 태양신도 음양의 힘으로 만물을 만들고, 돌보고 다스려 나간다고 생각했습니다. 태양 모양의 쉐메쉬나 6각형 별이나 태극마크는 이미 BC 3000년경 수메르(바벨론)-엘람에서 만들어졌습니다. 두 개의 십자가가 겹쳐진 쉐메쉬 표시가 발전하여 페르시아 야즈드에서 태극만다라로 발전했고, 첨성술과 합해져 수메르-엘람 지역에서 처음으로 태음력과 태음양력 만다라가 만들어졌습니다.

수메르-엘람 지역에서는 태극만다라와 8자연신이 융합되어 태극 8원소 만다라가 만들어졌고, 후에 동양에서는 태극 8괘(궤) 만다라로 되어졌고, 이를 개화 사상가 박영효가 태극 8궤 중에 4궤만 선택해서 태극기를 만든 것입니다. 우리가 사용하는 한글이 수메르어를 인용 응용한 것이고, 우리나라의 고대 큰 건축물이나 조각물도 수메르-엘람의 건축양식과 조각양식을 인용 응용한 것이고, 우리나라 태음양력도 수메르-엘람의 태음양력을 인용 응용한 것이고, 우리가 배우는 수학,

천문학, 건축학, 예술 등도 수메르-엘람 문명을 인용 응용한 것이고, 우리나라의 관공서 배지도 수메르-엘람의 상징물을 인용 응용한 것입니다.

우리나라의 경찰 상징물은 독수리와 5각형 모양으로 되어 있는데, 독수리와 5각형은 이라크의 상징물이고, 국회의원 배지도 5각형과 원형의 성광 표시로 되어 있습니다. 이는 5각형 별과 태양신을 나타내는 것으로 이라크의 상징물을 그대로 인용한 것입니다. 5각형 별이나 6각형 별은 원래 수메르-엘람의 상징물입니다. 5각형 별 한 끝이 위로 가고 두 끝이 아래로 내려가면 안정한 5각형 별이 되는데, 안정한 5각형 별은 비너스 여신(금성), 현명한 신, 평화의 신 등을 상징합니다.

이란 팔레비 왕도 5각형 배지와 태양신 성광 배지를 평상시 정장에 착용했습니다. 그러나 5각형 별의 두 끝이 위로 가고 한 끝이 내려가면 불안정한 5각형 별이 되는데, 불안정한 5각형 별은 균형과 안정을 잡으려고 힘을 쓰거나 상대를 공격하거나 하므로 사탄을 상징합니다. 그래서 고대 조로아스터교에서는 뒤집혀진 불안정한 5각형 별은 악령인 앙그라 마이뉴로 악마의 별, 마법의 별로 상징 묘사하였고, 안정한 5각형 별과 6각형 별은 스펜타 마이뉴로 선령으로 천사로 상징 묘사했습니다. 이와 같이 전 세계가 메소포타미아의 문명이나 관습, 신앙 등을 알게 모르게 모두 인용 모방 응용하고 있는 것입니다.

십자가가 회전하면서 끝이 휜 것이 만자(卍字)입니다. 그래서 만자는 십자가의 순환을 나타내므로 태양계의 영원한 순환(윤회)을 의미하고 동시에 생태계의 영원한 윤회를 의미하고, 더 나아가 은하계의 나사형 회전을 의미합니다. 그래서 만자 표시는 만물과 생태계의 윤회를 강조하는 브라만교, 힌두교, 유대교, 불교의 상징물로 되었습니다. 하나의 십자가나 두 개의 십자가가 겹친 쉐메쉬나 또는 십자가가 여러 개로 겹친 성광 표시나 십자가가 회전하는 만자나, 서로 꼬리를 물고 회전하는 태극마크나 여러 십자가가 겹쳐 이루어진 수레바퀴나 수레살이 없는 수레바퀴 모양의 톱니바퀴는 태양계와 생태계의 영원한 윤회(순환)를 상징합니다.

미트라 태양신 신전을 상징하는 미국의 백악관과 미국 국회의사당의 정면, 태양기둥을 상징하는 워싱턴 기념비, 미국 국회의사당 바닥에 그려져 있는 태양신 그림, 신들의 회의 장소를 상징하는 만신전 모양의 돔 모양의 미국 국회의사당 지붕, 우리나라의 중앙청, 국회의사당, 서울역 등의 지붕, 기독교와 불교의 첨탑 등 많은 세계의 건축물에는 메소포타미아의 태양신의 얼(영, 신, 넋)이 번영과 안녕, 수호와 돌봄, 정의와 평화를 위해 성스럽게 깃들어 있어 오늘날도 태양신이 변함없이 화평스럽게 돌보고 있는 것을 상징합니다.

고대에 지어진 유대교, 브라만교, 힌두교, 불교, 기독교, 이슬람교 성전에는 십자가, 만자 표시, 성광, 네잎 원형무늬, 연꽃무늬, 태양기둥 모양의 첨탑, 돔 지붕, 아치형 문, 신의 문인 누각, 석등 등 수메르-페르시아식의 건축양식과 조각양식으로 성전 곳곳에 공통적으로 조각되어 건축되어 있기 때문에 태양신을 숭배하는 것은 4대 원시고대종교와 가톨릭교뿐만 아니라 모든 종교가 태양신을 공공연히 모두 숭배하고 있는 것입니다. 우리는 단 일분 일초라도 태양 빛에너지인 광자에너지의 돌봄을 벗어날 수가 없습니다. 우리가 보는 광명이나 먹는 음식도 광자에너지(광자입자)로 만들어지고, 우리가 생각하고 움직이는 모든 삶의 활동도 광자에너지(정보+에너지+영)와 광자에너지 속에 거하는 영으로 행해지는 것입니다.

태양이 빛에너지인 광자에너지를 만들어 내보내므로 빛의 신을 숭배하면 결국 태양신을 숭배하는 것입니다. 하나님, 예수님, 범천, 부처님, 호루스, 마르둑, 담무스, 아후라 마즈다, 미트라신 머리에도 성광 표시가 그려져 있거나 조각되어 있습니다. 이러한 상징 표시는 모두 생산의 신이며 창조의 신이고 하나님의 영이 거하며 역사하는 빛의 신인 태양신을 상징하고 숭배하는 것입니다. 태양기둥의 첨탑 꼭대기의 십자가는 하나님의 영이 거하는 태양신을 상징하며 숭배하는 것입니다. 그러므로 십자가를 숭배하는 것이나 태양신을 숭배하는 것은 우상 숭배를 하는 것이 아니라 태양 속에 거하는 하나님의 성령을 하나님의 영을 하나님의 신을 상징하며 숭배하는 것으로 모두 빛의 신인 천주 하나님을 상징하며 숭배하는 것입니다.

제5장

종교 간의 유사점과 차이점

- 불경과 성경의 유사점
- 성경과 불경에 유사한 내용이 있는 이유
- 견문을 넓히기 위한 예수님의 인도유학
- 예수님이 인도유학을 했다는 결정적인 증거들
- 영지주의
- 불교
- 유대교 · 기독교 · 이슬람교의 유사점과 차이점

1. 불경과 성경의 유사점

독일 동양학자 막스 뮐러(1823~1900) 저『인도는 우리에게 무엇을 가르칠 수 있는가(1883)』, 독일 신학 교수 루돌프 자이델(Rudolf Seidel, 1835~ 1892) 저『붓다와 예수의 복음(1882)』,『붓다와 예수의 생애(1897)』, 그리고 독일 신학자 홀거 케르스텐(Holger Kersten, 1951년 출생) 저『인도에서 예수의 생애』, 엘리자베스 C.프로펫트(Elizabeth Clare Prophet) 저 황보석 역『예수의 잃어버린 세월(1987)』, S. 라다 크리슈난(1888~1975) 저『석가와 예수의 대화』, 일레인 페이젤 저 방건웅 · 박희순 역『성서 밖의 예수(1989)』, 아지즈 캐시미리(Aziz Kashmiri) 저『캐시미르에서 예수』, 로이 아모르(Roy C. Amor, 1942년 출생) 저 류시화 역『성서 속의 붓다』, 일본 호리교수 저『불교와 그리스도교(1993)』, 윤청광 저『불경과 성경』, 이상훈 저『성경의 진실』, 조철수 저『예수 평전』, 민희식(1934년 출생) 교수 저『법화경과 신약성서』, 리바이 도우링 목사(1844~1911) 저『보병궁 복음서(成約聖書)』, 노토비치 저『알려지지 않은 예수의 생애(1894)』 등에는 불경과 성경은 서로 유사한 내용들이 많이 들어 있다고 합니다. 그리고 어떤 서적은 예수는 인도유학을 했다고 주장합니다. 독일 신학 교수 루돌프 자이델 저『붓다와 예수의 생애(1897)』에는 불경과 성경을 비교해 50여 개 이상의 스토리가 서로 매우 유사하다는 것을 처음으로 밝혔습니다.

BC 2100년경 메소포타미아 아브라함을 선두로 해서 BC 14~13세기 이집트에서 팔레스타인으로 이주해 와 살면서 히브리어를 말하는 고대 유목민족을 통틀어 히브리인이라고 합니다. 히브리인은 인도유럽어파에 속하는 히브리어(헤브라이어)를 사용하는 셈족으로 인도유럽어족에 속하는 민족입니다. 그 때문에 고대에는 수메르교(바벨론교), 조로아스터교(미트라교), 브라만교(힌두교), 불교, 유대교(기독교), 이슬람교는 같은 아리안족(인도유럽어족) 종교들로 서로 친척 종교나 마찬가지였으므로 우대관계가 매우 깊었기 때문에 서로 왕래하며 견문·유학하면서 경전도 서로 탐구하고, 경전이 새로 편집되도록 서로 많은 도움을 주고받았습니다. 그 때문에 아리안족 경전들 사이에는 자연히 서로 유사한 내용들이 많이 들어가게 되었습니다.

고대에는 바벨론교나 조로아스터교나 분파교인 미트라교, 마니교를 믿다가 브라만교(힌두교), 유대교, 불교, 기독교, 이슬람교로 개종한 사람들도 많다고 합니다. 성 어거스틴(354~430)도 조로아스터교의 분파교인 마니교를 9년간 믿다가 기독교로 개종했습니다. 콘스탄틴 황제도 조로아스터교의 분파교인 미트라교를 믿다가 기독교로 개종했습니다. 조로아스터교도(분파교도를 포함하여)들이 페르시아 대제국의 팽창에 의해서나 또는 원격지 무역을 통해서나, 또는 이슬람교의 탄압을 피해서나, 또는 선교일을 통해서나, 또는 살기 좋은 곳으로 이주해 살면서 아리안족 종교들의 신자로 되어 아베스타경전의 풍부한 신앙교리를 전파시키면서 경전 형성에도 많은 기여를 했기 때문에 아리안족 경전들(아베스타, 베다, 불경, 성경, 코란) 사이에는 자연히 유사한 신앙사상이 많이 들어가게 된 것입니다. 아리안족인 바벨론(수메르)교도와 조로아스터(미트라)교도들은 하나님의 풍부한 지혜와 진리와 가르침이 들어있는 자신들의 종교사상이 같은 아리안족 종교 속에 들어가 설사 종교 이름은 다르더라도 다른 종교의 혼으로 환생(還生)하여 하나님의 복음을 계속해서 활발히 전하기를 원했기 때문에 나라를 가리지 않고 복음을 열렬히 전파했던 것으로 보여집니다.

❙ 불경과 신약성경의 유사한 가르침들

세상의 빛, 신앙을 씨 뿌림에 비유, 구하면 주라는 말씀, 의식주를 걱정하지 말라, 물 위를 걷는 기적, 병을 고치는 기적, 음식을 다량으로 만드는 기적, 무덤에서 부활의 기적, 나는 왕이라는 말씀, 하늘에서 내려온 두 성자, 탄생 이야기, 간음한 여자 이야기, 이미 소년시절에 성인이 될 징조로 매우 총명함, 악마와 마귀, 똑같은 책봉식과 세례식, 고향에서의 푸대접, 카아샤파와 요한 선지자, 거짓 선지자의 출현, 부자는 천국에 가기 어렵다, 마아탕가와 사마리아 여인, 가난하고 불쌍한 사람을 돕는 것이 나를 돕는 것, 죄짓기보다는 육신을 절단하라, 신앙의 힘으로 잠재운 폭풍과 파도, 내가 법이요 내가 진리이다, 원수를 사랑하라, 경전 비방과 성령 모독, 두 벌 옷을 가지지 말고 금이나 은이나 동을 받지 말라, 행하라 그렇지 아니하면, 너희에게 이르노니, 모든 죄악은 마음에서, 좋은 열매와 나쁜 열매, 천사들의 목격, 이름 짓기, 예언, 진정한 행복, 분노하지 말라, 쭉정이와 가라지, 네 자신을 뒤돌아보라, 판단하지 말라, 장님(사기꾼)이 인도하면 개천에 빠짐, 살인마와 길 잃은 양, 남을 비방하기 전에, 평등한 사랑, 서로 돕고 존중하라, 깨우침의 경지와 신의 나라, 하늘에서 내려온 음식, 신통술과 기적, 향품에 의한 부활, 행위가 따르는 신앙, 재판에 휘말리지 말고 이웃과 평화롭게 지내야 한다, 말법 시대와 말세, 장자 궁자와 돌아온 탕자, 잘 지어진 집과 나쁘게 지어진 집, 발아래 엎드린 여인, 얼굴(피부)과 옷이 빛남, 한 명의 배신과 도망친 제자 이야기, 건강한 자에게는 의사가 필요 없다, 내면의 사악함, 석가모니와 예수의 영원한 수명, 인간(중생)을 위안하고 구원하러 하늘에서 잠시 인간의 모습으로 내려옴, 집 없이 사는 것이 좋다, 아시타가 천사들을 목격했고 목자들이 천사를 보았다, 열반과 재물을 동시에 추구할 수 없다와 신과 재물을 동시에 섬길 수 없다, 붓다와 예수의 산상수훈, 붓다는 한 개의 떡으로 500명을 먹이고도 남았고 예수는 5개의 떡과 2마리의 물고기로 5,000명을 먹이고도 남았다, 70(60)명의 선교사업, 각각 40(49)일 단식 후 악마에게 시험을 받음, 도둑맞을 염려가 없는 하늘의 보물, 복음을 전하도록 각각 12제자를 전역에 파송함, 석가는 갠지스강을 걸어서 건넜고 예수는 갈릴리 호수를 걸어서 건넜음, 석가는 과부의 두 냥 헌금이 정말 값지다고 했고 예수는 과부의 한 냥 헌금이 거룩하다고 했다는 등 불경과 신약성서는 너무나 많은 내용들이 너무나 흡사합니다.

▌불경과 신약성경의 유사한 교훈들

(지면상 몇 가지만 살펴보겠습니다.)

- 석가의 태자 책봉식에서 왕이 손으로 태자의 이마에 물을 끼얹고, 그대는 나의 후계자이니라 라고 선언하자, 하늘에서 좋도다 좋도다 하는 음성이 들려오고 또 연꽃이 피어났으며 청작(파랑새) 5백 마리가 내려왔다. [과거 현재 인과경]

  요한이 요단강에서 예수에게 물로 세례를 베풀 때에 하늘에서 너는 내 사랑하는 아들이요 하는 소리가 들려오고 성령이 비둘기같이 내려왔다. [마 3:13~17]

- 부처 출현 전에 마하가섭(카아샤파)은 이미 많은 제자를 둔 큰 영향력을 갖은 선명지자로 등장한다. 부처가 나타나자 마하가섭은 '저분이 바로 부처시다. 나는 그의 길을 닦는 자일 뿐이다. 보라 저분을 섬겨라'고 석가모니의 증인으로 등장한다. 그리고 하늘에서 음성이 나고 새가 날아들어 축하했다고 한다. [과거 현재 인과경], [우리말 팔만대장경]

예수 이전에 세례 요한이 이미 많은 제자를 거느리고 사람들 사이에 선지자로 인정받았다고 한다. 예수가 나타나자 저가 우리가 기다리던 자(메시아)다. 나는 그의 미리 보냄을 받은 자이다. 세례를 주자 하늘에서 음성이 나고 비둘기가 임했다고 한다. [막 1:4~10]

- 부처는 빛이요, 횃불이요, 광명이다. 누구든지 등불을 켜서 밝게 비추도록 등경 위에 둔다. [슈타니파타], [법화경 안락행품], [법화경 서품]

너희는 세상의 빛이라 산 위에 있는 동네가 숨겨지지 못할 것이다. 누구든지 등불을 켜서 말 아래 두지 않고 등경 위에 둔다. [눅 11:33~36]

- 괴로움의 바다에서 헤매고 있는 중생은 병든 환자다. 병든 자에게만 의사와 약이 필요하지 건강한 자에게는 의사와 약이 필요치 않다. [방등경], [유마경], [밀린다 왕문경]

건강한 자에게는 의원이 쓸데없고 병든 자에게라야 쓸데 있다. 내가 의인을 부르러 온 것이 아니라 죄인을 부르러 왔다. [눅 5:31~32]

- 석가모니는 제자 데바다타가 배반할 것을 미리 알고 있었다. 그가 석가모니를 해치기 위해 난폭한 코끼리를 보내 위험에 처하게 하자 5백이나 되는 제자들이 모두 도망쳤다. [아함경]

예수는 자기의 제자들 가운데서 한 사람이 자기를 배신하고 팔아넘길 줄 알고 있었다. 예수가 붙잡혀 가게 되자 그의 제자들과 따르는 자는 모두 다 도망쳤다. [누가복음, 마태복음]

- 석가모니가 영취산상에서 대중들에게 설법한 산상수훈[법화경 분별공덕품]은 신약의 산상수훈[마 5~7장]과 그 내용이 거의 같습니다.

- 불경 자타카(본생경)에는 배를 타고 떠난 신자들이 바다 가운데서 폭풍을 만나 파선을 당하고 사경을 헤매다가 깊은 신앙심으로 구원을 받는 이야기가 나오고 '법화경 관세음보살 보문품'에는 관세음보살을 일심으로 믿고 염하면 어떤 태풍이나 환난 속에서도 구원을 받을 수 있다고 말한 내용이 있습니다.

마찬가지로 성경 막 4:36~41, 눅 8:22~25, 마 14:29~33에도 예수가 바다에서 제자들과 배를 타고 가다가 폭풍을 잠재우는 대목이 있습니다. 불경과 성경 모두 믿음이 강하면 거센 파도나 폭풍 같은 어려운 역경도 무난히 아무 탈 없이 극복할 수 있다고 합니다.

- 재물을 버리고 법을 따르라. 재물에 집착하면 열반에 들 수 없다. [방등경], [법사경]

재물을 다 팔아 가난한 자들에게 나누어 주고 나를 좇으라. 부자는 하나님 나라에 들어갈 수 없다. [마 19:21~30]

- 개자(芥子, 겨자씨와 갓씨)를 수미산만큼 쌓고 수미산을 다시 개자만큼 쌓으라. 내가 본래 이 땅에 온 것은 법을 전하여 미한 중생을 구제함이다. 앞으로 한 꽃에 다섯 잎이 피어 열매를 맺어 자연히 이루어지리라. [달마대사와

혜가대사의 일화]

천국은 마치 사람이 자기 밭에 갖다 심은 겨자씨 한 알 같으니 이는 모든 씨보다 작은 것이로되 자란 후에는 나물보다 커서 나무가 되어 공중의 새들이 와서 그 가지에 깃들으니라. [마 13:31~32]

- 극락이 따로 있다 저기 있다 할 것이 아니다. 극락은 바로 네 마음속에 있다. [心卽是佛], [원각경 보안보살장]

천국은 여기 있다 저기 있다, 볼 수 있는 것이 아니다. 천국은 너희 안에 있는 것이다. [눅 17:20~21]

- 나는 곧 법이요 길이다. 나를 보는 자는 법을 보는 자다. 나의 가르침대로 법을 등불 삼고 쉬지 말고 수행하라. [열반경], [아함경]

나를 본 자가 곧 신을 본 자다. 내가 곧 길이요, 진리요, 생명이다. 나를 믿는 자는 나의 일을 저도 할 것이다. [요 14:6~12]

- 머리라고 해서 귀중하고 꼬리라고 해서 하찮은 것이 아니며, 머리와 꼬리가 서로 자기만 제일이라고 주장하고 우기다가는 뱀의 몸통은 물론 머리와 꼬리 전체가 다 죽는다. [백유경]

만일 한 지체(肢體)가 고통을 받으면 모든 지체도 함께 고통을 받는다. [고전 12:14~31]

- 독룡(毒龍)을 잡아 밥그릇 속에 담았다. 허공중에 가부좌를 틀고 앉았다. 용왕의 세계에 갔다. 많은 병자를 고쳤다. 전염병을 물리쳤다. 홍수를 물

리쳤다. 물 위를 걸었다. 하늘 세계에 있는 여러 나라를 자유자재로 왔다 갔다 했다. 부처의 제자들도 하늘나라 향적국을 마음대로 왔다 갔다 했다. 하늘나라 음식을 얻어다가 수많은 사람들을 먹이기도 했다. 하늘나라의 왕 제석천왕(인드라, 불교의 수호신)으로 하여금 하늘밥, 하늘옷을 내리게도 했다. 떡 한 덩어리로 많은 신도들을 배불리 먹이고도 떡은 여전히 남았다. 부처나 그의 제자는 지옥에까지 내려가 지옥중생을 구제했다. 부처와 그 제자들은 형용할 수 없이 먼 거리도 잠깐 사이에 왔다 갔다 했다. 여러 신통자재술을 부렸다. [증일아함경], [본생경], [불전]

물을 포도주로 둔갑시켰다. 장님을 눈뜨게 했다. 죽은 자를 살렸다. 앉은뱅이를 일으켜 세웠다. 귀신을 쫓아냈다. 떡 다섯 개와 생선 두 마리로 5천 명을 배불리 먹였다. 제자들도 병자를 고치면서 복음을 전하러 다녔다. [4 복음서]

- 두 벌 옷이나 밥그릇마저도 두 벌을 가지지 말라. 법을 전파하고 나서 금이나 은이나 돈을 받지 말라. [율장=프리아티모옥샤]

두 벌 옷을 입지 말고, 금이나 은이나, 동을 받지 말라. [마 10:9~10], [눅 9:3]

- 부모를 죽인 원수도 갚지 말라. 마주 때리거나 원수를 갚으려고 하지 말라. 부모와 원수를 대할 때에도 평등하고 자비한 마음으로 대하라. [열반경 범행품], [아함경]

원수를 사랑하라. 미워하는 자를 선대하며 저주하는 자를 위해 기도하라. [눅 6:27~28], [마 5:44]

❙하늘에서 내려온 두 성자

예수가 하늘에서 하나님의 아들로 인류를 구원하기 위해 이 세상에 온다는 것이 성경에 여러 번 예언되어 있듯이 석가모니도 하늘 도솔천에서 머물다가 중생을 구제하기 위해 부처님으로 이 세상에 온다는 것이 불경에 여러 번 예언되어 있습니다(본생경, 불소행찬 탄생품).

성경과 불경의 두 성자는 똑같은 하늘로부터 시작되며 탄생 목적, 탄생 과정, 가르침, 복음 등의 행적이 쌍둥이 형제처럼 거의 비슷합니다. 두 성자 석가모니(붓다, 부다, 부처)와 예수 모두 태몽을 통해서, 남녀의 동침 없이 잉태했다고 합니다. 마야부인이 여덟 가지 계행을 지키느라고 그의 남편과 동침하지 않고 있었는데, 석가모니가 흰 코끼리의 신령이 되어 어머니의 오른쪽 갈비뼈를 헤치고 그 태(胎) 안에 들어가는 꿈을 꾸고 잉태된 것으로 기록되어 있고(본생경), 성경에서는 요셉의 현몽에 주(主)의 사자(使者, 성령, 천사)가 나타나 마리아에게 잉태됨을 알려주고, 예수가 태어나기까지 동침하지 않았다고 기록하고 있습니다(마태복음, 누가복음).

석가모니가 태어나자마자 아시타 선인(仙人)이 왕궁에 서린 서광(瑞光)을 보고 찾아왔듯이, 예수가 태어나자마자 동방박사가 별빛의 인도를 받아 마구간으로 찾아왔다고 기록하고 있습니다[마 2:2].

갓 태어난 석가모니를 보고 아시타 선인이 '장차 부처가 되리라'고 예언했는데(과거현재인과경), 성경에서는 시메온 예언자가 아기 예수를 보자 '주의 구원을 보았다'고 예언했습니다. 브라만 제사장들을 놀라게 하는 어린 석가(과거현재인과경)와 유대교 제사장들을 놀라게 하는 어린 예수[눅 2:41~50]는 모두 스승들을 놀라게 할 정도로 놀라운 총명함을 나타내어 성인이 될 징조를 어려서부터 보여주었습니다.

불경에는 미륵(구세주)의 탄생을 두려워한 왕이 미륵을 없애려고 했으나, 도피하여 생명을 구하는 이야기가 있습니다(현우경). 성경 역시 아기 예수를 죽이려는 헤롯 왕의 유아학살을 피해 애굽(이집트)으로 도망갑니다[마 2:12~21]. 불경에는 노부인이 어린 석가모니를 보고 찬탄했다고 기록되어 있으며(불소행찬), 성경에도 노부인이 아기예수를 보고 예수를 찬탄하는 대목이 똑같이 실려 있습니다.

석가는 29세쯤에 영적 활동을 시작해 불법을 설교했고, 예수는 30살 무렵에 영적 활동을 시작해 복음을 전했습니다. 석가는 자신을 '사람의 아들'이라고 했고, 사람들은 그를 예언자 여래라고 불렀고, 예수는 자신을 '인자(人子)'라고 했고, 사람들은 그를 구세주 메시아라고 불렀습니다.

부다는 브라만교의 피를 흘리는 희생제물을 비난했듯이, 예수도 유대교의 피를 흘리는 희생제물을 비난했습니다. 예수가 토라(모세오경, 모세율법)에서 율법책의 정통성을 믿는 바리새인들을 비난하는 것처럼 부다도 지나치게 형식적인 제의식에 치중하는 베다의 정통성을 믿는 브라만들을 비난했습니다. 부다도 예수처럼 많은 기적을 행했습니다. 부다나 예수나 모두 조로아스터처럼 30세쯤에 영적 활동을 시작했고, 모두 12제자를 거느렸습니다. 부다도 예수처럼 사람의 아들로 후에 신격화되었습니다. 부다나 예수는 살생과 도둑질과 거짓말과 음행을 품는 것을 금지하고, 부모에게 효도하고, 재물을 멀리하고, 정의와 사랑(자비)과 선을 베풀며 자비주의, 이타주의, 화평주의적으로 살도록 설교했습니다.

2. 성경과 불경에 유사한 내용이 있는 이유

하늘에서 내려온 두 성자 예수와 석가모니는 쌍둥이 형제처럼 똑같이 인간을 구원하고 돌보기 위해 똑같은 임무를 띠고 이 세상에 왔으며 마치 똑같은 스승으로부터 똑같은 교육을 받은 교육자들처럼 인간들의 교육을 위해 거의 똑같은 가르침들로 가르칩니다. 앞에서 살펴본 것처럼 불경과 신약성경이 깨우침의 가르침에서 무려 70가지 이상이나 같기 때문에 얼핏 보면 마치 신약성경이 불경을 베낀 것처럼 보여집니다. 그러나 성경과 불경이 만들어진 배경과 과정을 자세히 추적해 보면 그 진상을 알게 됩니다.

대승불교는 인도에서 기원 전후로 해서 일어난 불교 개혁 운동으로 형성된 교단으로 북방불교라고 합니다. 대승불교는 소승경전을 대승경전화하면서 법화경, 반야경, 유마경, 화엄경, 무량수경 등의 대승경전(대승불교경전) 원전들이 만들어졌습니다. 대승경전 원본(원전)은 1~3세기 사이에 인도에서 산스크리트어로 쓰여졌으므로 신약성경 편집(50~120년) 시기보다는 1세기 정도 늦게 편집되었습니다. 이들 대승경전 원전은 3세기 전후에 나가르주나(150~250년경)에 의해 주석서(해설서, 주해)가 쓰여지며 대승불교가 확립되면서 대승불교는 융성하기 시작했습니다. 나가르주나는 불교 승려로 대승불교 교리의 확립자로 중국어로는 용수(龍樹)라고 부릅니다.

베다나 불경은 천지 우주만물의 원리와 인간 내면의 세계에 관한 지혜와 진리를 끊임없이 탐구하고 추구하는 종교경전으로 많은 철학사상을 내포하고 있기 때문에 세월이 지나갈수록 내용이 자유로이 개정 증보되어 왔습니다. 그리고 불경은 일반 사람들이 이해하기 매우 어렵기 때문에 인도를 벗어난 불교는 각 나라의 토속종교와 토속문화를 흡수 수용하면서 그 나라의 국민 속에 파고들면서 불교를 이해하기 쉽게 전파해야 했습니다. 그 때문에 각 나라에서 번역되어 만들어지는 불경은 똑같은 이름이라고 해도 나라에 따라 시대에 따라 지역에 따라 자연환경에 따라 접하는 국민문화에 따라 내용이 많이 달라졌습니다. 그래서 똑같은 이름의 법화경이라도 수십 년 후의 법화경과 수백 년 후의 법화경은 내용이 많이 다르며, 나라마다 법화경 내용도 다르고, 번역된 법화경도 처음 법화경 원전과는 많이 다르게 됩니다. 한문으로 번역된 한역법화경(묘법연화경)만 해도 3세기 중엽 이후 6번이나 번역되었는데, 현재는 286, 406, 601년에 번역된 한역 세 본만이 남아 전해집니다. 이들 세 한역법화경도 서로 많이 다르기 때문에 406년의 번역이 가장 널리 읽혀집니다. 그 후 이들은 다시 증보 번역되어 티베트역, 서역(西域), 몽고어역, 만주어역, 한글역(간경도감), 일본역으로 만들어졌습니다.

불경은 석가모니와 사제들과 현자(哲人)들의 말씀과 행적을 수록한 책입니다. 불경은 성경과는 달리 불경기자에 따라 수시로 내용적인 개정이 가능하므로 나라마다 다른 불경기자가 번역할 때마다 내용을 자유로이 삭제하거나 다른 내용을 첨가하거나 하므로 경전내용이 중복되는 예도 많고, 내용이 서로 다른 것도 많고, 내용이 같은 것도 있고 내용이 한쪽은 있는데, 다른 쪽은 없는 것도 있고, 종교사상을 탐구하기 위해서 아베스타, 베다, 성경의 내용이 첨가된 경우도 있고, 같은 경전 이름이라도 나라에 따라 시대에 따라 내용이 많이 다릅니다.

석가모니 사망 후 3백 년 후 석가모니 말씀이 구전경전으로 전해져 내려오다가 BC 235년경부터 교단 제일의 마하가섭을 우두머리로 하여 500여 명의 장로 비구가 모여 불경을 편찬하기 시작했습니다. 소승경전 원본은 BC 3~1세기경까지는 패엽(옛날 인도에서 불경을 새긴 다라수의 잎)에 기록되었습니다. 그 후로는 소승경전(BC 3세기~AD 1세기) 원본이래도 대승경전 기자들에 의해 매번 내용이 첨가되거나 삭제되거나 다르게 고쳐지거나 해서 대승경전화되었습니다. 그래서 똑같은 소승경전 이름을 가진 번역 소승경전이래도 소승경전 원본과는 내용이 매우 다릅니다. 그러므로 불경은 시대가 지남에 따라 지역이 바뀜에 따라 내용이나 분량도 많이 변화되어 왔습니다. 불경은 성경처럼 엄격히 정해진 필사 규칙이 없습니다. 그래서 소승 아함경도 대승경전에는 여러 가지 아함경류가 있습니다. 불경기자들에 비해 성경기자들이나 복사자들은 엄격한 필사 규칙에 의해 사소한 오류라도 함부로 고치거나 내용을 함부로 첨가하거나 내용을 함부로 삭제하지 못합니다. 왜냐하면 성경기자나 필사자들마다 함부로 조금씩 고치다 보면 나중에는 자연히 내용도 변하게 되기 때문입니다.

대장경은 부처님의 말씀을 엮은 경장(經藏)과 수행자들이 지켜야 할 계율을 적은 율장(律藏), 경장과 율장을 제자들이 논리적으로 정리한 연구 논서나 저서 등의 논장(論藏)의 경 · 율 · 론 삼장(三藏) 이외에도 각 나라의 수행자들의 말씀이나 행적, 신화, 설화, 우화, 지혜서 등도 포함되어 집대성되었으므로 여러 경전으로 장서(長書)로 만들어졌습니다. 불경기자들은 마치 힌두교의 '마하바라타'나 구약성서처럼 불경 사이사이에 흥미로운 신화, 설화, 우화 등의 이야기를 첨가하여 독자들의 흥미를 이끌면서 불교를 대중화시키려고 노력했습니다. 대장경은 경전들이 인도 이외의 지역으로 전달되어질 때 현지의 불교도들이 현지 실정에 맞게, 보다 쉽게 이해하도록 경전을 번역 분류하고 내용을 첨가하거나 삭제하거나 하면서 해설하여 엮은 책이기 때문에 나라마다 대장경의 내용도 많이 다릅니다.

예를 들어 인도의 남쪽으로 전달되어진 경전들과 인도의 북쪽으로 전달되어져 만들어진 대장경은 순서도 다르고 내용도 많이 다르고, 이쪽에 있는 내용이 저쪽에는 없는 경우가 흔합니다. 그래서 현재로서는 20세기에 만들어진 일본의 신수대장경이 내용 면에서 가장 체계적으로 잘 정리되었다 하여 불교 연구에 표준이 되고 있습니다.

대승불교 경전도 대부분 부처가 말한 것처럼 기록되어 있으나, 고증(考證)에 의하면 석가모니 부처가 직접 말한 것이 아니라 깨달음을 얻은 사제들의 말씀과 글이라고 합니다. 사제들의 말씀과 글은 곧 석가모니의 가르침을 전해 오며 탐구한 내용이므로, 석가모니의 직접적인 말씀(直說)은 아니지만 간접적인 말씀(眞說)인 것입니다. 대승불교는 부처님이 직접 말씀하신 것이 아니므로 불교가 아니라고 주장하는 사람들도 많지만, 대승불교 지지자들은 대승불교는 부처님의 가르침 속에 뿌리를 두고 있다고 합니다.

대장경은 경율론 삼장과 여러 고승의 논서와 현자들의 저서 등을 모은 총서입니다. 대장경의 원전은 산스크리트어(범어, 대승경전)와 팔리어(소승경전)로 된 두 종류가 있습니다. 오늘날 대장경 원전은 인도 본토에서의 불교의 천시로 대부분 소멸되어 완전한 형태로 남아 있지 않으나, 팔리어 원전과 주로 범어 원전으로부터 번역되어졌던 한역과 티베트역과 다시 이들로부터 번역된 몽고역, 만주역, 한국역, 일본역 등의 번역 대장경들은 대체로 완전한 형태로 현존하고 있습니다.

일반적으로 대장경은 크게 세 종류로 나뉩니다.

첫째는 경율론 삼장으로 구성되어 최초로 만들어진 '팔리어 삼장(소승경전)'이 있습니다. 남방불교의 팔리어 대장경에는 대승경전이 전혀 포함되어 있지 않으나 후대에 내려옴에 따라 부처 이외의 현자들의 여러 문헌들이 포함되어 5,000여 권으로 불어났습니다. 그러므로 소승경전과 대승경전은 같은 불경이지만 내용상으로는 많이 다릅니다.

둘째는 한문으로 번역된 '한역대장경(중국대장경)'이 있습니다. 한역대장경은 후한 시대 AD 4세기부터 원대에 이르는 약 1천 년 동안에 걸쳐 산스크리트 원전, 서역(西域)에서 번역된 경전들, 중국에서 번역된 경전, 중국 불교학자들의 논서나 저서들도 포함하여 편집한 것으로써, 대승 소승의 경율론과 주석서나 연구서 등이 모두 포함된 장서입니다. 중국에 불교가 전해진 것은 BC 65년이며, 불교가 들어오면서 대승경전인 산스크리트 경전을 번역하기 시작한 것은 4세기부터입니다.

4세기 중엽에 이르러서야 불교에 관한 서적들이 나타나기 시작했고, 350~1050년 사이에 경전의 번역과 편찬이 활발하게 진행되었습니다. 범어로 쓰여진 대승경전 원본은 서역을 경유하여 중국으로 전해져서 한문으로 번역되었으며, 이어서 티베트로 전하여져서 티베트어로 번역되었습니다. 최초의 한역대장경은 10년에 걸쳐(971~982) 송태조 983년에 13만 매의 판목에 새겨졌습니다.

그 후 중국, 한국, 일본 등지에서 이 한역대장경을 20여 회에 걸쳐 한문 글씨체까지 그대로 베낀 개판이 이루어졌고, 그때마다 증광(增廣)되었습니다. 우리나라 고려대장경(팔만대장경, 1236~1251)도 한역대장경을 글씨체까지 베낀 것입니다. 그러나 베끼면서도 많은 의문이 생기므로 서로 도움을 주고받기 때문에 대장경은 동아시아 여러 나라가 서로 영향을 주고받으며 만든 것이나 다름없는 동아시아 불교인의 공동작

품입니다. 그래서 팔만대장경에는 불교법문만 들어 있는 것이 아니라 한역대장경에 들어 있는 당나라 때 공인된 아시아 지역의 기독교인 경교(景教)의 내용도 담겨 있습니다.

팔만대장경에는 불교 경전뿐 아니라 성경 내용, 그리스철학, 노자, 공자 철학까지 들어 있습니다. 그래서 대장경은 당대 인류의 지식총서라 할 수 있습니다. 특히 베다나 불경은 지혜와 진리를 추구하고 탐구하는 철학적인 종교경전이므로, 자연히 다른 종교의 깨우침의 진리의 말씀이나 우주만물의 원리나 인간 내면의 세계에 관한 철학 내용도 불경 속에 들어가게 된 것입니다. 그 때문에 중국 한역대장경이나 티베트대장경이나 팔만대장경에 기독교의 경전 내용이 들어가 있으며, 20세기 일본에서 편찬된 '다이쇼신수대장경(大正新修大藏經)'에는 동방 기독교(경교) 문헌 3종이 들어가 있습니다.

셋째는 티베트어로 번역된 '티베트대장경'이 있습니다.

불교는 티베트에 7세기 전반에 들어가서 8세기부터 널리 퍼지기 시작했습니다. 8세기 후반 티송데첸 왕(742~797)이 불교를 국교로 정하고, 국가에서 번역청을 관리하고 산스크리트 경전과 중국 한역불경을 티베트어로 번역하면서 티베트경전이 만들어졌습니다. 불교는 중국과 중앙아시아와 발흐 지역과 인도 등의 여러 경로를 통해서 티베트로 전해졌기 때문에, 티베트에 전해진 불교에는 상이한 교리와 불교 외적인 개념들도 많이 섞여 있습니다. 교육 수준이 낮은 티베트인들은 어려운 불교 교리보다는 오히려 신비체험을 하는 수행을 더 좋아했기 때문에 티베트 불경에는 신비적이고 밀교적인 내용이 많이 들어갔습니다.

티베트 불교는 베다종교(원시힌두교), 소승불교, 대승불교, 요가, 탄트라, 경교, 티베트 민속 종교인 본교(샤마니즘), 밀교(비밀불교) 등 고대 종교들의 혼합물입니다. '마리아에게는 하나님의 어머니라는 호칭을 붙일 수 없다'는 주장을 하여, 431년 에페소스 공의회에서 이단으로 선고되어 면직된 콘스탄티노플의 총주교 네스토리우스가 주창한 그리스도교의 일파인 네스토리우스파를 중국에서는 경교(景教, Nestorianism)라고 칭합니다. 경교(네스토리안 기독교)는 424년경부터 이집트, 팔레스타인, 시리아, 페르시아, 발흐, 인도로 전파되었고, 중국에는 635년(당 태종)에 전파되었습니다.

대승불교는 인도 전역으로 급속히 보급되었는데, 북서쪽으로는 그레코-박트리아 왕국이 있는 발흐(현재 아프가니스탄) 지역에서 특히 유행했습니다. 이곳은 그리스와 이란과 인도와 티베트와 중국이 융합하는 곳으로 새로운 불교학문과 불교문화가 형성되면서 대승불교 문화의 중심지가 되어 많은 수도원과 사찰, 도서관 등이 세워졌습니다. 이곳 발흐 지역은 조로아스터교(미트라교), 브라만교(힌두교), 네스토리안 기독교(경교), 대승불교가 발달하는 곳으로 종교학문의 연구지로 티베트인들은 처음으로 이곳에서 여러 종교들을 접하게 되었습니다. 인도 본토에서나 이곳 발흐 지역에서는 대승불교가 다른 종교들로부터 영향을 받도록 문호가 개방되어 있었습니다. 그 때문에 대승불교는 다른 종교들의 신앙교리도 자유로이 인용 응용할 수 있었기 때문에 티베트 대승경전 속에는 아베스타경전과 힌두교의 요가, 우파니샤드사상, 탄트라(밀교), 기독교의 신앙교리도 들어가게 된 것입니다.

7세기에 티베트에 전해진 불교는 토속종교인 본교와 융합되어 라마교를 성립시켰습니다. 티베트에서는 산스크리트어에 의거해서 만들어진 티베트어로 7세기부터 번역을 시작하여 9세기에 경전들 대부분을 출판하였고, 13세기에 이들을 모아 합하여 개판하여 티베트대장경이 한역대장경보다 약 300년 늦은 13세기에 처음으로 만들어졌습니다. 인도 본토에서는 불교가 쇠망하였기 때문에 인도 후기 불교의 불경과 논서들은 대부분 사라졌으나 티베트역은 거의 그대로 남아 있으므로 티베트대장경은 불교 연구에 귀중한 자료를 제공해 주고 있습니다.

티베트어는 산스크리트어에 의거하여 만들어졌으므로 티베트역은 충실한 직역이기 때문에 티베트역으로부터 사라진 인도 불교의 산스크리트어 원전인 대승경전 원본을 복원시킬 수 있으므로 역사적 문헌으로 매우 중요한 자료가 됩니다. 티베트대장경 대부분은 초기 한역대장경 이후에 만들어졌습니다.

마태복음(50~90년), 마가복음(67~90), 누가복음(58~90), 요한계시록(80~96), 요한복음(90~100), 로마서(57년경), 히브리서(80년경), 야고보서(62년경), 베드로후서(66년경), 유다서(120년경) 등이 쓰여졌으므로 신약성경은 대체로 50~120년 사이에 쓰여졌습니다.

아베스타경전은 BC 7세기경에 쓰여졌고 베다경전은 BC 3~1세기(우파니샤드만 AD 200년까지)에, 구약성경은 BC 4세기~AD 90년에, 소승경전은 BC 3세기~AD 1세기에, 신약성경은 AD 50~120년에, 대승경전 원본은 AD 1~3세기에, 번역대승경전은 AD 4세기 이후에 쓰여졌습니다. 그 때문에 아베스타는 베다와 구약성경과 소승경전에 영향을 주었고 베다와 구약성경과 소승경전은 대승경전과 신약성경에 영향을 주었고, 번역대승경전이나 코란은 신약성경과 대승경전을 포함하여 기존의 모든 경전의 영향을 받았습니다. 대승경전 원본들은 1~3세기 산스크리트어(범어)로 쓰여졌으나 북방아시아 북방불교에서는 번역경전이 필요하므로 대승경전 한역 번역본들이 4세기부터 10세기경 사이에 많이 만들어져서 최초의 한역대장경이 971~982년에 만들어졌습니다.

앞에서 하늘에서 내려온 두 성자를 비교한 붓다와 예수 이야기는 불경 본생경, 불소행찬(376~449 번역), 현우경(445년 번역), 과거현재인과경

(444~453번역) 등과 신약성경을 비교한 것인데, 여기의 본생경은 번역 대장경에 들어 있는 번역 본생경으로 소승경전 본생경 원본과는 내용도 많이 다르고 쓰여진 것도 대승경전 번역본들이 만들어지던 4세기 이후의 번역 본생경을 말하는 것입니다. 그 때문에 여기에서 비교된 소승경전은 이름만 소승경전이지, 실제로는 신약성경보다 훨씬 뒤에 쓰여진 번역 소승경전입니다. 그러므로 성경과 불경에 유사한 구절(내용)이 있는 이유는 번역 대승경전 기자들이 신약성경을 인용 응용했기 때문입니다.

대승불교인 북방불교는 대승경전 원본을 번역하면서 불교도들이 다른 종교들처럼 신을 원하자 스승인 석가모니를 예수처럼 신으로 신격화시키면서 예수의 말씀과 행적을 탐구하면서 인용하다보니 예수에 대한 기록이 유사하게 석가에 대한 기록으로 인용 응용되어 대승경전 속에 들어가게 된 것입니다. 그러자 근대 현대의 종교학 학자들이 불경과 성경을 비교해 보니 유사한 내용들이 많이 들어 있는 것을 발견하게 되었고, 이어서 그 사실을 책으로 편찬하여 세상에 알리게 된 것입니다.

어떤 번역 불경들은 시대적으로 보아 신약성경의 몇 구절씩을 베낀 듯이 보입니다. 앞에서 불경과 신약성경의 유사점을 비교한 번역 불경들을 살펴보면, 불소행찬(376~449), 달마대사와 혜가대사의 일화(520년경), 과거현재인과경(444~453), 잡아함경(1011~1251), 백유경(492), 원각형(650), 반야경(401), 유마경(401), 대반열반경(414~421), 법화경(286~601), 화엄경(359~429), 팔만대장경(1011~1251), 신수대장경(1912~1925), 대반야경(660~663) 등은 신약성경보다 훨씬 뒤에 만들어졌으므로 번역 대승경전 기자들이 신약성경 구절을 인용 응용한 것이 명백합니다.

한 예로 백유경은 수행자들이 쉽게 이해하도록 98가지의 우화로 만들어진 비유 경전입니다. 백유경은 인도의 승려 상가세나(460년경)의 저술로 알려진 '샤타바다 나스트라'를 그의 제자인 구나브리티가 492년에 한역으로 붙인 이름입니다. 그러므로 백유경과 신약성경 사이에 유사한 구절이 있는 것은 백유경의 저자 상가세나가 신약성경 구절을 인용한 것이 분명합니다. 대장경은 여러 경전으로 되어 있으므로 한 경전 속에 유사한 내용이 한두 구절씩만 있더라도, 전체적으로 성경과 불경을 비교해 보면 마치 번역 대승경전이 신약성경을 베낀 것같이 느껴지는 것입니다.

번역 대승경전과 신약성경에 유사한 구절이 들어 있는 이유는, 첫째로 신약성경(50~120년)보다 훨씬 나중에 만들어진 번역 대승경전(4세기 이후) 기자들이 신약성경을 유사하게 인용했기 때문이고, 둘째로 번역 대승경전 기자들이 석가를 예수처럼 신격화시키기 위해서 예수의 탄생, 행적, 복음을 석가의 탄생, 행적, 복음으로 유사하게 인용했기 때문입니다. 그리고 불경과 성경에 유사한 신앙사상이나 교훈들이 들어 있는 이유는 첫째로 기독교 사제들이 아베스타경전과 베다경전을 탐구해서 중요한 신앙사상과 교훈들을 성경에 인용 응용했고, 불경은 베다경전을 거의 대부분 그대로 답습하다시피 했기 때문에 영지주의, 인과법칙(인과응보), 평등사상, 윤회설, 교훈 등 두 경전 속에는 자연히 유사한 신앙사상과 교훈들이 들어가게 된 것이고, 둘째로 예수님이 견문을 넓히기 위해 인도유학을 하면서 아베스타경전, 베다경전, 소승경전, 구약성경 등을 탐독 탐구하고 후에 이들 경전들 속에 들어 있는 신앙사상이나 가르침들을 인용 참작하면서 설교를 하셨는데, 후에 설교 내용을 사제들이나 성경기자들이 신약성경에 기록했기 때문에 신약성경 속에는 자연히 베다경전과 불경과 유사한 신앙사상이나 교훈들이 들어가게 된 것으로 추정됩니다.

3. 견문을 넓히기 위한 예수님의 인도유학

예수님이 히말라야 티베트에 있는 히미스(Himis, 헤미스) 사원에서 불교를 수행하고 불교 수행자로 이사대사가 되어 돌아왔다는 것을 결정적으로 증명하는 것은, 예수님이 두 강도와 함께 십자가에 못 박혀 최후의 말씀으로 하신 말씀이 브라만교어(불교어)인 범어이기 때문이라고 합니다. 범어(梵語, 산스크리트어)는 고대 인도의 브라만교(바라문교)의 거룩한 성전어(聖典語)였으므로 인도의 많은 언어들 중 표준어였습니다.

> 제 구 시에 예수께서 크게 소리지르시되 엘리 엘리 라마 사박다니 하시니 이를 번역하면 나의 하나님, 나의 하나님 어찌하여 나를 버리셨나이까 하는 뜻이라. 곁에 섰던 자 중 어떤 이들이 듣고 가로되 보라 엘리야를 부른다 하고.
> [막 15:34~35, 마 27:46~47]

이 말씀을 들은 로마병사들이나 제사장들이나 서기관들이나 제자들이나 관중들은 무슨 뜻인지 전혀 몰랐습니다. '엘리 엘리 라마 사박다니(Eli Eli Lama Sabachthani)'는 실지로는 '엘리 엘리 라마 삼약 삼보리(Eli Eli Lama Sammach Sam Bori)'라는 다라니(Dharani=주문)가 잘못 전해진 것으로 밝혀졌습니다. 예수님이 히미스 사원에서 배운 산스크리트어(범어)로 '어서 어서 고통을 벗어나 피안의 세계로 가게 하소서'라는 라마불교(티베트 불교)의 주문을 마지막으로 염불하신 것이라고 합니다.

'나의 하나님, 나의 하나님 어찌하여 나를 버리셨나이까'라는 번역은 보통 일반 사람이 죽어가면서 하는 말이지, 하나님의 아들인 예수님이 죽어가며 하는 말로는 얼토당토하지 않은 말입니다. 예수님은 죽으면 다시 예수님이 계셨던 천국으로 되돌아갈 것을 분명히 아시기 때문에 죽음을 조금도 두려워하거나 실망하거나 원망해서는 안 됩니다. 예수님이 가신 후에 제자들이 신약성경에 예수님 말씀을 기록할 때까지도, 마지막 말씀을 전혀 이해하지 못해 잘못 번역되어 잘못 기록되어 오늘날까지 잘못 전해지고 있다고 합니다. 이 구절이 지금은 없어진 언어인 아람어라고 주장하는 설도 있는데, 만일 아람어였다면 그 당시에 아람어는 통상언어였기 때문에 아람어를 알아듣는 관중들이나 제자들이 많이 있었을 것이므로 제자들이나 관중 모두가 전혀 다른 뜻으로 잘못 알아듣지는 않았을 것입니다.

아람어(Aram 語)는 셈 어족 북서 셈 어파에 속한 언어로 BC 8세기 이후 국제통상용어 및 외교용어로 고대 중동 지역(서아시아)에서부터 아프가니스탄까지 쓰였습니다. 그 당시 아람어가 이스라엘에서도 통상언어로 쓰였기 때문에 유대인 성직자들은 어려운 히브리경전을 쉬운 아람어로 설교하고, 탈굼이라는 아람어 번역본이 나왔던 것으로 보아 그 당시 유대인들은 아람어를 잘 알아들었습니다.

예수님이 숨을 거두시면서 하신 말씀을 주위 사람들이나 제자들이 한 사람도 전혀 이해하지 못했다는 것은 이 구절이 그 지역에서 통상언어로 쓰이던 아람어가 아니라, 그 지역 사람들이 전혀 알아들을 수 없는 브라만교어(불교어)인 산스크리트어였기 때문입니다. 예수님이 다른 사람들이 알아듣지 못하게 자신만이 아는 범어로 말씀하신 것입니다. 이 범어 말씀 구절은 곧 예수님이 인도유학을 했다는 명백한 증거가 됩니다.

예수가 인도에서 유학생활을 했으며 불교의 고승이 되었다는 놀라운 사실이 러시아의 역사가이며 고전학자인 니콜라스 알렉산드로비치 노토비치(Nicholas Alexandrovitch Notovitch)가 페테스부억 신문사의 특파원으로 인도와 티베트 지방의 여러 사원을 1887년에 여행하면서 둘러보다가 카시미르에 있는 라닥 지방의 히미스(Himis) 사원에서 라마승이 전해 준 '인도에서의 예수의 생애'를 기록한 두 권의 기록서(신들의 장소)의 연구를 통해 알려지게 되었습니다. 니콜라스 노도비치는 디베트어로 기록된 예수에 관한 기록을 1894년 불어판으로 『알려지지 않은 예수의 생애』로 출판함으로써 세계를 깜짝 놀라게 했습니다.

성경에는 예수가 12살 때에는 회당에 있었다고 기록하고, 서른 살 무렵에는 성령의 충만함으로 요단강에서 돌아와서 회당에서 복음을 전하면서 사람들한테 칭송을 받은 것으로 기록되어 있습니다. 흔히 예수의 '잃어버린 생애'라고 불리우는 이 17년 동안(13세부터 29세까지)의 행적에 대해서는 전혀 언급이 없습니다.

아기 예수가 태어날 때 동방박사 세 사람이 찾아오고 성전에서 유대교 제사장들을 놀라게 하는 놀라운 총명함을 가진 어린 예수가 비범한 기질을 나타내기 시작할 무렵인 13세부터 29세까지의 행적이 성경에 전혀 기록되지 않은 반면, 갑자기 30세부터 성령의 충만함으로 복음을 전하는 행적이 성경에 낱낱이 기록되어 있는 것은 정말로 기이한 일입니다. 이는 분명히 무슨 피치 못할 사연이 있었음이 분명합니다. 그러나 불교 쪽이나 아랍 쪽 기록에는 예수인 이사(Issa) 대사의 기록이 오늘날까지 전해 내려옵니다.

우리나라에서 번역 출간된 독일 홀거 케르스텐의 『인도에서 예수의 생애』, 엘리자베스 C.프로펫트의 『예수의 잃어버린 세월』, 민희식 교수의 『법화경과 신약성서』, 리바이 도우링 목사의 『보병궁 복음서(成約

聖書)』, 니콜라스 노토비치의 『알려지지 않은 예수의 생애』 등에는 예수의 잃어버린 17년에 대하여 자세히 기술하고 있습니다.

예수님이 인도유학을 한 줄거리 내용입니다.

예수는 13세 때 유태법에 따라 가장권을 갖고 결혼을 해야 할 입장에 놓이게 됩니다. 당시 소년들 가운데서 가장 총명하고 장래가 있어 보이는 예수를 사위로 삼고 싶어 하는 부호들의 끈질긴 결혼 요구가 있자, 그는 결혼하여 속세에 빠지기보다는 자신의 이상을 실현시키기 위해서 더 많은 공부를 하기 원합니다.

그러던 차에 인도 오릿사주의 왕족인 라반나라는 사람이 브라만 승려들을 이끌고 서쪽으로 지혜와 학문을 구하고 견문을 넓히러 왔을 때, 우연히 유대인의 제례(祭禮)에 참석하게 되었으며, 도중에 성전에서 율법학자들과 토론을 벌이고 있던 어린 예수를 보게 됩니다. 라반나는 예수의 총명함에 놀라 제사장 힐렐에게 그에 대한 이야기를 듣고 그가 사는 나사렛 마을로 찾아가서 브라만의 지혜를 배우러 가지 않겠느냐고 인도유학을 권합니다. 마침 13세의 예수는 학문을 더 배우고 탐구하기를 열망하고 있던 차에 양친도 쾌히 승낙하므로 일행을 따라 인도로 가서 쟈간나스(jagannath) 사원에 브라만 승려가 되어 4년 동안 아베스타경전과 베다경전을 공부합니다.

쟈간나스 사원의 광장을 걸으면서 절친한 친구 라마스가 "유대의 선생, 진리란 무엇이라 생각하오?"라고 물었을 때, 예수가 말합니다.

"진리는 변치 않는 유일한 것입니다. 이 세상에는 진리와 허위 두 가지가 있습니다. 진리란 있는 그대로의 것이고, 허위란 있는 것처럼 보이는 것이죠. 진리는 유(有)로, 원인은 없지만 일체의 것의 원인이 됩니다. 허위는 무(無)이면서 유(有)의 표현을 합니다. 이미 만들어진 것은 무엇이든지 없어지게 마련입니다. 시작된 것은 끝나야 합니다. 모든 눈에 보이는 것은 유의 표현이지만 본래는 무이므로 사라져 버려야 합니다. 성스러운 기(氣, 영)는 진리입니다. 기(영)는 과거, 현재, 미래에도 영원히 존재하는 것입니다. 그것은 변화될 수도 소멸될 수도 없는 것입니다."

예수는 친구 라마스와 함께 틈틈이 갠지스강 주변 마을의 노예와 농부들과 함께 기거하면서, 그들에게 틈틈이 인류는 한 동포이며 모든 사람은 평등하다는 것을 가르쳤습니다. 갠지스 강변의 마을 베나레스는 브라만교의 성지로서 그 당시에 문화와 학술이 이미 고도로 발달된 곳이었습니다. 예수는 인도의 의술(醫術)을 배우기 위해서 당시 인도 최고 의원이었던 우도라카의 제자로 입문합니다.

학식을 쌓고 견문을 넓히려 유학 온 예수를 가르치던 도승들도 예수의 총명함과 어진 품성과 성경을 설교할 때 우러나오는 신성함을 통해 예수를 깍듯이 존경했습니다. 그는 다른 인도 사람들보다 뛰어나게 총명하고 너그럽고 온화하고 평화로운 성격이었기 때문에 주위에 있는 모든 사람들이 그의 말씀을 듣기를 원했고 기꺼이 그를 따랐습니다. 그 당시 그는 상위 계급에 속하는 브라만과 크샤트리아 사람들이 카스트 신분제도로 낮은 계급에 속하는 천민의 인권을 빼앗는 것을 보고 분개했습니다. 그래서 예수는 '인간은 누구나 평등하다'라는 사상으로 틈틈이 설교하며 성경을 가르치기도 했습니다.

"아버지 하나님은 그의 아들들 사이에 차별을 두시지 않으시고 똑같이 사랑하신다"라고 만민평등을 주장하고 설교했습니다. 여기서 아들들은 하나님의 영으로 만들어진 모든 사람을 뜻합니다.

브라만(가장 높은 신분 계급인 승려 계급)교도들은 예수의 평등사상의 가르침이 4성 계급을 주장하는 브라만교의 '카스트 제도'라고 하는 신분

제도를 타파시킨다 하여 예수를 정죄하기에 이릅니다. 생명의 위협을 느낀 예수는 라마스 친구의 도움으로 죽음을 모면하고 네팔로 피신하게 되며, 그곳에서 성인 피자빠찌를 만납니다.

예수의 높고 오묘한 지혜를 인정한 불교도 '바라타 아라보'는 예수와 함께 유대의 시편, 모세오경, 예언시, 조로아스터교의 아베스타경전, 베다경전, 석가모니의 가르침(소승경전) 등을 열심히 탐독하고 탐구했습니다. 6년 후에 그는(이사, 예수) 구약성경을 완전히 설명(해석, 주해)할 수 있게 되었습니다. 그 후 예수는 성인 피자빠찌의 권유로 티베트로 가서, 밀교계의 고승이며 대성자인 멩그스테에게 찾아가서 제자가 됩니다. 여기 사원에 소장되어 있던 수많은 고전(古典)의 필사본을 멩그스테 성인의 도움을 받아가며 탐독합니다. 그리고 예수는 고승 멩그스테에게서 기적을 일으키는 비법과 심령치료 비법 등을 집중적으로 익힙니다. 스승은 예수에게 도술을 이기적으로 남용하지 말라고 주의를 주었습니다. 당시 인도에서 예수의 불교식 이름은 '이사(Issa)'였습니다.

불교의 고승인 '이사대사'가 되어 불교의 복음(물론 조로아스터교와 힌두교의 복음도 포함하여)을 전파하기 위해 24세 때 페르시아 대국을 여러 날 거쳐 지나면서 마침내 요단강을 건너 갈릴리로 돌아옵니다. 예수는 고향으로 돌아오는 길에 페르시아에서 24년 전 자신이 탄생할 때 찾아준 동방박사 3인의 마기교(조로아스터교의 분파)의 제사장이며 승녀인 홀, 룬, 메루를 찾아뵙습니다.

예수의 인도유학도 이들 동방박사들의 주선에 의한 것이라고 합니다. 집에 돌아온 예수는 어머니의 애정 어린 환대를 받지만 다른 가족들로부터는 환대를 받지 못합니다. 어머니 마리아와 여동생 미리암에게만 지난 날 구도의 과정에서 겪었던 사연 많은 이야기들을 들려줍니다.

그리고 얼마 되지 않아 예수는 다시 그리스 아테네로 건너가서 '아폴로'라고 하는 성자(성인)와 함께 교사들을 가르치며 헬라의 정신세계를 듣습니다. 25세가 된 예수는 이집트 조안에 있는 '헬리오폴리스(해의 도시)'로 가서 성자들의 모임인 형제단에 입회하여 활동합니다. 형제단 신전에서 6단계(성실, 공정, 신앙, 박애, 의열, 성애)의 시험을 진실과 용기로 극복하고 거룩한 스승의 제자가 되어 애굽 밀교의 비밀, 생사의 문제, 태양계와 우주의 비밀 등을 배웁니다. 그리고 사자의 방에서 일을 마친 뒤에 보랏빛 방에서 일곱 번째의 시험을 이겨내어 최고의 칭호인 '그리스도'라는 법명(法名)을 받습니다. 30세가 되어 학문과 의술과 도를 다 닦은 예수는 비로소 이스라엘 고향으로 돌아와 아베스타(조로아스터교), 베다(브라만교, 힌두교), 구약성경(유대교), 소승경전(소승불교)의 가르침과 하나님의 사랑의 가르침을 몸소 실천하며 하나님의 복음을 전파하면서 민중의 희망으로 부상하게 됩니다.

세계에는 예수님이 인도유학을 했다는 많은 책들이 출판되어 있습니다. 그리고 로마 교황청에는 예수님의 인도유학에 대한 63개 비밀 사본이 극비로 간직되어 있다는데, 이들도 하루속히 참 하나님과 인류를 위해 진실과 정의를 밝히기 위해 마땅히 공개되어져야만 할 것입니다. 예수의 13~33세까지의 기록은 현재도 이스라엘 국립박물관에 공개 보관 전시되어 있다고 합니다.

어린 예수가 하나님의 말씀인 구약성경과 구전되어 내려오는 하나님의 말씀을 이해하고 하나님의 복음을 전하기 위해서는 무엇보다도 견문을 넓히고 학문을 쌓아 천지 우주만물의 원리와 하나님의 진리를 터득하여야 하나님의 복음도 전할 수 있었기 때문에 인도유학을 하는 것이 그 당시에는 최선의 길이었습니다. 그래서 예수가 인도에 가서 아베스타경전, 베다경전, 소승경전을 탐구하고, 우주만물의 원리와 심령치료비법 등을 배우게 된 것입니다. 그 당시 예수가 자랄 때 이스라엘은 로마제국의 식민지로서 로마제국의 탄압으로 문헌도 빈약했고, 세금과 부역에 시달려야만 했으므로 조용하게 학문을 쌓고 탐구하고 견문을 넓힐 곳이 없었습니다. 더욱이 집에 있으면 아버지의 목수일을 거들어야 했기 때문에 성인으로 자라기 위해서는 인도유학이 불가피했던 것입니다.

그 당시 브라만교(힌두교)와 소승불교와 유대교는 같은 아리안족 동족의 종교로 새로 생긴 지 서로 얼마 되지 않아 종교적 형제관계로 서로 친선교류를 통해 서로 신앙사상을 탐구 발전시키던 시대로 서로 유학의 길을 권하고 알선해 주던 시대였습니다. 중국 현장(玄奘)이 서역 발흐 지역에서 16년간에 걸친 구법여행(求法旅行, 견문여행) 을 한 후에 대당서역기(大唐西域記)를 저술한 점이나, 고대 우리나라 현자들이나 승려들이 여러 해 동안 중국유학을 하며 견문을 넓히던 것처럼 예수도 견문을 넓히려 인도유학을 했을 가능성이 많은 것입니다.

예수가 인도유학을 했다는 것은 곧 교육을 받는 예수는 신성이 없이 인성만을 지닌 것을 나타내므로 예수를 신의 아들로 추앙하는데 큰 방해 요소가 되므로 신약성경에서 예수의 젊은 유학시절이 몽땅 빠지게 된 것입니다. 왜냐하면 하나님의 아들로 신성이 강한 신이면 배우지 않아도 성령이 깨우쳐 주므로 교육을 받을 필요가 없기 때문이며, 일단 교육을 받을 정도이면 강한 신성을 지니지 못한 인성만을 지닌 인간으로 보았기 때문입니다.

그러나 너희가 그분께로부터 받은 기름(성령, 영) 부음이 너희 안에 거하나니, 아무도 너희를 가르칠 필요가 없고 오히려 그 동일한 기름부음이 너희에게 모든 것을 가르치며, 또 그 기름부음은 진리요 거짓말이 아니니, 너희를 가르

친 그대로 너희는 그분 안에 거할지니라. [요일2:27]

그러나 예수님은 인간의 몸을 빌려 인간으로 태어나셨으므로 인간의 뇌세포 시스템을 지니고 인간의 뇌세포 메커니즘으로 작동되어 생각하시기 때문에 예수님 뇌세포 속에 있는 영의 능력도 인간의 뇌세포 시스템과 메커니즘에서 우러나오는 능력밖에 없어 인간에 맞는 지적능력밖에 없으므로 성현이 되기 위해서는 훌륭한 많은 스승들로부터 수준 높은 교육을 많이 받고 연마해야만 했던 것입니다. 전혀 교육을 받지 않고서는 진리의 말씀이 마음속에서 도저히 자연히 우러나올 수는 없는 일이며, 많은 신통술로 많은 병자를 고칠 수도 없는 일입니다.

뇌세포 속에 있는 영들은 정보와 에너지를 지니고 다루는 영적인 존재들인데 배우지 않아 지식이 없으면 영이 충분한 정보를 기억세포에 지니고 있지 않으므로, 지혜와 진리의 말씀을 도저히 생각해 만들어낼 수 없는 것입니다. 예를 들어, 예수님은 귀신 이야기는 가끔 하셨어도 그 당시에 전혀 모르거나 없었던 미생물, 세포, 원자, 분자, 만유인력, 전화, 텔레비전, 컴퓨터, 자동차, 비행기 등의 이야기는 한 마디도 하시지 않은 것을 보더라도 배우지 않으면 기억정보가 없기 때문에 모르는 것이 당연합니다. 하나님의 영이 뇌 속에서 말할 것을 알려주는 것도 뇌 속에 있는 하나님의 영이 어느 정도는 기본교육을 받아 기본 지식정보를 기억정보로 저장하고 있어야 합니다.

4. 예수님이 인도유학을 했다는 결정적인 증거들

(1) 예수님의 무행적

예수님을 아랍 서적에는 그리스도, 불교 서적에는 '이사대사'로 자세한 활동기록이 있는데 비해, 성경에는 17년(13세부터 29세까지) 간의 예수님의 행적이 전혀 없다는 점.

(2) 예수님의 설교 내용

예수님 말씀 중에는 예수님이 인도유학을 하면서 탐독 탐구한 아베스타경전, 베다경전, 소승경전 속에 들어 있는 천지 우주만물의 원리, 인간 내면의 세계, 평등사상, 윤회설, 인과법칙, 영지주의 사상 등이 유난히 강하게 많이 들어 있다는 점.

(3) 예수님의 마지막 말씀

예수님이 돌아가시면서 비명처럼 부르짖은 '엘리 엘리 라마 사박다니' 구절을 주위 사람들이 전혀 알아듣지 못했던 이유는 그 언어가 브라만교어인 범어(梵語, 산스크리트어, 브라만교, 힌두교, 불교의 경전어)였다는 점.

(4) 예수님의 도술

예수님의 설교 내용, 병을 고치는 의술, 기적을 일으키는 비법 등 학식과 의술과 도술이 스스로 익히고 도야된 수준이 아니라, 이름난 고승들로부터 오랫동안 배우고 연마한 수준 높은 차원이라는 점.

(5) 도마 복음서

예수의 제자 도마(Thomas)가 쓴 도마 복음서(토마스복음서)는 예수님의 말씀만을 그대로 기록한 '예수의 어록'으로써 114개 항목(구)으로 되어 있습니다. 예수님이 인도유학 후 설교하실 때 아베스타, 베다, 소승경전의 진리와 교훈들과 신앙사상을 많이 인용하셨는데, 그 내용을 도마가 그대로 기록한 것이 도마 복음서입니다. 신약 편집 당시 유감스럽게도 동로마제국의 영지주의 말살정책으로 도마 복음서가 신약성경에 들어가지 못했지만 도마 복음서는 복음서 중에서 영지주의 사상을 가장 잘 나타내고 있는 참 복음서입니다.

> 하나님의 나라는 하늘에 있는 것이 아니다 그것은 잘못이다. 만일 너희들을 이끄는 지도자들이 하나님의 나라가 하늘에 있다고 한다면 공중의 새가 너희들 보다 먼저 하느님 나라에 갈 것이다. 만일 그들이 아버지의 나라가 바다 속에 있다고 말한다면 물고기가 너희들 보다 하느님 나라에 먼저 갈 것이다. 그러나 하느님 나라는 너희들 속에 있다. 동시에 너희들 밖에 있다. 너희들이 너희들 자신을 알 때 너희는 알려지게 되고 너희들은 아버지인 하느님의 아들이 너희들 자신임을 알게 될 것이다. 그러나 너희들이 너희들 자신에 대해서 모른다면 너희들은 빈곤(무지함) 가운데 사는 것이며 빈곤은 너희들 자신이니라. [토마스3]

나(예수)는 모든 것을 비추는 빛이요. 나는 모든 것(영, 신, 신성함, 영기)이다. 모든 것이 나에게서 나오고, 모든 것이 나에게 이르느니라. 나무 조각을 갈라 보라. 내가 그곳에 있다. 돌을 들어 보라. 너희가 나를 거기에서 보리라. [토마스77]

"천국은 지켜본다고 오는 것이 아니다. 천국이 볼 수 있게 임하는 것이 아니며, 또 여기에 있다 저기에 있다 말할 수도 없는 것이다. 다만 아버지의 왕국(천국)은 땅에 널리 퍼져 있는데 사람들이 보지 못할 뿐이다." [토마스 113]

예수님 말씀 중에 '하느님 나라는 너희들 속에 있고 동시에 밖에 있다'라는 말이나 '나는 빛이며 모든 것이며, 모든 것이 나에게서 나오며, 나는 나무나 돌 속에도 있다'라는 만유내재신론(萬有內在神論)의 표현은 수메르-엘람 원시종교의 정령신앙, 조로아스터교의 영지주의 사상, 브라만교(힌두교)의 범아일여(梵我一如)사상, 불교의 불성내재론(佛性內在論)과 똑같은 것입니다. 이는 예수님이 인도유학을 하면서 특히 아베스타경전과 베다경전의 영지주의 사상을 철저히 공부하셨다는 것을 증거하는 것입니다. 왜냐하면 구약성경에는 이와 같은 진한 영지주의 사상이 들어 있지 않고, 이스라엘 어디에서도 이러한 진한 영지주의 사상을 배울 수 없었기 때문입니다.

(6) 도마의 전도

예수님이 밤에 나타나셔서 몸이 약한 사도 도마가 가기 싫어하는 인도로 인도 상인에게 팔아넘겨 가면서까지 억지로 도마를 인도로 보내셔서 도마가 그곳에서 복음을 전하게 하신 것도 예수님이 인도에 유난히 애착을 많이 가지셨기 때문일 것입니다. 예수님이 몸이 약한 사도 도마에게

무리하게 먼 인도까지 가서 복음을 반드시 전하게 하신 데는 인도는 약초 등으로 자연치료법의 의술(한의학)이 고도로 발달된 지역으로, 도마의 건강도 좋아질 겸, 그리고 자신이 인도에서 견문을 넓히고 학문을 쌓은 것에 대한 보답으로 자신의 복음을 꼭 전하고 싶었기 때문일 것입니다.

(7) 예수님의 유학 흔적

지금도 인도 갠지스강 유역, 파키스탄, 티베트, 네팔, 부탄 등 히말라야를 인접하고 있는 지역의 힌두교, 불교 신자들은 성경의 예수를 이사라고 부르며, 예수는 인도유학을 했으며 인도와 티베트 등 많은 도시와 히말라야에 다녀갔다는 소문을 예부터 들어와서 이미 알고 있다고 합니다. 이는 전해 내려오는 소문이지만 역사적인 사실 이야기라고 합니다. 지금도 그곳 상점 간판에는 이사의 이름들이 더러 있습니다. 이렇게 전통적으로 내려오는 예수에 대한 소문들은 인도에서 유학하고 다녀간 이스라엘인 이사가 다른 사람이 아닌 성경의 예수였음을 명백히 증거합니다. 코란에서도 예수를 '이사 이븐 마리암(Isa ibn Maryam)'으로 기록하고 있는데, 그 의미는 '마리아의 아들 예수'라는 뜻으로 모슬렘들도 예수를 '이사'라고 칭하고 있습니다.

독일 신학자 홀거 케르스텐에 따르면, 게송(불교찬송가) 17~32절에는 예수가 라다크(카시미르 동부 지역)에 도착함을 기술하고 있고, 성인 이사(예수)를 위한 사원이 인도의 카시미르 주에 있다고 합니다. 이 사원의 성직자들은 예수가 2,000년 전에 여행 와서 카시미르에서 살았다는 것을 목격한 21개 이상의 역사적 문헌들이 존재한다고 합니다. 예수님이 인도유학 후 페르시아 대국을 여러 날 거쳐 귀국하실 때 페르시아 여러 지방을 거치시며 많은 병자들을 고쳐주시면서 설교를 하셨다고 합니다. 페르시아에서는 예수님을 유즈 아사프(Yuz Asaf)라고 불렀으며, 이 뜻은 '병을 고치는 지도자'라고 합니다. 페르시아 동부, 가즈니(Gazni, 현 아프가니스탄)라는 곳에 있는 평야의 이름이 유즈 아사프인 것만 보아도 예수님이 다녀가신 흔적을 엿볼 수 있습니다.

(8) 예수님이 독신이었던 이유

우리나라도 구한말까지는 남자가 13세가 되면 4~5세 정도 나이가 더 많은 여자와 결혼시키는 풍습이 있었습니다. 예수님 시대에도 유태법에 따르면 남자가 13세가 되면 결혼을 하여 가장권을 갖도록 규정하고 있었습니다. 그 당시 결혼을 안 하고 학문과 도를 닦는 방법은 승려가 되는 길밖에 없었습니다. 아베스타, 베다, 구약성경, 소승경전을 공부하며 우주 천지 원리를 터득하면서 이사대사의 고승이 되었기 때문에 결혼과는 거리가 멀었던 것입니다.

만일 예수님이 13세부터 29세까지 이스라엘에 머물러 있었다면 가족과 친척과 친구의 권유 때문에 그리고 젊은 정욕 때문에 그리고 유태법 때문에 결혼을 안 하고는 버티지 못했을 것입니다. 그리고 그 당시에는 아버지의 직업을 이어받는 것이 전통이기 때문에 예수님이 집에 머물러 있었다면 아버지 목수 일을 도와 목수로서 활동하게 되었으므로 30세에 성현으로서의 학문과 의술, 기적을 일으키는 신통술 같은 능력을 도저히 지닐 수 없었을 것이고, 또한 30세에 갑자기 복음을 전할 수도 없었을 것입니다.

예수님이 인도유학을 통하여 아베스타, 베다, 소승경전, 구약성경을 탐독 탐구하고 참선의 도를 닦고 기적을 일으키는 비법과 심통술, 의술,

심령치료법 등을 배웠다는 것은 세상 진리를 많이 깨우치고 학문을 많이 쌓고 견문을 많이 넓힌 것으로, 예수님의 지성과 품성과 신성함을 더하는 것입니다. 예수님의 인도유학이 동로마인들이 생각하는 것처럼 기독교적으로 조금도 해가 갈 이유가 전혀 없으며 오히려 안 배워 무지한 것보다 배워서 학문을 넓혀 성현의 자질을 키우는 것이 하나님의 진리를 이해하고 복음을 전하기 위해서도 백 번 잘하는 일입니다.

그리고 불경과 성경이 서로 같은 내용의 가르침과 덕목의 말씀들로 되어 있는 것이 기독교적으로 단점이 되고 예수님 신분에 해가 될 하등의 이유도 없는 것입니다. 같은 아리안족들끼리 또는 전 인류가 합심해서 힘닿는 대로 서로 도움을 주고받으면서 공동의 힘으로 하나님의 뜻(의도)과 진리를 찾아내어 탐구하고 하나님 뜻대로 순종하며 살아가는 것이 가장 바람직한 신앙의 길입니다. 예수님이 성육화하셔서 지상으로 내려오신 이유는 하나님과 인간을 중재하시고 인간의 삶을 체험하고 대속으로 인간을 구원하기 위한 것이지 신의 아들로 신의 능력을 지니고 신의 삶을 보내며 신적인 숭배를 받기 위함이 아닌 것입니다.

신앙은 신을 믿고 숭배하는 것으로 종교 사이에 같은 신앙을 가질 수도 있고 좋은 신앙은 서로 권유할 수도 있는 것입니다. 나만 내 교회만 내 종교만 하나님의 신앙과 사랑을 모두 독차지하려는 생각은 잘못된 신앙입니다. 이러한 신앙은 자아주의적이고 이기주의적인 신앙으로 하나님이 가장 싫어하시는 신앙입니다.

보이지 않는 끝없이 멀고 넓은 하늘에는 온도가 적당해서 살기 좋은 아름다운 천국 혹성들도 무수히 많이 있기 때문에 우리가 하나님의 신앙과 사랑을 독점하려고 할 필요와 이유가 전혀 없는 것입니다. 왜냐하면 회개하며 선하게 산 자는 누구나 구원을 받기 때문입니다.

'광에서 인심난다'고 하나님의 가득 채워진 아름다운 광(낙원, 지구혹성)들은 너무나 많이 있기 때문에 하나님은 조금도 인색하고 박하실 필요와 이유가 전혀 없으신 것입니다. 관중이 많을수록 잔치와 경기가 더 흥미진진해지는 것처럼 나눠줄 관중이 많을수록 하나님은 더 기쁘신 것입니다. 아무리 아름다운 낙원과 금은보화가 무수히 많이 있더라도 나눠줄 관중과 즐길 관중이 적거나 없으면 아무 소용이 없는 법입니다. 그러므로 하나님은 만물에게 나눠주시는 기쁨과 돌보시는 즐거움과 다정다감한 감정을 나누시는 교제의 낙으로 살아가실 것입니다.

5. 영지주의

영지주의(靈知主義)는 하나님의 신비스러운 영(신, 신성, 성령)을 아는 것입니다. 영지주의는 엘람-수메르 원시토속종교의 원시신앙인 정령신앙(animism, 만물 속에도 영과 생명이 거하며 영의 다스림으로 만물이 작용된다고 믿는 신앙)을 시작으로 해서 조로아스터교의 태극음양이원론으로 영지주의 사상이 뿌리를 내렸고, 이어서 영지주의 사상은 브라만교(힌두교)의 범아일여 사상, 불교의 불성내재론, 기독교의 만유내재신론을 탄생시켰습니다. 영지주의자들은 하나님의 영으로 만물은 만들어지고 영으로 다스려지고 작동되고 변화해 가므로 만물 속에는 하나님의 영이 거하고 있다는 영지주의 사상을 믿었습니다. 하나님의 영으로 모양만 바뀌어 만물이 만들어지고 변화해 간다고 믿었습니다. 인간의 혼이나 영혼도 하나님의 영으로 만들어지기 때문에 육체만 갈아입을 뿐 영원히 윤회(순환)를 한다고 믿었습니다.

이러한 참 영지주의 사상을 철저히 믿은 종교는 조로아스터교, 브라만교(힌두교), 불교였습니다. 후에 예수님과 유대교, 기독교, 이슬람교도 믿었습니다. 영지주의 사상은 크게 세 부류로 조로아스터교(참 영지주의), 정통 기독교(대속 영지주의), 그노시스파(혼합 영지주의)로 나누어 생각할 수 있습니다. 헬레니즘 시대(BC 330~30) 1세기부터 2세기까지에 유행했던 그노시스파(Gnosticism, 신비한 영의 지식을 깨닫는 파)는 유대교, 기독교, 그리스, 이집트의 다양한 철학과 사상이 혼합되어 만들어졌기 때문에 조로아스터교의 참 영지주의 사상과는 매우 다르고, 정통 기독교와도 상당한 차이를 보여 기독교 이단파라고 비난을 받았습니다. 그노시스파는 선의 근원을 정신적인 영적인 것으로 보았고, 악의 근원을 물질적인 것으로 보았기 때문에 인간의 선한 영혼이 죄악으로 물든 육체에 갇혀 있다고 생각했습니다. 그래서 신비한 영을 깨달으면 영혼(영)이 육체의 탐욕을 벗어나 선행을 하게 되어 구원을 얻을 수 있다는 믿음이 그노시스파의 구원관입니다. 그러나 정신이나 물질도 모두 음양의 영(정보+에너지)으로 만들어져 음양의 영으로 작동되기 때문에 물질을 무조건 악의 근원으로 보는 것은 잘못된 신앙입니다. 정통 기독교는 그리스도가 성육신하여 대속으로 인간을 구원한다고 믿는데 반해 그노시스파는 육체 자체는 악한 것이기 때문에 그리스도가 성육신했다는 것은 이치에 맞지 않는다고 주장했습니다. 기독교-그노시스파가 예수님의 신성을 부정하자 로마 가톨릭은 기독교 이단파인 그노시스파를 말살하게 됩니다.

로마 가톨릭교회가 로마제국의 국교로 되면서 기독교-그노시스파의 대표적인 철학자 발렌티누스가 있었던 이집트의 알렉산드리아 도서관(고대 최대의 도서관)이 파괴되는 등 4세기에 가톨릭교회의 탄압으로 영지주의 문헌들이 거의 사라지면서 영지주의 세력이 많이 위축되었습니다. 그 후 1945년 이집트 나그함마디에서 나그함마디 문서(영지주의 성서)가 발견되어 읽혀지면서 20세기 후반부터 영지주의 꽃이 다시 싱싱하게 피어오르고 있습니다. 콘스탄틴 황제는 기독교의 후원자이며 개혁자로 기독교에 보기 드물게 큰 공헌을 한 인물이지만 영지주의 이단파를 탄압하고 말살하면서 참 영지주의 사상도 덩달아 말살한 것은 너무나 큰 잘못을 한 것입니다. 왜냐하면 성령을 통해서만 하나님의 계시를 받을 수 있고, 인도함을 받을 수 있고, 하나님의 모든 면을 진실 그대로 이해할 수 있기 때문입니다.

(1) 조로아스터교의 영지주의(…BC 1800~600)

두 손 모아 기도 드립니다. 오 거룩한 주여, 만물 위에 계신 거룩한 영(신)이시여 바라오니 진리와 의를 통해 지혜의 빛과 깨끗한 양심을 허락하소서. 제가 창조의 영을 송축하나이다. [야스나 28~34장]

태초에 창조주가 성령(영)으로 만물을 창조하였도다. [야 44: 7]

우리의 생각, 소망, 말, 행위, 혼(영혼)은 하나가 아니고 같은 것이다. [야 45:2]
(영의 본질은 같고 상태는 다르므로)

태초에 음양의 영으로 세상이 창조되었다. [야 30:3]

음양이 서로 상호작용하므로서 탄생과 죽음이 창조되었다. [야30:4]
(음양의 상호작용으로 탄생과 죽음은 태초에 동시에 창조된 것입니다.)

주님은 우리를 위해 살기 좋은 세상을 창조한 영들의 아버지이시다. [야 47:3]
(영은 일선에서 직접 창조를 하는 장본인이라는 것입니다.)

주님에 속한 것은 사랑과 힘과 지혜이다. [야 31:9]

하나님은 영(정보+에너지)의 원천이시므로 정보와 에너지의 원천이시고 하나님은 사랑의 하나님이시므로 하나님에게 속한 가장 중요한 세 가지는 사랑과 힘(에너지)과 지혜(정보)로, 즉 사랑과 영(성령)인 것입니다.

(2) 브라만교(힌두교)의 영지주의(BC 1700~AD 200)

베다 시대(BC 1700~500)에 구전되어 내려오던 내용이 BC 3~1세기(우파니샤드만 AD 200년까지) 사이에 산스크리트어로 편찬된 브라만교(바라문교)의 경전이 베다(Veda)입니다. 브라만교에서는 베다를 인간의 작품이 아니라 선지자(리시)가 창조주 하나님의 영감과 계시를 받아 기록한 것이라고 합니다. 그래서 베다를 하늘의 성전(聖典, 경전)이라는 뜻으로 슈루티(Sruti)라고 부릅니다. 베다는 조로아스터교의 경전인 '아베스타'의 영향을 많이 받았습니다.

우파니샤드는 브라만교(바라문교)의 마지막 베다로 BC 600~AD 200년경에 성립되었습니다. 우파니샤드는 옛날부터 천계문학(天啓文學)으로 '신비한 가르침', '신비한 진리'로서 영지주의 사상을 담고 있어 신성시 되어왔습니다. 우파니샤드 사상은 인도철학의 근원이 되므로 '인도사상의 젖줄'이라고도 말합니다. 우파니샤드는 인도의 정통 바라문 철학의 근원으로서 가까이는 힌두교, 불교 사상에 멀리는 유교, 도교, 기독교, 이슬람교 사상의 근원이 되었으므로 종교와 철학의 아버지라고 불리웁니다. 200여 종의 우파니샤드는 긴 세월에 걸쳐 여러 현자(철인)들에 의해 쓰여진 만물의 원리와 인간 내면의 세계를 담은 철학서입니다. 우파니샤드는 베다의 제식만능주의에 대한 반발 사상을 담고 있기 때문에 불교 사상의 근원이 되기도 했습니다.

우파니샤드(upanisad)는 '좀 더 가까이 내려앉다'는 말로 스승이 제자에게 가까이 앉아서 신비의 영지적인 가르침을 들려주는 것을 뜻합니다. 우파니샤드 철학의 특징은 그 표현 자체가 직설적이라기보다는 간접적인 비유적, 은유적 표현으로 상당히 상징적입니다. 그 까닭은 우파니샤드 시대를 수놓았던 현자(철인)들이 그들 자신의 신비적, 영지주의적인 영감을 토로하는 경우가 많았기 때문입니다. 비유적, 은유적

(암시적) 표현방법은, 평범한 직설적인 방법으로는 그 뜻을 충분히 묘사할 수도 없고, 그 뜻을 충분히 전달할 수도 없을 때 사용되는 하나의 독특한 간접적인 표현방법입니다. 성경도 많은 내용들이 비유적, 은유적으로 쓰여 있습니다.

> 천지 사방에 존재하고 있는 것이 브라흐만(범천, 하나님)이다. 실로 브라흐만은 전체 우주이다. [우파니샤드]

우파니샤드의 근본사상은 만유의 근본원리를 탐구하여 우주만물의 본체인 브라만(천주, 하나님)과 개인의 본질인 아트만(아我, 혼, 영혼)이 일체라고 하는 범아일여(梵我一如)사상을 깨닫는 것입니다. 그래서 인간자체를 소우주로 보고 대우주를 브라흐만으로 봅니다. 그래서 브라만교(힌두교)의 우파니샤드 철인(현자)들은 자연과 우주를 움직이는 근본원리(근본 힘, 근원, 본체, 본질)를 브라만(Brahman, 브라흐만, 梵天, 天主, 天神, 하나님)이라고 합니다. 아트만(我, 아)이란 우주적인 원리가 인간의 내부로 들어오는 것(영)을 뜻합니다.

아트만이 자아를 뜻하는 개별적 인격적 원리인 반면, 브라만은 음양의 조화(균형)로 우주적 중성적(中性的) 원리를 말합니다. 음양으로 된 원자도 전체적으로 보면 중성적이고, 중성의 원자로 만들어진 우주도 전체적으로 보아 중성적으로 본 것입니다.

범(영)은 보이거나 손으로 잡을 수 없는 무색, 무미, 무형으로 한계지을 수 없지만 만물 속에 거하며 만물을 만들고 다스리므로 만물도 신성하다고 믿어 많은 자연신들을 숭배합니다. 그러나 내부로는 조로아스터교의 아후라 마즈다 천주 유일신과 음양이원론의 영향을 받아 브라만은 범(영)의 원천이고, 범(영)으로 만물이 만들어지고 범으로 만물이 다스려져 작동되고 변화해 간다고 믿어, 천주인 브라만만 유일신 창조주라고 믿었습니다. 그래서 브라만(범천, 하나님)의 범(영)과 나의 아(아트만, 영혼, 영, 혼)는 근원이 범(영)으로 같은 일체라는 사상이 범아일여사상이며, 이 원리를 깨닫는 것이 해탈이라고 합니다.

아트만(산스크리트어, atman)은 인도철학에서 브라만과 함께 가장 기본이 되는 개념으로, 죽은 뒤에도 살아남아 새로운 생명으로 다시 태어난다고 하므로 아트만은 나의 영혼(혼, 영)을 말합니다. 아트만의 'at'는 '호흡하다'라는 동사와 'man'이라는 사람의 합성어로 '호흡하는 사람, 숨 쉬는 사람'의 뜻을 지닙니다. 호흡하는 숨 쉬는 사람은 생기(生氣, 氣運)와 정기(精氣, 정보를 지닌 기운, 靈氣)가 머물고 작용하는 신체를 뜻하므로 다시 '자기 자신'을 뜻하는 말로 발전하게 되었고, 다시 자기 자신은 자기의 본질(본체)로 발전하게 되었습니다. 그러므로 자기 자신이나 자기의 본질이나 본체는 하나님의 범(영)으로 만들어진 영, 혼, 영혼을 말합니다. 즉, 브라만은 범(영)의 원천이신 하나님이시고, 아트만은 하나님의 영으로 만들어진 나 개인의 혼을 말합니다. 그러므로 브라만이나 아트만의 본질은 범(영)이고, 범(영)으로 만물은 만들어지므로 만물의 본질은 같고, 범(영)의 상태는 다르므로 다른 사물을 만드는 것입니다. 즉, 범(영)의 본질은 같고 상태는 다른 것이기 때문에 하나님－영(범)－만물은 삼위일체인 것입니다. 만물 속에는 하나님의 신과 영(범)이 들어 있으므로 결국 범아일여사상은 하나님－영(범)－만물의 삼위일체 사상을 말하고 있는 것입니다.

범아일여사상으로 창조주와 피조물은 같은 본질의 정령(범, 영, 신)으로 동질적이기 때문에 만물은 불사(不死)하며 모양만 바꾸어 나타날 뿐, 윤회를 반복한다는 것입니다. 그래서 인간의 영혼은 업(業, 행위)에 의해 윤회를 반복하지만 선정(禪定), 고행(苦行)을 투철히 하여 진리를 깨달아 해탈하면, 윤회의 수레바퀴에서 벗어나 열반에 들어 천국에서 영생한다고 합니다. 신체는 영혼이 입는 의복과도 같은 것이어서 의복이 낡아지면 버리고 갈아입듯이, 영혼도 낡은 신체를 버리고 새 신체를 갈아입기 때문에 영혼은 영원히 윤회를 하게 된다는 것입니다.

불교는 윤회, 해탈, 인과응보, 다르마, 카르마, 범아일여(불성내재론), 열반 등 대부분의 브라만교 교리를 거의 그대로 인용하여 불교교리로 만들었습니다. 불교가 브라만교(힌두교)의 교리를 거의 대부분 그대로 흡수해서 불교교리로 만들고, 일부 교리(무아, 평등주의)만 반대 교리로 만들어 주장하고, 베다에 있는 신까지 인용해서 제석천 수호신과 미륵 구세주로 숭배하고 있습니다. 그 때문에 인도 본토에서는 브라만교(힌두교)가 자연히 절대적으로 우세하기 때문에 상대적으로 불교의 천시로 불교가 쇠망하여 불교 유적지는 있지만 불교인은 거의 없는 실정입니다.

영혼의 갈 길은 카르마(業, 행위, karma)에 의해서 결정된다고 합니다. 카르마는 인과법칙대로 심판을 받으므로 내세의 생애는 현세의 행위에 따라 결정된다고 합니다. 그래서 선량한 생애를 보낸 자는 죽어서 보다 좋은 환생을 받고, 사악한 생애를 보낸 자는 더 나쁜 환생을 받는다는 '인과응보적인 행위의 구원'을 믿습니다. 윤회사상에 관한 또 다른 것으로 다르마(法, 자연의 질서, 자연의 법칙, dharma)가 있습니다. 다르마는 '지탱하고 유지하는 것'으로 종교적인 진리, 윤리, 관습 등 의무가 따르는 의무적인 법을 말합니다. 목욕제례, 사원참배, 성지순례, 공덕을 쌓는 일 등 현세의 입장에서 각 개인이 해야 할 의무(임무)가 따르는 법을 말합니다.

다르마를 따라 의무가 명하는 대로의 인생을 보내며 살아가면 그 사람의 카르마는 좋아지므로 현세에서나 죽어서나 더 좋은 보응을 받게 된다는 것입니다. 우주 본체와의 합일을 즉 하나님의 뜻에 따르는 것을 궁극적인 목표로 하는 브라만, 아트만사상과 더불어 윤회, 영지주의, 카르마(업, 행위), 다르마(의무적인 법)의 사상은 오늘날에도 인도인의 생활에 직간접으로 큰 영향을 미치고 있습니다. 영생(구원)을 얻는 방법은 현세적인 금욕과 고행, 참된 지식을 통한 선행을 통하여 얻는다고 합니다. 카르마는 현 상황을 인정하고 현재 주어진 상태를 필연적인 운명인 것처럼 받아들이므로 브라만 상류계층이 만든 카스트 제도(인도의 세습적 계급 제도)에 따라 하류계층의 원주민들이 불평불만 없이 주어진 운명에 따라 살아가게 됩니다. 그래서 현세에서도 다르마에 따라 잘 살아가면 카르마가 좋아지기 때문에 더 좋은 기회가 주어지므로 현세에서도 더 좋은 보응을 받을 수 있다는 삶의 희망을 가지게 합니다.

우파니샤드는 동양의 신약성경이라고 칭할 수 있습니다. 초기 리그베다가 구약성경이라면 후기 우파니샤드는 혁명적인 영지주의 사상을 불러일으킨 신약성경이라고 볼 수 있습니다. 베다는 제례, 찬송가, 율법 등에 치중했지만, 우파니샤드는 천지 우주만물의 원리와 인간 내면의 세계를 깊이 있게 폭넓게 다루고 있습니다. 나의 자아인 '아트만(我, 영, 영혼, 혼)'과 전 우주의 본체이며 본령(정령, 영의 원천)인 '브라만(범천, 천주)'은 근원이 범(영)으로 둘이 아닌 하나로 일체로, 자신의 진정한 자아를 깨달으면 우주만물의 진리를 깨달을 수 있다고 합니다. 우파니샤드에 따르면 진리와 평화와 낙원은 내 마음속에 있으므로 마음을 깨끗이 하고 명상하며 수양하면 지혜, 자비, 선이 우러나와 평화로운 낙원의 세계를 볼 수 있고 느낄 수 있다고 합니다.

(3) 기독교의 영지주의(AD 30~120)

나와 아버지는 하나이니라. [요 10:30]

나는 아버지 안에 있고 아버지는 내 안에 계신 것을 네가 믿지 아니하느냐 내가 너희에게 이르는 말이 스스로 하는 것이 아니라 아버지께서 내 안에 계셔 그의 일을 하시는 것이라. [요 14:10]

아버지께서 내 안에 내가 아버지 안에 있는 것같이 저희도 다 하나가 되어 우리 안에 있게 하사… 우리가 하나가 된 것 같이 저희도 하나가 되게 하려 함이니이다. [요 17:21~22]

바리새인들이 하나님의 나라가 어느 때에 임하나이까 묻거늘 예수께서 대답하여 가라사대 하나님의 나라는 볼 수 있게 임하는 것이 아니요 또 여기 있다 저기 있다고도 못하리니 하나님의 나라는 너희 안에 있느니라. [눅17:20~21]

예수께서 가라사대 너희 율법에 기록한바 내가 너희를 신(영, 성령, 신령)이라 하였노라 하지 아니하였느냐 성경은 폐하지 못하나니 하나님의 말씀(영)을 받은 사람들을 신이라 하셨거든 하물며 아버지께서 거룩하게 하사 세상에 보내신 자가 나는 하나님 아들이라 하는 것으로 너희가 어찌 참람하다 하느냐… 그러면 너희가 아버지께서 내 안에 계시고 내가 아버지 안에 있음을 깨달아 알리라 하신대 [요 10:34~38]

하나님의 영(성경이나 아베스타에서는 영, 베다에서는 梵, 불교에서는 불성)은 만물 속에 거합니다. 모든 만물은 빛 속에 광자(정보+에너지+영) 속에 있는 하나님의 영으로 만들어지므로 하나님의 영(신)은 어디든지 거하며(무소부재) 만물을 만들고 다스리고 조절하고 작동시키고 변화시킵니다(무소불능). 그러므로 우리 몸속에도 하나님의 영(신, 성령, 신령)과 우리의 영(혼, 영혼)이 공존합니다. 우리가 자신(혼, 영혼)을 낮추고 하나님을 믿고 찾고 의지하면 하나님의 영이 우리의 영을 인도하십니다. 이 사실을 안다면 하나님의 영과 나의 영이 영적으로 통하게 되어 하나님이 뜻(의도)하시는 대로 나의 뜻도 정해지고 따르게 되므로 나중에는 두 뜻이 같은 하나로 되어 일체가 된다는 것입니다. 우리 자신은 혼이고 혼은 삶의 활동을 이끄는 우두머리 영이므로 우리 자신도 곧 신(영들의 우두머리)인 것입니다. 영들도 천층만층의 종류가 있듯이 영들의 우두머리인 신들도 천층만층의 종류가 있는 것입니다.

이집트에서 발굴된 나그함마디 문서(영지주의 성서)에는 '요한의 비밀 가르침'이라는 구절이 있는데, 이 구절은 예수가 요한에게 영지주의 사상을 가르치는 내용입니다.

> 모나드는 그것을 지배하는 그 어떤 것도 없는 그런 군주이다. 모나드는 최고신(창조주)으로서, 만물의 아버지로서, 만물 위에 거주하는 불가시(不可視)의 존재로서 존재한다… 모나드는 한계 지을 수 없는데 모나드를 한계 지을 수 있는 그 무엇도 모나드 이전에 존재하지 않기 때문이다… 모나드는 순수하고 신성하며 오염이 없는 무한한 빛이다… 모나드는 완전, 축복, 신성(神性) 속에 존재하지 않는다. 모나드는 이것들을 훨씬 뛰어넘은 존재이다. 모나드는 유형도 무형도 아니다. 모나드는 큰 것도 작은 것도 아니다. 모나드는 이런 특질을 가지고 있다고 말하거나 또는 이런 특질이라고 말할 수 있는 것이 아니다… 이는 모나드가 광대하기 때문이다. 그러나 모나드는 무한한 단순성을 가지고 있다. 모나드는 아이온(신, 영)들을 낳은 아이온이며, 생명을 주는 생명이며, 축복을 주는 축복이며, 지식을 주는 지식이며, 선을 주는 선이며, 자비와 구원을 주는 자비이며, 은총을 주는 은총이다. [마이클 발트 슈타인

과 프레드릭 비세 공역]

위 구절은 조로아스터교의 영지주의 사상과 우파니샤드의 범아일여 사상과 매우 유사한 내용이므로, 예수님은 아베스타와 베다를 모두 탐독 탐구했음을 짐작할 수 있습니다.

(4) 불교의 영지주의(BC 560~AD 300)

일체 중생은 불성(범, 영)을 가진다. [열반경]

불교는 브라만교의 우파니샤드 사상을 거의 대부분 그대로 답습하다시피 했기 때문에 우파니샤드 철학을 이해하지 못하면 불교를 이해할 수 없습니다. 우파니샤드의 범아일여사상 속에 불교가 추구하고 있는 불성내재론 사상도 내포되어 있습니다. 우파니샤드의 자아철학에 대하여 부처는 과감하게 무아(無我)를 선언했습니다. 그러나 이러한 면들은 우파니샤드 사상으로부터 긍정적이든 부정적이든 큰 영향을 받아서 부정적인 견해도 내세울 수 있으므로, 불교는 우파니샤드 사상 토대 위에서 불교사상을 일부만 다르게 주장하고 있는 것입니다.

불교는 브라만교의 우파니샤드 사상을 대부분 근본사상으로 하고, 아시아에 널리 분포되어 있으므로, 우파니샤드 사상은 직접적으로 책을 통하여, 또는 간접적으로 불교라는 매개종교를 통하여 전 세계로 전파되어졌습니다. 불교를 통하여 우파니샤드 사상을 접하는 곳에서는 우파니샤드 사상을 불교사상으로 잘못 알게 됩니다.

인도의 종교는 신앙사상뿐만 아니라 천지 우주만물의 진리도 추구하고 탐구합니다. 천지 우주만물의 원리와 인간 내면의 세계를 현자들이 탐구하고 논한 것을 기록한 것이 브라만교(힌두교)의 베다경전입니다. 베다 속에 우파니샤드 사상은 특정 종교만을 위한 것이 아니라, 우주만물의 원리와 인간 내면의 세계를 진실로 알고자 하는 자는 누구든지 우파니샤드 사상 속으로 들어가 탐구할 수 있으므로 불교가 자유로이 베다, 우파니샤드 사상을 인용 흡수할 수 있었던 것입니다. 그러므로 불교사상 대부분은 우파니샤드 사상이기 때문에 불교는 브라만교(힌두교)의 분파교나 다름없는 것입니다.

붓다는 모든 인간의 괴로움은 나라는 아로부터 생긴다고 합니다. 나라는 '아(我)'는 모든 괴로움의 '고(苦)'를 모으는 그릇이라고 합니다. 붓다는 인식(認識, 사물을 분별 판단하여 깨달음)을 하는 아(자아)로 인해서 괴로움의 고가 생기므로 나가 없는 무아(無我)의 길을 주장합니다. 그러나 나가 없는 무아의 길은 나의 마음과 내 생각까지 나의 모든 정신적인 것을 부정하는 것으로 의식을 가지고 있는 한 원래 무아 상태는 존재할 수 없는 것입니다.

원시불교, 부파불교(소승불교), 대승불교, 밀교(비밀불교, 힌두교의 신비적 사상으로 형성된 대승불교의 한파)로 불교의 변천 과정을 살펴보면, 불교는 인도 본토에서 힌두교의 '유(有)'와 '아(我)' 사상의 부정으로 탄생하여 점차 그 '유'와 '아'의 사상으로 다시 되돌아가 동화되어 마침내 힌두교로 다시 흡수되어졌습니다.

붓다의 사상은 카르마(업, 행위)와 윤회, 다르마(법, 의무), 열반 등 우파니샤드 사상의 대부분을 토대로 하고, 부분적으로 우파니샤드의 아트만(我)과 브라흐만(梵)을 부정하고 무아(無我)와 평등주의, 무신론을 외치면서 형성되었습니다. 시간이 지나면서 불교는 무신론에서 탈피해서 서서히 여러 신들이 생겨나고, 무아의 힘이 약해지면서 다시 아(我)의 힌두사상 속으로 휘말려 들어갔습니다. 힌두교는 신화를 통하여 붓다를 비슈누의 12현신(現身)의 하나로 받아들이고 불교도들을 힌두교 안으로 포용했습니다. 그 때문에 인도 본토에서 불교는 거의 사라져 버렸습니다.

서의 모든 종교기 4대 원시고대종교(수메르교+바벨론교+조로아스터교+미트라교)의 영향을 받으면서 생겨났습니다. 4대 원시고대종교가 인도로 전파되어 처음에 브라만교를 탄생시켰고, 이어서 브라만교가 발전 발달되어 힌두교와 불교를 탄생시켰습니다. 브라만교(힌두교)의 신비적 요소를 많이 수용해서 밀교(비밀불교)도 만들어졌습니다. 브라만교의 창조주, 범천, 천주, 태양신, 자연신, 제사제도, 제물, 주술, 찬가 등은 조상국인 메소포타미아(이라크+시리아+페르시아)의 종교사상과 의식, 제도를 대부분 인용 모방한 것입니다.

브라만교(바라문교)나 힌두교는 외부로는 모든 만물은 하나님의 범(영)으로 만들어지므로 모든 만물 속에는 하나님의 범이 거하므로 모든 만물이나 자연물은 신성하다고 믿어 많은 자연신들을 숭배하는 다신교이지만, 내부로는 조로아스터교가 아후라 마즈다를 유일신 천주님 하나님으로 숭배하는 것을 본받아서, 브라만(梵天, 범천, Brahman, 빛의 신, 태양신, 천주)신만이 다른 신들과 우주만물을 창조하고 다스리는 절대적인 생주, 유일신, 천주라고 믿습니다. 조로아스터교나 브라만교의 생주(生主) 천주라는 표현은 살아계신 하나님이라는 성경구절과 같은 의미입니다.

자그로스산맥 지방에서 유목생활을 하고 있던 아리안족은 BC 2000년경부터 수차에 걸쳐 인도 편자브 지방(인더스강 본류와 4개의 지류가 흐르는 동서문화의 접촉점)으로 들어가, 다사나 다슈 원주민(피부가 검고 코가 낮음)을 정복하고 살았습니다. 인도 침입 시대의 아리아인(아리안)은 청동기 문명(BC 3500~1500)을 가지고 있었습니다. 그 당시 그들은 가부장적 대가족의 집합체로서의 부족이며 부족집회에서 뽑힌 수장(首長)이 군사, 제식(祭式)을 지도하고 부족을 다스렸습니다.

메소포타미아의 자연신들을 믿는 아리안족(인도유럽어족, 인도게르만족)들은 그들의 기나긴 원정에서 겪었던, 빈번한 전쟁(전투)으로 인한 많은 동족들의 영혼을 위로하고, 그리고 살아있는 아리안족의 앞날에 재앙을 피하고 복을 받기 위해서 자연신들에게 제물을 바치면서 주술을 외우며 찬송가를 부르며 숭배했습니다. 얼마 가지 않아서 제식을 전문으로 하는 사제(司祭) 계급 브라만이 출현해서 브라만교가 형성되면서 자연신 숭배에 대한 제례의식, 주술, 찬가, 법식 등을 모아 기록한 것이 베다이고, 천지 우주만물의 진리와 인간 내면의 세계를 탐구하여 기록한 것이 후기 베다 우파니샤드입니다.

6. 불교

불교는 인도 동북부의 슈도다나 왕(정반왕)의 왕자로 태어난 고타마 싯다르타(석가모니, BC 566~485)에 의해 창시되었습니다.

소승불교(남방불교)는 석가모니가 불교를 창시했다고 주장하고, 대승불교(북방불교)는 석가모니 이전에도 수천의 부처가 있었으며, 그들이 석가모니에게 불법을 전했다고 하므로 실제로 불교의 기원은 정확히 알 수 없다고 합니다. 대승불교는 소승불교 탄생 후 약 400년 후에 만들어진 불교로 많은 소승불교 교리를 변화시키거나 새로 첨부했기 때문에 신앙교리 면에서나 경전 분량 면에서 소승불교와 많이 다릅니다. 불교의 목표는 고타마 붓다의 가르침을 깨달아 부처(붓다, 보살, 깨우친 자)가 되도록 가르치는 데 있습니다. 깨달음에 도달하는 것은 불성을 깨우쳐 만물에 집착하지 말고 탐욕과 죄에서 해탈하여 불만족한 상태를 벗어나 만족한 상태에 드는 것으로, 이는 부처가 된 상태이므로 열반에 들 수 있다는 것입니다.

불경은 인도유럽어족의 인도이란어파에 속한 산스크리트어(범어)로 대승경전이 쓰여지고, 팔리어(Pali어)로 소승경전이 쓰여졌으므로 같은 인도유럽어족의 종교인 조로아스터교, 미트라교, 브라만교, 힌두교의 영향을 많이 받았습니다. 불교는 인간의 참된 삶을 가르친다는 점에서는 다른 종교와 서로 상통합니다.

불교는 누구나 석가모니 부처처럼 깨칠 수 있는 본질적인 가능성을 가지고 있기 때문에 눈을 떠서 마음공부를 하면 부처의 진면목이 열리게 되고, 수행을 통해 지혜의 문이 열리고, 서로 상의상존(상호작용하며 공존)하면 둘이 아니고 하나라는 공동의식을 알게 되며, 동시에 자비심도 자연히 우러나온다고 합니다. 그러므로 누구든지 노력 여하에 따라 부처가 될 수 있고 부처가 되면 끊임없이 윤회되는 큰 수레바퀴에서 벗어나 열반에 든다고 합니다. 이러한 믿음을 가지고 탐욕과 성냄과 어리석음에 빠져 있음을 깨우치고 모든 사물에 집착하지 말고 참회하여 참선 수행정진을 통하여 부처(보살)가 되어 열반에 들어 구제된다는 것입니다. 그러므로 불교는 수양과 깨달음에 가장 큰 비중을 두는 종교입니다.

석가모니는 평소 사제들이나 추종자들에게 자신은 신이 아니고, 단지 깨우침의 길로 인도해 주는 스승일 뿐이라고 늘 말했습니다. 그 때문에 불경 내용은 대부분 선인과 의인이 되도록 깨우치고 수행하는 가르침으로 가득 차 있습니다. 참선의 전통에서는 '살불살조'라 하여 기복(복을 빔)이나 의존적 신앙을 배격합니다. 그러나 기도신앙은 불교의 보편적인 양상입니다. 관세음보살에게 염원하는 기도를 통해 복을 얻거나 고통을 벗어나는 수행기도를 합니다. 깨우친 보살(부처)한테 기도를 한다고 재앙을 피하고 고통을 벗어나 복을 받을 수는 없는 것입니다. 왜냐하면 보살한테는 영적인 정신감응(Telepathy, 원격 의사소통) 능력이 없기 때문에 멀리 떨어진 기도소리를 들을 수도 없고, 영적인 정신격동(Telekinesis, 원격조종) 능력이 없기 때문에 소원을 들어줄 수도 없고 재앙을 피하게 할 수도 없기 때문입니다. 영적인 능력을 행하려면 영(성령, 신령, 신)을 자유자재로 부리는 강한 신성을 지닌 신(영의 우두머리)이라야만 가능한 것입니다.

불교는 석가 생전에 이미 교단(教團)이 조직되어 포교가 시작되었으나, 불교가 발전 번창하게 된 것은 석가 사망 이후 사제들에 의해 불경이 쓰여지고부터입니다. 불경 원전은 BC 3세기~AD 3세기까지 석가모니 사제자들에 의해 쓰여졌습니다. 석가모니 사망 후 250년 후 BC 235년경부터 교단 제일의 마하가섭을 우두머리로 하여 500여 명의 장로 비구가 모여 불경을 편찬하기 시작하였습니다. 불교의 창시자 석가모니는 따로 글을 남기지 않았습니다. 석가모니 말씀이 처음 글로 기록된 것은 BC 230년경 수타니파타입니다.

불경은 세월이 지나가면서 불경의 교리를 자주 변경 보완 첨부하여 왔기 때문에 자연히 소승불교와 대승불교의 경전 내용은 매우 다릅니다. 불경은 성경과는 달리 시속에 따라 지역에 따라 자연환경 여건에 따라 국민문화에 따라 적절하고 타당한 교리내용이 채택되어 첨가되어집니다. 그 때문에 불경의 내용이나 양도 세월이 지나갈수록 점점 늘어납니다.

예를 들어 열반이라는 개념은 대중들에게는 어려워 쉽게 이해되지 못하자 대승불교는 본래 소승불교에는 전혀 없던 극락과 지옥이라는 것을 조로아스터교에서 인용해서 전개시켰습니다. 또한 신자들이 신들을 요구하자 대승불교는 불교의 창시자인 고타마를 지혜의 스승이던 위치에서 신으로 신격화시켰습니다. 따라서 점차 불타에 대한 숭배가 발전되어 갔습니다. 그리고 브라만교, 힌두교의 신들을 인용해서 불교의 수호신으로 만들어 숭배하기 시작했습니다. 민중의 종교적 요구에 부응하기 위해서 주술과 밀교적인 요소들도 들어가기 시작했습니다. 현재에도 불경은 성경과 달리 석가모니의 가르침 외에도 내용 추가가 가능하기 때문에 교리도 시대에 따라 풍속(풍습+민속)에 따라 지역에 따라 현명하게 바꿔나가고 있기 때문에 시대가 흐를수록 불경의 양은 점점 더 늘어납니다.

소승(小乘)은 해탈한 소수 사람만이 타고 피안(彼岸, 깨달음의 세계, 번뇌를 해탈한 열반의 세계)에 이르는 '작은 수레'라는 뜻입니다. 대승(大乘)은 많은 사람을 구제하여 함께 태우고 가는 '큰 수레'라는 뜻으로, 대승불교는 BC 100년경부터 주로 북방불교인 중국, 한국, 일본, 티베트, 몽고에서 발전했습니다. 소승불교(上座佛敎)가 출가자(出家者)만의 종교로, 석가에게만 한정하던 보살이란 개념을 둔 데 비하여, 대승불교(대중불교)는 재가자(在家者)들도 보살이란 개념을 두고, 일체중생의 성불(成佛, 佛性)을 인정하는 만유불성내재론(萬有佛性內在論)을 믿습니다. 이는 기독교에서 믿는 만물이 하나님의 영으로 만들어져 만물 속에 영이 거하고 있다라는 영지주의 사상인 만유내재신론과 같은 것입니다.

대승불교는 기원 전후에 새로운 불교 부흥운동으로 형성된 불교입니다. 그러나 불교인은 가장 중요한 창조주 하나님을 내세우지 않고 숭배하지도 않고 불교 수호신과 미륵 미래불만 내세우고, 오직 자신의 노력으로 사물에 대한 집착을 버리고 탐욕을 억제해서 탐욕으로 인한 죄를 안 짓는 것을 깨달아 해탈하여 부처가 되어 열반에 드는 것만 강조합니다. 석가가 주장하는 무아(無我) 상태로 사물에 대한 집착을 버리고 설사 열반에 든다 해도 사물에 대한 생각이 없고 탐욕이 없고 음적인 작용이 없다면, 삶의 의욕이 없어 음양의 영들이 제대로 상호작용을 하지 못하므로 삶의 활동이 제대로 행해지지 못해 즐거움과 슬픔, 좋은 것과 나쁜 것을 제대로 판단하고 느낄 수도 없으므로 식물인간이나 다름없는 것입니다.

죄를 안 짓는 것을 깨달아 해탈해서 부처가 되었다고 해서 신 없이 자연히 자동적으로 극락세계에 가라는 보장은 없는 것입니다. 왜냐하면 극락세계의 시스템과 메커니즘도 하늘의 법인 인과법칙에 의해 누군가가 처음에 만들어놓았어야 하고, 죄의 경중을 가리는 죄의 심판에 대한 메커니즘도 누군가가 처음에 만들어놓았어야 하기 때문입니다. 아무도 프로그램을 만들지 않고 아무도 시스템과 이에 따른 메커니즘을 만들지 않고 아무도 죄와 심판에 대한 메커니즘을 만들지 않고 아무도 살기 좋은 아름다운 낙원을 만들지 않는 한, 없는 프로그램이나 시스템, 메커니즘, 낙원 등이 우연히 자연히 생겨나지 않는 법이며, 더구나 원래부터 존재할 수도 없는 것이, 이 세상의 자연의 법칙이고 인과법칙이고 자연(하나님의 피조물)의 진리이고 하나님의 진리이기 때문입니다.

BC 500년경 인도에서 석가모니를 교주로 하고 귀족적이고 개인주의(승려 중심)적인 소승불교는 '부처(석가모니)는 인간이다, 부처는 깨우치게 하는 스승이다'라고 무신론을 믿었습니다. 그 후 BC 100년경에 탄생된 북방 대승불교에서는 가공적인 부처(보살) 아미타불과 관세음보살을 숭배했습니다. 아미타불은 대승불교 정토교의 중심을 이루는 부처이고 관세음보살은 아미타불 왼편에서 교화를 돕는 보살로, 이들 부처를 염하면서 의지하고 따르면 살아서는 고통과 재앙을 피하고 도움을 받고, 죽어서는 극락에 간다고 합니다.

만인주의(평신도 중심)적이고 대중적인 대승불교는 '부처(아미타)는 신이다'라고 석가를 스승에서 신격화시켰습니다. 대승불교가 가공적인 부처인 아미타불과 관세음보살을 만들어 신격화시켜 신으로 모셨고, 인간 석가모니 부처도 신격화시켜 신처럼 숭배했습니다. 그러나 석가 자신은 단지 깨우치게 하는 스승일 뿐이라고 생전에 늘 분명히 신앙고백했습니다. 부처님은 해탈은 하셨어도 세상을 좌지우지하며 다스릴 신적인 능력이 전혀 없었습니다. 그 증거로 부처님 자신의 나라와 종족이 코살라국의 비유리 왕에게 멸망당할 때에도 손 하나 쓰지 못하고 어찌하지 못하고 그 결과를 보고 받아들여야만 했습니다.

불교의 구원은 깨달음으로 욕망(집착)에서 벗어나는 것입니다. 그러한 상태가 최고의 기쁨이자 극락인 열반이라고 합니다. 열반에 이르기 위해서는 현세에서 팔정도(八正道)를 실천하는 등 많은 계율을 지켜야 하므로, 극락은 저절로 오는 것이 아니라 현세에서 끊임없이 노력해야 얻어진다고 하므로 '인과응보적인 행위의 구원'을 강조하고 있는 것입니다. 석가모니(고타마 싯다르타)가 깨달은 진리는 인간의 고통과 불행의 근원은 욕망, 즉 색(色)으로부터 온다는 사실입니다. 이러한 것을 깨닫는 경험을 싯다르타는 불타(the Buddha, 깨달은 자)라고 칭했습니다. 만일 사람이 자신의 모든 욕망을 제거한다면 그는 영적 평화를 누릴 수 있으므로 열반에 들어 천국생활을 한다는 것입니다.

석가모니처럼 욕망을 벗어나 열반에 드는 길은 탐욕을 버리고 절제하는 행위로 죄를 멀리하는 것으로 죄를 덜 짓게 되고 자비를 베푸는 행위로 행위의 구원생활을 하는 것입니다. 그러나 인간이 자신의 자아의식을 모두 버리고 모든 욕망을 버리고 무아 상태에 놓이게 되면 자신과 삶의 의욕을 상실하게 되므로 인간답게 활발하게 살아가지 못하고 점점 식물인간화되어 가기 때문에 결코 하나님이 바라시는 화평주의로 서로 사랑하고 공생 공존하며 바다의 모래알처럼 무한히 많이 번성하라는 하나님의 뜻에 크게 어긋나게 되는 것입니다.

모든 재물에 집착하지 말고 모든 탐욕을 잊고 해탈하기 위해서는 속세를 떠나 인적이 없거나 드문 숲속에서 자아의식을 버리고 무아 상태에서 명상생활을 해야 하는데, 이는 하나님이 인간을 창조한 목적에 크게 위배되는 것입니다. 그러나 이들도 선하게 살아갔으므로 행위의 구원을 받아 지구에서보다는 더 좋은 낙원으로는 가나, 인간과 하나님의 교제생활을 멀리 했기 때문에 이 세상을 긍정적으로 이끄는 화평세상을 만드는 데 적극적으로 동참하지 않았으므로 하나님의 큰 보응

(최상의 낙원)을 기대할 수는 없을 것입니다.

불교는 석가모니가 브라만교의 카스트 제도(인도의 세습적 계급 제도)에 항의하여 평등을 외치며 창시한 종교입니다. 브라만교가 유일신 창조주 범천(梵天, 천주, 하나님)을 숭배하기 때문에 거기에 대한 대항으로 무신론을 주장하며 우주만물은 창조주에 의해 창조된 것이 아니라 원래부터 존재하고 있으며 단지 모양만 바꾸어 윤회(순환)를 할 뿐이라고 주장했습니다. 그러나 불교는 석가모니 다음 세대부터 브라만교(힌두교)의 신들을 흡수 수용하여 불교 수호신으로 만들어 신봉했고, BC 100년경부터 대승불교에서는 석가를 신으로 신격화시켜 신으로 숭배하기 시작했습니다. 그러나 만물을 창조한 창조주 하나님은 뚜렷하게 내세우지 않습니다.

베다 시대는 BC 1700~500년경이므로 베다 문화는 불교가 탄생하던 무렵인 BC 500년경에는 이미 1,000여 년이 넘는 오랜 전통을 이어 와서 인도문화 깊숙이 자리를 잡고 있었습니다. 그러므로 비록 불교가 브라만교(바라문교)의 제사의 권위를 인정하지 않는 반문화 운동이기는 하지만 베다의 큰 영향을 벗어날 수는 없었습니다. 불교는 천지 우주만물의 원리, 인간 내면의 세계, 인과법칙, 윤회, 영지주의, 카르마(행위, 업), 다르마(법), 해탈, 열반, 참선 수행정진, 깨달음, 상의상존, 고(苦), 지(知), 해탈, 요가, 명상, 수레바퀴, 인과응보 등 브라만교(힌두교)의 베다, 우파니샤드의 많은 철학사상 토대 위에서 평등사상, 무아, 무신론 등 일부분만 이의를 제기해 다르게 주장합니다. 그러므로 불교는 브라만교의 분파교나 다름없는 것입니다.

불교의 세계관은 우주가 하나가 아니라 여러 우주(세상, 세계)가 있다고 하며, 우리가 사는 이 세상(이 지구)은 사바세계라고 부릅니다. 사바세계 말고 유명한 다른 부처님의 세계로 아미타불의 극락세계, 다보여래의 다보세계 등 여러 세계가 있다고 합니다. 사바세계는 다시 과거 무한량 시절부터(조로아스터교의 영향을 받음) 순차적으로 부처님들이 임기제로 운영하는데, 이번 겁(劫)을 헌겁이라고 부르며, 석가모니불은 사바세계 헌겁의 네 번째 부처님이라고 합니다. 원래는 네 번째 부처님으로 미륵불이 나오려고 했는데, 석가모니가 순위를 바꾸어 먼저 나왔다고 합니다. 그래서 다섯 번째 부처님으로 미륵불이 출현하며, 그 세계를 용화세계라고 부른다고 합니다. 이 지구에는 헌겁 동안 1천 명의 부처님이 출현한다고 하며, 이들 부처님에 대한 석가모니불의 예언은 팔만대장경 헌겁경에 쓰여 있다고 합니다. 이 세상이나 저 세상은 하나님의 영으로 다스려지는 것이지 부처님들이 순차적으로 임기제로 운영하는 것이 아닌 것입니다.

불교에서 천국은 극락으로도 불리며, 불교는 조로아스터교의 교리와 유사한 천국은 6종, 지옥은 16종이 있으므로 천국과 지옥의 수는 무수히 많다고 합니다. 지옥은 다시 팔열지옥(八熱地獄)과 팔한지옥(八寒地獄)으로 분류된다고 합니다. 그리고 인간이 죽으면 인과응보대로 죄의 대가로 좋고 나쁜 환경에서 좋고 나쁜 업(직분, 과업)을 받고 다시 태어나며, 누구나 깨달으면 부처가 될 수 있고 행위로 옮기면 윤회하는 수레바퀴에서 벗어나 극락세계로 갈 수 있다고 합니다.

미륵(? AD 270~350)은 대승불교가 한창 번창해질 무렵, 인도 브라만 집안에서 태어나 석가모니불의 교화를 받으며 수도하였고, 미래에 성불하리라는 수기(授記)를 받은 뒤 도솔천에 올라가 현재 천인(天人)들을 위해 설법하고 있다고 합니다. 고타마 붓다의 예언에 따르면, 미륵은 56억 7천만 년 동안 도솔천에서 설법하다가 인간세상으로 하생(下生)하여 미륵불이 되어 고타마 붓다를 대신하게 된다고 해서 미륵을 보처(補

處)의 보살로 지칭합니다. 미륵보살은 현재는 보살이지만 다음 세상에 미륵불(부처)로 출현하여 이 세상을 구원할 구세주(메시아)라고 합니다. 석가모니 부처님 다음의 중생은 미륵부처님을 의지하여야(믿고 따라야) 구제(구원)를 받을 수 있다고 합니다.

도솔천은 장차 부처가 될 보살이 사는 곳으로 석가도 현세에 나타나기 이전에 이 도솔천에 머물며 수행했다고 합니다. 도솔천은 내원(內院)과 외원(外院)으로 나뉘어져 있다고 합니다. 내원은 석가모니가 인간세계에 내려오기 전에 머물던 곳으로, 현재는 미륵보살이 천인(天人)들을 위해 설법하고 있으면서 지상에 내려갈 때를 기다리며 머무르고 있는 곳이라고 합니다. 외원은 여러 천인들이 모여 행복과 쾌락을 누리는 곳이라고 합니다. 도솔천의 외원은 탐욕과 미움이 없는 세계이며, 스스로 깨달아서 스스로 만족하고 기뻐할 줄 아는 사람들이 모여 사는 하늘나라(천국, 극락세계)라고 합니다. 덕업을 쌓고 불심이 깊고 깨달은 사람들만이 죽어서 도솔천에 다시 태어날 수 있다고 합니다.

불경 가운데 '현우경(445년)'의 '바파리품'에는 석가모니가 아니라 미륵의 탄생과 성장에 관한 이야기가 자세히 수록되어 있습니다. 불교인들이 다른 종교들처럼 구세주(메시아)를 원하자 대승불교의 대승경전 기자들은 미트라 구세주 사상을 인용 응용했습니다. 미륵이란 이름은 산스크리트어(범어)로는 마이트레야(Maitreya)입니다. 마이트레야의 어원은 페르시아어 미트라(Mithra, Mitra, 태양신)에서 유래되었습니다. 미트라 태양신은 아후라 마즈다 천주 하나님의 성자로 인간을 구원하러 미래에 오실 구세주(메시아)입니다. 불교는 미트라신을 인용하여 미륵미래불(미트라) 구세주라고 칭하며 기다리고 있습니다.

불교는 고대 인도 브라만교(힌두교) 경전 리그베다에 등장하는 벼락신(천둥벼락신)인 인드라(Indra, 천신)신을 수용하여 제석천(帝釋天, 제석천왕, 천주)이라고 부르며, 불교의 수호신으로 만들어 숭배하고 있습니다. 인드라신은 원래 페르시아의 벼락신인데, 메소포타미아 페르시아로부터 인도로 침입하여 원주민과 싸워 인도를 정복한 아리안족(인도유럽어족, 인도게르만어족)이 인드라신을 보호신으로 수호신으로 숭배했었습니다.

페르시아 아리안족이 문명과 신앙을 가지고 인도를 정복하고 브라만교를 세우고 베다경전을 만들고 카스트 제도를 만들어 원주민을 달래며 다스려 나갔습니다. 아리안족인 브라만에 의해 베다 속에 메소포타미아의 인드라신과 미트라신이 들어가게 되었습니다. 대부분의 베다 교리를 인용한 불교는 베다 속에 들어 있는 신까지 인용하여 인드라신을 제석천 불교 수호신으로 미트라 태양신을 미륵 구세주로 만들어 숭배하고 있습니다. 불교의 수호신인 제석천은 항상 부처님의 설법 자리에 나타나 법회를 수호하고 사바세계 인간의 번뇌와 죄를 다스리는 역할을 담당하는 수호신으로 숭배됩니다. 한국에서는 단군할아버지를 석제환인이라고 하여 천주(天主)와 제석천(帝釋天, 제석천왕, 천주, 옥황상제, 석제환인)을 동일시하며 숭배합니다. 천주 하나님이 석가 부처 옆에서 법회를 수호한다는 것은 하나님을 모욕하는 잘못된 신앙입니다.

만일 오늘날 불교가 다른 종교들처럼 인과법칙에 의해 자연과학적으로 창조주 하나님의 존재를 시인하고 창조주에 의해 우주만물이 창조되어 다스려진다고 솔직히 인정하며, 석가모니는 창조주 하나님의 큰 아들로 하거나 또는 하나님의 선지자(예언자)로 하여 창조주 하나님을 내세워 섬기고 5,000여 권 이상의 경전을 요약하여 사람이 읽기 좋은 20여 권 미만으로 해서 주 경전으로 하고 다른 것은 부 경전으로 한다면(적어도 한국불교만이라도), 불교도 좋은 종교로 세계 도처에서 큰 호응을 받으면서 눈부신 발전을 하게 될 것입니다. 인간은 원래 하나님의 영으로 만들어졌으므로 모두 하나님의 영의 씨앗인 영혼을 지니고 있으므로 하나님의 자손이므로 하나님을 시인하고 하나님이라고 부르면 누구나 하나님의 자녀가 될 수 있는 것입니다. 그러면 세계 4대 종교가 결국은 다 똑같은 유일한 창조주 하나님을 섬기고 다 똑같은 사랑(자비, 박애)의 가르침으로 다 똑같이 하나님이 바라시는 화평한 세상(지상 낙원)을 만들어가는 데 동참하게 될 것입니다.

불교인 수가 4대 종교(기독교, 이슬람교, 힌두교, 불교) 중에서 현저하게 가장 적은 이유는 천지 우주만물을 창조한 창조주 하나님을 뚜렷하게 내세우지 않고, 우주만물은 태초부터 원래 존재하며 윤회만 할 뿐이라고 하고, 인간의 해탈만 강조하기 때문입니다. 창조주 하나님이 만들어놓으신 자연환경과 육체 속에서 매사 매시에 하나님의 돌보심을 받아가며 살아가면서도 창조주 하나님의 은혜를 전혀 모르거나 외면하고, 더구나 모든 은혜를 부처님의 은덕으로 돌리는 신앙은 하나님의 높은 사랑과 은혜를 저버리고 왜곡하는 배은망덕한 신앙인 것입니다.

7. 유대교 · 기독교 · 이슬람교의 유사점과 차이점

유대교 · 기독교 · 이슬람교(회교)는 똑같은 유일신 창조주 하나님을 믿고, 똑같은 아브라함 조상의 뿌리에서 나왔다는 점에서는 같은 공통점을 지닙니다. 아브라함 자손들은 신앙 면에서 어떤 점에서는 매우 유사하지만 어떤 점에서는 매우 큰 차이점을 나타내고 있습니다. 유대교 · 기독교 · 이슬람교를 신앙교리 면으로 비교해 보면, 어떤 면에서는 유대교와 기독교 사이보다는 오히려 유대교와 이슬람교 사이가 더 유사하다는 것을 발견하게 됩니다.

회교도(모슬렘)는 코란(꾸란, 쿠란, 이슬람교 경전)에 근거하여 알라(아랍어로 하나님)를 유일한 창조주 하나님으로 믿습니다. 유대교도는 구약성경에 계시된 야훼(야웨, 여호와)를 유일한 창조주 하나님으로 숭배합니다. 기독교도는 삼위일체 창조주 하나님을 믿습니다. 기독교의 삼위일체 사상은 조로아스터교의 아후라 마즈다(성부, 창조주)+미트라(성자, 태양신)+성령(천사장)의 삼위일체 사상의 영향을 받았습니다. 회교도들과 유대교도들은 하나님을 삼위일체적으로 거론하는 것조차 매우 무례한 짓으로 생각합니다.

성령 자체가 결코 경배의 대상이 될 수 없다고 합니다. 그래서 회교도들과 유대교도들은 성령을 하나님으로 믿지 않습니다. 그러나 기독교인들은 신구약성경에 근거하여 성령을 삼위일체 하나님으로 믿습니다. 하나님의 사랑의 은혜를 믿으면 죄 사함을 받아 성령을 선물로 받아(성령이 임하여) 구원을 얻어 거듭나서 하나님의 자녀가 된다고 믿습니다. 하나님은 설계는 하시지만 설계대로 일선에서 직접 만물을 만들고 다스리고 변화시켜 나가는 일은 하나님의 대리자이고 분신이며 혼신인 하나님의 영이 합니다. 영은 하나님의 신(영)으로 만들어지므로 하나님의 분신이기 때문에 하나님을 대신하여 하나님 의도대로 만물을 만들고 다스려 나가므로 하나님처럼 숭배되어질 수 있는 것입니다.

기독교는 예수를 구세주(그리스도, 메시아)로 믿는 종교로 예수가 창시자입니다. 기독교인들은 예수가 구약성경에 예언된 구세주로서 인류의 죄를 대속한 메시아로서 하나님의 독생자이자 이스라엘의 하나님이라고 믿습니다. 기독교는 유대교로부터 파생되었으며, 이슬람교와 더불어 이 세 종교는 아브라함계 종교입니다. 기독교도는 창조주 하나님의 아들인 예수님이 인간을 구원하기 위해서 인간의 몸으로 성육화하셔서 이 땅에 오신 구세주로 숭배하지만, 회교도들과 유대교도들은 예수를 하나님으로 또는 하나님의 아들로 또는 메시아(구세주)로 전혀 믿지 않습니다. 다만 회교도들은 예수를 알라신의 선지자(prophet, 예언자) 중 하나로 믿습니다.

회교도(모슬렘, 복종하는 자의 뜻)들은 예수가 실제로 십자가에 달려 죽은 것이 아니라 알라신이 그의 권능으로 자신의 선지자 예수를 십자가에서 구해냈다고 믿습니다. 죄 없는 선지자 예수가 유대인들에게 붙잡혀 죽을 뻔했는데 전능하고 자비한 알라신이 구출해내서 승천하게 했다고 믿습니다. 예수 대신 가롯 유다가 십자가에 못 박혔으며, 예수는 사람들에게 다만 십자가에서 죽은 것처럼 보였을 뿐이다[슈라서 4:157]라고 합니다. 이슬람교 교조 무함마드는 '예수는 캐쉬미르에서 120세에 죽었다'고 말했습니다. 그래서 많은 모슬렘들은 예수가 인도에서 여생을 보내다 죽은 것으로 믿고 있습니다. 코란에는 예수를 '이사 이븐 마리암(Isa ibn Maryam)'으로, 또는 '알 마시(Al-Masih)'이라고 기록하고 있는데, 그 의미는 각각 '마리아의 아들 예수'라는 뜻과 '메시아'라는 뜻입니다.

한편 유대교도들은 예수를 하나님의 선지자로 보지도 않고 나사렛 이단의 괴수로 믿습니다. 그들은 예수가 백성을 미혹하고 기만한 죄로 십자가에서 죽었다고 믿고 그의 부활은 믿지 않습니다. 그들은 십자가에서 죽는 무능한 메시아는 이 세상에 없다고 믿습니다. 왜냐하면 그렇게 많은 기적을 행한 메시아라면 십자가에서 죽어가지 말고 스스로 십자가에서 해방하여 이스라엘을 독립시켜 성경에 쓰여 있는 대로 대제국을 만들어야 한다고 믿었기 때문입니다. 그러나 기독교인들은 십자가의 죽음은 성경을 이루기 위한 하나님의 계획이므로 하나님이 예수님한테서 하나님의 모든 권능을 거두셨기 때문이라고 합니다. 그래서 기독교인들은 신구약성경에 근거하여 예수님을 아들 하나님, 하나님의 독생자, 참 하나님, 십자가에서 우리 죄를 위해 죽으시고(대속), 무덤에 장사되시고 사흘 만에(3일 만에) 다시 살아나시고, 승천하셔서 하나님 우편에 앉아 계시고(중요한 일을 대신 맡아 하시고), 자기 백성을 위해 중보기도를 하시며, 구원받은 우리를 위해 천국의 처소를 예비하시고, 세상 끝날에 재림하실 구세주, 만왕의 왕, 심판하실 주님으로 숭배합니다.

이슬람교와 기독교(그리스도교, 예수교)의 교리적 큰 차이점은 예수에 관한 것입니다. 기독교에서는 하나님의 아들이 인간을 구원하기 위해 인간의 모습을 하고 이 세상에 태어나신 분이 예수라고 합니다. 바로 이 부분을 모슬렘은 믿을 수 없는 것입니다. 신은 인간의 눈으로 볼 수 없으므로, 모슬렘은 예수를 신이 아닌 가장 훌륭한 선지자(예언자)들 중 하나로 믿습니다. 바로 여기에 양 종교 간의 예수에 관한 견해의 차이가 있는 것입니다. 즉, 예수를 신으로 보느냐, 아니면 단지 선지자로서만 인정하느냐의 교리적 차이점이 있는 것입니다.

이슬람교는 범경전관(汎經典觀)을 가지고 있습니다. 모든 경전은 인간에 의해 만들어진 것이 아니라, 하나님이 모든 선지자들에게 계시로 즉 하나님의 영감을 받아 경전을 기록하게 했음으로 모든 경전은 성스러운 하나님의 말씀이라고 합니다. 그리하여 어떤 경전이든지 신임하고 존중한다[슈라서 3:84, 17:88]. 코란에는 이러한 경전이 총 114부나 된다면서, 그 중에서도 가장 중요한 경전으로 Torah(모세오경), Zabar (다윗의 시편), Injil(예수의 복음서), Koran(코란) 4가지가 있는데, 그 중에서도 코란이 최고의 권위를 갖는 경전이라고 합니다. 그래서 모든 경전들은 미완성이며 오직 코란만이 가장 완전무결한 마지막 경전이라고 합니다. 그러므로 경전들 사이 교리 면에서 이견이 생기면 자연히 최고의 경전인 코란교리가 우선적으로 맞는다고 모슬렘들은 믿습니다.

그러나 이슬람교의 경전들은 결국 대부분 성경에 속한 여러 권을 그대로 경전으로 사용하고 있으며, 단지 코란만 성경 내용을 유사한 내용으로 변형해서 사용하고 있을 뿐입니다. 코란에 실린 이야기는 대부분 성경에 나오는 아담, 노아, 아브라함, 모세, 다윗, 요나, 예수 등 24명(엘라의 예언자 28명 중)에 관한 이야기가 그대로 코란에 전재되어 있습니다. 그 중에서 마호메트가 가장 위대한 예언자이고 예수는 마호메트보다 훨씬 하위이다[슈라서 4:171]라고 합니다. 이 구절 때문에 기독교와 모슬렘교는 화해가 될 수 없고 하나로 뭉쳐질 수 없는 것입니다. 모슬렘은 무함마드(Muhammad, 아랍어로 마호메트)가 맨 마지막 선지자라고 믿고 있습니다.

기독교는 예수의 신성(神性)과 인성(人性)을 모두 믿는 반면에, 유대교와 이슬람교는 예수의 신성을 인정하지 않습니다. 유대인과 모슬렘은 모두 기독교의 가르침에서 가장 중요한 예수의 대속(代贖)적인 죽음을 믿지 않습니다. 코란은 아담에게서 받은 원죄나 죄의 본성을 부정하기 때문에 신앙고백을 안 하더라도 선하게 살면 누구나 천국에 간다고 말합니다. 그러므로 예수가 인류의 죄를 대신해서 십자가에서 죽을 필요가 없다고 말합니다. 수천 년 전에 아담이 저지른 죄 때문에 그 후손들이 모두 죄를 짊어질 이유와 필요가 없고, 더구나 그 죄 때문에 예수가 죽을 필요도 없고, 예수가 죽는다고 모든 사람들의 죄까지 모두 사함 될 수도 없다고 말합니다. 그러나 하나님이 생각하시고 약속하시고 정하시는 하늘의 법인 구원법은 이 세상에 관한 법이 아니고 저 세상에 관한 법이므로 이 세상의 인간들이 생각하는 좁은 범주가 아니고 인간이 상상도 못하는 넓은 범주에서 고차원적으로 생각하시고 정하시기 때문에 인간이 생각하는 것과 같을 수는 없는 것입니다.

유대인들은 율법을 어기는 것을 죄로 인식하고 하나님께 회개하여 용서받는 것을 믿습니다. 기독교인들은 인간은 누구나 아담의 원죄를 안고 죄성을 지니고 태어난다고 믿습니다. 아담 때문에 죄가 이 세상에 들어왔기 때문에 인간은 태어나면서부터 누구나 죄를 짓게 되므로, 인간은 오직 예수님의 대속을 믿음으로서만 죄 사함을 받아 구원을 받을 수 있다고 믿습니다. 그러나 모슬렘들은 원죄 따위는 없다고 생각합니다.

"인류는 신에 의해 창조되었다. 인간은 신의 자비를 거절하는 경우를 제외하고는 모두 천국으로 가도록 운명지어졌다. 인간의 죄가 아무리 크다 하더라도 회개하면 신은 쉽게 그 죄를 용서해 준다. 신에게 있어 용서란 문제는 매우 간단한 것이다. 신은 우리가 보고 듣고 상상할 수 있는 모든 것들을 창조하였고 그 이상의 보이지 않는 것 상상할 수 없는 것들도 이루었기 때문이다. 신은 피조물에게 자비와 용서를 베풀기 좋아하며 가장 사소한 선행에 도 커다란 보상을 해준다. 신의 보상을 받기 위해서는 믿음을 갖고 선행을 해야 한다라고 주장합니다."

야훼를 유일신으로 믿는 유대인들은 그들이 그토록 오랫동안 기다려왔던 구약성경에 예언된 메시아(구원자, 구세주)가 바로 예수임에도 불구하고, 정작 예수님이 오셨을 때 오히려 그분을 박해하고 신성 모독죄로 십자가에 처형당하도록 하였습니다. 주위의 여러 나라들에 의한 침략과 압제로부터 그들을 구원해 줄 수 있는 막강한 정치적 힘을 가진 메시아를 고대하고 있던 유대인들은, 초라한 목수의 아들로 태어난 예수가 메시아가 될 수 없다고 생각했던 것입니다. 그래서 그들은 아직도 메시아가 오기를 기다리고 있습니다.

기독교는 구약성경 39권과 신약성경 27권 모두 66권을 모두 하나님의 계시로 쓰여진 성경으로 믿고 있습니다. 그에 비해서, 유대교는 구약성경 39권(원전 24권)만 믿는데 특히 모세오경(Torah)을 중요시하며 예수님에 대해서 기록된 신약성경은 믿지 않습니다. 유대교나 기독교는 코란을 하나님의 계시로 쓰여진 경전으로 보지 않습니다. 그러나 이슬람교는 구약과 신약성경을 모두 경전으로 간주하고 믿으나, 마호메트가 하나님으로부터 계시받아 기록하였다는 코란(Koran)을 더 권위 있는 경전으로 믿고 있습니다. 성경은 시간이 지나면서 변질되었지만, 그보다 나중에 만들어진 코란은 완전하게 보완 보존된 하나님의 계시라고 믿기 때문입니다. 그래서 모슬렘(이슬람교도)들은 성경과 코란의 내용이 서로 다를 경우에는, 언제나 코란이 옳다고 주장합니다.

기독교는 예수님의 대속적인 믿음에 의한 공의의 구원(믿음 속에 행위의 구원)을 강조하고, 유대교와 이슬람교는 선행에 의한 '인과응보적인 행위의 구원'을 강조합니다. 기독교는 인간은 항상 악과 탐욕이 있어 항상 죄를 짓게 되므로 행위로서는 죄를 모두 사할 수 없기 때문에 구원에 이를 수가 없고, 오로지 강한 신성을 지닌 구세주의 대속을 통해서만 죄가 모두 사함 되어 구원을 얻는다고 믿습니다. 그에 비해 유대교나 이슬람교는 조로아스터교, 브라만교(힌두교), 불교처럼 이 세상에서 사는 동안 얼마나 경건하게 선한 행위로 행동해 왔느냐에 따라 내세(來世)가 결정된다는 '인과응보적인 행위의 구원'을 믿습니다.

이슬람교는 유대교나 조로아스터교처럼 이 세상에서 선하게 의롭게 살아가면, 자연히 행위의 구원을 받아 죽음 후에 천국에 갈 수 있다고 믿습니다. 그래서 그들은 "알라 이외에 다른 신은 없다. 마호메트(무함마드)는 알라의 사자(선지자)이다"라는 신조를 암송하고, 신앙고백(샤하다)과 선행을 통해서 구원을 받는다고 믿습니다. 그리고 매일 메카(Mecca)를 향해 하루 다섯 번 정해진 시간에 기도를 하며, 불쌍하고 가난한 자를 위한 자선, 라마단(Ramadan) 기간 중의 금식, 평생 동안 최소한 한번 이상의 성지순례(메카 순례, 하지)를 합니다. 메카 순례나 성전(지하드) 동안에 죽으면 무조건 낙원으로 직행한다고 믿습니다.

그들은 죽어서 알라신 앞에 최후의 심판을 받을 때까지 구원의 확신을 가질 수 없습니다. 그들은 이 땅에서 사는 동안에 천사가 선행과 악행을 책에 기록해 두었다가 최후의 심판 때 알라신에게 보고해서 그 책을 근거로 하여 선행이 많으면 낙원으로, 악행이 많으면 지옥으로 보내진다고 믿습니다. 이는 조로아스터교나 유대교나 요한계시록의 내세관과 똑같은 것입니다. 또, 이교도들과의 싸움(Jihad)에서 죽으면 곧바로 천국으로 간다고 믿습니다. 유대인들과 모슬렘들이 율법적으로 철저하게 종교적 의식과 의무를 이행하려고 하는 것은 이처럼 그들의 행위에 의해서 '행위의 구원'을 얻을 수 있다고 확신하기 때문입니다.

진정한 종교를 알아보지 못하고 우상숭배하며, 알라신과 그의 사신(선지자)을 믿지 않거나, 또는 그러한 서적들을 소유한 자들을 죽여라. [코란, 회개 Ayeh 28]

하나님의 뜻은 서로 사랑으로 화평하게 공생 공존하라는 것이므로 신앙 싸움으로 서로 죽이라는 것과 이교도들과의 신앙 싸움에서 죽는다고 심판 없이 곧바로 천국으로 간다는 것은 결코 하나님의 뜻(의도)이 아닙니다.

'악행보다 의를 행한 것이 더 많아 알라신의 심판을 통과해서 낙원에 들어가면, 영원히 청년의 정력을 지니고 수십 명의 늙지 않는 미인 처녀들을 아내로 맞아 아름답고 호화찬란한 궁전에서 수만 명의 종들을 부리며 각양각색으로 나오는 진수성찬을 매일 즐기면서 왕처럼 사는데 처녀 아내와 동침을 하고 나면 다시 처녀로 돌아간다고 합니다.'

알라신에 의해 낙원으로 간 이들의 행동은 행락과 음욕을 즐기고 여자를 음욕의 도구로 삼는 퇴폐적이고 타락된 생활이므로 경건하고 화평한 인간 사회가 계속해서 영원히 이루어지기 어려우므로 이러한 사회는 결국 천국 사회가 아니고 음란하고 타락된 악령의 사회이므로 알라신도 이를 용납하지 않으므로 이러한 코란의 낙원은 실제로는 존재할 수 없는 것입니다. 선지자나 경전기자들이 쓰는 내용들이라고 해서 모두 사실적인 이야기이고 모두 진리일 수는 없는 것입니다.

이슬람교(회교)는 전지전능한 알라의 가르침을 하늘에 있는 대천사(大天使) 가브리엘을 통하여 예언자 무함마드(마호메트 570~627)에게 7년간 계시된 종교로 유일신 종교임을 자처합니다. 알라는 다신교 시대부터 메카에서 최고신으로 숭배되어 왔는데, 무함마드는 조로아스터처럼 다른 모든 신을 거짓신이라 하고, 오직 알라만을 유일신 창조주로 내세웠습니다. 아브라함이 이스마엘의 자손(아랍인) 중에서 사도가 나오길 기도했으며, 이 기도의 응답으로 나타난 사도가 마호메트라고 주장합니다. 그리고 아브라함이 믿었던 신앙이 바로 이슬람교였으며, 마호메트의 가르침은 아브라함이 믿었던 유일신교를 다시 회복한 것이라고 주장합니다. 코란에는 쫓겨났던 이스마엘 가족이 있는 곳으로 아브라함이 찾아가서, 이삭이 아닌 이스마엘에게 그들 민족신의 은총을 내려주었으며, 그 신은 바로 알라신이라고 기록하고 있습니다.

그 때문에 유대교(기독교)와 이슬람교는 어느 한쪽이 완전히 망하지 않고서는 저주의 전쟁은 영원히 끝나지 않을 것입니다. 그래서 영원히 계속되는 저주스러운 증오는 피비린내 나는 중동전쟁의 불씨가 되어 4,000년 전부터 끊임없이 같은 형제끼리 피를 흘리며 죽기 살기로 싸워오고 있습니다.

하나님의 계시와 마호메트의 가르침을 기록한 코란은 모세나 예수의 가르침과 대부분 동일하거나 유사합니다. 마호메트는 유대교와 기독교가 성경을 잘못 해석하고, 그 일부를 조작하거나 감추었기 때문에 알라신이 자신에게 계시를 내려 코란을 쓰게 해서 원래의 순수한 아브라함의 종교를 복원하도록 했다고 주장합니다. 마호메트는 이러한 주장을 통해 이슬람교를 아랍의 민족 감정과 민족적 전통 위에 정착시키는데 성공했으며, 그로 인해 교세도 많이 확장시켰습니다. 이슬람교와 유대교와 기독교는 같은 아브라함이 믿었던 신을 섬기기 때문에 그 내용에 있어서도 유사한 부분이 많이 있습니다.

모슬렘(이슬람교도)은 성경의 가르침과 같이 자기네들도 아브라함의 자손이고, 예수는 하나님의 선지자 중의 한 분이라고 존경합니다. 그래서 무슬림이 예수의 존재를 부인한다면 더 이상 무슬림이라고 할 수 없다고 단언합니다. 전지전능한 창조주 알라신(하나님)은 우주만물을 창조했으며, 만물 속에 어디든지 존재하며(무소부재) 사람 속에 피동맥보다도 더 가까이 존재하며 모든 것을 알고 계신다고 하며(무소불능), 알라신 이외의 다른 신은 존재하지 않는다고 합니다.

> 알라는 만물의 창조주이며, 이와 동등하거나 비교될 존재는 없다. 모든 피창조물과는 엄격한 거리가 있으면서도 사람들의 경동맥(頸動脈)보다도 더욱 가까이 있다. 알라는 이 세상 모든 것을 주지만 아무 대가를 요구하지 않는다. 마음은 어디까지나 관대하고 자애에 넘쳐 잘 용서하고, 잘 들어 주고, 잘 보아 준다. 알라는 진리이며 빛이며 동도 서도 알라의 것, 어느 쪽을 향해도 알라의 얼굴은 거기에 계신다. 골고루 존재하며 모든 것을 알고 계신다. [코란 2:11]

유대교인은 야훼 하나님을 믿고 선행을 한 사람들만 천국으로 간다고 믿고, 이슬람교인은 알라를 믿으며 선한 행위를 한 사람들만 천국에 간다고 믿고, 기독교인은 예수님의 대속을 믿어 구원을 받은 사람들만 천국에 간다고 믿고, 불교인은 부처를 믿고 해탈을 이룬 사람만이 극락에 갈 수 있다고 믿습니다. 그러므로 모든 종교는 자신들의 종교와 자신들의 신과 자신들의 신앙을 믿어야만 천국에 갈 수 있다고 주장합니다.

그 때문에 일부 종교인들은 자신의 종교나 자신의 교파만이 구원을 받을 수 있고 천국에 갈 수 있고 다른 종교나 다른 교파는 구원을 받을 수 없고 천국에도 못 간다고 독선적 배타적으로 주장합니다. 이는 결국 자신들도 구원을 받지 못하고 천국에 가지 못하는 것을 스스로 시인하고 주장하는 것입니다. 그 이유는 하나님의 성령으로 쓰여진 다른 종교의 경전이나 구원관이 틀리거나 잘못되었다고 주장하는 것으로 이는 곧 자신들의 경전과 구원관도 틀리거나 잘못되었다고 시인하고 주장하는 것이나 마찬가지이기 때문입니다. 왜냐하면 거의 모든 경전들은 구원관에 대한 기본 신앙교리가 '인과응보적인 구원관'으로 서로 똑같기 때문입니다. 그러므로 하나님의 말씀을 진정으로 깨달은 진실한 참된 종교인이라면 마땅히 다른 종교에도 다른 구원의 길이 있다고 종교다원주위를 시인하고 인정하는 관용적(寬容的)인 종교인의 자세가 절대로 필요한 것입니다. 마치 어려운 상황에서 나만 살려고 발버둥 치면 아수라장이 되어 모두 죽게 되고, 함께 살려고 모두 합심하면 모두 사는 길이 열리는 거와 마찬가지인 것입니다.

더욱이 지구보다 더 좋은 환경으로 된 아름다운 천국은 우주 속에는 수없이 많이 있기 때문에 지구에서 종교 간에 서로 시기하고 질투하고 비방하고 미워할 이유와 필요가 조금도 없는 것입니다. 하나님은 화평과 질서와 사랑과 공의로운 하나님이십니다. 하나님은 모든 것을 광대(廣大)하게 멀리 보고 멀리 생각하고 세밀히 정확히 설계하시는 전지전능하신 분이십니다. 하나님은 어떤 것도 절대로 헛되이 창조하시지 않으시고 헛되이 버리시지도 않으시고 무소부재하시며 만사만물을 고루 염려하시고 고루 돌보시는 꼼꼼한 분이십니다. 그러므로 하나님은 만물에 보기 드문 애착을 가지시므로 사랑도 많으시고 감정도 풍부하시고 잘되기를 늘 바라시므로 잘못도 너그러이 용서해 주시는 매우 관대하시고 매우 자비로우신 분이십니다. 하나님은 무한히 넓은 하늘에 아름다운 지구혹성들을 무수히 많이 준비해 놓으셨기 때문에 선하게 산 자는 누구나 더 좋은 곳으로 가게 되고, 악하게 산 자는 더 나쁜 곳으로 가게 될 것입니다. 이러한 것을 미루어보아 하나님은 성경에서 사도 요한이 환상으로 본 가로 세로 높이가 각각 12,000스타디온(2,400km=6,000리)인

정육면체 모형으로 된 조그마한 새 예루살렘[계21:1~27] 천국 한 개만 무한히 큰 대우주 속에 덩그러니 인색하게 준비해 놓으실 분이 절대로 아니십니다.

회교와 유대교와 기독교가 이해하고 믿는 하나님은 공통점보다는 차이점이 훨씬 더 큽니다. 성경과 코란은 여러 면에서 대조적입니다. 성경은 무수히 많은 예언이 있었으며, 그 중에 약 300여 가지가 이미 정확하게 성취되었습니다. 그러나 코란은 단 한 가지 예언 곧 무함마드가 메디나에서 메카로 돌아가리라는 예언만 나옵니다.

가장 확실한 믿음의 종교는 하나님의 예언의 계시를 가장 많이 받고 예언이 가장 많이 성취된 종교이어야 할 것입니다. 그 때문에 하나님의 참종교는 예언대로 역사가 흘러와서 예언대로 흘러가고, 가난하고 불쌍한 자에게 부를 나누고, 약한 자에게 힘을 나누고, 슬픈 자에게 슬픔을 나누고, 고통 받는 자에게 고통을 나누고, 기뻐하는 자에게 기쁨을 나누고, 사랑이 부족한 자에게 사랑을 나누고, 악한 자를 선한 자로 교화시키고, 사랑으로 상대의 허물을 가리고, 인간의 생명을 가장 소중히 여기고, 행위로 하나님의 뜻인 정의+사랑+선을 실천하면서 자비주의+이타주의+화평주의를 추구하는 종교라야 할 것입니다.

서로 사랑으로 공존 공생하며 화평한 세상을 이루어나가는 신앙교리를 가진 종교가 바로 하나님의 뜻에 가장 잘 순종하는 종교이고, 하나님에게 가장 큰 영광을 안기는 종교이므로 하나님이 가장 좋아하시는 종교로 가장 좋은 보응을 받는 종교가 될 것입니다.

제6장

영의 세계

- 영이란 무엇인가?
- 무생물의 특성과 생물의 혼
- 만물의 근원인 영의 장(場)
- 태극음양과 기(氣)
- 하나님의 창조과학
- 음양의 영(음양이원론)
- 하나님의 진화적인 창조
- 양자얽힘(원격정보복사로 동일반응)
- 부활의 메커니즘인 텔레포테이션

1. 영이란 무엇인가?

우리는 흔히 자연변화가 일어나는 것은 에너지(energy)에 의해서라고 말합니다. 그러나 자세히 살펴보면 에너지 자체만으로는 물질을 만들고 조절하고 작동시켜 자연변화가 일어나게 하고, 생물이 만들어져 살아가게 할 수는 없는 것입니다. 에너지 속에서 정보와 에너지를 다루는 어떤 영적인 존재가 있어야만 만물을 만들고 작동시키고 변화시킬 수 있는 것입니다. 영은 빛의 광자에너지(정보+에너지+영) 속에 거하며, 광자가 지닌 정보와 에너지를 다루는 영적인 존재입니다. 영은 항상 광자에너지를 뒤집어쓰고 있기 때문에 영은 정보와 에너지를 지니고 다루는 영적인 존재로 간단히 영(정보+에너지)으로 나타낼 수 있습니다.

태양빛(광자+전자기파)으로 생물은 살아가므로 빛에너지인 광자에너지 속에는 정보와 에너지가 들어 있고, 이를 다루는 영도 들어 있는 것입니다. 그 때문에 동물은 광자에너지로 움직이고, 광자 속의 영으로 생각을 합니다. 우리는 뇌파(뇌전류, 전자기파, 광자에너지)로 생각합니다. 뇌파 속에는 에너지와 정보가 들어 있고, 정보를 조리 있게 다루어 타당한 생각을 만들어내는 영도 들어 있는 것입니다. 영 단독으로는 활성화에너지가 없기 때문에 활동을 할 수 없습니다. 영은 항상 광자에너지 속에 거하며 광자에너지로 활동하므로, 영은 항상 광자에너지 옷을 입고 영기(기, 기운, 전자기파, 전자기장)로 작용합니다. 영은 항상 광자에너지 속에 거하므로 광자(정보+에너지+영)와 영(정보+에너지)은 일체입니다. 영은 하나님의 신(영)으로 만들어지기 때문에 영은 하나님의 화신(化身)이며 분신(分身)이며 혼신(魂神, 성령, 신령, 혼령)이며 대리자이므로 영이 있는 곳에는 항상 하나님의 신(혼신)도 거하므로 광자－영－하나님은 삼위일체로 항상 공존하며 항상 빛에 거합니다. 만물은 영으로 광자로 빛으로 만들어지기 때문에 만물 속에도 하나님의 신과 영이 들어 있으므로 예수님과 미트라신뿐만 아니라 만물도 하나님－영－만물로 삼위일체인 것입니다.

> 너희 율법에 기록한바 내(예수)가 너희를 신(영, 성령 ,신령)이라 하였노라 하지 아니하였느냐. [요10:34]

광자 속에 거하는 영은 광자가 지닌 정보와 에너지를 다루므로 영은 정보와 에너지를 지니고 다루는 영적인 존재입니다. 정보가 들어 있는 에너지가 기운이고 영기이고 정기이고 생기입니다. 하나님은 하나님의 기운(영기)으로 만물을 창조하고 다스립니다. 하나님의 기운은 빛 속에 광자에너지 속에 들어 있고 빛의 광자에너지는 힘의 장(영의 장, 정보와 에너지장)인 전자기장, 중력장(인력장), 척력장을 형성합니다. 힘의 장인 영의 장(정보와 에너지장)에 이끌리어 다스려져 소립자와 만물이 만들어지고 만물이 진화되어 가며 창조되어집니다. 하나님은 영(정보+에너지)의 원천이시므로 정보와 에너지의 원천이십니다. 그 때문에 하나님은 하나님의 정보(생각, 말씀, 설계)와 에너지(힘, 기운, 영기)가 들어 있는 힘의 장으로 영의 장(정보와 에너지장)으로 만물을 창조하고 다스리고 작동 변화시켜 나가십니다. 영은 없는 곳에서 자연히 우연히 만들어지거나 생겨나지 않으므로, 영은 영의 원천이신 하나님으로부터 만들어질 수밖에 없는 것입니다.

영(정보+에너지)은 하나님의 생각(정보)과 하나님의 기운(에너지, 힘)을 지니고 있으므로 영의 기운인 영기 속에는 하나님의 정보와 하나님의 힘이 들어 있는 것입니다. 그러므로 하나님의 영이나 영기는 곧 하나님의 말씀(정보+에너지)이고 설계(정보+에너지)이고 생각이고 감정이고 능력이고 기운이므로 영은 하나님의 분신(화신)이며 하나님의 혼신이며 하나님의 대리자입니다. 영이 지닌 정보와 에너지로, 즉 광자에너지로 질량에너지 등가원리에 따라 에너지가 입자로 되고, 입자들의 인력으로 만물이 만들어집니다.

하나님(창조주) → 영(정보+에너지) → 영의 장(힘의 場) → 극미입자(Quark, 쿼크 등) → 소립자 → 빛 → 원자 → 분자 → 물질 → 만물 순서로 만물은 만들어졌을 것입니다.

하나님이 거대하고 무한히 많은 우주만물을 창조하기 위해서는 하나님 대신 사고력과 진화력과 창조력을 지닌 영들이 무한히 많이 필요합니다. 하나님이 만물을 하나하나 일일이 신경 써 가며 말씀으로 창조하실 수는 없는 것입니다. 생물의 종과 수는 일일이 하나님의 말씀으로 조절 관리되어 창조되어지지 않고 DNA가 서서히 발전 발달 진화되어 가면서 자연히 다양하게 창조되어집니다.

하나님만 오직 영의 구조와 영의 특성과 영의 능력과 영의 설계를 아시므로 하나님만 영을 자유자재로 만들고 의사소통하고 인도하고 다스리고 통솔하고 붓고 쏟고 할 수 있습니다. 그 때문에 하나님만 세포 속에 있는 영(성령)을 정신감응(텔레파시, 원격의사소통), 정신격동(원격조종), 양자얽힘(원격정보복사로 동일반응), 텔레포테이션(원격이동) 같은 영적인 원격반응(원격작용)을 통해 감동시켜 사람의 마음(영들의 생각)을 변하게 하시거나 하나님의 의도대로 인도하시거나 하시고, 빛 속에 광자 속에 있는 영(정보+에너지)을 태양빛으로 부으셔서 식물이 잘 자라게 하시거나 자연변화가 잘 이루어지게 하십니다. 하나님은 영으로 빛에 거하시며 빛에너지의 힘으로 광자에너지의 힘으로, 즉 영기로 기운으로 만물을 창조하고 다스리십니다.

모든 만물은 수명이 있는 입자나 물질로 만들어지기 때문에 모든 만물에게는 수명이 있습니다. 그러나 영은 물질적인 존재가 아니므로 크기가 없이 무형으로 광자입자(광자에너지) 속에서 광자에너지가 지닌 정보와 에너지를 다루는 영적인 존재입니다. 영은 수명이 있는 입자나 물질로 만들어지는 피조물이 아니고 하나님의 영의 원천에서 유래되는 영적인 존재이기 때문에 수명이 없으므로 탄생과 죽음이 없고, 원소들의 화학결합으로 결합된 분자적인 물질이 아니기 때문에 구조적인 형상이 없으므로 보이지도 않고, 부피와 질량이 없으므로 공간의 제약도 없고, 만들어지는 과정이 있는 물질이 아니므로 시작과 끝이 없으므로 시간의 제약도 없고, 물질이 아니므로 물질의 제약도 없는 즉 시간과 공간과 물질의 제약을 받지 않고 초월하는 보이지 않는 영적인 존재입니다.

그러므로 영의 원천이신 하나님은 시간과 공간과 물질의 제약을 받지 않고 초월하는 영적인 분이시므로 탄생과 죽음이 없는 항상 존재하시는 영원한 분이십니다. 하나님은 하나님의 나라인 아름다운 천국(하나님이 거하시는 가장 아름답고 가장 살기 좋은 혹성)에서만 육체를 가진 모습을 하고 계시고, 천국 이외에서는 영으로 거하시므로 보이시지 않습니다.

이 세상 모든 물질에는 수명이 있기 때문에 모든 물질에는 탄생(결합)과 죽음(분해)이 있습니다. 모든 물질은 탄생과 죽음이 있기 때문에 에너지와 정보와 물질이 자연히 전달 순환되면서 동적평형을 이루면서 이 세상(물질계+정신계)을 영원히 유지시켜 나갑니다. 만일 이 세상 물질에 죽음이 없다면 분해되는 입자와 에너지가 없기 때문에 새로운 물질을 만드는 입자와 에너지가 부족하거나 없기 때문에 새로운 물질이 탄생될 수 없습니다. 그 때문에 물질을 탄생시키는 입자나 에너지를 위해서는 상대적 극성적으로 음양적으로 물질이 분해되는 물질의 죽음이 반드시 존재해야 합니다.

그러므로 죽음 없는 탄생은 없고, 탄생 없는 죽음은 없는 법입니다. 탄생을 위해서는 반드시 죽음이 필요하므로 사람이 죽는 것은 끝이 아니라 새로운 탄생을 위한 시작인 것입니다. 탄생이나 죽음 한쪽만으로는 물질이 동적평형으로 순환되지 못하여 세상을 영원히 유지시켜 나가지 못하므로 조로아스터교의 교리처럼 태초부터 하나님은 탄생과 죽음을 음양적으로 동시에 창조하신 것입니다. 그러나 구약성경이나 수메르 종교는 하나님이 이 세상을 처음에는 천국 세상으로 창조했으나, 사람이 죄를 지어서 죽음과 고통의 세상으로 변했다고 하는데, 이는 잘못된 신앙입니다. 이 세상과 저 세상이 하나님처럼 영원히 유지 보존되려면 동적평형으로 물질과 에너지와 정보가 죽음(분해)과 탄생(결합)을 통해서 영원히 순환되어야 하기 때문에 하나님은 태초부터 탄생과 죽음을 동시에 창조하신 것입니다. 그 때문에 탄생과 죽음은 이 세상과 저 세상을 영원히 유지 보존시키기 위한 동적평형을 위한 것이지 죄와는 상관이 없는 것입니다. 인간이나 동물이나 식물이나 별들이나 은하계가 죄 때문에 죽어가고 의(義) 때문에 태어나는 것이 아니라, 자연의 법칙에 의해 음양관계로 만물의 동적평형을 이루기 위해 죽어가고 태어나는 것입니다.

2. 무생물의 특성과 생물의 혼

생명의 4대 요소의 상호작용으로 만들어진 혼이나 영혼은 생명의 4대 요소인 광자(정보+에너지+영을 공급함), DNA분자(유전정보대로 단백질 종류를 만들게 함), 단백질분자(유전정보대로 생체를 만듦), 물분자(유전정보대로 물질을 운송해서 결합시키거나 분해시키고 청소함)와의 상호작용으로만 혼이나 영혼의 활동을 할 수 있습니다. 육체 없이 에너지 없이 영 단독으로는 활성화에너지가 없어 스스로는 활동할 수도 없고 존재할 수도 없는 것입니다.

그 때문에 죽음 후 육체가 분해되면 영혼은 활동은 할 수 없지만 분해되지 않는 광자소립자(광자에너지) 속에 영적으로 저장되어 광자와 함께 우주 공간에서 영혼기에 의해 불리어질 때까지 영원히 머뭅니다. 왜냐하면 정보는 항상 에너지에 의해 만들어져 에너지 속에 저장되어 에너지와 함께 존재하고 에너지와 함께 작용하고 에너지와 함께 전달되기 때문입니다. 그 때문에 에너지(소립자, 극미립자) 없이 정보나 영 단독으로는 존재할 수도 없고 작용할 수도 없는 것입니다.

영은 물질 속에서는 물질의 특성을 나타내고, 생물 속에서는 혼이나 영혼을 나타냅니다. 그러므로 영이나 혼이나 영혼은 다 똑같은 하나님의 영입니다. 만일 우리가 '하나님 아버지, 우리 늙으신 부모님을 부디 만수무강하게 돌보아주십시오'라고 기도를 한다면, 기도를 하게 하는 영은 영혼(영적 활동을 이끄는 영)이 하는 것이고, 기도 내용은 삶에 관한 내용이므로 혼(삶의 활동을 이끄는 영)이 하는 것입니다. 그러나 하나님께

기도를 드리게 하는 영혼도 결국은 삶의 활동을 이끄는 영이나 마찬가지이므로 영이나 혼이나 영혼은 다 같은 하나님의 영입니다. 동물에게는 삶의 활동을 이끄는 혼은 있으나 하나님을 생각하는 혼(영혼)이 없으므로 인간을 동물과 구별하기 위해 인간이 일부러 혼과 영혼을 구별해 놓은 것뿐이지, 혼과 영혼은 원래 같은 하나님의 영으로부터 만들어진 다 같은 하나님의 영입니다.

구태여 구별한다면 영혼은 혼에 속하고 혼은 영에 속하고 우리의 영(혼, 영혼)은 하나님의 영(신, 신령, 성령)에 속하므로 우리 육체 속에는 우리의 영과 하나님의 영이 동시에 공존합니다. 하나님의 영으로 우리의 체세포가 만들어지므로 그 중에 일부만 우리의 영으로 만들어지기 때문에 우리 체세포 속에는 우리의 영과 하나님의 영이 공존하는 것입니다. 이는 곧 하나님의 영 속에 우리의 영인 혼이나 영혼이 함께 머무는 것이며, 동시에 우리의 영 속에 하나님의 영이 거하고 있는 것입니다.

영(정보+에너지)으로 만물의 시스템(조직, 계)과 이에 따른 메커니즘(기능, 작동원리)이 만들어지므로 만물의 종류가 다르면 다른 시스템과 다른 메커니즘으로 영의 능력이 다르게 한정지어지므로 무생물과 생물 사이, 식물과 동물 사이, 인간과 동물 사이, 사람 중에서도 각 개인마다 영(영혼, 혼)의 능력은 다 다르게 한정(억제)되어집니다. 그러므로 영의 본질은 같으나 영의 상태(능력)는 다 다른 것입니다. 그 때문에 영의 종류와 능력도 만물에 따라 천층만층입니다. 영은 무생물에서는 물질의 종류에 따라 다른 특성을 만들고, 생물에서는 종과 개체에 따라 DNA에 따라 다른 혼(동물)이나 영혼(사람)을 만듭니다.

영혼이나 혼은 생명의 4대 요소(광자+단백질분자+DNA분자+물분자)들의 상호작용으로 만들어지고 생명의 4대 요소와 상호작용을 할 때에만 영혼이나 혼의 활동이 이루어집니다. 영은 항상 광자에너지 속에 머물므로 영혼이나 혼도 항상 광자에너지(광자소립자) 속에 거하기 때문에 정신적인 영혼도 물질적인 소립자(에너지)와 상호작용을 함으로써 존재하고 활동하게 됩니다. 광자소립자는 질량과 전하는 0이고 스핀 양자수는 1로 질량과 전하를 지니지 않고 에너지와 정보만 지니기 때문에 다른 물질과 화학적인 결합을 하지 않는 안정한 입자입니다. 광자는 단지 전자—양전자로 전이되었다가 다시 광자로 부활(탄생)되는, 즉 전자 속에 들어갔다 나왔다를 반복하면서 전자기력만 매개하는 영원한 안정한 소립자(에너지)입니다.

에너지보존법칙에 따라 에너지의 원천(근원)인 광자에너지가 영원히 보존되면, 광자(에너지+정보+영)에너지 속에 저장된 영혼은 신체의 분해 후에도 광자에너지 속에 영적으로 영원히 머물게 되므로 영원히 보존되는 것입니다.

물질은 원자—분자결합에 의한 화학결합으로 결합되어 있기 때문에 형태(형상)와 질량과 부피를 가지게 되지만 물질이 분해되면 형태도 분해됩니다. 그러나 영적인 영혼은 질량과 전하와 부피를 가지지 않는 광자소립자 속에 영적으로 영으로 저장되어 머물고 있기 때문에 화학결합에 의한 분자결합이 아니고 영적인 결합이므로 형태도 없고 구조도 없기 때문에 분해될 수도 없고 썩을 수도 없고 태워질 수도 없으므로, 영혼은 광자 속의 영혼으로 즉 광자에너지 옷을 입고, 즉 광자에너지를 뒤집어쓰고 죄의 심판 날까지 영원히 존재하게 됩니다.

정신적인 기억정보도 뇌세포 속에 광자(광자에너지) 속에 영적으로 무한히 많이 저장되어 있습니다. 뇌세포 속에 광자 속에 기억정보를 저장하고 꺼내는 일도 광자(에너지+정보+영)가 하는데, 이는 곧 광자 속에 들어 있는 영들이 정보를 저장하고 꺼내는 일을 돌보고 다루는 것입니다. 그러므로 우리가 생각하는 비물질적인 정신적인 기억이나 영혼도 엄밀히 살펴보면, 눈에 보이지 않는 광자와 같은 소립자(에너지)의 작용이므로 정신세계는 곧 소립자세계이고 에너지세계이고 이는 곧 영의 세계를 의미합니다. 그러므로 아무것도 없는 곳에는 소립자와 에너지도 없는 곳에는 정신적인 기억이나 정보도 만들어져 저장되고 작용되고 전달될 수 없으므로 정신세계도 존재할 수 없는 것입니다.

그러므로 정신세계나 물질세계도 정보와 에너지로, 즉 영(정보+에너지)으로 이루어지고 작동되는데, 이는 곧 정신세계나 물질세계는 영의 세계이고, 넓게는 보이지 않는 에너지세계입니다. 에너지는 질량에너지 등가원리에 따라 소립자와 물질을 만들고 물질은 정보와 에너지로 영으로 만들어지므로, 에너지세계=소립자세계=물질세계=정보세계=영의 세계=정신세계의 등식관계가 성립됩니다. 모양만 다른 세계이지 근원(본질)은 모두 같은 영(정보+에너지)으로 이루어진 세계이기 때문에 서로 영적으로 정보적으로 에너지적으로 물질적으로 상호작용을 하면서 공동으로 이 세상을 형성하고 이끌어 나갑니다.

질량에너지 등가원리($E=mC^2$)에 따라 에너지는 물체의 질량으로 바뀔 수 있고, 물체의 질량은 에너지로 바뀔 수 있으므로 결국 에너지와 물체의 질량과 소립자는 모양만 다를 뿐 서로 같은 것입니다. 물체가 지닌 역학적에너지(위치에너지+운동에너지)나 물체 자체는 모두 빛에 있는 소립자들과 광자에너지(광자소립자)로 만들어집니다. 핵에서 나오는 방사선도 소립자들의 흐름이므로 빛에너지는 소립자나 극미입자(극미립자)들의 흐름이기 때문에 에너지도 넓게 보면 물질에 속하는 것입니다. 천체망원경으로 찍은 백색왜성의 필름을 보더라도 백색왜성의 강한 일자선의 빛이 팔랑개비처럼 회전하면서 순식간에 먼지구름을 뿜어내 주위의 우주 허공을 먼지구름으로 덮는데, 이는 빛에너지가 순간적으로 소립자 먼지구름으로, 즉 물질로 변하는 것을 보여주는 것입니다.

잃어버린 기억도 시간이 지나 기억암호가 맞추어지면 다시 기억을 할 수 있습니다. 기억을 하고 못하고는 기억세포의 암호를 맞추는 영의 능력에 달려 있습니다. 광자 속에 오래가는 기억정보로 선택되어 저장된 정신적인 장기-기억정보는 오래 가는 것처럼, 수정 때 DNA사슬이 만들어지면서 DNA사슬 속, 광자 속에 만들어지는 영혼은, 광자 속에 영원히 머무는 영원한 정보로 저장되기 때문에 광자입자와 함께 영혼은 영원히 보존되는 것입니다.

질량에너지 보존법칙에 따라 에너지가 영원히 보존되면 에너지 속에 들어 있는 에너지의 특성(정보+에너지)도 영원히 보존되어야 하고 특성이 보존되기 위해서는 특성을 만드는 정보와 에너지도 영원히 보장되어야 합니다. 정보와 에너지가 보존되면 영(정보+에너지)도 보존되므로 질량에너지 보존법칙은 결국 질량-에너지-정보 보존법칙이고, 동시에 질량-에너지-영 보존법칙이나 다름없는 것입니다. 그러므로 질량에너지 보존법칙에 따라 에너지의 원천인 광자에너지(광자소립자)가 영원히 보존되면 광자에너지 속에 들어 있는 영원한 정보인 영혼도 영원히 보존되는 것입니다.

3. 만물의 근원인 영의 장(場)

만물은 영(정보+에너지)으로 만들어지기 때문에 만물의 작용도 정보와 에너지의 상호작용으로 이루어집니다. 정보와 에너지로 만들어지는 장(場, field)에는 전자기장, 중력장(만유인력장), 척력장이 있습니다. 그러나 중력장이나 척력장의 자세한 내막은 지금까지 정확히 밝혀지지 않았습니다.

$$F = Gm_1m_2/r^2$$

뉴턴의 중력방정식(만유인력법칙)은, 두 물체 사이의 인력(중력)은 두 물체의 질량의 곱에 비례하고 거리의 제곱에 반비례합니다. 두 물체가 아무리 멀리 떨어져 있더라도 인력은 0이 될 수 없고 미세하나마 반드시 존재하므로 중력장은 무한대입니다. 그래서 우리와 화성에 있는 돌 사이에 또는 우리와 천국에 있는 하나님 사이에도 인력은 미세하나마 항상 작용하고 있는 것입니다. 그러므로 전체 우주의 모든 입자들이나 에너지나 만물들은 보이든 안 보이든 서로 수억만 가지 이상의 중력장(인력장)들이 서로 얽혀서 만유인력 그물망을 형성하고 있는 것입니다.

중력은 질량과 거리에 관한 것이기 때문에 어떤 방법으로도 차단되어지지 않습니다. 중력은 물체의 종류나 물체 사이의 매질과는 관계없이 두 물체의 질량에만 관계가 있습니다. 그래서 중력장이 없는 우주 공간은 존재할 수 없습니다. 진공에도 중력장은 작용합니다. 모든 물체는 수많은 중력장으로 둘러싸여 있고, 각 중력장들은 다시 다른 물체들에 중력(인력)을 미치기 때문에 우주 허공에 있는 수많은 천체들은 서로 중력장을 만들면서 서로 중력장 그물망 속에 있습니다. 만물은 힘의 장인 중력장, 척력장, 전자기장의 상호작용으로 만들어지고 작동되고 변화해 가므로 만물은 힘의 장의 지배를 한시도 벗어날 수 없는 것입니다.

물질을 구성하는 기본이 되는 입자를 기본입자 또는 소립자(素粒子, elementary particle)라고 합니다. 그러므로 물질을 만드는 광자, 전자, 양성자, 중성자, 중성미자 등 소립자에 관해 알아보는 것은 물질을 만드는 근원을 알아보는 것으로 이는 곧 하나님의 창조과학(창조기술)을 직접적으로 알아보는 것입니다.

2개의 음양의 소립자가 충돌하여 소멸하며 빛을 내면서 빛에너지인 광자에너지(광자소립자)를 방출합니다. 이때 2개의 소립자는 서로 다른 쪽의 반입자(反粒子)라고 합니다. 이 과정에서 질량은 없어지지만 운동량과 전하량은 항상 일정하게 보존됩니다.

전자—양전자, 양성자—반양성자, 중성자—반중성자는 서로 반입자로 질량과 수명과 전하(電荷)의 크기는 서로 같으나 전하의 부호는 반대입니다. 충분한 에너지를 가진 빛을 사용하면 진공으로부터 전자(−)—양전자(+) 1쌍을 생성할 수 있습니다. 생겨난 전자와 양전자는 인력에 의해 충돌하면서 순식간에 소멸하여 빛에너지(광자에너지)로 됩니다. 이는 빛 속에 광자, 전자—양전자 등 소립자들이 많이 들어 있다는 증거입니다. 소립자들은 서로 전이(전화, 천이)하고 결코 분해되지 않는 사실로부터 생각하면 소립자 배후에 공통된 소재(素材), 즉 원물질(영=정보+에너지)이 있다는 것을 생각하게 됩니다. 그러므로 소립자는 원물질(영, 기)이 옷만 갈아입어 다른 형태를 취한 것으로 볼 수 있습니다.

질량에너지 등가원리(질량에너지보존의 법칙)에 따라 광자에너지나 소립자들은 소멸되어 없어지는 것이 아니라 단지 전이―부활을, 즉 소멸―생성을 반복할 뿐입니다. 영이 들어 있는 소립자가 소멸되어 진짜로 없어지는 것이 아니라 소멸(전이)―생성(부활)을 반복하면서 영원히 존재하듯이 영으로 만들어진 인간의 영혼도 죽음으로 실지로 없어지는 것이 아니라 영혼이 단지 낡은 육체의 옷만 갈아입는 과정인 탄생(결합, 생성)―죽음(분해, 소멸)을 반복할 뿐입니다.

광자는 질량 0, 스핀 양자수 1, 전하 0으로 크기와 형체가 없는 입자로 에너지와 정보를 지니고 전달하는 영적인 존재입니다. 실제적인 광자 한 개의 형체는 모르나 광자 한 개의 에너지를 E=hv라고 정해 놓고 있습니다(진동수=v, 플랑크상수 $h=6.6\times10^{-34}J\cdot s$). 광자는 전자기력을 매개하므로 전자의 매개입자이며 매개에너지입니다. 전자는 광자와 항상 상호작용을 합니다. 전자가 방출한 광자가 다른 전자로 옮겨가면서 전자기력을 전달하고 사라진다고 합니다.

원자 속의 전자는 에너지준위가 높은 들뜬 상태에 놓이게 되면, 스스로 에너지 준위가 낮은 안정한 바닥상태로 천이하면서(내려앉으면서) 그 에너지 차이를 빛으로 즉 광자에너지(전자기파)로 방출합니다. 마치 불덩어리로 달궈진 쇳덩어리가 평형의 힘으로 빛을 내면서 스스로 식어가는 것과 같은 원리입니다. 자연계에서 나타나는 대부분의 발광현상은 전자의 자발적인 천이(전이)에 따른 광자 발생 때문입니다. 그러므로 밝고 환한 광명(光明)은 모두 광자에너지로 빛에너지로 만들어지고, 하나님의 영(정보+에너지)은 빛에 거하므로 광명 속에 광자에너지 속에는 하나님의 영이 늘 거하는 것입니다. 우리는 광명 속에서 살아가므로 하나님의 영의 장(場) 속에서 하나님의 돌보심 속에서 살아가는 것입니다.

광자에너지가 전자 속에 흡수되면서 전자를 들뜨게 하고, 전자 속에서 광자에너지가 나오므로(방출되므로) 전자를 바닥상태로 만듭니다.

광자에너지는 빛에너지이므로 전자소립자 속에 쉽게 흡수되고 다시 쉽게 방출됩니다. 빛의 광자는 전자와 부딪친 후 전자에게 에너지를 주고 자신은 에너지가 낮아져 나온다고 합니다. 즉, 전자와 부딪친 광자에너지 일부는 전자 속에 흡수되고 일부는 반사되는 것입니다. 일부 반사된 광자에너지는 에너지의 크기에 따라 빛을 내는 보이는 광자에너지로, 또는 너무 작아 빛을 내지 못하는 보이지 않는 미세한 광자에너지로 우주 허공에 머물 것입니다. 그러므로 우주 허공은 보이는 광자에너지 덩어리와 보이지 않는 미세한 광자에너지 덩어리로 가득 차 있는 것입니다. 에너지를 받은 전자는 들뜬 상태로 되고 들뜬 상태보다 더 많은 에너지를 받았을 때는 전자는 원자핵의 속박력(인력)을 벗어나 원자 밖으로 나갑니다. 전자(−)는 금속 내에서 원자핵(+)의 양전하와 전기력에 의해 인력으로 속박되어 있습니다. 빛을 비추면 광자가 전자와 부딪치게 되고 부딪친 전자가 광자로부터 속박에너지 이상의 충분한 에너지를 흡수하면 금속 밖으로 튀어나옵니다.

이러한 것들을 종합해 보면 빛은 광자와 전자 사이에 일어나는 상호작용으로 전자가 광자에너지를 흡수해서 들뜬 상태로 되거나 또는 더 이상의 광자에너지를 흡수해서 원자핵의 속박력을 벗어나 원자를 벗어나게 되면, 광자에너지는 전자 속에 흡수되었기 때문에 광자에너지는 안 보이고, 전자는 광자에너지를 흡수해서 들뜬 상태로 빛을 내게 되므로 보이게 될 것입니다. 전자가 들뜬 상태에서 광자에너지를 내보내면서 낮은 바닥상태로 돌아가면(전이 되면) 광자는 다시 보이게 되고, 전자는 에너지가 작아져 바닥상태에서 에너지를 발산하지 못하므로 안 보이게 될 것입니다. 그러면 우리 눈에는 광자가 소멸되어 전이되어 전자–양전자 쌍입자가 생기고 전자와 양전자가 충돌하면 다시 광자가 생기는 것으로 보여질 것입니다. 그러나 실제로는 광자에너지가 소멸된 것이 아니라 단지 전자–양전자로 전이되었다가 다시 광자로 부활(탄생)되는, 즉 광자는 전자 속에 들어갔다 나왔다를 반복하며 전자기력을 매개하는 과정을 영원히 되풀이할 뿐입니다. 만일 물질과 에너지의 근원인 광자에너지(광자입자)나 소립자들이 소멸된다면, 우주는 광대해질 수가 없는 것입니다.

전자(–)가 에너지 준위가 낮은 바닥상태에서 장(場, 전자기장, 인력장, 척력장)들의 요동으로 광자와 부딪쳐 광자에너지를 흡수하면 들뜬 상태로 되면서 전자는 보이게 되고 전자에 흡수된 광자는 소멸된 것으로 보이고, 동시에 상대적으로 정전기 유도로 같은 양의 양전자가 나타날 것입니다. 그리고 전자(–)와 양전자(+)가 인력으로 부딪치게 되면 흡수했던 광자에너지를 다시 방출하게 되므로 광자에너지(광자입자)는 다시 보이게 되고 전자와 양전자는 광자에너지를 방출했으므로 바닥상태로 되어 광자에너지를 방출하지 못하므로 보이지 않아 소멸된 것으로 보여질 것입니다. 그러나 소립자들이나 광자에너지는 소멸된 것이 아니라 보이든 안 보이든 우주 허공 속에 힘의 장 속에 잠겨 있으며, 항상 움직이고 이동하므로 시간이 지나갈수록 전자기장과 전자기파를 더 많이 만들어내므로 시간이 지나갈수록 에너지나 소립자들이 더 많아지므로 우주는 점점 더 팽창되고 만물은 더 많아지는 것으로 추정됩니다.

음전기보다 양전기를 더 많이 가진 전하를 양전하(陽電荷, positive electric charge)라고 합니다. 원자는 중심에 (+)전하를 띤 원자핵과 주위에 (−)전하를 띤 전자가 인력으로 서로 붙잡고 있는데, 원자는 보통의 경우 두 전하량이 같아 평형상태인 중성상태에 있습니다. 물질은 중성인 원자(양성자+전자+중성자) 덩어리로 되어 있기 때문에 보통의 물질은 양성자(+)와 전자(−)의 같은 전하량으로 구성되어 있어 평형상태인 중성을 띠고 있습니다. 그러나 물질이 에너지를 받으면 물질 속의 전자가 에너지를 얻어 물질을 벗어나 이동하게 되어 전기적인 중성이 깨집니다.

물질이나 물체는 원자들이 모여 있는 부드러운 원자 덩어리이므로 두 물체를 마찰하거나 빛에너지를 주면 자유전자의 이동이 생겨 물체에 대전 현상이 일어나 자유전자(자유로이 움직이는 전자)를 잃은 A물체는 양전하(양성자)를 띠게 되고, 자유전자를 흡수한 B물체는 A가 띤 전하량과 같은 반대전하인 음전하(전자)를 띠게 됩니다. 같은 물질의 구름도 서로 마찰이 되면 한쪽이 양전하 구름으로 되면 다른 쪽은 자연히 같은 양의 음전하 구름으로 됩니다. 그러므로 음전하와 똑같은 양의 양전하가 자연히 만들어지기 때문에 전자(−)와 똑같은 양의 양전자(+)가 자연히 만들어지는 것입니다. 그 때문에 태초부터 음양의 전하를 띤 음양의 영들이 힘의 장이며 영의 장이며 정보와 에너지장인 전자기장, 중력장(인력장), 척력장을 통하여 똑같은 양으로 자연히 만들어지는 것입니다. 음양 속에는 정보와 에너지가 들어 있기 때문에 양전하와 음전하, 선령과 악령이 자연히 똑같은 양으로 만들어집니다.

양전하로 대전된 물체를 어떤 물체에 접근시키면, 대전체와 가까운 쪽은 인력에 의해 반대 전하인 음전하로 유도되고, 먼 쪽(반대쪽)은 척력으로 양전하로 유도되는데, 이 현상을 정전기유도(靜電氣誘導, electrostastic induction)라고 합니다. 이때 다시 대전체를 멀리 가져가면 다시 원래의 중성상태로 돌아갑니다. 이는 전하량은 보존되면서 전하의 분포만 바뀌었기 때문에 원래대로 돌아가는 것입니다. 따라서 도체의 양쪽으로 유도된 양전하와 음전하의 크기는 똑같습니다.

정전기 유도에서 같은 전하끼리는 척력이 작용하고 다른 전하끼리는 인력이 작용하는 반응은 상대적인 극성의 힘(음양의 힘)의 작용이고, 대전체를 멀리하면 다시 중성상태로 돌아가는 것은 평형의 힘이 작용이고, 전하의 분포가 바뀌는 것은 두 전하의 상호작용이므로 전자기유도 현상도 하나님의 3대 힘(영기, 기운)의 작용에 의해서 이루어지는 것입니다. 하나님은 하나님의 기운인 인력으로 만물이 결합되어 만들어지게 하시고, 척력으로 만물이 분해되어 소멸되게 하신 것입니다. 만물은 원자로, 즉 음양의 힘으로 양성자와 전자로 되어 있기 때문에 만물 사이에 만유인력이 작용하면 정전기유도 현상으로 자연히 똑같은 크기의 만유척력이 평형의 힘에 의해 똑같게 작용하게 될 것입니다.

원래 전기장은 정전하(靜電荷)의 주위에 자기장은 자극(磁極)의 주위에 생기는 것이지만, 전하가 움직여 전기장이 있는 곳에는 반드시 90도 각도로 자기장이 생기고, 역으로 자기장이 있는 곳에는 반드시 90도 각도로 전기장이 생기므로 일반적으로 전기장과 자기장이 동시에 나타나므로 이를 합쳐 전자기장이라고 부릅니다. 주기적으로 세기가 변화하는 전자기장이 공간 속으로 전파해 나가는 현상을 전자기파(電磁氣波, 電磁波, electromagnetic wave)라고 합니다.

전기장의 방향은 양전하에서 나가서 음전하로 들어오는 방향이며, 이것이 곧 힘의 방향입니다. 전류의 방향은 양전하(+)가 흐르는 방향입니다. 그러나 동시에 전류의 반대방향으로 자유전자가 이동합니다.

전류가 흐르면 동시에 주위에 자기장이 형성됩니다. 자기장의 자기력선의 방향도 N극(+극)에서 나와 S극(−극)을 향하고, 닫힌 곡선을 이룹니다. 자기력선은 도중에 끊어지거나 서로 엇갈리지 않습니다. 그 때문에 자석은 반드시 N(+)극과 S(−)극 음양의 두 극을 지니고 있어야 자석의 특성을 발휘하게 됩니다. 물질도 반드시 음양의 영을 동시에 지니고 있어야 물질의 특성이 만들어지는 것입니다.

힘이나 에너지나 물질의 흐름의 방향도 강하고 높은 양에서 약하고 낮은 음으로 흐릅니다. 빛에너지도 양인 태양에서 음인 지구로 흐르고, 전류도 전위가 높은 양에서 낮은 음으로 흐르고, 식물의 양인 수술이 음인 암술로 이동하고 동물의 양인 정자가 음인 난자로 흐르는 것은 음양의 흐름의 원리에 의한 것입니다.

양자(量子, quantum)란 더 이상 나눌 수 없는 에너지 덩어리(에너지 알갱이, 에너지의 모임)를 나타내는 에너지의 최소량의 단위입니다. 예를 들어 광자(光子, photon, 빛 알, 빛 알갱이)는 전자기파(전자기장)의 양자(量子, quantum)입니다. 소립자의 특성은 양자수에 의해 만들어지는데, 양자수(量子數)는 주 양자수, 궤도 양자수, 자기 양자수, 스핀 양자수 등과 같이 에너지와 정보로 되어 있기 때문에 결국 영(에너지+정보)으로 소립자의 특성과 물질의 특성도 만들어지는 것입니다.

빛 알갱이인 광자는 전자기량이 양자화되면서 나타납니다. 극미입자나 소립자들이 띠고 있는 전하(물체가 띠고 있는 정전기의 양)에 의해 전자기장이 만들어지므로 전자기장이 있는 곳에는 전하를 띤 극미입자나 소립자들이 무성하므로 전자기장은 곧 소립자들의 모임인 것입니다. 소립자들의 전자기량이 응결되며 덩어리지면서 광자에너지(광자입자)는 만들어집니다. 양자화라는 것은 에너지가 최소한으로 덩어리지는 것을 말합니다. 그러므로 광자는 낱개로 되어 있는 것이 아니라 광자구름 모양으로 빛 덩어리로 되어 있는 것입니다. 분자나 원자보다도 훨씬 더 작은 광자는 질량과 크기가 전혀 없으므로 광자소립자(광자에너지)가 빛으로 보이려면 이미 무한히 많은 광자가 뭉쳐진 양자화된 상태입니다. 예를 들어 물방울이 생성될 때에도 소립자보다 훨씬 더 큰 물분자들이 3,000억의 1,000억 개가 모였을 때 겨우 한 개의 작은 물방울이 형성됩니다. 그러므로 미시세계(분자 이하의 세계)의 구성원인 입자들은 보이는 수와 크기로 머무는 것이 아니라 보이지 않는 영적인 차원의 구름상태로 머물기 때문에 수와 크기의 개념이 없는 영의 세계에 속하는 것입니다.

입자와 장(場)을 통합한 양자장이론을 양자전자기동력학이라고 합니다. 양자전자기동력학 이론에 따라 공간에서 입자가 생성된다는 것은 역으로 그 입자가 항상 동일한 입자 그대로 머물지 않고 수시로 변한다는 것을 의미합니다.

따라서 입자는 충분한 에너지가 있으면 다른 입자 쌍이 되었다가 다시 결합(부활)됩니다. 대부분의 소립자의 수명은 대부분 10^{-6}~10^{-22}s(초)로 극단적으로 짧고, 죽어가며 자신을 다시 재생시켜 주는 다른 소립자로 전이되어 극단적인 순간 후에는 다시 재생되어 탄생되어지므로 극미입자(극미립자)나 소립자는 존재하면서 무존재하고, 무존재하면서 존재하는 영적인 존재들입니다.

예를 들어 광자는 순간적으로 전자와 양전자로 전이되어졌다가 순간적으로 다시 광자로 됩니다. 광자는 전이(轉移)와 부활(탄생) 과정을 영원히 되풀이하므로 소멸되어 없어지는 것이 아니라 항상 존재하는 영원한 입자입니다. 그러므로 진공은 텅 빈 것이 아니라 광자, 전자(−)

—양전자(+) 등의 입자 쌍들이 생겼다가 소멸하는 과정이 끊임없이 되풀이되는 과정이므로 진공도 소립자와 장으로 채워져 있는 곳입니다.

장(場, 전자기장, 중력장, 척력장)에서 소립자들의 전이와 부활에 의한 운동에 의해서 전자기장이 생겨난다고 합니다. 전하를 띤 입자 주위에는 전기장이 생기고, 전기장이 있는 곳에는 자연히 자기장도 생기므로 전하를 띤 입자 쌍들이 존재하고 움직이는 곳에서는 전자기장이 자연히 생겨납니다. 이것은 쌍극자의 반복운동에 의해 전파가 생기는 원리와 같습니다.

전자기장은 소립자들에 의해 만들어지므로 전자기장 속에는 소립자들이 무수히 많으므로 우주 공간은 수억만 개의 전자기장과 중력장, 척력장이 겹겹이 겹쳐 있는 상태이고 이들 장들의 마찰로 전자와 소립자들이 이동하게 되고, 이들의 이동으로 인해 장들이 대전되면 자연히 반입자들이 평형의 힘으로 똑같은 양이 생겨나고, 입자 쌍들의 인력에 의한 충돌로 광자에너지가 생겨나고, 전하를 띤 입자들 주위로는 다시 전자기장이 생겨나게 되므로 우주 공간은 힘의 장과 소립자의 바다를 이루게 됩니다. 그러므로 우주 허공은 소립자들과 장들의 세상인 것입니다. 입자 쌍들의 요동에 의해 생기는 전자기장을 '영점장(zero point field)'이라고 합니다.

전자(−)—양전자(+)는 쌍극자(dipole)와 같습니다. 그러므로 힘의 장이나 에너지(전자기파)나 소립자가 생겨나는 것도 쌍극자나 음양의 전하의 상호작용이므로 음양의 영(음양의 전하)에 의해서 음양의 힘으로 만들어지는 것입니다. 진공도 미시전자기장으로 만들어지고 미시전자기파 속에는 힘(에너지)과 정보가 들어 있으므로 영(정보+에너지)이 거하므로 진공이나 공간도 결국은 영으로 영기(영의 기운)로 영의 장(정보와 에너지장)으로 만들어지는 것입니다.

물질은 파동성과 입자성 두 가지 성질을 가지고 있습니다. 빛을 파동의 성질로 보면 전자기파이고, 입자의 성질로 보면 광자(photon, 광양자) 입자입니다. 모든 입자나 물질은 에너지와 정보를 지닌 소립자로 되어 있기 때문입니다. 전자기파(전자기장의 이동)의 종류에 따라 파동 속에는 각기 다른 정보와 다른 에너지가 들어 있습니다. 그러므로 빛에너지인 광자에너지 속에는 정보와 에너지가 들어 있고, 이를 다루는 영(정도+에너지)도 들어 있는 것입니다.

우주는 입자(물질)와 장(場)으로 구성되어 있는데, 입자는 제한적으로 한시적으로 존재하지만 장은 어디에나 언제든지 존재하고, 입자는 서로 침투가 불가능하지만 장은 서로 겹겹이 침투할 수 있으므로, 우주 전체는 무한히 많은 소립자들과 수억만 겹의 장들이 서로 교차하며 장 덩어리를 형성하고 있기 때문에 보이지 않는 소립자들과 장(場)들의 바다를 이루고 있는 것입니다.

입자라고 해서 고체와 같은 단단한 알갱이가 아니라 십자가가 회전하면 원판으로 보이는 것처럼 에너지가 폐쇄회로를 계속 흐르면서 이루어지는 형상이 입자의 모습입니다. 입자 모습이 우리 눈에 보이는 것도 빛에너지가 물질에 부딪쳐 반사되어 우리 눈에 들어오기 때문이며 이는 곧 에너지의 흐름에 의해서 입니다. 에너지의 흐름에 의해 나타나는 모습, 즉 형상이 만물의 실제 모습입니다.

양자장이론(量子場論, Quantum Theory)에 따르면, 양자장(quantum field)은 기본입자(소립자)들을 만들고 흡수한다고, 즉 생성−소멸시킨다고 합니다. 입자들은 장(場)이 양자화되어 덩어리를 형성한 것이고, 양자화된 덩어리가 분해되면 입자가 소멸되므로 장에 의해서 입자들의 생성 소멸도 일어나는 것입니다. 만물은 에너지가 덩어리지면서(에너지가 소립자로 되어 결합되면서) 양자화되어 그 모습을 드러낸 것입니다. 물질이란 결국 공간에 있는 장으로 이루어진 것이며, 물체는 장이 양자화되어 생성된 소립자들의 들뜬 집합체인 것입니다.

우주에서 양자(量子)반응은 입자의 생성과 붕괴 과정을 통해 우주에 존재하는 하전입자의 개수는 변하지만 반응 전후의 운동량 전하량은 항상 일정하게 보존된다고 합니다. 그러나 한번 만들어진 소립자나 에너지나 정보는 일정하게 보존되지만, 수많은 장(場)들의 마찰에 의해서 소립자들의 이동으로 새로운 전자기장들이 생겨나면서 새로운 소립자, 광자에너지가 생겨나고, 생겨난 소립자들의 이동으로 다시 전자기장들이 형성되므로 입자와 입자, 장과 장, 입자와 장 사이의 끊임없는 상호작용으로 시간이 지나갈수록 입자와 전자기장이 더 많아지기 때문에 우주만물은 시간이 지나갈수록 점점 더 많아지므로 우주는 점점 더 광대해지는 것으로 추정됩니다.

우주 공간이나 허공도 전기장 자기장들이 90도 각도로 전자기장을 형성하면서 수억만 개의 전자기장과 중력장과 척력장들이 서로 겹겹이 쌓여 교차하므로 우주 허공도 만들어지는 것입니다. 이들 수억만 개 이상의 전자기장들이 서로 요동을 치며 마찰하기 때문에 우주 허공 어디에서든지 순식간에 광자는 만들어지고 순식간에 전자—양전자로 전이되고 순식간에 다시 광자로 부활되는 것입니다. 그래서 만물의 모든 상호작용이 시공간상의 모든 우주에서 어디에서든지 언제든지 항상 일어납니다. 전자기 상호작용은 직접 접촉하지 않고 서로 떨어져 있는 전하들 사이에서 일어나지만, 이러한 상호작용은 하전입자 양쪽 모두와 직접 접촉할 수 있는 광자입자가 전자기력을 빛의 속도로 직접 매개하여야 됩니다. 즉, 광자에너지는 양쪽 입자 속에 빛의 속도로 흡수되었다가 방출되고를 반복하면서 전자기력을 매개합니다.

만물은 소립자(광자, 전자, 양성자 등), 원자, 분자 등으로 구성되어 있으므로 물질이란 결국 공간에 있는 장으로 이루어진 것이며 물체는 장이 양자화되어 생성된 소립자들의 들뜬 집합체인 것입니다. 물체를 이루는 입자들이 소멸되지 않고 계속 존재할 수 있는 이유는 '영점장(zero point field)'의 파동과 공진하면서 계속 에너지를 공급받기 때문이라고 합니다. 결국 만물은 우주를 이루는 눈에 안 보이는 무한히 많은 장(場)들이 요동을 치면서 만들어내는 모습에 불과한 것이며 그 에너지원을 '영점장'이라 칭합니다

영(정보+에너지)이 들어 있는 소립자(에너지)로 만들어지는 전자기장은 전기장과 자기장이 90도 각도로 형성되기 때문에 공간과 전자기파도 만들어내고, 벡터장이므로 방향과 질서도 만들어내고, 장의 움직임이 있으므로 운동량과 시간도 만들어냅니다. 그러므로 힘의 장인 전자기장, 중력장 속에는 방향과 시간과 질서와 소립자와 정보와 에너지와 영이 들어 있는 것입니다. 전자기장은 힘의 장이며 에너지장이기 때문에 질량에너지 등가원리에 따라 에너지가 소립자로 되고 소립자가 인력으로 물질로 만들어지므로 결국 힘의 장인 전자기장이 에너지와 입자와 물질을 만들어내고 창조하는 것입니다. 그러므로 힘의 장인 전자기장 속에는 에너지와 소립자가 들어 있고 에너지나 소립자 속에는 정보가 들어 있으므로 힘의 장인 전자기장은 양자장이고 정보와 에너지장으로 곧 영(정보+에너지)의 장인 것입니다.

장(場)에 의해 시공물(시간+공간+물질)과 인과법칙과 자연의 법칙과 자연의 질서가 만들어지므로 장은 힘의 장이고 영의 장으로 정보와 에너지장으로 정보와 에너지 자체이고 우주의 근원(본체, 실체)인 것입니다. 힘의 장 속에는 하나님의 3대 힘인 상호작용의 힘+상대적인 극성의 힘+평형의 힘과 하늘의 법인 인과법칙과 자연의 법칙(동적평형)과

에너지법칙과 엔트로피법칙이 깃들어 있기 때문에 하나님의 정기(精氣)와 영기(기운)가 들어 있으므로 힘의 장은 곧 영의 장(정보와 에너지장)인 것입니다.

정보와 에너지장인 영의 장 속에는 하나님의 힘, 생각, 설계, 말씀, 감정, 의도, 지성, 품성, 창조기술 등 하나님의 모든 것이 영기로 기운으로 정기로 들어 있습니다. 그러므로 만물은 힘의 장으로 영의 장으로 정보와 에너지장으로 이끌리어 다스려져 결합되어 만들어지고 작동되고 변화해 가고 소멸되어 가고 진화해 가면서 창조되어지는 것입니다. 그러므로 하나님은 힘의 장으로 영의 장(영기장, 기의 장)으로 정보와 에너지장으로 하나님의 영기로 기운으로 만물을 창조하고 다스리고 돌보고 교제하십니다.

힘의 장인 중력장(만유인력장)과 척력장과 전자기장은 우주 허공에 만물 속에 생물 속에 우리 몸속에 뇌 속에 어디든지 수억만 가지 이상으로 겹겹이 얽혀 혼합된 상태의 장으로 거하고 흐르고 있기 때문에 만물은 하나님의 힘의 장인 영의 장의 돌봄을 단 일분 일초라도 벗어날 수 없는 것입니다. 하나님의 영의 장(영기장)이 우주 허공이나 우리 뇌 속에나 만물 속에 무수히 많이 거하고 늘 흐르고 있기 때문에 영이 들어 있는 입자 사이에 또는 입자와 물질 사이에 양자얽힘, 정신감응, 정신격동, 텔레포테이션 같은 영적인 원격반응이 통상적으로 잘 일어나므로 자연변화가 자연히 일어나게 됩니다. 그래서 하나님은 정신감응(Telepathy, 원격의사소통)력으로 우리의 상태나 생각까지 읽으십니다.

❙ 볼텍스(Vortex, 소용돌이, 나선형 회전)

만물은 음양의 영들의 힘에 의해 만들어지고 음양의 영(정보+에너지)들의 힘에 이끌리어 작동되어 가기 때문에 물질 사이에는 인력과 척력이 작용하므로 물질 사이에는 자연히 기(영, 에너지, 기운, 영기, 전자기파, 전자기장, 인력, 척력)가 흐르게 됩니다.

볼텍스는 하나의 축을 중심으로 유체인 공기나 액체나 에너지나 기(영기)가 깔때기 모양의 나선형으로 꼬여 회전하며 흐르는 현상을 말합니다. 볼텍스에는 크게 전기 볼텍스, 자기 볼텍스, 전자기 볼텍스가 있다고 합니다. 소용돌이치며 물이 빠지는 현상이나 토네이도(tornado, 깔때기 모양의 강한 회오리바람), 태풍, 솔방울 · 해바라기 같은 식물의 씨앗 · 잎 · 꽃잎 · 나뭇잎 · 나뭇가지의 나선형 배열구조, 동물의 뿔 · 꼬리 · 귀의 나선형 배열구조, 앵무조개 · 달팽이 · 바다생물의 나선형 껍질 배열구조, 소용돌이, 바다의 나선형 파도, 나선형 DNA사슬, 혜성의 나선형 꼬리, 나선형의 은하계 등 이 세상의 우주만물이나 자연현상이나 자연변화는 거의 대부분 볼텍스 현상으로 이루어져 있고 볼텍스 힘의 방향으로 자연변화해 가고 볼텍스 힘의 방향으로 에너지(기)가 흐릅니다. 볼텍스 현상은 대부분 피보나치수열(황금비율)로 1:1:2:3:5:8:13…로, 어떤 수는 앞의 두 수를 더한 값으로 커져나갑니다.

물질은 음양의 영(양전하와 음전하)의 힘에 이끌리어 다스려져 결합되고 작동되고 변화해 갑니다. 물질 사이에 같은 극성끼리는 인력이 작용하고 다른 극성끼리는 척력이 작용합니다. 물질마다 내부적으로 고유한 시스템(입자들에 의한 구조)을 이루고 고유한 메커니즘(입자들에 의한 작용)으로 작동되어 가기 때문에 고유한 기를 지니고 고유한 기를 방출합니다. 그 때문에 물질 사이에는 자연히 전자기력이나 인력과 척력이 작용하기 때문에 물질 사이에는 자연히 인력장(중력장)이나 척력장이나 전자기장이 형성되고, 전자기장(場)이 이동하면서 전자기파(에너지, 기, 영기)가 흐르게 됩니다. 그래서 구름의 전기에너지가 땅속 지층으로 흘러 들어가기도 하고 들어간 전기에너지가 땅속 지층에서 광물에너지와 조화되어 합성된 전기에너지나 자기에너지나 전자기에너지가 지층 밖으로 뚫고 나오게 됩니다. 또는 지층 속 광물이나 지구핵에서 생겨난 전자기파 에너지가 뚫고 나오기도 합니다. 또는 대기 속에서 소립자들이나 원소들의 이동에 의해 만들어진 전자기파 에너지가 땅속으로 들어가기도 합니다. 또는 대기 중의 소립자들이나 원소들의 인력이나 척력의 차이로 에너지(기)가 흐르게 됩니다. 주위환경의 물질의 성분들이 똑같지 않고 고르지 않기 때문에 인력이나 척력의 힘을 똑같지 받지 않고 이리저리 들쑥날쑥 받게 되므로 직선보다는 이리저리 휘어 꼬인 나선형 모양으로 에너지가 소용돌이치며 흐르게 됩니다. 그 때문에 지층에서 나오는 기(에너지, 영기)는 지질에 따라 수질에 따라 물질에 따라 기후에 따라 지형에 따라 지역에 따라 다 다르므로 볼텍스 현상도 지역에 따라 다 다른 것입니다. 이 우주는 보이지 않는 소립자로부터 시작해서 소용돌이치는 거대한 은하계까지 모든 만물은 볼텍스 힘의 방향으로 만들어지고 볼텍스 현상의 모양을 이루고 볼텍스 힘의 방향으로 에너지(기)가 흐릅니다. 이러한 현상은 만물이 하나님의 3대 힘(음양의 힘+평형의 힘+상호작용의 힘)이 들어 있는 힘의 장이며 영의 장인 정보와 에너지장에 이끌리어 다스려져 일어나는 자연현상인 것입니다.

4. 태극음양과 기(氣)

영은 빛의 광자에너지(정보+에너지+영) 속에 항상 거하며, 광자가 지닌 정보와 에너지를 다루는 영적인 존재입니다. 정보와 에너지를 다루는 영적인 존재를 서양 메소포타미아에서는 흔히 '영'이라 칭하고, 동양에서는 흔히 '기'라고 칭합니다. 기(정보+에너지)나 영(정보+에너지)으로 우주만물이 만들어지므로 기나 영은 우주만물을 구성하는 기본 요소로 만물의 근원이고 만물의 본질로 기나 영은 같은 것입니다. 영이 행하는 힘이나 능력을 영기(靈氣, 영적인 기운), 또는 신성(神性), 신기(神氣)하다고 하고, 기가 행하는 힘이나 능력을 기운(氣運)이라 하고, 정신적인 정보가 들어 있는 정신적인 기운을 정기(精氣)라 하고 생명이 들어 있는 기운을 생기(生氣)라고 합니다.

만물은 기나 영으로 만들어지기 때문에 만물 속이나 만물 사이나 우주 공간에는 영기나 기운으로 이루어져 있는 정보와 에너지장으로 영의 장으로 힘의 장으로 전자기장과 중력장(인력장)과 척력장으로 늘 충만해 있고 늘 작용하고 늘 흐릅니다. 보이지 않는 만유인력이나 만유척력도 음양의 기(기운)나 음양의 영(영기)의 상호작용으로 이루어지는 보이지 않는 힘의 장이며 힘의 장의 끊임없는 흐름입니다. 영(靈)이나 기(氣)는 생물에서는 혼(삶의 활동을 이끄는 영)이나 영혼(영적 활동을 이끄는 영)을 만들고, 무생물에서는 특성을 만듭니다. 모든 만물은 영(정보+에너지)이나 기로 만들어지기 때문에 영(영기)이나 기(기운)가 다루는 정보와 에너지의 다스림대로 이끌리어 작동되고 변화해 갑니다.

기나 영은 바람과 같이 손에 잡히지도 않고 눈에 보이지도 않고 냄새도 없고 색도 없고 무게와 부피도 없고 형체도 없는 무미, 무색, 무형의 영적인 존재이지만, 정보와 에너지를 다루어 만물을 만들고 다스리고 변화시킵니다. 기나 영은 만유인력이나 만유척력처럼 자연현상을 통하여 기운이나 영기로 어느 정도는 감지할 수 있습니다. 예를 들어 열기, 화기, 한기, 감기, 온기, 냉기, 기분, 심기, 노기, 총기, 용기, 위기, 대기, 기압, 영기, 혼기, 정기, 원기, 기운, 생기, 기력, 활기, 자기장, 전기장 등 기운 기(氣) 자가 들어가는 단어는 우리 주위에 무수히 많습니다. 우리는 기의 장 속에 영의 장 속에 힘의 장 속에 놓여 있고 장(場)의 힘인 기의 힘으로 기운으로 영기로 생기로 소화시키며 생각하며 생명의 활동을 합니다.

만물은 빛(광자+전자기파)으로 광자(정보+에너지+영)로 음양의 영(정보+에너지)으로 만들어지고 작동되고 변화해 갑니다. 빛(소립자+전자기파)은 소립자와 전자기파로 되어 있습니다. 빛은 광자, 중성자, 양성자, 전자, 중성미자 등의 소립자들도 지니고 있으므로 빛의 전자기파는 음전하와 양전하를, 즉 음양의 영을 동시에 지니고 있습니다. 그러므로 태극인 태양은 음양의 영이나 음양의 기를 동시에 지니고 있고, 음양의 영으로 태양이 만들어져 음양의 영으로 작동되어 갑니다.

음전기와 양전기가 만나면 빛을 내며 폭음을 내고, 고온 고중력에서는 소립자나 원자도 만들어집니다. 양과 음인 남자와 여자가 만나면 자식을 만듭니다. 태양과 지구가 태양빛으로 음양관계로 서로 상호작용을 하면 무생물과 생물이 창조됩니다. 그래서 빛을 발하는 태양은 음양의 영들을 음양의 기를 동시에 지니고, 고온 고중력을 지니고 있기 때문에 원자를 만들어 무생물이나 생물을 만드는 생명력과 진화력과 창조력을 지닙니다. 그 때문에 만물은 태양빛이 지닌 음양의 영의 조화로 음양의 기의 조화로 진화되어 가면서 창조되어집니다.

만물은 기나 영으로 만들어지므로 기나 영은 공기, 물, 바위, 세포 등 모든 만물 속에 풍만하므로, 돌 속에도 돌의 기가 있고 물속에도 물의 기가 있고 세포 속에도 세포의 기가 있습니다. 그래서 나무와 풀의 기가 있고 물고기, 새, 동물의 기가 있고, 마찬가지로 사람의 기(혼, 영)도 있는 것입니다. 영이나 기는 그 본질은 변하지 않지만 주위환경 요인이나 상황에 따라 그 상태는 변할 수 있습니다. 물질이 다르면 다른 시스템(조직)과 메커니즘(기능)을 지니고, 여기에서 우러나오는 혼(생물)이나 특성(무생물)이 다르게 되어 고유한 혼이나 고유한 특성을 지니게 됩니다. 즉, 영이나 기는 물질의 종류에 따라 능력과 특성이 자연의 법칙에 따라 엄격히 한정 규정되어 있어 영(기)이 활성화되고 억제되고 변화되는 영역 범위가 정확히 프로그램화되어 있습니다.

생물에서는 영이나 기의 활동 영역 범위가 종에 따라 개체에 따라 DNA(유전물질, 유전정보) 속에 생명프로그램으로 정확히 한정 규정되어 있습니다. 그래서 같은 사람이라도 고유한 DNA를 지니므로 고유한 유전정보를 지니기 때문에 사람마다 고유한 기(정보+에너지)나 고유한 영(정보+에너지)을 지니게 되어 사람마다 고유한 혼과 영혼을 지닙니다. 무생물에서는 진화프로그램에 따라 물질의 종류에 따라 고유한 시스템과 메커니즘을 지니므로 물질의 종류에 따라 고유한 특성을 지닙니다.

모든 자연현상은 기(영)가 뭉치고 작용하고 흩어지는 데 따라 만물이 생성되고 작동되고 변화되고 소멸되어 가므로 기와 영은 이름만 다를 뿐 같은 것입니다. 그러나 영의 개념은 기의 개념보다 더 광대하기 때문에 기의 개념은 영의 개념 속에 속합니다(영 ≥ 기). 그래서 본 도서는 거의 모두 영으로 묘사하고 있지만, 영은 기의 개념도 포함하고 있는 것입니다.

> 여호와의 말씀(정보+에너지)으로 하늘이 지음이 되었으며 그 만상이 그 입기운(영기=에너지+정보)으로 이루었도다. [시편 33:6]

영이 빛 속의 광자입자(광자에너지) 속에 즉 전자기파 속에 들어 있고 만물은 빛의 광자에너지(전자기파)로 만들어지므로 모든 만물 속에는 영인 기가 거하고, 영기(靈氣)인 기운(氣運)이 작용합니다. 영기나 기운은 전자기파 속 파동(파장+진동) 속에 들어 있는 영이나 기를 말합니다. 모든 만물은 끊임없이 물질의 종류에 따라 늘 고유한 전자기파를 흡수해서 자신의 시스템에 따라 자신의 고유한 기를 만들어 방출하므로, 고유한 기(영)를 지니게 되고 고유한 기(기운, 영기)를 방출하게 됩니다.

기와 영은 빛에너지 속에 광자에너지 속에 전자기파 속에 거하고, 전자기파는 모든 만물 속에 거하거나 흡수되었다가 다시 방출되어지므로 영기나 기운은 물질 속이나 세포 속에 일부는 머물고, 일부는 밖으로 다시 방출됩니다. 그 때문에 만물 속이나 만물 사이나 우주 허공에는 항상 기운이나 영기가 전자기장, 중력장(인력장), 척력장의 형태로 늘 충만해 있고 늘 흐릅니다. 전기장+자기장인 전자기장이 이동하는 것이 전자기파인데, 전자기파는 정보를 지닌 에너지장이므로 영의 장이고 기의 장입니다. 빛에너지인 전자기파(전자파)에는 방사선(알파선, 베타선, 감마선), 우주선, 적외선, 자외선, 라디오파, 음파, X선 등 많은 종류가 있고, 방사선은 다시 파동에 따라 여러 종류의 방사선으로 되어 있습니다. 이는 전자기파인 빛에너지가 파동에 따라 다른 정보와 다른 에너지를 담은 여러 가지 영기와 기운으로 되어 있음을 뜻합니다.

기도 영처럼 정보와 에너지를 지니고 다룹니다. 우리가 생각하는 것은 뇌파의 기가 정보와 에너지를 다루기 때문이고, 우리가 손이나 발이나 신체를 움직이는 것도 신체 속에 기(기운, 영기)가 흐르기 때문입니다. 소화기관이 소화를 시키는 것도 영이나 기의 일부는 소화기관 세포 속에 머물고, 일부는 흐르면서 소화가 이루어지도록 정보와 에너지를 다루기 때문입니다. 영인 기는 우리 몸속에서 자연의 질서에 따라 무리 없이 순리적으로 흐르면서 필요한 정보와 에너지를 다루어야 우리는 건강을 유지하게 됩니다.

기가 차단되어 너무 약하면 몸이 마비되거나 병이 나거나 의식불명이 됩니다. 그래서 기가 중풍에 의해 왼쪽으로만 흐르면 오른쪽은 마비가 됩니다. 기가 뇌에서 정상적으로 흐르지 않아 정보와 에너지를 잘 다루지 못하면 우리는 정상적으로 생각하거나 정상적으로 감정을 느낄 수 없거나 심하면 의식불명이 됩니다. 그러므로 기나 영기 속에는 정보와 에너지가 들어 있고, 정보와 에너지를 다루는 영도 들어 있는 것입니다.

사람 중에는 앉아 머물러서 사무나 경영 일을 보는 사람이 있는가 하면, 돌아다니면서 움직이면서 상업이나 농업이나 공무 일을 보는 사람이 있는 것과 같이 영이나 기들 중에도 세포 속에 물질분자 속에 머물러 일을 보는 영이나 기가 있고 움직이며 흐르며 일을 보는 영기나 기운이 있습니다.

영이나 기는 사람을 보이지 않게 축소시켜 놓은 것처럼 생각하고 감정을 가지기도 하므로 물질세계뿐만 아니라 정신세계도 다스려 나갑니다. 그래서 상대방 말이나 태도에 따라, 주위환경 여건(색, 소리, 냄새, 빛, 기후, 음식, 기온, 계절 등)에 따라, 기나 영이 갖는 생각과 감정상태도 달라지게 됩니다. 예를 들어 빨간색은 따뜻한 기를 발산하고 청색은 차가운 기를, 뾰족한 창 모양은 아픔의 기를, 뱀이나 악어를 만나면 공포의 기를, 아름다운 꽃이나 경치를 보면 아름답고 평안한 기를, 시끄러운 소리는 스트레스 기를, 좋은 음악은 즐거운 기를, 나쁜 말은 분노의 기를, 슬픈 음악은 슬픈 기를 발산하여 눈물까지 흐르게 합니다. 나쁜 것을 상상만 해도 속이 거북하고 몸이 좋지 않은 것은 영들이 영기나 기운으로 정신적 물질적인 작용까지 정신감응력으로 영적으로 영향을 미치기 때문입니다.

영이 음양의 영이 있듯이 기도 음양의 기인 양기(긍정적인 기, 양적인 기)와 음기(부정적인 기, 음적인 기)가 있습니다. 모든 만물은 음양의 영의 조화(상호작용)로, 즉 음양의 기의 조화로 만들어지므로 만물 속에는 음양의 기가 공존합니다. 공존하지만 주위환경과의 상호작용에 따라 상황에 따라 양기의 세력이 음기의 세력을 능가하면 평안하고 행복한 상태가 되고, 음기의 세력이 능가하면 불안하고 불행한 상태가 됩니다. 그러므로 선령이나 양기는 정해져 타고나는 것이 아니라 주위환경과의 상호작용에 따라 음령과 선령으로 또는 음기와 양기로 선택되어집니다. 예를 들어 머리를 잘못 써 사업에 실패하면 물질적 정신적으로 큰 타격을 받아 스트레스 상태에 놓이게 되어 건강에 나쁜 노르아드레날린 호르몬이 많이 분비되어 음기 상태에 빠지게 되고, 잘되면 마음이 즐거우므로 노르아드레날린 분비가 멈춰지면서 긴장이 풀리어 평안한 양기 상태에 놓이게 됩니다.

우주 허공에는 영으로 만들어진 빛과 소립자와 전자기파와 만유인력과 만유척력이 충만해 있기 때문에 하늘과 땅 사이 만물 사이에는 기운(영기)이 수억만 가지 이상으로 겹겹이 쌓여 힘의 장을 형성하고 끊임없이 흐르고 있기 때문에 만물은 인력장과 척력장과 전자기장 등 기운장(영기장) 속에 거하고 있어 늘 기나 영의 돌봄을 받는 것입니다. 기와 영의 장이 우주 허공이나 만물 속에 수억만 가지 이상의 힘의 장

(場)으로 겹겹이 쌓여 보이지 않는 바닷물처럼 풍만하게 흐르고 있기 때문에 양자얽힘(원격정보복사로 동일반응), 정신감응(원격의사소통, 염력), 정신격동(원격조종, 염동력), 텔레포테이션(원격이동) 같은 영적인 원격반응이 실제로 영이 들어 있는 입자들 사이에, 입자와 물질 사이에 통상적으로 잘 일어나므로 자연변화가 자연히 잘 이루어집니다.

영(靈)과 기(氣)의 기원은 원시고대 수메르—엘람 지역 메소포타미아에서 태양신의 영적인 능력으로부터 정령신앙(精靈信仰)이 만들어져서 BC 1800년경 페르시아 조로아스터교의 태극음양이원론으로 영지주의 사상과 함께 활발히 발전하기 시작했습니다. 메소포타미아에서는 태극음양이원론이 조로아스터교 신앙 사상의 중추를 이루었고, 천지운행도 음양의 원리로 운행된다고 생각하여 천문학이 발달되어 태음력, 태음양력, 태음력 만다라, 음양 8원소설 등이 만들어졌습니다. 동양 중국에서는 BC 500년경에나 공자의 주역에 태극음양 사상을 처음으로 소개시켜 음양의 기로 발전시켜 한의학의 중추를 이루게 했습니다.

하나의 유일신 아후라 마즈다 창조주에서 선령의 아들과 악령의 아들 두 아들이 나온다는 조로아스터교의 태극음양이원론(二元論) 교리는 동방의 태극음양 사상을 탄생시켰습니다. 그러므로 서양의 음양의 영(정보+에너지)은 곧 동양의 음양의 기(정보+에너지)와 같은 것입니다.

영(靈, 신, 성령, 신령, 성신, Spirit)은 구약에서는 히브리어 루아흐(rûah)로, 신약에서는 그리스어 프뉴마(pneuma)로 나타냅니다. 루아흐는 대기, 특히 바람이나 호흡을 나타내므로 결국 기(氣)를 의미하는 것입니다. 그래서 야훼는 흙으로 사람을 지으시고, 생기(생명의 기, 생령, 성령)를 불어 넣어서 사람을 만들었습니다. 성경에서는 영과 기에 관하여 분명하게 정의를 내리고 있지 않지만, 영과 기를 똑같은 의미로 사용하고 있는 것입니다.

사람은 단 4분만 호흡을 하지 않으면 죽게 됩니다. 호흡을 하므로 에너지와 정보를 얻어 움직이고 생각할 수 있기 때문에 호흡 속에는 에너지(소립자)와 정보가, 즉 영(정보+에너지)이, 즉 광자(정보+에너지+영)가 들어 있는 것입니다. 호흡이 조절되면 뇌의 상태나 신경조직의 상태가 변화되므로 호흡 속에는, 즉 기(氣, 영) 속에는 정보와 에너지가 들어 있는 것입니다.

호흡조절을 하면서 명상 상태에 이르게 됩니다. 모든 생각과 의식의 기초는 고요한 내면의식으로부터 시작됩니다. 명상(冥想, 사색)을 통하여 정신집중을 하며 긴장을 풀고 몸과 정신을 부드럽게 하여 순수한 내면의식 속으로 자연스럽게 몰입하게 됩니다. 명상은 오늘의 복잡한 외부세계의 집착으로 인해 생긴 긴장과 집념에 시달리고 있는 의식을 안으로(내면으로) 돌려서 마음을 정화시켜 심리적으로는 안정을 이루게 하고 육체적으로는 휴식을 취하게 하여 몸과 마음의 건강을 돌보게 합니다. 그러므로 명상 속에도 정보와 에너지가, 즉 기(영)가 들어 있는 것입니다.

춘추전국 시대(BC 770~403)에 태어난 공자(BC 551~479)에 의해 만들어졌다는 주역(周易, 易, 易經) 속에 태극음양 사상이 처음으로 들어 있습니다. 중국 춘추전국 시대에 활약한 여러 학자와 여러 학파의 총칭인 제자백가(諸子百家) 중 공자의 유가가 제일 먼저 일어나서 인(仁)의 교의를 수립하였습니다. 주역(周易)은 글자 그대로 주나라(BC 1046~256)의 역이란 의미입니다. 역(易)이란 말은 변역(變易)이란 의미로 '변한다, 바뀐다'라는 뜻으로 천지만물은 멈추어 있는 것 같으나 항상 변하고 바뀐다는 뜻으로, 음양의 기운(氣運)이 끊임없이 변화하는 현상을 말합니다. 주역은 8괘(8卦)와 64괘와 그리고 괘사, 효사, 십익으로 되어 있습니다.

주역의 저자에 대해서는 여러 설이 있는데, 왕필(王弼)은 복희씨(伏羲氏)가 황허강에서 나온 용마(龍馬)의 등에 있는 도형을 보고 처음 8괘를 만든 뒤 더 발전시켜 64괘를 만들었다고 합니다. 주역은 그 내용을 체계적으로 해석한 '십익의 성립'으로 유교의 경전으로 확립되었습니다. 십익은 공자가 지은 것으로 알려져 왔지만, 전국 시대부터 한나라 초에 이르는 시기에 유학자들에 의해 저작된 것이라고 합니다. 유학자들은 메소포타미아의 태극음양이원론과 8원소설, 12궁도 등을 인용 응용한 것이 분명합니다.

복희는 중국 고대의 전설상의 제왕(帝王) 또는 신(神)으로, 복희가 용마의 등에 있는 도형을 보고 8괘를 처음 만들고, 그물을 만들어 어획하는 방법과 쟁기를 만들어 농사짓는 방법과 활을 만들어 수렵(사냥)하는 방법을 가르쳤다고 기록되어 있습니다. 몸은 뱀과 같고 머리는 사람의 머리를 하고 있었다고 하는데, 이 모양은 바로 메소포타미아의 반인반수(伴人伴獸) 조각물과 똑같은 모습이고, 8괘는 메소포타미아의 8원소(8자연물, 8자연신)와 같고, 복희가 전설적인 왕이라고 한 것은 고대 메소포타미아에서는 전설적인 왕이 실지로 주신으로 숭배되어졌고, 용마는 메소포타미아의 반인반수 조각상과 똑같은 모습이고, 쟁기로 농사짓는 방법과 활로 사냥하는 방법과 그물로 고기 잡는 방법을 실지로 수메르—엘람인들이 중국인들에게 가르쳤으므로 여기의 전설적인 복희 인물은 수메르—엘람인을 뜻하는 것이 분명합니다. 그 때문에 중국의 삼황(三皇) 시대는 실지로 수메르—엘람인들의 통치 시대였습니다. 우리나라 전설적인 민족의 시조인 단군도 수메르인이었을 가능성이 매우 큽니다. 수메르의 도시국가 이름 중에는 우루국과 수밀리국이 있는데,

우루국과 수밀리국이 환국 12지국에도 들어 있는 것으로 보아 환국(桓國, 고조선, 환웅 시대)도 수메르인들에 의해 만들어져서 통치되었을 가능성이 큽니다.

주역은 유교의 경전 중 삼경의 하나인 역경으로 우주만물의 자연현상의 원리를 설명하고 풀이한 책입니다. 태극(太極)의 일원(一元)이 변해서 음양(陰陽)의 이기(二氣)가 생성되어 만물을 만들고 작동시키고 변화시킨다는 사상입니다. 역(易)은 음과 양의 이원론으로 이루어지며, 천지만물은 모두 음양의 기(영)로 이루어지고 작동되고 변화되어 간다고 보았습니다. 중국의 주역은 바로 조로아스터교의 음양이원론을 그대로 인용 응용한 것입니다. 그러므로 서양에서는 만물의 근원을 음양의 영으로 보았고 동양에서는 음양의 기로 보았을 뿐 영과 기는 이름만 다를 뿐 결국 같은 것입니다.

하늘은 양 땅은 음, 남성은 양 여성은 음, 이어서 양(陽)과 음(陰)은 팽창—수축, 일(日)—월(月), 열(熱)—한(寒), 동적(動的)—정적(靜的), 건조(乾燥)—습기(濕氣), 산(山)—못(川), 대(大)—소(小), 상(上)—하(下), 전(前)—후(後), 외(外)—내(內), 강(强)—약(弱), 화(火)—수(水), 명(明)—암(暗) 등 상대되는 모든 사물과 현상들을 양·음 두 가지로 구분하고 그 위치나 생태에 따라 끊임없이 변화한다는 것이 주역의 원리입니다. 달은 차면 다시 기울기 시작하고, 여름이 가면 다시 가을·겨울이 오는 현상은 끊임없이 변하나 그 자연법칙은 영원불변한 것이며, 이 법칙을 인간사에 적용시켜 비교·연구하면서 풀이한 것이 역입니다.

중국 주 시대(周, BC 1046~256)에는 기 개념이 주로 제물을 바치는 제사 의식에 주술로 사용되었습니다. 그 당시 기는 이름만 다를 뿐 영(성령, 신, 신령)을 뜻하는 것입니다. 진 시대(秦, BC 221~206)에는 기가 생명력과 창조력을 지니고 있다고 보았습니다. 기(氣)가 응집하면 물(物)이 된다고 믿었습니다.

한 시대(漢, BC 206~AD 220)에는 우주만물은 기를 바탕으로 하여 생겨난다고 보았습니다. 모든 만물은 음양오행(음양 5원소의 작용)의 기의 조화로 만들어져 작용되고 변화되어 간다고 보았습니다. 이 세상은 5요소 木 · 金 · 土 · 火 · 水로 이루어진다고 보았습니다. 어떤 사물(事物)이든지 음과 양의 조화로 만물이 만들어지고 작동되고 변화되어 가는 것으로 보았습니다. 한의학은 인체의 질병은 기운의 부조화로 인해 오는 것으로 보기 때문에, 인체와 기를 한약으로 조화시켜 질병을 치료하는 의학입니다. 한의학을 기의학이라고 하는 이유는 바로 우주만물이 기라는 본질로 구성되어 있다고 보기 때문에 기를 잘 조절하면 인체의 질병도 퇴치시킬 수 있다고 보기 때문입니다. 만물 속에 거하는 기가 상호작용으로 모이게 되면 큰 기를 큰 기운을 발휘하게 됩니다.

기(영)는 만물 속에 거하고 흐르므로 만물은 서로 기로 영기로 상호작용을 끊임없이 하고 있습니다. 그래서 허약한 사람이라도 공기 좋고 물 좋고 오염이 적고 태양빛이 따갑게 내리쬐고 풀냄새가 물씬물씬나며 다양한 종류의 나무가 우거지고 각종 새와 곤충, 벌레, 동물들이 자유롭게 한가하게 날아다니며 뛰놀며 각종 식물들과 나무들이 청푸른 잎가지를 무성하게 내며 다양한 아름다운 색깔의 꽃을 피우며 다양한 진한 꽃향기를 바람에 휘날리며 다양한 아름다운 빛깔의 싱싱한 과일을 먹음직스럽게 주렁주렁 매달고 있는 동물과 식물의 왕국인 그림 같은 시골 풍경 속에서 맑은 공기와 맑은 생수를 마시며 낙엽과 풀로 기름진 시골 토양에서 자라나는 비타민과 양분과 기가 담뿍 들어 있는 신선한 과일과 채소를 먹으며 자연의 향기와 자연의 기를 흠뻑 들이마시며 즐기면서 수양을 하면 자연히 기운이 왕성해져서 다시 건강해지게 됩니다. 마치 한 폭의 그림과 같이 아름답게 잘 가꾸어진 대부분의 유럽의 황홀한 시골풍경들은 아름다움과 평온함과 환희의 생동감이 넘쳐흐르는 자연의 생기를 흠뻑 품고 풍성하게 방출하므로 곧 아름다운 천국인 것입니다. 하나님은 이미 천국의 터전을 인간에게 수없이 많이 마련해 주셨습니다. 단지 인간이 하나님의 3대 힘(자연의 3대 힘)과 자연의 법칙에 따라 자연을 사랑하며 공동의 힘으로 주어진 터전을 아름답게 잘 가꾸어 나가기에 따라 천국과 지옥환경으로 변하여지는 것입니다.

태극문양은 음양이 서로 꼬리를 물고 감싸고 움직이며 회전하는 물고기 모양을 하고 있습니다. 이 물고기 모양의 태극음양 그림은 처음 수메르–엘람 지역에서 만들어졌습니다. 셈족 조상들인 원시 수메르–엘람인들은 바다의 물고기신은 물고기로 생물을 만든다고 믿어 물고기신을 신봉했습니다. 그 이유는 샐러맨더(바다 도마뱀), 물벌레, 다리달린 물고기(Tiktaalik, fishapods), 물뱀, 물소, 물개, 물코끼리, 물곰, 물사자, 물표범, 하마, 해마 같은 바다동물들이 육지로 가서 육지동물들로 만들어졌다고 믿었기 때문입니다. 그러므로 셈족인 원시 엘람–수메르인들도 하나님의 '진화적인 창조'를 믿은 것입니다. 바다신이나 물고기신은 결국 같은 신입니다. 그래서 셈족 계통의 유대교와 기독교에서는 물고기를 종교의 상징물로 내세웁니다. 물고기를 종교의 상징물로 내세우는 것은 물고기를 동물의 시조로 보는 것으로 '진화적인 창조'를 믿는 것입니다.

태극문양의 기원은 고대 페르시아 봉황(수컷 봉+ 암컷 황)의 음양적인 문양에서 유래한 것으로, 태극문양과 봉황문양은 원래 페르시아와 조로아스터교의 상징물입니다. 음양의 봉황이 서로 꼬리를 물고 감싸고 회전하는 모습이 음양의 물고기가 서로 꼬리를 물고 감싸고 회전하는 모습으로 변하면서 태극 문양으로 되었습니다.

두 문양은 후에 이슬람교, 브라만교(힌두교), 불교, 유교, 도교의 상징물로도 되었습니다. 그 이유는 수메르–엘람인들이 인도, 티베트, 중국 등 전 세계로 왕래하거나 이주하여 메소포타미아의 문명을 전파했기 때문입니다.

페르시아 상징물인 태극문양에 8원소가 첨가되어져서 음양 8원소에 의해 만물이 만들어진다고 보았습니다. 메소포타미아의 음양 8원소는 곧 동양의 음양 8괘를 탄생시킨 것으로 음양 8원소와 음양 8괘의 요소들은 같습니다. 메소포타미아 지역에서는 8원소(8자연물)를 8자연신으로도 숭배했습니다.

Heaven(하늘, 별, 천신)–Earth(땅, 지구, 흙, 지신), Wind(바람, 숲의 신, 바람신, 폭풍신)–Thunder(뇌성, 원소를 반응시켜 물질을 만들고 미생물을 자극하여 식물을 키움, 천둥번개신), Water(물, 생물의 근원, 수신)–Fire(불, 태양신), Mountain(산, 무거운 광물의 저장소, 산신)–Lake(호수, 바다, 광물과 희귀광물의 저장소로 생물이 창조되는 곳, 바다신).

8원소는 4가지 음양적인 관계에 놓여 있습니다. 동양의 음양오행설은 결국 메소포타미아의 음양 8원소설(약 BC 3000~1800년경)에 속하고, 두 음양원소설은 서로 유사하므로 시대적으로 보아 동양의 음양오행설은 서양의 음양 8원소설을 토대로 하여 만들어졌음을 추정할 수 있습니다. 중국 전국 시대(BC 403~221) 제나라(齊, BC 1046~221)의 사상가 추연(BC 305~240)이 맹자(? BC 372~289)의 영향을 받아 음양설(음양이원론)과 오행설(土 · 木 · 金 · 火 · 水)을 혼합하여 음양오행설을 제창했습니다.

원시 수메르-엘람인들은 자연물에도 영(신, 성령)과 생명이 거하고 있다는 정령신앙을 믿어 많은 자연신들을 믿었습니다. 그래서 중요한 자연물 8원소는 중요한 8자연신으로 숭배되어졌습니다. 중국에서는 8원소 중 5원소만 인용해서 오행설을 주창했습니다.

Earth(땅, 지신) → 土(토), Wind(바람, 숲의 신) → 木(목), Mountain(산신, 광물) → 金(금), Fire(화신, 불) → 火(화), Water(수신, 물) → 水(수)

보이지 않는 날벌레의 신체는 보이지 않도록 미세하나, 보이지 않는 미세한 날개로 날고, 코로 냄새를 맡고, 눈으로 보고, 귀로 듣고, 입으로 먹고, 호흡기관으로 호흡하고, 소화기관으로 소화하고, 핏줄로 양분과 에너지를 공급하고, 신경과 호르몬으로 정보를 전달하고, 뇌로 생각하고, 보이지 않는 미세한 생식기로 성교해서, 미세한 자궁 속에서 미세한 수정란을 키우고, 보이지 않는 미세한 세포의 작용으로 생명의 활동을 하는 것은 보이는 기계적인 작용이라고 보기보다는 오히려 보이지 않는 영기로 기운으로 작동되어 가는 영적인 현상으로 보는 것이 더 타당할 것입니다. 사실 이 세상을 이루고 작동시키는 보이는 물질과 에너지는 5%도 안 되고, 보이지 않는 물질인 암흑물질과 암흑에너지는 95% 이상을 차지하므로 결국 이 세상도 대부분 보이지 않는 영적인 것들인 기운과 영기에 의해서 이끌리고 다스려져 가는 영적인 세상인 것입니다.

5. 하나님의 창조과학

하나님이 정말로 존재하는지는 자연물에 서려 있는 하나님의 신성을 살펴보면 알 수 있고, 하나님의 신성을 살펴보기 위해서는 하나님이 창조기술인 하나님의 창조과학을 살펴보아야 하고, 하나님의 창조과학을 살펴보기 위해서는 하나님의 영의 과학을 살펴보아야 할 것입니다.

이 세상의 모든 만물은 태양 빛(소립자+전자기파)으로 광자(정보+에너지+영)에너지로 광자 속의 영(정보+에너지)으로 이끌리어 다스려져 만들어지고 작동되고 변화해 갑니다. 이 세상은 광자에너지가 지닌 정보와 에너지로 만들어진 물질세계와 정신세계로 이루어져 있기 때문에 광자에너지 속에는 정보와 에너지가 들어 있고, 정보와 에너지를 다루는 영도 들어 있는 것입니다. 그 때문에 만물의 생성, 작동, 변화 등 모든 자연현상이나 자연변화는 모두 광자에너지와 광자에너지 속의 영에 의해 다스려져 이루어지고 행해집니다.

정보는 에너지(소립자)에 의해 만들어지고 에너지 속에 저장되고 에너지와 함께 작용하고 에너지에 의해 전달됩니다. 정보가 물질에 쓰여지더라도 물질이나 글자 속에는 에너지(소립자, 극미입자)가 들어 있는 것입니다. 그러므로 정보는 한시도 에너지 곁을 벗어날 수 없으므로 정보를 지닌 영이나 영혼도 광자에너지 속에 항상 거합니다. 정보를 지닌 에너지는 곧 영(정보+에너지)으로 하나님의 기운(氣運)이고 하나님의 영기(靈氣)이고 하나님의 정기(情氣)이므로 하나님의 생각이고 말씀이고 설계이고 능력인 것입니다. 정보를 지닌 에너지로 즉 영으로 영기로 물질의 시스템(조직)과 메커니즘(기능)이 만들어지면서 물질의 특성이 만들어집니다. 그러므로 하나님은 영(신)으로 빛에 거하시며 빛에너지의 힘으로 광자에너지의 힘으로, 즉 영기로 기운으로 만물을 창조하시고 다스리십니다. 물질이 다르면 다른 시스템과 다른 메커니즘을 지니므로 다른 특성(물질)과 다른 혼(생물)과 다른 영혼(사람)을 지니게 됩니다.

생물이 내부적으로 생체조직들끼리 의사소통(정보전달)을 하면서 스스로 생체물이나 생체조직을 만들거나, 또는 생물이 외부적으로 서로 상호작용을 하며 주위환경에 적응하면서 살아가기 위해서는 에너지와 정보가 필요하고, 에너지와 정보를 목적에 맞게 타당성 있게 조리 있게 다루는 영이 필요합니다. 왜냐하면 정보와 에너지 자체만으로는 타당한 생각이나 설계가 만들어지지 않고 설계대로 만물이 만들어지지도 않기 때문입니다. 그러므로 생물이 살아가기 위해서는 에너지와 정보와 영을 끊임없이 공급받아야 하는데 이 3가지를 모두 갖추고 있는 것이 빛 속에 있는 광자(에너지+정보+영)이기 때문에 모든 생물이 살아가기 위해서는 끊임없이 햇빛을 직접 간접(양분)으로 받아야 합니다. 왜냐하면 신성한 햇빛 속에는 광자—영—하나님이 삼위일체로 항상 거하므로 하나님의 기운(에너지)과 하나님의 생명의 말씀(정보)이 항상 들어 있기 때문입니다.

하늘의 법인 인과법칙과 자연의 법칙에 따라 일어나는 자연현상과 자연변화는 하나님의 3대 힘(영기, 기운)인 상호작용을 하려는 힘+상대적인 극성의 힘+평형해지려는 힘들의 상호작용과 자유에너지(유용한 에너지)는 감소하고(발열반응), 엔트로피(Entropy, 무질서도, 무용한 에너지, 평균 정보량)는 증가하고, 정보는 복잡 다양해지는 방향으로 자동으로 진행해 갑니다. 하나님은 영—정보—에너지—물질—진화프로그램에 따라 하나님의 힘—에너지—정보법칙에 의해 자연변화가 자연히 일어나면서 만물이 자연 진화되어 가면서 자연 창조되도록 설계하셨습니다.

❙ 하나님의 3대 힘(화평한 세상을 이루어 가는 3대 힘)

하나님의 3대 힘=상대적인 극성의 힘(음양의 힘, 보완의 힘)+평형의 힘(화평의 힘, 동적평형의 힘)+상호작용의 힘(협력의 힘, 상부상조의 힘)

만사만물은 물질적으로는 음전하와 양전하로 서로 음양의 힘(상대적인 극성의 힘)으로 친화력이 생겨 서로 조화와 균형을 이루며 평형해지려는 힘 때문에 만물 사이에 서로 협력하려는 상호작용의 힘이 생겨 공동의 힘으로 생태계의 동적평형을 이루어 이 세상을 영원히 유지 보존시켜 나갑니다. 정신적으로는 음양의 영은 서로 동반관계로 상보적으로 서로 단점과 미비한 점을 보완해 주려는 음양의 힘과 서로 화목을 추구하여 평안해지려는 화평의 힘과 서로 도움을 주고받으며 상부상조하려는 상호작용의 힘이 작용하게 되므로 평화롭고 화평한 세상을 이루어 가게 합니다. 그러므로 하나님의 3대 힘은 서로 도움을 주고받으면서 서로 사랑을 베풀면서 공생, 공존하면서 공동의 힘으로 화평한 세상을 이루어가게 하는 힘이고 행위이고 작용이고 활동이고 관계인 것입니다. 이 힘은 하나님의 뜻(의도)이 담겨 있는 힘으로 영기, 기운, 정기, 힘의 장, 영의 장(정보와 에너지장), 전자기장, 척력장, 만유인력장(만유중력장) 속에 들어 있습니다.

우주만물은 수억만 가지 이상으로 겹겹이 혼합되어 얽혀 있는 힘의 장(場) 속에 놓여 있고, 힘의 장(영의 장)에 의해 이끌려져 다스려져 입자가 만들어지고 입자가 결합되어 만물이 생성되고 작동되고 변화되고 소멸되고 진화되어 가면서 새로운 만물이 창조되어지기 때문에 만사만물에는 항상 하나님의 3대 힘(자연의 3대 힘)이 동반하며 만사만물을 이끌고 다스려 나가는 것입니다.

(1) 상대적인 극성의 힘(음양의 힘, 보완의 힘)

하나도 그 짝이 없는 것이 없으리니. [사 34:16]

상대적인 극성관계는 음양관계로 서로 적대관계(상극관계)가 아니라 서로 부부적인 동반관계로 서로 조화와 균형을 이루며 서로 단점과 미비한 점을 보완해 주며 서로 상부상조하며 상호작용을 하면서 서로 공생 공존하는 관계입니다.

하나님이 모든 것을 창조하실 때 다 짝이 있게 창조하셨다는 것은 만물을 상대적 특성관계로, 상대적 극성관계로, 긍정과 부정적인 관계로, 음양관계로, 이원론적으로 창조하셨다는 것입니다. 예를 들어 단백질이나 DNA분자나 아미노산 같은 신체물도 산과 염기의 상대적 극성적인 물질로 만들어지고, 교감신경계와 부교감신경계, 인슐린과 글루카곤 호르몬 등이 상대적인 극성관계로 작용하고, 몸속에서 일어나는 화학반응도 산염기반응, 산화환원반응으로 상대적인 극성관계로 반응이 일어나고, 정신적인 활동인 양심(옳고 그름, 선과 악, 사랑과 미움, 좋고 나쁨을 변별 판단하는 영의 활동)의 활동도 상대적인 극성관계로 음양관계로 행해집니다. 인간 신체가 음양의 영으로 만들어져서 음양관계로 작동되는 것처럼 태양이나 태양계나 은하계도 음양의 영으로 만들어져서 음양관계로 작동되고 운행됩니다.

모든 자연현상의 자연변화는 상대적인 극성의 힘(음양의 힘) 때문에 서로 상호작용하려는 힘(친화력)이 생기고, 서로 평형(화평, 조화, 균형)해지려는 힘이 생겨서 3대 힘들의 상호작용과 에너지법칙과 엔트로피법칙에 따라 자연변화는 자동으로 일어납니다.

하나님이 물질세계와 정신세계의 혼합세계로 우주만물을 창조하면서 상대적인 극성의 힘(음양의 힘)을 이용한 것은 정신적으로는 더 잘 돋보여 더 풍부한 감정을 유발시키고, 물질 사이에는 친화력인 인력으로 더 잘 반응하도록 하여 자연변화가 잘 일어나도록 한 것입니다.

밝은 색(흰색)으로 둘러싸인 어두운 색(검은색)은 유난히 더 어둡게 보이고, 어두운 색으로 둘러싸인 밝은 색은 같은 색인 밝은 색으로 둘러싸인 밝은 색보다 더 밝게 보이는 거와 마찬가지로, 같은 종류 같은 성질 같은 극성의 대상(대상물) 사이보다는 상대적 극성적인(음양적인) 대상(대상물) 사이가 훨씬 더 반응을 잘하고, 정신적인 감정도 더 강하게 만들어내므로, 하나님은 상대적 극성적인 힘의 관계(음양관계)를 물질세계에서 뿐만 아니라 정신세계에서도 똑같이 적용한 것입니다.

(2) 평형의 힘(화평의 힘, 동적평형의 힘)

> 하나님은 어지러움의 하나님이 아니시요 오직 화평의 하나님이시니라. [고전 14:33]

하나님은 질서와 화평과 사랑과 공의의 하나님이십니다.

상대적인 극성의 힘과 평형의 힘에 의해 만물 사이에는 서로 상호작용하려는 힘이 생겨 만물은 서로 조화, 균형, 화평, 화목, 공평, 평등, 나눔, 질서, 평안, 정상, 관성, 상태유지, 안정, 아름다움, 추함, 형태(모양), 시스템과 메커니즘, 능률, 인과법칙, 자연의 법칙(동적평형) 등이 만들어지고 자연의 질서가 잡혀지면서 밀도(농도), 압력(기압), 온도(열), 에너지, 물질 등이 조화와 평형의 방향으로 많고 높고 강한 데서 적고 낮고 약한 데로 흐르게 됩니다.

우리 몸 안에는 외부환경이나 내부환경의 변화에 대응하여 우리 자신도 모르게 자동으로 체온뿐만 아니라 산소, 이산화탄소의 농도, 혈당량, 혈류량에 의한 혈압조절, pH값, 산과 알칼리의 균형, 고통으로 엔도르핀 호르몬의 자동분비 등이 자동조절 시스템인 피드백(feedback) 작용에 의해 신체항상성이 자동으로 유지되므로 우리는 아무 탈 없이 건강을 유지하게 됩니다. 우리 육체의 신체항상성(homeostasis, 생체항상성)은 세포 속에 입자 속에 들어 있는 영들의 조절, 통솔, 다스림에 의해 이루어집니다. 세포 속에 입자 속에 들어 있는 영들이 조화와 균형과 안정과 정상을 이루려는 평형의 힘과 상대 선수적으로 상보적으로 서로 단점이나 미비한 점을 보완해 주려는 상대적인 극성의 힘(음양의 힘)과 서로 영향을 미치면서 서로 협력하려는 상호작용의 힘에 의해 하나님의 3대 힘(자연의 3대 힘)의 방향으로 정보와 에너지를 다루면서 원격 상호작용을 하므로 자연히 생체항상성이 이루어져 생물은 아무 탈 없이 건강을 유지하게 됩니다. 하나님의 3대 힘이 들어 있는 힘의 장은 정보와 에너지장으로 영의 장으로 영기로 기운으로 우리 신체 속 모든 세포 속에 수없이 많이 거하고 늘 흐르고 있기 때문에 영이 들어 있는 생물분자들이 서로 영적으로 원격 상호작용을 할 수 있는 것입니다.

평형(平衡, equilibrium)의 의미는 사물이 한쪽으로 기울지 않고 조화와 균형을 이루어 양쪽이 같은 상태를 유지하거나 또는 비정상상태에서 정상상태로 되돌아가 안정하고 평안한 상태를 이루게 하거나 또는 상대적인(상반되는, 반대되는) 두 대상(물)이 서로 영향을 미치면서 서로의 차를 감소시켜 서로 상태가 같아져 조화와 균형과 화평을 이루는 상태를 말합니다.

동적평형인 화학평형은 물질의 탄생(결합)과 죽음(분해)을 통해 물질과 에너지가 이동 순환하면서 정반응속도와 역반응속도가 같이 내부적으로는 움직이고 있으나 외부적으로는 멈춰 있는 것처럼 보이는 평형상태를 말합니다. 그러므로 동적평형은 계속적으로 되풀이하거나 반복하거나 순환(윤회)하는 반응을 말하며, 이는 해당 계(시스템)를 오랜 기간 또는 영구히 유지 보존하게 합니다. 상대선수처럼 길항적 상보적으로 작동되어 늘 평형상태를 유지하는 생체항상성도 동적평형이라고 합니다.

지구의 생태계처럼 무생물계, 미생물계, 식물계, 동물계가 상호작용을 하면서 물질과 에너지가 전달 순환되어 늘 같은 평형상태처럼 보이는 것도 생태계의 동적평형이라고 합니다. 생물의 육체적인 생체항상성 뿐만 아니라 무생물인 질소, 산소, 이산화탄소 등 공기의 순환, 침식작용에 의한 흙의 순환, 물의 순환, 별의 탄생과 죽음, 은하계의 탄생과 죽음, 생물의 탄생과 죽음 등을 통해 물질과 에너지와 정보가 계속적으로 전달 순환되어 늘 같은 평형상태를 유지하는 현상들도 모두 동적평형에 속합니다.

동적평형은 계의 구성원들이 탄생(결합)과 죽음(분해)을 끊임없이 되풀이하거나, 또는 미시세계의 구성원들인 광자나 소립자들처럼 다른 모양으로 전이되었다가 다시 부활되는, 즉 소멸(전이)—생성(부활, 탄생)

을 계속적으로 되풀이하는 순환 과정으로 어떤 계를 오랜 시간 또는 영원히 유지 보존하게 하는 자연현상입니다. 이와 같이 하나님은 이 세상이나 저 세상이나 모든 천지 우주만물이 동적평형으로 탄생과 죽음을 되풀이하며 입자와 에너지와 정보가 영원히 순환(윤회)되면서 인과법칙과 자연의 법칙과 자연의 질서를 충족시켜 가며 늘 같은 평형상태를 유지하면서 영원히 지속되도록 설계해 놓으셨습니다. 그 때문에 물질세계, 정신세계, 영의 세계, 정보세계, 에너지세계, 소립자세계가 조화와 균형을 이루면서 동적평형을 이루면서 하나님처럼 영원히 존재하게 됩니다.

(3) 상호작용의 힘(협력의 힘, 상부상조하는 힘)

> 몸 가운데서 분쟁이 없고 오직 여러 지체가 서로 같이하여 돌아보게 하셨으니 만일 한 지체가 고통을 받으면 모든 지체도 함께 고통을 받고 한 지체가 영광을 얻으면 모든 지체도 함께 즐거워하나니. [고전 12:25~26]

몸을 이루는 각 조직과 기관들이 분쟁 없이 서로 잘 돌보며 상호작용을 잘하면, 자연히 몸 전체도 건강하고 즐겁고, 만일 분쟁으로 상호작용이 잘 일어나지 않아 한 조직이나 기관이라도 고통을 받으면, 자연히 몸 전체도 고통을 받는다는 교훈입니다.

만물은 공동상호작용을 통해서 서로를 탄생시키고 서로를 작동시키고 서로를 번창시키고 서로를 진화시키고, 반 상호작용을 통해서 서로를 억제시키고 서로를 견제시키고 서로를 해치고 서로를 파멸 소멸시키고 서로를 변화시킴으로써 주어진 자연환경 여건에 알맞게 적응되도록 서로의 질과 양과 수를 공동의 힘으로 서로 조절해 나갑니다. 그럼으로써 아름다운 자연환경을 형성하면서 거대한 생태계를 동적평형으로 영원히 순환시키면서 우주만물이 서로 공생 공존하면서 영원히 유지되어 나갑니다. 만물이 생성 작동 번영 변화 진화 창조 소멸되어 가면서 생태계의 동적평형을 이루어 가기 위해서는 서로 도와주는 공동상호작용도 필요하지만, 반대로 방해하고 억제시키고 파멸시키는 반 상호작용도 어느 정도는 반드시 필요한 것입니다. 그 때문에 세상만사에는 좋은 것과 나쁜 것, 원하는 것과 원하지 않는 것들이 음양적으로 늘 동반하게 됩니다.

만일 방해되고 억제되는 반 상호작용 없이 도와주는 상호작용 한쪽 방향으로만 만사만물이 어려움 없이 순조롭게 일사천리로 진행되어 가기만 한다면, 물질과 에너지와 정보가 정방향 한쪽으로만 쏠리게 되어 순환되지 못해 동적평형을 이루지 못하므로 그러한 세상은 존재하기 어려운 것입니다. 예를 들어 부정적이고 해롭고 방해되는 병이나 벌레나 산불 없이 나무가 순조롭게만 울창하게 자라기만 한다면 주위에 있는 양분을 모두 빨아들임으로써 땅을 빠른 속도로 황폐화시켜 다른 식물의 번창을 가져오지 못하므로 쉽게 식물의 멸종을 가져오게 됩니다. 이어서 식물을 먹이로 하는 초식동물과 동물을 먹이로 하는 육식동물의 멸종도 가져오게 되어 종국에는 지구상의 생물이 멸종되어 무생물 지구로 변하게 될 것입니다.

그 때문에 다양한 식물과 생물의 지속적인 번창을 위해서는 부정적이고 음적이고 반 상호작용을 하는 병이나 병균이나 벌레나 천적동물이나 산불도 천적 역할로 매우 필요한 것입니다. 반상호작용 없이 순환반응 없이 정방향 한쪽으로만 진행되어 가는 세상은 물질과 정보와 에너지가 정 방향으로만 쏠리게 되어 순환하지 못하므로 동적평형을 이루지 못해 물질과 정보와 에너지 부족으로 새로운 만물을 탄생시키지 못하고 수명에 따라 소멸되어 가기만 하므로 그러한 세상은 결국에는 사라지게 됩니다.

그러므로 동적평형으로 세상을 영원히 유지 보존시키기 위해서는 만물의 양과 수와 질의 조화와 균형이 이루어져야 합니다. 그러기 위해서는 만사만물(萬事萬物)이 탄생과 죽음, 좋은 것과 나쁜 것, 작용과 반작용, 상호작용과 반상호작용, 강한 것과 약한 것, 공격과 방어, 포식자와 피식자 등 음양적으로 만들어져서 음양적으로 조화와 균형을 이루며 음양적으로 작동 변화되어 가야 합니다. 그 때문에 음양으로 이루어진 음양의 세상만이 동적평형을 이루어 영원히 지속되어 갈 수 있는 것입니다. 그러므로 음양관계(상대적인 극성관계)는 동적평형을 이루는 원동력이며 근원인 것입니다.

6. 음양의 영(음양이원론)

하나도 그 짝이 없는 것이 없으리니. [사 34:16]

(1) 항상 공존하는 음양

영(정보+에너지)이 만물을 만들고 작동시키고 변화시키기 위해서는 물질적으로는 양전하와 음전하를 지닌 음양의 영이 필요하고, 정신적으로는 정보를 다루는 선령과 악령이 동시에 필요합니다. 즉, 물질적 정신적인 활동이 행해지려면, 반드시 음양의 영이 항상 공존하면서 상호작용을 해야 합니다. 음양관계는 서로 상대적인 극성관계이지만 서로 적대관계(상극관계)가 아니라 서로 조화와 균형을 이루는 관계로 부부적인 동반관계로 서로 단점이나 미비한 점을 보완해 주며 서로 상부상조하는 상호작용을 하는 관계이므로 만사만물에는 반드시 음양의 영이 항상 공존하면서 동시에 상호작용을 해야 합니다.

이 세상은 극소립자 쿼크(quark)에서부터 양전하(+)와 음전하(−)로 되어 있고, 물질을 만드는 원자도 양전하의 원자핵과 음전하의 전자가 서로 상대적인 극성의 힘에 의한 인력으로 결합되어 있으므로, 원자로 만들어진 모든 만물은 내부적으로 음양의 영을 모두 지니고 있는 것입니다. 이 세상을 이끌어가는 힘도 인력과 척력으로 음양의 영에 의해 만들어진 음양의 힘(상대적인 극성의 힘)에 의해 행해집니다. 정신적인 생각도 나쁜 것이 작용할 때 좋은 것을 알게 되고, 좋은 것이 작용할 때 나쁜 것을 알게 되므로 음양의 정보와 음양의 영인 악령(부정적으로 이끄는 영)과 선령(긍정적으로 이끄는 영)이 항상 동시에 존재하면서 동시에 상호작용을 하면서 정보를 비교해야 합니다.

(2) 음양의 영 덩어리(영구름)

분자 이하의 미시세계에서는 낱개로 존재하는 것이 아니라 무한히 많은 수가 덩어리로 구름 모양으로 엉켜 있습니다. 작은 물 한 방울 속에도 물분자가 3,000억의 1,000억 개가 인력으로 엉켜서 물분자 구름을 형성하고 있습니다. 보통의 물(H_2O) 한 방울은 1ml($1cm^3$)로 1g으로 0.056mol (물 1몰=18g)이므로 $0.056 \times 6 \times 10^{23} = 3.4 \times 10^{22}$개의 물분자가 들어 있습니다. 물분자보다 훨씬 더 작아 크기가 거의 없는 빛의 광자소립자들도 우리가 빛으로 감지하려면 낱개로 감지하는 것이 아니라 이미 무한히 많은 수의 광자소립자들이 덩어리로 광자구름 모양으로 엉켜서 빛을 발산할 때 감지할 수 있는 것입니다. 그러므로 우주 허공에는 광자입자(에너지+정보+영)들이 미처 빛을 내지 못하는 미세한 덩어리들로 되어 있어 보이지는 않더라도 실지로는 보이지 않는 미세한 광자덩어리들로 우주 허공은 꽉 채워져 있는 것입니다. 그러므로 보이지 않는 암흑물질이나 암흑에너지는 아직 빛을 내지 못하는 광자입자(광자에너지)들의 미세한 덩어리나 소립자들의 미세한 덩어리일 것으로 추정됩니다.

소립자보다도 훨씬 더 작아 크기가 전혀 없는 음양의 영들도 낱개로 존재하는 것이 아니라 무수히 많은 음양의 영들이 서로 엉켜 보이지 않는 영적인 차원으로 음양의 영 덩어리로 음양의 영구름으로 빛 속에 광자에너지 속에 들어 있어 영기로 작용합니다. 그 때문에 외부적으로 좋은 선령이더라도 내부적으로는 무한히 많은 수의 선령과 악령을 동시에 지니고 있는 것입니다. 단지 내부적으로 선령의 세력이 악령의 세력을 능가하기 때문에 외부적으로 선령으로 작용하고 보일 뿐입니다.

마치 양전하를 띠는 양성자는 내부적으로 양전하를 띠는 쿼크의 세력이 음전하를 띠는 쿼크의 세력보다 크므로 전체적으로(외부적으로) 양전하를 띠는 양성자가 되었고, 중성자는 내부적으로 양전하의 쿼크의 세력과 음전하의 쿼크의 세력이 같아 전체적으로 중성을 띠는 중성자가 되었고, 전자는 음전하의 쿼크의 세력이 양전하의 쿼크의 세력을 능가하므로 전자로 되었고, 원자는 양전하를 띠는 원자핵과 음전하를 띠는 전자의 전하량이 같아 평형상태를 이루어 중성인 것과 같은 원리입니다. 그러므로 양 속에도 음과 양이 공존하고, 음 속에도 음과 양이 공존하고, 중성 속에도 음과 양이 공존하고, 원자로 만들어진 모든 만물 속에도 음양의 영들이 공존하는 것입니다.

(3) 음양의 기운(氣運, 靈氣)

원자는 양성자(+)와 전자(-)가 띠는 전하량이 같기 때문에 중성 상태에 놓여 있고, 만물은 중성 상태의 원자로 만들어지므로 만물은 보통 중성 상태에 놓여 있습니다. 우주는 만물로 이루어지므로 우주 전체는 음양의 같은 양으로 중성 상태에 놓여 있는 것입니다. 그러므로 중성의 원자로 만들어지는 낱개의 물질이나 개인이나 우주 전체는 같은 양의 음양의 전하량으로 되어 있기 때문에 같은 양의 음양의 영들로 이루어져 있는 것입니다. 음양의 영들은 마치 고무풍선 속의 음양의 영구름처럼 한쪽을 누르면 다른 쪽이 커지고 누른 것을 놓으면 다시 조화(균형)가 이루어져 양쪽이 같아져 평형상태를 이룹니다. 마찬가지로 개체나 개인이나 태양계 속에 들어 있는 같은 양(量)의 음양의 영들은 마치 고무풍선 속의 영구름처럼 그 속에 속박되어 있기 때문에 한쪽 기운(영기, 특성, 세력)이 강해지고 커지면 상대적으로 다른 쪽 기운은 자연히 약해지고 작아집니다. 그러나 영(영구름)의 한쪽 특성이 아무리 약해지고 작아지더라도 영구름은 같은 양(量)의 음양의 인력으로 결합되어 있고, 크기와 부피가 없는 영적인 결합이기 때문에 사라져 없어지는 것이 아니라 항상 같은 음양의 영으로 머물러 있습니다. 단지 음양의 기운만 상대적으로 변할 뿐입니다. 그 때문에 음과 양이 주위환경과의 상호작용에 따라 긍정적인 쪽을 많이 선택해서 양의 특성(세력)이 우세하면 자연히 음의 특성(세력)이 약해지므로 자연히 외부적으로 전체적으로 긍정적인 양으로 작용하게 됩니다. 음양의 기운은 늘 몸속에서 공존하면서 늘 서로 겨루고 있으므로 음영의 본능으로 사람은 늘 다른 사람과도 겨루게 되므로 경쟁심이 생겨나 다투고 질투하고 시기하고 탐욕을 가지고 욕심을 부리게 됩니다. 그럼으로써 삶의 의욕도 생겨납니다. 음양은 늘 겨루면서도 인력으로 늘 붙어 있기 때문에 서로 보완해 주며 늘 공존합니다.

(4) 상부상조하는 음양관계

음양관계는 서로 상대적인 극성관계이지만 적대관계(상극관계)가 아니라 서로 부부적인 동반관계로 서로 조화와 균형을 이루며 서로 단점과 미비한 점을 보완해 주며 서로 상부상조하는 관계입니다.

선령이라도 장단점이 있고, 악령이라도 장단점이 있습니다. 그래서 선령은 악령의 단점을 보완해 주고, 악령은 선령의 단점을 보완해 주므로 선령과 악령은 서로 상부상조적으로 상호작용을 하며 한 덩어리로 공생 공존하게 됩니다. 선령끼리는 단점을 서로 잘 보완해 주지 못하므로 선령은 악령이 필요하고 악령은 선령이 필요하기 때문에 선령과 악령은 서로 섞이어 영구름(영의 무리)을 형성하게 됩니다. 선한 사람들로만 이루어진 사회는 선한 사람들의 단점들을 잘 보완해 주지 못하므로 상호작용이 잘 일어나지 않는 사회로 단조로운 사회로 살기 어려운 사회입니다. 그래서 천층만층의 품성과 직업을 가진 천층만층의 사람들로 이루어진 사회일수록 아기자기한 살기 좋은 사회입니다.

나쁜 사람이래도 내부적으로 악령과 선령을 많이 포함하고 있으므로 좋은 면과 나쁜 면이 많이 있듯이, 외부적으로 악령이더라도 내부적으로는 악령과 선령을 많이 포함하고 있으므로 나쁜 면과 좋은 면이 많이 있게 됩니다. 그 때문에 좋은 면으로만 되어 있는 천국이나 천사나 나쁜 면으로만 되어 있는 지옥이나 사탄은 원래부터 독립적으로 분리되어 따로따로 존재할 수 없는 것입니다. 왜냐하면 천국이나 지옥도 천층만층의 장단점들을 지닌 천층만층의 음양의 영들로 만들어지기 때문입니다. 그래서 천사도 가끔 나쁜 마음을 먹고 나쁜 행동을 할 때가 있는 것입니다.

(5) 상황에 따라 추구하기에 따라 달라지는 음양

악령과 선령도 정해져 있는 것이 아니라 기운에 따라 영기에 따라 생기에 따라 기분에 따라 상황에 따라 상대에 따라 추구하기에 따라 달라집니다. B물질에게 선령으로 좋은 약으로 쓰이는 A물질은 C물질에게는 나쁜 독으로 악령으로 작용될 수 있습니다. 예를 들어 인간한테는 독성이 되는 열매이더라도 초식 동물들에게는 맛있는 먹이가 될 수 있습니다. A에게 선인이라도 B에게는 악인이 될 수도 있습니다. 모든 만물이 제각각 장단점을 많이 가지고 있기 때문에 모든 만물 사이에는 상황과 상대에 따라 어떤 상대에게는 서로 악령으로 어떤 상대에게는 서로 선령으로 작용하게 됩니다.

자주 선령으로 작용하던 상대라도 어떤 어려운 상황에서는 서로 악령으로 작용할 수도 있는 것입니다. 만물 사이에 상호작용에 따라 두 상대가 때로는 공동 상호작용으로 선령적인 관계에 놓이게 되고, 때로는 반상호작용으로 악령적인 관계에 놓이게 됩니다.

생명을 만드는 물도 적당하면 생물을 살리는 좋은 생수가 되어 선령으로 작용하지만, 많으면 생물을 전멸시키는 홍수가 되어 악령으로 작용합니다. 아무리 좋은 약도 적당하면 약이 되고 많으면 독이 되고 아무리 나쁜 독약일지라도 적으면 약이 됩니다. 아무리 나쁜 방사선이라도 적은 양으로는 생체물을 만들고 생체물을 작동시키는 데 없어서는 안 되는 귀중한 좋은 전자기파로 사용되는 좋은 면이 있습니다.

저녁에 악한 마음으로 가득 차 있었더라도 잠을 충분히 자고나면 영이 충분히 휴식을 하고 나면 아침에 선한 마음으로 기분이 상쾌한 마음으로 변하게 되므로 영은 휴식, 에너지, 상태 등의 주위환경 여건의 영향에 따라 선령으로 악령으로 작용하기도 합니다. 영이 주위환경의 영향을 받기 때문에 사람의 혼(삶의 활동을 이끄는 영)도 주위환경의 영향을 받게 됩니다. 마음이나 생각은 혼과 영들의 생각이므로 마음먹고 추구하기에 따라 혼과 영들의 생각도 달라지므로, 선을 추구하는 자는 자연히 선해지고 악을 추구하는 자는 자연히 악해지게 됩니다.

(6) 상황에 따라 달라지는 음양의 변별 기준

선과 악, 선령과 악령, 음과 양, 좋은 것과 나쁜 것 등 사물을 음양적으로 판단하고 구별하는 기준도 원래부터 정해져 있는 것이 아니라 시대와 장소와 환경에 따라 상대에 따라 상황에 따라 달라지는 법입니다. 지구는 태양에 비하면 음이지만 달에 비하면 양입니다. 여자를 강탈하는 장면을 목격하고, 힘이 달려 돌이나 나무로 강탈하는 남자를 때리고 해치는 것은 악한 행위가 아니고 선한 행위이며, 보고도 못 본 듯이 얌전하게 지나가는 경우는 선한 행위가 아니고 악한 행위입니다.

어떤 강도가 돈을 가진 자를 쫓다가 그 사람이 어느 방향으로 갔냐고 물었을 때 거짓말로 틀린 방향으로 가르쳐주는 것은 선한 행위이며, 바른 방향으로 솔직하게 가르쳐주는 것은 악한 행위입니다. 전쟁터에서 처자식을 둔 선량한 적을 무참히 죽이는 행위는 악한 행위이지만, 자신이 살고 조국을 지키기 위해서는 어쩔 수 없는 숙명적인 정당방어(정당방위)로 악한 행위로 보지 않습니다.

'시장이 반찬이다'라고 배가 고프면 맛없는 반찬도 꿀맛 같은 것과 같이, 똑같은 음식이래도 상황에 따라 음식 맛이 좋고 나쁘게 다르게 작용합니다. 그러므로 음과 양, 좋고 나쁜 것을 변별하는 기준도 절대적으로 정해져 있는 것이 아니라 상황에 따라 상대에 따라 기분에 따라 달라지기도 합니다. 행복과 불행을 감지하는 감정의 강도도 유전자의 구조(DNA배열구조)에 많이 달려 있기 때문에 사람마다 행복과 불행을 느끼는 감정의 정도도 다 다른 것입니다.

(7) 항상 공존하는 천국과 지옥

양에도 장단점이 들어 있고 음에도 장단점이 들어 있고 만물은 천층만층의 음양으로 만들어지기 때문에 천층만층의 음양으로 만들어진 천국과 지옥 속에도 천층만층의 장단점들이 수없이 많이 섞여 들어 있기 때문에 천국과 지옥을 분명하게 선을 그으며 구별하고 분리할 수는 없는 것입니다. 그 때문에 천국이나 지옥 속에도 좋은 것과 나쁜 것, 아름다운 것과 추한 것, 아름다운 것 중에는 다시 아름다운 것과 아름답지 않는 것들이 천층만층으로 많이 있으므로 천국 속에 천국과 지옥이 지옥 속에 천국과 지옥이 수없이 많이 섞여 들어 있는 것입니다.

천국과 지옥이 혼합되어 공생 공존해야 서로 상호작용을 하면서 서로의 약점을 보완해 주며 서로의 특성을 나타내 주게 됩니다. 좋은 것이 있을 때 나쁜 것을 알게 되고 나쁜 것이 있을 때 좋은 것을 알게 되므로, 천국이 있어야 지옥을 알게 되고 지옥이 있어야 천국을 알게 되므로 천국이 있는 곳에는 자연히 지옥이 있게 되고, 지옥이 있는 곳에도 자연히 천국이 있게 마련입니다. 천국과 지옥의 차이는 단지 생각하고 감지하는 정도의 차이밖에 없는 것입니다.

천국인지 지옥인지 느끼게 하고 생각하게 하는 것은 우리 마음(영들의 생각)에 달려 있습니다. 우리 마음이 아무리 좋은 천국일지라도 나쁘다고 생각하면 나쁜 지옥이요, 아무리 나쁜 지옥이라도 좋다고 생각하면 좋은 천국이 되기 때문에 천국과 지옥은 우리 마음에 따라 달라지는 것입니다. 똑같은 정원을 보더라도 화나 근심걱정으로 기분이 상해 있는 상태에서 보는 것보다는 기분이 좋은 상태에서 보는 정원이 더 아름답게 보입니다. 아무리 아름다운 정원도 흔하거나 매일 보거나 근심걱정이 가득 차서 보면 덜 아름다워 보입니다. 그러므로 천국과 지옥은 분리되어 따로따로 독립적으로 존재하는 것이 아니라, 항상 혼합되어 뒤섞여 함께 있는 것입니다. 주위환경에 따라 보는 자의 상태에 따라 달라지기도 하므로 A에게 선령이나 천국으로 보이고 느껴지는 것이 B에게는 악령이나 지옥으로 보여지고 느껴질 수 있으므로, 지옥 속에 지옥과 천국이 존재하고 천국 속에 천국과 지옥이 존재하는 것입니다.

그러므로 우리 주위환경은 모두 천국과 지옥의 혼합물로 이루어져 있기 때문에 어떤 일을 하려면 좋은 것과 나쁜 것, 선과 악, 죄와 의, 즐거움과 근심, 기쁨과 고통, 아름다움과 추함, 사랑과 미움, 행운과 불행, 원하는 것과 원하지 않는 것 등이 항상 음양적으로 동반하게 됩니다.

(8) 하나님이 3대 힘으로 이루어진 천국

하나님의 영으로 만들어진 이 세상은 하나님이 거하는 세상이므로 곧 천국(天國)입니다. 우리 주위에 천국이 무수히 많이 있음에도 불구하고 우리는 없다고 단정하고 천국은 오직 하늘나라에만 존재한다고 생각하고 믿기 때문에 천국을 볼 수 없고 감지할 수 없는 것입니다. 그러나 천국은 멀리 있는 것이 아니라 우리 주위환경이 모두 천국이고 지옥인 것입니다. 하나님의 영으로 만들어진 모든 생물은 곧 천국 생물입니다. 나쁜 것과 불행한 것 없이 좋은 것과 행복한 것으로만 둘러싸인 곳에서는 나쁘고 불행한 것을 전혀 모르기 때문에 좋고 행복한 것인지 알지 못하므로 좋고 행복한 것을 느끼지 못하므로 실제로는 천국이라고 생각도 못하는 것입니다.

이 세상에 나쁘고 불행한 것이 있기 때문에 이 세상에서나 저 세상에서 행복을 찾고자 하는 소망 때문에 신을 찾아 섬기며 애원하는 것입니다. 만일 좋은 것으로만 되어 있고 행복만 존재하는 천국이라면 신을 찾아야 할 이유와 교제할 필요성이 전혀 없기 때문에 하나님과의 영적 교제는 이루어질 수 없습니다. 그 때문에 하나님은 늘 자신을 알리고 함께 즐기고 교제를 항상 하기 위해서도 반드시 좋은 것과 나쁜 것, 죄와 의, 행복과 불행 등 음양적으로 이 세상과 저 세상을 창조하여야만 했던 것입니다.

우리는 예수님이 말씀하신 마음속의 천국을 감지하는 능력을 길러야 이 세상에서나 저 세상(다른 혹성지구)에서나 행복한 삶을 영위할 수 있는 것입니다. 만일 천국이 모두 좋고 행복하고 강하고 긍정적이고 양적인 것으로 한쪽 극성으로만 되어 있다면 척력만 작용하여, 만물 사이에 상대적인 극성의 힘이 없어 인력이 작용하지 못하므로 입자가 결합될 수 없고, 만물 사이에 평형의 힘이 없어 에너지와 물질이 흐르지 않아 새로운 물질의 시스템과 메커니즘을 만들지 못해 새로운 만물이 탄생되지 못하고, 만물 사이에 상대적인 극성의 힘에 의한 친화력이나 평형의 힘이 없기 때문에 만물 사이에 에너지적으로 정보적으로 물질적으로 영적으로 상호작용이 일어나지 않으므로, 하나님의 3대 힘이 작용되지 않으므로 한쪽 극성만으로 되어 있는 천국은 사실상 만들어질 수 없는 것입니다. 좋은 것으로만 되어 있는 천국은 모든 종교가 공통적으로 염원하고 믿고 주장하는 천국입니다. 그러나 좋은 것과 행복만 존재하는 한쪽 극성만으로 된 천국은 원래 존재할 수도 없고 실제로 존재하지도 않는 것이 참진리입니다.

(9) 선령과 악령

하나님이 이 세상을 창조하실 때 선령과 악령, 음과 양, 좋은 것과 나쁜 것, 음전하와 양전하, 긍정적인 것과 부정적인 것, 선과 악, 천사와 사탄 등을 이원론적으로 상대적 극성적으로 음양적으로 동시에 창조하셨기 때문에 태초부터 선령과 악령, 죄와 의, 천국과 지옥이 함께 존재하는 것입니다.

> 하나도 그 짝이 없는 것이 없으리니 [사 34:16]

악인도 악한 날에 적당하게 하셨느니라. [잠 16:4]
웃을 때에도 마음에 슬픔이 있고 즐거움의 끝에도 근심이 있느니라. [잠 14:13]
나는 빛도 짓고 어두움도 창조하며 나는 평안도 짓고 환난도 창조하나니 [사 45:7]
하나님이 사탄을 보내 아비멜렉과 백성 사이를 이간질시키심 [삿 9:22~23]
하늘에 전쟁이 있으니 미가엘(천사)과 그의 사자들이 용(사탄)으로 더불어 싸울새 용과 그의 사자들도 싸우나 [계 12:7]

하나님은 음양의 영들로 모든 것이 짝이 있도록 창조하셨습니다. 천국에도 악령과 선령이 싸움을 하므로 천국에도 음양의 영과 좋은 것과 나쁜 것이 존재합니다. 구약성경에서 사탄(악령, 악신, 악마, 마귀, 부정적인 일을 하는 영)은 하나님의 부정적인 일을 도맡아 하는 심부름꾼이며 대리자로 일합니다. 하나님은 긍정적인 일을 담당하는 선령(천사, 선신, 긍정적인 일을 하는 영)은 물론, 부정적인 일을 담당하는 대리자도 필요하시기 때문에 악령도 동시에 만들어놓으신 것입니다. 구약성경에서 사탄이 하나님과 대적하기 위해서 악을 행한 곳은 한 군데도 없습니다. 그러나 신약성경에서는 바벨론 유수 이후 조로아스터교의 이원론인 아후라 마즈다 창조주와 앙그라 마이뉴 악령이 서로 대결하는 것을 본받아서 사탄을 하나님의 대항자로 대결자로 반역자로 다룹니다. 이러한 사실은 성경의 모든 내용이 모두 변하지 않는 진리로만 쓰여진 것이 아니고, 시대에 따라 상황에 따라 신앙교리도 바꾸어질 수 있다는 것을 증거하는 것입니다.

(10) 음양의 자연으로 이루어진 천국

신약성경 누가복음 20:34~36은 조로아스터교의 영향을 받아 천국은 육욕적인 요소가 전혀 없다고 믿어, 구원받은 후 천국의 영생을 누릴 때는 시집을 가거나 장가를 드는 일이 없이 이 세상을 초월한 완전한 삶을 주님과 함께 살게 된다고 합니다. 그러나 이 내용은 요한복음, 히브리서, 요한계시록에 있는 천국 내용과는 상반되는 내용입니다.

하나님이 예수님을 낳으시고[히 1:5], 예수님은 아버지 하나님과 창세 전에 영화를 누리셨고[요 17:5], 예수님이 구원받은 자들의 처소를 예비하러 가시고[요 14:2], 강과 과일나무가 있고, 여자가 아이를 배고 해산하고, 하나님이 눈에서 눈물을 닦아주시고, 새 하늘과 새 땅을 보고, 새 예루살렘 천국을 보니 라고[계 12:1~2, 21:1~2, 1~27] 하므로 천국도 지구와 같이 음양의 영으로 만물이 만들어지고 작동되고 변화해 가는 음양적인 자연으로 되어 있음을 짐작할 수 있습니다.

대부분의 성경구절들이 묘사하고 있는 천국환경과 천국생활은 지구와 같은 자연환경과 지구와 같은 삶을 묘사하고 있고, 단지 누가복음에서만 천국생활을 영적 생활로 묘사하고 있습니다. 이는 의사인 사도 누가나 또는 이 구절을 쓴 성경기자가 조로아스터교의 천국에서의 영적생활을 그대로 인용해서 기록했기 때문에 이러한 예외적으로 상반되는 구절이 드물게 기록된 것입니다.

형상 있는 사랑이 형상 없는 사랑보다 더 실감이 나고, 형상 있는 꽃이 형상 없는 꽃보다 훨씬 더 아름답게 보이고 향기도 더 진하기 때문에 천국도 물질세계와 정신세계가 혼합한 세상임이 분명합니다. 시스템과 메커니즘 없이 육체 없는 영 단독으로는 활성화에너지가 없으므로 영 단독으로는 생각도 할 수 없습니다. 우리가 꿈을 꾸고 의식을 가지는 것은 우리의 영이 육체를 가지고 있기 때문입니다. 만일 천국이 영으로만 되어 있는 보이지 않는 영의 세상이라면, 천국에서 육신적인 행위를 할 수 없으므로 구태여 우리가 평생토록 육신적으로 선하게 살려고 애쓸 필요도 없고 구태여 행위의 심판도 받을 필요도 없는 것입니다. 저 세상에도 행위가 있으므로 이 세상의 행위를 중요시 하는 것입니다.

(11) 노르아드레날린의 선령과 악령적인 행동

노르아드레날린(혈압 상승제) 호르몬이 필요한 적정량으로 분비되면 신체에 긴장과 활기와 의욕을 주어 긍정적으로 좋은 호르몬으로 선령으로 작용하지만 과잉 분비되면 혈관을 수축시키므로 부정적으로 나쁜 호르몬으로 악령으로 작용합니다. 긍정적으로 좋은 도파민 호르몬이 인간의 정신활동의 원천이 되지만, 부정적인 노르아드레날린 호르몬도 생명력, 정신력, 운동력의 원천이 됩니다. 그 때문에 도파민이나 노르아드레날린이 부족하게 분비되면 무기력한 나태한 생활을 하게 되고 심하면 의욕상실증에 걸려 비관하게 되어 자살까지 하게 됩니다.

노르아드레날린이 과다하게 분비되면 이성을 잃게 되므로 '분노의 호르몬'이라고도 하고, 또는 용기와 의욕을 갖게 하므로 '용기의 호르몬, 의욕의 호르몬'이라고도 부릅니다. 삶의 활동을 하기 위해서는 긍정적인 좋은 호르몬뿐만 아니라 부정적인 독성 호르몬도 상대적으로 반드시 필요합니다. 그 때문에 이 세상이 작동 유지되어 가기 위해서는 긍정적으로 선한 선령뿐만 아니라 상대적 특성적으로 부정적으로 독한 악령도 반드시 필요한 것입니다.

우리는 하나님을 믿으며 죄를 안 짓고 선하게 살아가려고 마음을 굳게 먹으나 작심삼일로 곧 죄의 그물망에 걸려 다시 사소한 죄라도 짓게 됩니다. 사람이 살아가려면 매사에 삶의 의욕이 있어야 되는데 이 삶의 의욕은 맹독성 아드레날린이나 노르아드레날린 호르몬에 의해서 생기므로 삶의 의욕 때문에 죄도 짓게 됩니다. 삶의 의욕이 커질수록 탐욕이 커집니다.

우리 몸에 아드레날린과 노르아드레날린 호르몬이 분비되는 한, 우리는 강한 삶의 의욕과 강한 탐욕 때문에 살려고 발버둥 치므로 자신도 모르게 사소한 죄나 마음의 죄를 지으며 살아가게 됩니다. 만일 성욕을 일으키는 성호르몬이 없다면 음욕을 품는 음욕의 죄는 없어지나 육체와 마음의 뜨거운 사랑도 없어지게 됩니다. 그러므로 인간은 성호르몬, 아드레날린, 노르아드레날린, 도파민, 엔도르핀, 세로토닌 등 50여 가지의 여러 종류의 호르몬에 의해 육체적 정신적인 활동이 조절되어지고 이끌려지며 삶의 의욕과 탐욕이 생겨나며 감정을 지니고 생각을 하게 되므로 인간은 항상 마음의 죄가 동반되는 것입니다. 그러므로 인간은 죄를 하나도 짓지 않을 수는 없는 일이며, 단지 인간은 교육으로 이성으로 신앙으로 죄짓는 것을 억제시켜 나갈 뿐입니다.

만일 동물에게 악한 독한 마음이 하나도 없고 선량하고 순한 마음만 있다면 악을 조금도 쓰지 못하므로 매우 느리게 생각하고 매우 느리게 행동하여 먹이동물을 살해하거나 적으로부터 방어하지도 못하므로 굶거나 잡혀서 쉽게 죽게 될 것입니다. 그러므로 동물이 번창하며 살아가기 위해서는 긍정적인 선한 선령들의 작용도 중요하지만 동시에 부정적인 악한 악령들의 작용도 삶의 의욕을 크게 하고 행동속도를 빠르게 하고, 먹이동물을 악으로 잡아먹고, 적으로부터 악으로 지켜내기 위해서 매우 중요합니다.

생물은 먼저 주위환경에 적응해야 하고, 병균이나 천적이나 적으로부터 방어해야 하고, 주위환경의 부족한 물질을 구하기 위해서 경쟁자들과 본의 아니게 경쟁이나 분쟁, 전투에서 이겨내야 하고, 때로는 먹이를 구하기 위해 먹이동물을 죽이기 위해 악을 쓰며 잔인한 선제공격도 해야 하므로 생물 주위환경은 끊임없는 악에 찬 경쟁이나 투쟁이나 천적으로 둘러싸여 있습니다. 그러므로 생물이 살아가기 위해서는 선과 악, 선령과 악령이 동시에 모두 반드시 필요한 것입니다. 그 때문에 하나님은 태초부터 선령과 악령, 좋은 것과 나쁜 것, 의와 죄를 동시에 창조하신 것입니다.

독성이 강한 악령의 물질인 노르아드레날린도 의욕, 힘의 발휘, 행동속도를 빠르게 함, 어려운 상황을 이겨내게 함, 집중시킴, 노력하게 함 등 긍정적인 좋은 장점들을 많이 내포하고 있습니다. 만일 몸속에 악령의 물질이 조금도 없고 선령의 물질들만 있다면 태만, 게으름, 느림, 해이함, 쇠약, 어려운 상황을 극복하지 못함, 의욕상실 등 부정적인 단점들이 우세하므로 삶의 활동이 제대로 행해지기 어렵습니다. 그 때문에 생물이 살아가기 위해서는 음양의 영인 선령과 악령이 동시에 모두 필요한 것입니다.

7. 하나님의 진화적인 창조

창조와 진화를 살펴보는 것은 곧 하나님에 의해서 창조된 자연인지, 아니면 자연 스스로 진화되어 만들어진 자연인지를 살펴보는 것으로 하나님의 존재 여부를 가늠하는 열쇠가 됩니다. 하나님에 의해 진화와 창조가 이루어진다면, 창조와 진화를 살펴보는 것은 곧 하나님의 창조과학을 살펴보는 것으로, 이는 곧 하나님의 신성, 지성, 품성, 의도, 창조기술 등 하나님의 모든 면을 헤아려 보는 것입니다.

하늘의 법인 인과법칙과 자연의 법칙에 따라 일어나는 이 세상의 자연변화는 하나님의 3대 힘(영기, 기운)인 상대적인 극성의 힘+평형의 힘+상호작용의 힘들의 상호작용과, 자유에너지(유용한 에너지)는 감소하고(발열반응), 엔트로피(Entropy, 무질서도, 무용한 에너지, 평균 정보량)는 증가하고, 정보는 복잡 다양해지는 방향으로 자연히 흘러갑니다. 자연변화는 하나님의 영-정보-에너지-물질-진화프로그램에 따라 자연히 일어납니다. 하나님은 영으로 말씀으로 설계로 에너지로 빛으로 광자로 만물을 창조하셨습니다.

하나님의 영(정보+에너지)이 말씀(정보+에너지)이 되고, 말씀이 설계(정보+에너지)가 되고, 설계가 에너지가 되고, 에너지가 빛(소립자+전자기파)이 되어 빛 속의 광자(정보+에너지+영)에너지와 영이 소립자, 원자, 분자, 물질, 만물로 진화되면서 다양하고 풍부한 만물이 창조되려면 적어도 수십억 년, 수백억 년 이상 걸리게 됩니다. 영(정보+에너지)이

들어 있는 만물은 서로 끊임없이 정보적으로 에너지적으로 영적으로 물질적으로 서로 상호작용을 하기 때문에 영의 정보도 복잡 다양해지며 정보의 영역도 커지므로 영의 지능도 진화되어 가기 때문에 영의 사고력과 진화력과 창조력도 향상 되어 갑니다. 그 때문에 인간의 지능은 진보되어 가고, 생물은 복잡 다양해집니다.

▎하나님의 진화적인 창조

(1) 하나님-영-만물의 삼위일체

영(정보+에너지)은 항상 빛의 광자(정보+에너지+영) 속에 거하므로 광자와 영은 일체입니다. 하나님의 신(신령)으로 영은 만들어지므로 영은 하나님의 화신이며 분신이며 혼신(성령, 신령, 혼령)이며 대리자이므로 영이 있는 곳에는 항상 하나님의 신(혼신)이 거합니다. 그러므로 광자—영—하나님은 삼위일체로 항상 공존하며 항상 빛에 거합니다. 삼위일체적인 혼신의 빛으로 만물이 만들어지고 다스려지고 작동되고 변화되고 진화되어 갑니다.

빛(광자+전자기파) 속에 광자가 있고 광자 속에 영이 있고 영 속에 하나님의 신(혼신, 신령, 성령)이 거합니다. 만물은 영으로 광자로 빛으로 만들어지므로 만물 속에는 하나님의 신과 영이 함께 들어 있으므로 하나님—영—만물은 삼위일체입니다. 하나님—영—만물은 삼위일체이기 때문에 영은 옷만 갈아입어 모양만 변하여 순환할 뿐 하나님처럼 영원히 존속하는 것입니다.

(2) 인과법칙

만물이 만들어지는 것은 우연이나 기적에 의한 것이 아니라 치밀한 지적 설계에 의한 것입니다. 인과법칙(因果法則)에 따라 원인 없는 결과는 없듯이 만물을 지은 자가 없으면 아무리 시간이 지나가도 자연히 우연히 만물이 만들어질 수는 없는 법입니다.

(3) 의도적인 설계

우주만물과 신체의 구조가 불필요한 시스템과 메커니즘은 하나도 없고 모두 고차원적인 설계로 꼭 필요한 것들로만 설비되어 작동되는 것은 전지전능한 누군가가 의도적으로 설계해서 만들어지게 했기 때문입니다. 왜냐하면 말씀이나 글이나 프로그램이나 기계나 설계는 아무리 시간이 지나가도 우연히 자연히 고차원적으로 만들어지지 않기 때문입니다.

(4) 창조의 4대 요소

어떤 것을 창조하거나 발명하거나 만들려면, 창조(발명)의 4대 요소인 설계자＋노동자＋에너지＋재료(물질)가 반드시 있어야 합니다. 광자(정보＋에너지＋영)에너지 속에 항상 거하는 영(정보＋에너지)은 광자가 지닌 정보와 에너지를 다루어 하나님의 의도대로 설계를 할 수 있고, 질량에너지 등가원리에 따라 광자에너지와 함께 영은 소립자나 원자, 분자, 물질로 되므로 영은 입자노동자로 되어 노동을 할 수 있고, 영은 항상 광자에너지 속에 거하므로 에너지를 지니고 있고, 영은 입자나 물질 속에 거하므로 재료(물질)로도 쓰이기 때문에 영은 창조의 4대 요소 조건을 모두 충족시켜 주므로 창조주 하나님을 대리하여 만물을 일선에서 직접 창조하고 다스리고 진화시켜 나갑니다.

(5) 에너지법칙과 엔트로피법칙

자연현상이나 자연변화는 자유에너지(유용한 에너지)는 감소하고(발열반응), 엔트로피(무질서도, 무용한 에너지, 평균 정보량)는 증가하고, 정보는 복잡 다양해지는 정해진 방향으로만 진행해 나갑니다. 발열반응만 일어나고 엔트로피는 증가하고 정보는 복잡 다양해지는 정해진 한 가지 방향으로만 자연변화는 자연히 진행되어 갑니다. 그런데 생물이 만들어지고 활동하는 것은 흡열반응과 발열반응이 동시에 모두 필요하고 질서가 반드시 필요하고 정보도 프로그램화 되어 있는 DNA를 필요로 하기 때문에 영 없는 자연만으로는 에너지법칙과 엔트로피법칙에 모두 어긋나므로 생물을 진화시키고 창조시키고 다스려 나갈 수 없는 것입니다.

(6) 자연선택

만일 하나님의 영 없이 자연(여기서는 영이 없는 것으로 간주함)에 의해서만 주위환경에 알맞은 것만 자연선택적으로 선택되어 진화가 이루어진다면, 부정적이고 나쁘고 약하고 음적인 단점은 선택되지 않으므로 자연히 사라지고 긍정적이고 좋고 강하고 양적인 장점만 선택되어 진화되기 때문에 수십억 년이 지난 오늘날에는 긍정적이고 좋고 선하고 강한 양만 무성하고 부정적인 요소는 거의 소멸해 버렸을 것입니다. 그러나 부정적인 요소나 긍정적인 요소가 여전히 똑같이 무성한 것은 만물이 음양의 영의 조화로 만들어지기 때문입니다. 음인지 양인지 선별하여 자연선택하는 것도 음양의 영들이 하는 것입니다.

(7) 신체 처방을 하는 영

생물 신체기계가 고장이 나거나 병균이 침입하거나 병이 나거나 상처가 나면 얼마간 지나가면 병이 자연히 낫거나 상처가 아물어 신체기계들이 다시 정상으로 작동되어 다시 건강해집니다. 신체 처방을 하는 것도 정보와 에너지(기, 기운, 영기)를 다루는 영(정보+에너지)이 합니다.

소화기관의 위장 경보시스템은 음식물에 유해물질(세균, 독소, 기생충)이 함유돼 있는지, 음식물이 너무 많이 들어오는지, 너무 급하게 먹어 소화가 안 되는 고형물질이 포함되어 있는지 등을 판단해, 몸을 보호하기 위하여 위장은 뇌와 합동으로 독소나 세균이 몸에 공급되지 않도록 경보시스템의 경비를 철저히 섭니다. 만일 유해물질이 몸에 들어오면 모든 음식물 상황을 위장의 내장신경계가 판단해 뇌에 알려 뇌가 체하고 토하고 열이 오르며 두통이 나고 춥고 어지럽고 힘이 없고 아프고 설사하는 것과 같은 경고 증상이 일어나도록 명령합니다. 그리고 독성 음식물이 들어오면 설사, 구토 등으로 가능한 빨리 몸 밖으로 배출시켜 버리게 합니다. 뇌와 위장 경보시스템이 합동으로 보이지 않는 미세한 유해물질을 순간적으로 즉시 알아보고 순간적으로 즉시 처방을 해 건강을 유지하게 하는 것은 분자물이나 세포 속에 거하는 영들이 서로 양자얽힘, 정신감응, 정신격동, 텔레포테이션 같은 영적인 원격반응을 통하여 서로 원격의사소통이 영적으로 잘되어 정보와 에너지를 신속히 다루기 때문입니다. 만일 분자물이나 뇌와 위장 세포 속에 영이 거하고 있지 않다면, 분자물 사이나 영들 사이에 원격의사소통이 순간적으로 이루어지지 않으므로 이러한 영적인 원격작용들은 도저히 일어나지 못할 것입니다.

(8) 영 없는 자연선택은 불가능함

거미는 자연 어디에서 거미줄 치는 것을 보고 자연선택했으며, 독사뱀은 자연 어디에서 맹독을 자연선택해서 스스로 고차원의 시스템과 메커니즘을 고안 설계해 만들어서 신체 내에 스스로 적재적소에 생체기계 시설을 설비해서 맹독을 만들어내겠습니까? 이들 동물들은 지능이 인간들보다 훨씬 낮아 발명의 능력도 전혀 없는데, 인간도 못 만들어내는 맹독과 맹독 생산시설을 어떻게 만들어내겠습니까?

(9) 상호작용을 통해서만 만들어지는 만물

사람 하나가 만들어지려면 100만 가지 이상의 단백질 종류가 필요하고 태양, 지구, 달, 흙, 물, 공기, 생물, 입자 등 무수히 많은 만물이 동시에 필요하고, 그 중에 몇 가지만 없어도 사람은 만들어지지도 않고 살아갈 수도 없습니다. 사람이 살아가게끔 수억만 가지가 우연히 기적적으로 자연히 설계되어 설계대로 고차원적으로 우연히 만들어져서 우연히 적재적소에 배치 조립되어 아무 탈 없이 오랫동안 우연히 작동되어 갈 수는 없는 법입니다. 만물은 수억만 가지가 서로 상호작용을 하면서 서로 만들어지고 서로 작동되고 서로 변화해 가므로, 만물은 독자적으로나 한마디 말씀만으로는 만들어질 수 없는 것입니다.

(10) 진화를 통한 생물의 창조

인간이나 동물의 신체 구조는 서로 교제를 하면서 사랑과 즐거움을 나누며 화평하게 살아갈 수 있도록 보통 공통적으로 눈 2, 귀 2, 입 1, 뇌 1, 머리 1, 목 1를 가진 머리 구조로 되어 있습니다. 이와 같이 동물들의 머리 구조가 같은 이유는, 머리를 만드는 유전자 속에 DNA배열(서열)구조 프로그램이 다 똑같기 때문이며, 이는 하등동물에서 고등동물로 진화되어졌음을 명백히 증거하는 것입니다.

(11) 태아 때 똑같은 모습을 하는 지구 동물

물고기, 척추동물, 인간, 새 등은 태아 모양이 서로 구별할 수 없도록 똑같은 시기가 있는데, 이 똑같은 태아 시기를 지나면 태아가 각각 다르게 발전 발달 분화되어 갑니다. 이는 동물을 만든 창조주 하나님이 한 분이거나 지구생물연구소(하나님과 천사들이 연구하는 곳)가 하나이거나 같은 계통임을 증거합니다. 여러 동물의 태아 모양이 서로 구별할 수 없도록 똑같은 시기까지는 모든 동물의 DNA의 태아 프로그램이 똑같게 짜여져 있기 때문입니다. 거의 모든 척추동물의 허파가 거의 유사한 시스템(조직)과 유사한 메커니즘(기능)으로 하등동물로부터 고등동물까지 만들어져 작동되는 것은 모든 생체기계가 진화 과정과 창조 과정을 통해 발전 발달 진화되어 창조되어졌음을 증거하는 것입니다.

(12) 생명의 칩인 DNA사슬(염색체)

생물세포 속에 핵 속에 염색체 속에 있는 DNA사슬은 유전정보(생명의 프로그램)를 지니고 유전정보를 다루므로 DNA는 영(정보+에너지)들을 다스리는 영들의 우두머리인 혼(삶의 활동을 이끄는 영)이 거하는 곳입니다. 하나님은 생물이 만들어지고 성장하고 활동하고 번식하고 진화되는 생명의 프로그램을 무수히 많은 염기쌍(A-T, G-C)으로 글이 쓰여지게 하셔서(예를 들면 aactcttggacta…) 보이지 않는 DNA분자 속에 생명의 말씀으로 영적으로 기록해 놓으셨습니다. 그러므로 DNA사슬(염색체)은 곧 하나님의 생명의 말씀(정보+에너지=영)이 들어 있는 생명의 집입니다.

(13) 자연 변화의 주인공은 영이 들어 있는 입자들

생명의 4대 요소(광자, DNA분자, 단백질분자, 물분자)에 들어 있는 영들은 다른 입자나 물질을 통솔해 생명의 활동이 이루어지게 정신감응(원격의사소통), 정신격동(원격조종), 양자얽힘(원격정보복사로 동일반응), 텔레포테이션(원격이동) 같은 영적인 원격작용을 통해서 입자와 물질을 다스리고 이끌어 입자 사이 입자와 물질 사이 물질과 물질 사이에 상호작용이 일어나게 정보와 에너지를 다룹니다. 다른 입자나 물질 속에 들어 있는 영들은 생명의 4대 요소 속에 들어 있는 영들의 다스림을 받기 때문에 DNA의 유전정보대로 상호작용이 일어나 신체기계가 만들어지고 작동됩니다. 분자 이하의 미시세계에서는 이러한 영적인 반응이 거리와 관계없이 입자들 사이에 입자 속의 영들 사이에 통상적으로 잘 일어나는 영적인 원격반응입니다. 이 세상의 모든 화학반응이나 자연변화는 미시세계의 구성원들인 영이 들어 있는 극미입자—소립자—원자—분자들의 영적인 원격반응에 의해 일어납니다. 생명의 활동인 세포의 작용도 결국은 영이 들어 있는 입자들의 영적인 원격 상호작용에 의한 것입니다.

(14) 생물의 진화와 창조

생물의 진화와 창조는 DNA(유전물질, 유전정보, 생명의 말씀, 생명의 프로그램)구조의 변화로 이루어집니다. DNA구조를 변화시키는 것은 에너지나 물질이나 영적 원격반응(원격작용)에 의해서 행해지는 것으로 추정됩니다.

① 하나님은 진화 프로그램에 따라 생물의 종이 자연히 진화되면서 창조되게끔 생물진화 프로그램(DNA)을 태초 생물세포 속에 입력하셨습니다. DNA의 유전정보가 염색체 수와 염색체 종류에 따라 즉 생물의 종에 따라 억제되어 있다가 환경 요인(수질, 토질, 먹이, 공기, 방사선, 우주선, 미생물, 보이는 물질과 에너지, 보이지 않는 암흑 에너지와 암흑물질, 오염)의 대규모적인 영향으로 유전자의 억제가 대규모적으로 풀려 DNA구조가 대규모적으로 변하여 염색체 수와 염색체 종류까지 변화시켜 새로운 단백질 종류를 만들어 새로운 형질을 만들어 새로운 종이 생겨나게 됩니다.

② 환경 요인의 소규모적인 영향으로 DNA구조가 소규모적으로 변하여 호르몬분자 등의 변화로 깃털 색깔이나 부리 모양 등 신체 일부나 형질(본능, 특성)이 다소 변하게 됩니다. 공기, 물, 토양, 오염 등의 환경 요인은 시대에 따라 지역 환경에 따라 다른 함유율을 나타냅니다. 환경 요인은 어떤 특정한 유전자를 활성화시키거나 또는 억제시켜 비활성화시키거나 또는 다소 다르게 진화시키거나 또는 퇴화시키거나 합니다. 그 때문에 같은 종의 생물일지라도 지역에 따라 시대에 따라 환경에 따라 다소 다른 모양과 다소 다른 특성(본능)을 가지게 됩니다.

③ 우리가 감지하지 못하는 DNA의 미세한 변화가 자궁(동물)과 꽃이나 뿌리

(식물)의 생식세포에서 수백 년, 수천 년, 수억 년 걸리면서 아주 느리게 아주 미세하게 조금씩 진화되어 가면서 다른 종으로 변화해 가므로 우리의 짧은 80평생으로는 진화 과정과 창조 과정을 감지할 수 없는 것입니다.

④ 하나님과 천사들로 이루어진 천국의 지구생물연구소에서 양자얽힘(원격정보복사로 원격동일반응), 정신감응(원격의사소통), 정신격동(원격조종), 텔레포테이션(원격이동) 같은 영적인 원격반응을 통해 지구 생물이 DNA 속에 있는 염기쌍들의 위치를 변화시켜 새로운 생명의 프로그램을 기록하여 DNA구조를 변화시켜 새로운 생물이 창조되게 할 수도 있는 것입니다.

불덩어리 지구가 식어 가면서 없던 산과 바다를 만들고 흙과 공기를 만들어 생물과 인간까지 만드는 과정이나, 암컷의 자궁 속에서 정자와 난자가 만나 수정란을 이루고 시스템과 메커니즘이 발전 발달되면서 완전한 생명체를 만드는 과정은 진화 과정이면서 창조 과정인 것입니다. 아무것도 없던 곳에서 새로운 시스템과 메커니즘이 생겨나 발전 발달되는 진화 과정이 곧 창조 과정이고, 새로운 만물이 창조되는 창조 과정이 곧 진화 과정인 것입니다. 그러므로 창조는 진화 과정을 통해서 이루어지고 진화는 창조 과정을 통해서 이루어지므로 창조 과정 속에 진화 과정이 이루어지고 진화 과정 속에 창조 과정이 이루어지므로, 창조 과정과 진화 과정은 독립적으로 분리되어 따로따로 이루어지는 독립 과정이 아니고, 항상 공존하는 동반관계로 서로 상부상조하는 서로 상호작용을 하는 음양관계로 항상 함께 혼합되어 일어나는 혼합 과정입니다. 그러므로 진화 과정 없이 창조 과정은 이루어질 수 없고 창조 과정 없이 진화 과정은 이루어질 수 없는 것입니다.

자연은 하나님의 영으로 만들어지는 하나님의 피조물이므로, 자연의 진화는 곧 하나님의 창조적인 진화이고, 이는 곧 하나님의 진화적인 창조입니다. 진화 과정 없이는 새로운 발전 발달된 시스템과 메커니즘을 만들지 못하므로 새로운 창조는 이루어질 수 없고, 창조 과정 없이는 발전 발달된 새로운 진화의 결과가 없기 때문에 새로운 진화는 이루어질 수 없는 것입니다.

물질의 모습과 기능은 만들어지게 하는 원천과 비슷함

생물세포는 원천(근원)인 소립자—광자—원자—태양—지구의 모습처럼 원형이고 기능이 3위일체(핵—물질—껍질)적으로 비슷합니다. 그러므로 소립자나 원자를 만드는 만물의 원천인 하나님의 영도 보이지 않는 영적인 차원으로 삼위일체적인 원형을 하고 있을 것입니다. 세포는 세포막이 세포핵과 세포질을 보호하고, 세포막을 통하여 물질과 에너지가 출입합니다. 원자도 전자껍질(전자궤도)이 원자핵과 전자를 보호하고, 전자껍질을 통하여 전자와 광자에너지가 출입합니다. 지구도 지각과 대기권이 지구핵과 생물을 보호하고, 지각과 대기권을 통하여 물질과 에너지가 출입합니다.

원자핵 주위로 전자들이 여러 층의 전자궤도로 자전과 공전을 하듯이 태양계도 태양 주위로 여러 행성들이 여러 층의 행성궤도로 자전과 공전을 합니다. 은하계도 은하계의 핵인 퀘이사(Quasar) 주위로 태양들이 여러 층의 태양계 궤도로 자전과 공전을 합니다. 동물의 알은 세포의 모양처럼 원형이나 타원형입니다. 알 속에는 세포핵에 해당하는 노른자가 있고, 그 주위로는 세포질에 해당하는 흰자질이 있고, 세포막에 해당하는 알 껍질은 세포막 구멍처럼 물질과 에너지가 통하도록 미세한 구멍들이 뚫려 있습니다.

그러므로 물질의 모습과 기능은 만들어지게 영향을 주는 원천의 모습과 기능과 유사합니다. 이러한 현상은 만물이 진화 과정을 통해서 정보와 에너지가 전달되면서 모습과 기능도 전달되어 유사하게 만들어졌다는 증거가 되는 것입니다. 이러한 원리와 현상으로 미루어볼 때 거리와 시간의 제약을 받지 않는 영(정보+에너지)이 들어 있는 입자들 사이에, 또는 입자와 물질 사이에는 거리와 관계없이 양자얽힘(원격정보복사로 동일반응), 정신감응(원격의사소통), 정신격동(원격조종), 텔레포테이션(원격이동) 같은 영적인 원격반응이 통상적으로 잘 이루어지므로 새로 탄생되는 태양계는 자연히 기존의 태양계와 유사하게 만들어지고, 지구의 물과 공기와 흙과 생물은 자연히 기존의 천국의 것과 비슷하게 되고, 새로 탄생되는 지구혹성의 생물은 기존 지구혹성의 생물과 유사하게 만들어지게 될 것입니다. 그러므로 사랑의 감정을 지닌 인간의 모습과 품성과 지성은 자연히 사랑의 감정을 지닌 하나님의 형상과 품성과 지성과 유사하게 되는 것입니다.

8. 양자얽힘(원격정보복사로 동일반응)

눈에 보이는 거시(巨視, macro)세계에서는 사과 한 개를 빈 방 속에 넣어두고 다른 빈 방에는 사과를 넣어두지 않으면, 그 다음날에도 사과가 있던 방은 여전히 사과가 있고, 사과가 없던 방은 여전히 사과가 없는 빈 방으로 물체의 위치가 정확히 정해져 있습니다. 그러나 눈에 안 보이는 극미소세계(極微小世界)에서는 중성미자 소립자 한 개를 빈 방 속에 넣어두면 그 다음날에 보면 그 중성미자는 그 방 속에 있든가 다른 방으로 갔던가 아니면 벽 속에 있든가 벽을 통과해서 밖으로 나갔던가 했으므로 위치가 정해져 있지 않으므로 위치가 불확정성입니다. 보이지 않는 에너지(암흑에너지)나 보이지 않는 물질(암흑물질)이나 보이지 않는 소립자나 극소립자(극미입자)일수록 위치가 정해져 있지 않고 영처럼 시간, 공간, 물질의 제약을 거의 받지 않고 자유자재로 영적으로 행동합니다.

모든 만물은 빛으로 빛 속의 광자입자(광자에너지)로 만들어지는데, 빛의 광자는 우주 허공이나 대기 중이나 물질 속이나 물속이나 어디든지 광자소립자(광자에너지)는 다량으로 존재하고 있기 때문에 광자는 우주 어디에서든지 존재하는 영적인 입자이며 영적인 에너지입니다. 특수한 전자기파로 찍은 우주 사진을 보면 우주는 신경세포 모양처럼 광자에너지로 모두 연결된 신경세포 은하계(neuron galaxy) 모양을 하고 있습니다. 우주 천체들이나 우주 공간은 마치 신경세포처럼 광자에너지(靈氣, 氣運, 神性)로 모두 연결되어 있으므로 대우주는 한 덩어리의 힘의 장을 한 덩어리의 영의 장(靈氣場, 氣運場, 전자기장, 척력장, 중력장)을 형성하고 있는 것입니다.

우주 공간이나 만물은 영의 장으로 항상 가득 채워져 있고 영기(기운)가 늘 흐르고 있기 때문에 영이 들어 있는 입자 사이나 입자와 만물 사이에는 영적인 원격반응(원격작용)이 항상 잘 일어납니다. 영들은 시공물(시간, 공간, 물질)의 제약을 받지 않으므로 거리와 시간의 제약도 받지 않으므로 영이 들어 있는 입자들 사이나 입자와 물질 사이에는 거리와 시간에 관계없이 양자얽힘(원격정보복사로 동일반응), 정신감응(원격의사소통), 정신격동(정신감응), 텔레포테이션(원격이동) 같은 영적인 원격반응이 통상적으로 잘 일어나고 있기 때문에 자연변화가 잘 이루어지고 있습니다.

큰 육체를 가진 생물들은 영들의 우두머리인 혼(삶의 활동을 이끄는 영)의 지배를 받아 삶의 활동을 하는 삶의 활동 능력은 있지만 영적인 원격반응 능력은 없습니다. 그러나 보이지 않는 미세한 입자일수록 물질적인 육체를 가지고 있지 않아 혼의 지배를 받지 않고, 입자 속에 있는 영의 지배를 받기 때문에 영의 능력인 원격반응 능력이 있는 것으로 보입니다. 생물세포 속에 입자들 속에 들어 있는 영들이 양자얽힘이나 정신감응력 등 영적인 원격능력을 통해 서로 원격의사소통을 하면서 DNA의 유전정보를 이해해서 신체기계를 공동으로 만들고 공동으로 조절 관리하고 공동으로 다스려 나가는 것은, 신체 분자물 속에도 영의 장으로 정보와 에너지장으로 가득 채워져 있고 영의 장(정보와 에너지장)이 끊임없이 흐르고 있기 때문일 것입니다.

아인슈타인이 '원격 상태에서 일어나는 유령현상'이라고 불렀던 양자얽힘(Quantum Entanglement)을 과학자들이 인위적으로 만들어내는 데 성공했다고 라이브사이언스 닷컴과 BBC 뉴스 인터넷판이 보도했습니다.

양자역학이론(양자론)에 따르면 두 개 이상의 입자들이나 양자(量子, 더 이상 나눌 수 없는 에너지의 최소량의 단위)가 서로 정보적으로 얽히면 아무리 멀리 떨어져 있더라도 한쪽 입자가 운동을 하면 정보가 얽힌(복사된) 다른 쪽 입자도 동시에 똑같은 운동을 하는 똑같은 반응(행동)을 나타낸다고 합니다. 마치 정신감응(텔레파시, Telepathy, 정신력으로 멀리 떨어져 있는 자와 의사소통을 하거나 보는 능력, 원격 의사소통, 원격통신)력과 정신격동(Telekinesis, 정신력으로 멀리 떨어져 있는 물체를 움직이게 하거나 다루는 능력, 원격조종)력을 혼합한 것과 같은 영적인 원격반응을 보이는 것을 양자얽힘이라고 합니다. 이는 두 양자가 마치 똑같이 겹친 것처럼, 두 양자의 정보가 똑같이 중첩되어 복사된 것처럼, 정보가 순간적으로 복사되어 똑같은 정보를 가지고 똑같게 행동하는 것을 양자얽힘이라고 합니다. 양자얽힘은 양자(量子) 정보가 복사되어 똑같이 행동하는 것을 말하는 것으로, 원격정보복사로 원격동일반응을 나타내는 것을 말합니다. 양자얽힘 현상을 이용하면 대량의 정보를 순식간에 원격지로 보낼 수 있으므로 양자컴퓨터를 가능하게 합니다.

양자얽힘(원격정보복사로 원격동일반응)은 상호작용을 하는 여러 물체들의 양자 상태 간에 발생하는 양자역학적 현상입니다. 이 현상은 물체들이 공간적으로 아무리 멀리 떨어져 있더라도 정보가 영적으로 순간적으로 복사되는 현상이 일어납니다. 과학자들은 아직 입자들이 어떻게 텔레파시처럼 멀리 떨어진 상대에게 메시지를 전달하는지는 알지 못하지만 한번 얽히면 양자얽힘 상태를 유지한다는 사실만은 알고 있습니다. 예를 들어 두 입자를 일정한 양자 상태에 두어 두 입자의 스핀이 항상 반대가 되도록 하면, 양자역학에 따르면, 측정하기 전까지는 두 입자의 상태를 알 수 없습니다. 하지만 측정을 한다면, 그 순간 한 계의 상태가 결정되고 이는 즉시 그 계와 얽혀 있는 다른 계의 상태까지 결정하게 됩니다. 이는 마치 정보가 순식간에 한 계에서 다른 계로 이동해서 복사된 것처럼 보입니다. 이러한 양자얽힘 이론이 등장한 이후 양자암호, 양자컴퓨터, 양자전송 실험 등이 꾸준히 진행되었고 이를 통해 양자얽힘 이론의 예측을 실증할 수 있었습니다.

얽혀 있는 양자들이 화학물리적으로 무언가로 서로 연결되어 있는 것도 아닌데, 멀리 떨어져 있는 입자 사이에 정보가 순식간에 전해져서 똑같은 정보대로 반응한다는 것은 상식적으로는 이해하기 어렵습니다. 그 때문에 아인슈타인이나 뉴턴도 이러한 얽힘 현상은 있을 수 없는 불가능한 일이라고 말했습니다. 그러나 아인슈타인은 젊어서는 하나님이나 양자얽힘을 믿지 않았으나 노년에는 하나님을 믿었고 양자얽힘이 가능한 일이라고 했습니다. 미국 콜로라도 주립대와 국립표준기술연구소 연구진은 두 쌍의 원자들을 서로 얽히게 해 한 원자의 움직임을 멀리 떨어진 다른 원자가 그대로 따라하게 하는 최초의 '양자얽힘' 실험에 성공했다고 「네이처」지에 발표했습니다.

양자역학적(量子力學的)으로 얽힌 입자(광자, 중성미자, 전자, 양성자, 중성자, 원자, 분자) 쌍들은 아무리 거리가 멀더라도 거리에 관계없이 서로 무슨 일이 일어나고 있는지 서로 즉각적으로 상대방의 정보를 알고 있는 것 같다고 합니다. 즉, 이들 입자들은 빛보다 더 빠른 어떤 신호(signal)로 연결되어 있어 서로 정보를 알고 있다는 것입니다. 양자얽힘은 광속보다 1만 배 이상이나 더 빠르게 일어난다는 사실이 실험으로 증빙되었다고 합니다. 양자얽힘은 물질이 이동하는 것이 아니라 정보가 복사되는 현상으로 빛보다 훨씬 더 빠를 수 있습니다.

전자나 원자, 빛의 입자인 광자를 나노기술로 1개씩 제어할 수 있는 극미소세계(極微小世界)에서는 거시세계에서는 이해하기 어려운 신기한 영적인 현상들이 일어납니다. 그러므로 분자 이하의 미시세계는 물질세계라기보다는 오히려 영의 세계에 속합니다. 나노기술은 전자현미경으로나 볼 수 있는 크기인 10억분의 1m인 nm(나노미터) 크기에서 물질을 조작하는 기술을 말합니다.

미시세계는 거시세계와는 달리 입자 성질 외에 파동 성질이 현저하게 나타나므로 양자역학으로만 설명할 수 있습니다. 양자역학이론(양자론)에서는 광자, 양성자, 중성자, 전자, 중성미자 등의 소립자 시스템에서 나타나는 특이한 행동들은 아인스타인의 기본 원리(어떤 물질이나 신호도 빛보다 빠르게 이동할 수 없다)에 위반된다고 합니다. 즉, 양자얽힘은 빛보다 더 빠르게 움직인다는 것입니다.

양자역학은 어떤 특정 상황에서 거리에 관계없이 어느 한 입자의 행동은 다른 곳에 있는 입자의 성질을 즉각적으로 변화시킨다고 합니다. 아무리 멀리 떨어진 곳이라도 이쪽의 한 입자가 오른쪽으로 돌면 저쪽의 입자도 오른쪽으로 돈다는 것입니다. 이는 입자 속에 들어 있는 영(정보+에너지)끼리 정보가 읽혀지고 정신감응되고 정신격동되는 현상으로, 상대방의 정보를 읽고 그대로 따르는 현상으로, 이는 정보(신호)가 이동되는 현상이 아니고 순간적으로 정보가 복사되는 현상이기 때문에 빛보다 더 빠른 것입니다. 이러한 영적인 현상은 입자 속에 정보와 에너지를 다루는 영이 들어 있음을 증거하는 것입니다.

* 죽음과 탄생을 통한 영혼의 복사 *

생명의 기본단위는 세포이며 세포의 활동으로 생명의 활동은 이루어집니다. 세포의 활동이 멈추면 생명의 불은 꺼지므로 생명은 세포에 있는 것입니다. 세포의 수명은 정해져 있어 세포는 끊임없이 죽어가나 죽어가는 세포는 세포분열에 의해 새 세포의 재료로 쓰여지며 새 세포로 다시 재생 부활 탄생되어집니다. 영이 들어 있는 생물세포가 끊임없이 수없이 죽음과 탄생을 반복하나 세포나 영한테는 조금도 변화 없이 원본과 똑같은 영이나 세포가 매번 DNA복사(복제)를 통해서 다시 재생되어 탄생 부활됩니다. 그러므로 생물세포 속 핵 속에 있는 DNA(유전물질, 유전정보, 생명의 프로그램, 생명의 말씀)도 끊임없이 죽음과 탄생을 되풀이 하지만 매번 변화 없이 자동으로 정확히 복사됩니다. 이는 DNA 속에 있는 영(정보와 에너지를 지니고 다루는 영적인 존재)도 끊임없이 죽음과 탄생을 수없이 되풀이하지만 정보 내용인 영이나 혼이나 영혼은 매번 사라져 버리는 것이 아니라 변함없이 자동으로 매번 정확히 복사됩니다.

한번 만들어진 e-mail 내용이 매번 컴퓨터를 바꾸어도 암호주소가 맞으면 조금도 내용이 변화 없이 어떤 컴퓨터에도 똑같이 정확히 복사되어 나타나는 것과 같은 현상입니다. 이러한 반응은 입자 사이나 세포와 입자 사이에 양자얽힘(원격정보복사로 동일반응), 정신감응(원격의사소통), 정신격동(원격조종), 텔레포테이션(원격이동) 같은 영적인 원격반응(원격작용)이 실지로 잘 행해지고 있음을 증거하는 것입니다.

그러므로 영으로 한번 만들어진 혼(생명의 활동을 이끄는 영)과 영혼(영적 활동을 이끄는 영)은 세포의 죽음과 부활을 통해 탄생과 죽음을 수없이 되풀이해도 매번 원본 혼과 영혼과 똑같게 정확히 복사되어 원본 그대로 유지 보존되기 때문에 사람이 죽어서 저 세상에서 다시 태어나도, 혼과 영혼은 변함없이 원본대로 다시 복사(복제)되는 것입니다. 영은 광자(정보+에너지+영)가 지닌 정보와 에너지를 다루는 영적인 존재이고, 영을 지니고 있는 광자는 우주 어디든지 바다를 이루고 있으므로 광자 사이에는, 즉 영들 사이에는 영적인 원격반응(원격작용)이 자연스레 잘 이루어집니다.

생물 신체를 만들게 하는 것은 세포 속에 있는 생명의 칩인 DNA(유전물질, 유전정보, 생명의 프로그램)에 의해서입니다. DNA 속에는 어떤 생물체를 만들게 하는 유전정보가 프로그램화되어 들어 있기 때문에 DNA사슬 속에는 영(정보+에너지)도 들어 있는 것입니다.

DNA사슬이 얽혀 있는 염색체는 마치 물질인 컴퓨터이고, DNA사슬 속에 광자 속에 있는 영혼은 정보인 웹주소나 마찬가지이므로 컴퓨터가 부서지거나 타서 없어져도 그 속에 들어 있던 정보인 웹주소(웹정보)나 기록자료는 사라져 없어지지 않고 새로운 다른 컴퓨터로 웹주소의 암호를 맞추면 전자소립자 사이에 영적인 양자얽힘(원격정보복사로 동일반응)이나 텔레포테이션(원격이동) 같은 원격반응이 자연스레 일어나 웹주소와 기록자료가 조금도 변함없이 원본 그대로 다시 자연복사되어 생생하게 나타납니다. 마찬가지로 이 세상에서 죽어가면서 물질인 DNA사슬이 파괴되어 사라져도 안정한 광자소립자(광자에너지) 속에 들어 있는 영혼(정보+에너지)은 사라지지 않고, 자동적으로 저 세상에 있는 세포 속에 양자얽힘(원격정보복사로 동일반응)으로 영혼과 DNA정보가 원격복사되면서 똑같은 세포가 만들어지면서 텔레포테이션(원격이동)으로 그곳에 있는 물질(재료)로 육체와 영혼이 합성되면서 똑같이 복사된 인간이 새로운 부활로 새롭게 탄생될 것입니다.

생물이 노화되면서 죽어가는 원인은 생명의 칩인 DNA사슬에 달려 있다고 합니다. 생명의 정보인 유전정보가 들어 있는 DNA사슬이 용수철처럼 꼬여 뭉쳐진 것이 염색체[남자는(X, Y) 여자는 (X, X)]입니다. 세포분열을 시키는 유전 정보가 들어 있는 유전자는 염색체 끝부분에 있는데, 노년이 될수록 염색체 끝부분이 삭아 없어지므로 세포분열 시키는 유전자의 DNA사슬이 점차 삭아 없어져 세포분열을 정상적으로 시키지 못하고 세포수명에 따라 세포만 죽어 가므로 세포의 수는 적어집니다. 세포의 수가 적어지므로 피부와 근육은 줄어들고 심장의 피의 양도 줄어들고 허파의 산소의 저장량도 줄어들어 허약해지면서 힘도 줄어들어 심장기계도 서서히 약해지면서 낡아져 가므로 죽음이 가까워집니다.

9. 부활의 메커니즘인 텔레포테이션

텔레포테이션(teleportation)은 멀다(tele)와 운송(transportation)이 합쳐진 합성어입니다. 공상과학작가들에 의해 만들어진 이름으로, 물체 원거리이동(원격이동)으로 어떤 장소에 있는 물체를 분해해서 다른 장소로 복사 이동하여 완벽하게 다시 원본대로 재생시키는 기술을 말합니다. 물체를 스캔하여 정보를 먼 곳으로 전달하면 그곳에서 복사된 물체가 복사되어 만들어집니다. 문서뿐만 아니라 3차원의 물체도 적용되며, 물질을 이루는 입자와 설계도와 시스템과 메커니즘 등 모든 정보가 스캔되면서 원본은 파괴되고, 모든 정보가 전송 저장되면서 멀리 떨어진 곳에서 똑같은 복사물이 만들어집니다.

텔레포테이션(원격이동)의 메커니즘은 독일 하이젠베르크의 불확정성원리(不確定性原理)와 양자론(量子論, quantum theory)이 발달한 것입니다. 불확정성원리에 따르면 양자역학에서 모든 입자는 입자와 파동의 성질을 동시에 가지고 있으며 입자의 위치와 운동량, 에너지와 시간 등 서로 관계가 있는 한 쌍의 물리량에 대하여 그 두 가지를 동시에 관측하여 정확하게 측정, 결정할 수 없다는 것입니다. 그 이유는 분자세계 이하의 미시세계에서는 소립자나 극소립자가 정해진 위치에서 정해진 운동량으로 행동하지 않기 때문에 위치와 운동량이 정해져 있지 않아 불확실하기 때문입니다.

양자(量子)세계에서는 두 입자가 아무리 멀리 떨어져 있다 하더라도 서로 정보적으로 연결되어 있다고 합니다. 따라서 한 입자의 상태가 측정되면 다른 입자의 상태는 즉각적으로 결정된다고 합니다. 이처럼 두 입자가 거리와 무관하게 정보적으로 연결되어 상대에게 영향을 끼치는 상호작용을 얽힘 현상이라고 합니다. 양자보다 더 작아 형체가 전혀 없는 영은 양자보다 더 정보적으로 연결되어 있으므로 양자얽힘, 정신감응, 정신격동, 텔레포테이션 같은 영적인 원격능력을 더 강하게 지니고 있을 것입니다. 그 때문에 영이 들어 있는 미세한 분자물로 만들어진 생체물들은 생물 속에서 서로 정신감응력으로 상호작용을 하며 생물체를 공동으로 만들고 공동으로 다스리는 영적인 원격능력이 실지로 행해지고 있기 때문에 입자들 사이의 원격 상호작용으로 생물이 살아갈 수 있는 것입니다.

1980년대부터 실질적으로 양자얽힘이 활용되기 시작했습니다. 양자 컴퓨터와 양자 암호기술의 핵심 요소로 응용되고 있을 뿐만 아니라 양자 원격이동의 길을 열어주었습니다. IBM 특별연구원(Fellow)의 찰스 베네트(Charles H. Bennett)는 양자역학의 이론에 기초해 두 입자가 서로 정보적으로 연결되면 얽힘 현상이 일어나는데, 이 상태에서는 두 입자가 같은 양자계의 상태가 되는 도미노 현상이 나타난다고 주장했습니다. 그래서 두 입자 중 어느 것을 측정하든지 그 특성이 같으므로 얽힌 입자를 활용하면 멀리 떨어진 다른 입자의 특성을 측정하지 않고도 알 수 있다고 합니다.

공상과학영화 '스타트렉'에서처럼 텔레포테이션 기계는 물체나 사람을 분해해 다른 곳에서 완벽하게 원본과 똑같이 복제해 냅니다. 하지만 물리학자들이 만든 텔레포테이션 기계는 팩스와 닮았습니다. 물체는 가지 않고 팩스로 스캐닝(파일이나 프로그램의 내부를 검색하여 필요한 항목 정보를 찾는 일)한 물체의 정보만 보내고, 그곳에 있는 재료로 다시 물체를 재구성하는 것입니다. 이때 팩스의 스캐너는 물체가 지닌 정보인

'양자 상태'를 쭉 읽게 됩니다. 양자 상태는 입자(소립자, 원자, 분자)의 종류와 입자의 구조(시스템), 운동(메커니즘)을 설명하는 기본적인 양자(量子)의 특성, 양자의 설계도 등을 지닌 모든 정보입니다. 이상하게도 텔레포테이션 기계로 원본이 되는 물체의 양자 상태를 읽는 순간 원본은 파괴됩니다. 텔레포테이션한 물체는 실제로 사라졌다가 다시 다른 곳에서 원본 물체와 똑같이 복사된 물체가 나타나게 됩니다.

소설이나 스타트랙과 같은 영화에서는 물체를 위에서부터 쭉 읽어 들여(scan) 필요한 모든 정보를 얻어내고는 가고자 하는 곳에다 이 정보를 전달합니다. 전달된 정보는 그곳에서 완벽히 복사된 물체를 만들어 냅니다. 이렇게 복사된 물체는 원본 물체를 구성하는 원자 그 자체로 재구성되는 것이 아니고, 다른 곳에 이미 있는 같은 종류의 원자로 재구성되는 것입니다. 그러므로 텔레포테이션 기계는 팩스 기계와 비슷합니다. 단지 텔레포테이션 기계는 팩스와 달리 문서뿐만 아니라 물체에도 적용된다는 점이 다를 뿐입니다. 또한 팩스의 원본은 존재하나 텔레포테이션의 원본은 전자기파(에너지) 등으로 스캐닝되면서(정보가 읽혀지면서) 파괴되는 점이 다릅니다.

이것을 보더라도 물체는 영으로 정보와 에너지로 입자들이 만들어지면서 입자들의 결합으로 만들어집니다. 모든 입자는 입자와 파동의 성질을 지니고 파동은 에너지와 정보로 만들어지므로 결국 입자나 물질은 정보와 에너지로 영(정보+에너지)으로 만들어지고 작동되는 것입니다.

외부의 강한 전자기파 에너지에 의해 물질의 시스템이 지닌 정보와 에너지의 질서가 파괴되면 그 물체의 시스템은 파괴되므로 물체는 분해되어 입자와 열(소리)에너지로 분해됩니다. 그 때문에 물리학자들은 텔레포테이션(원격이동)이 불가능하다고 생각했습니다. 왜냐하면 텔레포테이션은 양자역학의 기본법칙인 불확정성의 원리에 위배되기 때문입니다. 이 원리에 따르면 어떤 소립자나 원자를 관찰하거나 정보를 추출하려면 관찰자가 원자에 빛(전자기파+광자)을 보내야 하고 이것이 닿는 순간 물체의 양자 상태를 바꾸어놓기 때문에 어떤 입자나 물질도 완벽한 복제가 불가능하다고 생각했기 때문입니다.

모든 물질은 에너지와 정보에 의해 입자들이 질서적으로 결합된 상태이므로 물질의 정보와 에너지를 스캐닝하기 위해서는 물질을 이루고 있는 모든 입자의 종류, 구조, 특성, 역학적에너지, 설계도, 시스템과 메커니즘 등의 모든 정보를 전자기파로 세밀하게 모두 읽어야 합니다. 강한 전자기파는 물질을 이루고 있는 소립자들의 양자 상태에도 영향을 크게 미치므로 양자 상태를 변화시켜 물질을 결합시키고 있는 인력에도 영향을 주어 원본 물질이 에너지와 입자로 분해될 수 있습니다.

원본이 파괴되지 않는 텔레포테이션은 불확정성 법칙에 의해 불가능함이 이미 밝혀져 있습니다. 불확정성 법칙에 따르면 한 물체에 대한 정보를 정밀하게 추출하면 할수록 이 과정에 의해 이 물체는 필연적으로 더 많은 영향을 받게 됩니다. 이 영향은 물체의 원래 상태가 완전히 파괴될 때까지 계속되는데 이 상태에 이르더라도 완벽한 복사품을 얻기에 충분한 정보인 시스템과 메커니즘에 대한 정보를 얻지 못합니다. 그렇기 때문에 과학자들은 텔레포테이션은 불가능하다고 여겼습니다.

그러나 1993년 IBM 연구원인 찰스 베네트(Charles H. Bennett)가 포함된 6명의 국제 과학자 그룹이 양자역학의 기본 특성인 '얽힘 현상'을 이용하면 양자의 순간이동이 가능하다고 주장했습니다. 얽힘 현상을 이용하여 빛의 기본단위인 광자의 주요 물리적 특성을 멀리 떨어진 다른 광자에 그대로 전달하는 '양자 공간이동(Quantum-Teleportation)'에 성공했습니다. 그럼으로써 과학 소설 작가들의 영감이 맞았다는 것을 실험으로 확인했습니다. 이 6명의 과학자들은 'EPR(Einstein-Podolsky-Rosen) 효과'라고 알려진 양자역학의 기이한 특징을 이용하여 이런 문제를 해결하는 방법을 제시했습니다. 이후 많은 과학자들이 양자 텔레포테이션 실험에 도전하기 시작했습니다.

1997년 12월 오스트리아의 인스브루크 대학의 실험소에서는 빛을 구성하는 알갱이인 광자(photon)를 텔레포테이션하는 데 성공하였습니다. 이들 연구팀은 특정 장소에 있는 광자의 정보를 읽어 케이블을 통해 90cm 떨어진 곳에 전송해 원래 모습과 똑같은 광자를 만들어내는데 처음으로 성공했습니다. 예상대로 원래의 광자는 복사품이 만들어진 순간 파괴됐습니다. 양자 원격이동의 가능성을 입증한 최초의 실험으로 질링거 교수에 따르면, 수년 내에 광자에 비해 수만 배나 더 큰 원자의 공간이동이 가능해질 것이며 10여 년 후에는 분자의 공간이동도 가능할 것이라는 전망입니다.

캘리포니아 공대에서 역시 광자의 원격이동 기술을 보여주었습니다. 전문가들은 광자를 수km는 물론이고 인공위성에까지 이동시킬 수 있다고 확신합니다.

최근 스위스 제네바대학교 니콜라스 기신 교수팀은 광자를 사라지게 했다가 마치 마술사처럼 옆에 있는 실험실에 다시 나타나게 하는데 성공해 그 결과를 과학 권위지인 「네이처」 지(2008.08.14)에 발표했습니다. 기신 교수팀은 광자의 양자 상태에 대한 정보를 수집해 55m 떨어진 옆의 실험실로 보낸 다음 똑같은 광자를 다시 만들어냈습니다.

그 후 두 실험실 사이의 광케이블 연결 거리는 2㎞로, 지금까지의 텔레포테이션 기록으로는 가장 깁니다. 텔레포테이션은 지금까지 불과 몇 m 사이에서만 가능했습니다. 기신 교수는 "광자 그 자체가 이동하는 것이 아니라 광자의 양자 상태만 읽어 이동하며, 양자 상태를 읽는 순간 광자는 파괴되고 다른 곳에서 광자가 만들어진다"고 말했습니다. 이 실험은 떨어져 있는 거리와 무관하게 자연의 기본 입자인 광자들 간에 물리적인 특성이 전달되는 양자 텔레포테이션을 처음으로 증명한 것입니다.

그럼 과연 스타트렉에서처럼 사람이 행성에서 우주선으로 이동하는 것이 가능할까요? 사람을 텔레포테이션하려면 사람을 이루는 수없이 많은 입자의 정보와 신체를 이루는 수많은 신체물과 신체기계들 그리고 이들을 이루는 시스템과 여기에 따르는 메커니즘 그리고 전체적인 설계도 등을 한순간에 읽을 수 있는 스캐너컴퓨터가 나와야 하는데 현재의 기술로서는 도저히 상상도 할 수 없습니다.

더군다나 생물체는 육과 혼이 영으로 만들어지고 영으로 다스려져 작동되는데, 보이지 않는 영과 영의 통솔능력 등의 영의 정보를 복사하는 스캐너의 제작은 인간의 능력으로는 전혀 불가능합니다. 과학자들이 양자얽힘 실험에 성공했다는 것은 이 세상 어디에나 흔하게 영적으로 존재하는 광자와 같은 소립자의 텔레포테이션 실험에 성공했다는 것이지 영이 들어 있어 영이 활동하는 생물체의 텔레포테이션 실험에 성공했다는 것은 아니며 미래에도 인간은 영의 능력이 없기 때문에 생물의 텔레포테이션(원격이동)은 성공하지 못할 것입니다.

그런데 IBM연구소를 비롯해서 세계의 수많은 연구소에서는 왜 이런 연구를 계속하고 있을까요? 이들은 원격이동 운송수단으로써의 텔레포테이션보다는 컴퓨터와 통신의 속도를 혁신적으로 빠르게 만드는 것에 관심이 있습니다. 컴퓨터를 이루는 작은 입자들 간에, 즉 광자 사이에 텔레포테이션을 이용하면 지금의 컴퓨터보다 상당히 빠른 컴퓨터를 만들 수 있기 때문입니다. 광자컴퓨터가 일반 컴퓨터보다 훨씬 쉽게 수학 문제를 풀어낸다고 합니다. 따라서 텔레포테이션은 초고속 양자 컴퓨터와 양자 통신에 먼저 이용될 전망입니다. 텔레포테이션을 이용해 통신을 할 경우 누구도 도청을 하지 못하는 큰 장점이 있습니다. 도청이 불가능한 것은 보내는 사람과 받는 사람한테만 데이터가 존재하지, 데이터가 이동되는 중간 과정이 없기 때문에 제3자에게 정보가 전달될 수 없기 때문입니다.

전자는 원자핵 주위를 구름처럼 둥둥 떠서 운지이므로 원자 자체는 부드러운 전자구름으로 되어 있습니다. 광자도 전자구름처럼 보이지 않는 광자구름 모양으로 되어 있는데 광자구름 사이에는, 즉 광자 사이에는 광자가 에너지와 정보와 영을 지니고 있으므로 영들 사이이므로 영적인 정신감응력이 이루어져 '유령 같은 원격작용'이 일어납니다. 즉, 미시세계 구성원인 소립자인 양자, 광자, 전자 사이에서는 아무리 멀리 떨어져 있더라도 서로 정보가 통하여 서로 이해하는 정신감응력이 실제로 통상적으로 이루어지고 있는 것입니다. 그러므로 지구와 같은 자연환경에 지구와 같은 소립자와 흙의 원소와 기후와 물을 가지는 지구혹성별은 입자간의 양자얽힘(원격정보복사로 동일반응), 정신감응(원격통신), 정신격동(원격조정), 텔레포테이션(원격이동) 같은 영적인 원격반응이 자연히 일어나 지구와 같은 자연환경을 이루기 때문에 지구와 유사한 생물과 인간을 가지고 지구와 유사한 생태계를 이루게 될 것입니다.

두 광자 사이에는 정신감응(telepathy, 원격통신)이 이루어지는데, 이는 광자(정보+에너지+영) 속에 영(정보+에너지)이 들어 있기 때문에 영들 사이에 행해지는 원격의사소통입니다. 그 때문에 광자컴퓨터는 전자컴퓨터보다 비교할 수 없을 정도로 속도도 빠르고 응용계산능력도 빠르고 정보의 저장능력도 훨씬 큽니다. 마치 인간의 뇌 속에 들어 있는 영들의 능력이 동물의 뇌 속에 들어 있는 영들의 능력보다 훨씬 월등하게 좋은 것과 같은 이치입니다. 광자는 다른 소립자들보다 정보와 에너지를 훨씬 더 잘 다루는 영을 지니고 있기 때문에 광자컴퓨터가 전자컴퓨터보다 속도 면이나 계산 능력 면에서 훨씬 더 앞서는 것입니다.

▍물체나 생물의 텔레포테이션은 과연 가능한가?

물체나 생물의 텔레포테이션은 인간의 능력으로 과연 가능한지 알아보기 위해서 다음을 살펴보는 것이 좋을 것입니다.

- 팩스의 4가지 단계를 살펴보면,

① 스캐너(scanner)의 측정을 통해 원본의 필요한 정보가 읽혀진다.

② 측정된 정보가 수신자에게 전달된다.

③ 수신자는 적절한 원료(재료)를 사용하여 보내온 정보를 사용하여 사본(복사, 모사模寫)을 만든다.

④ 원본과 복사본 모두 존재한다.

- 광자의 텔레포테이션(원격이동)이 이루어지려면,

① 스캐너에 의해 광자A의 양자(量子) 상태의 정보가 읽혀진다.

② 광자A의 양자 상태 정보가 읽혀지면서 동시에 원본 광자A는 없어진다.

③ 광자A의 측정된 정보가 수신자(멀리 떨어진 광자B)에게 전달된다.

④ 수신자인 광자B는 보내온 광자A의 정보를 사용하여 광자A와 똑같은 재료로 똑같은 양자 상태를 만들므로 광자A로 복사된다(수신자인 광자B는 광자A와 똑같은 재료를 지니고 있어야 한다).

⑤ 원본 광자A와 똑같은 복사본 광자B가 만들어진다(복사본 B만 존재한다).

텔레포테이션(원격이동)이 이루어지려면 물질(물체)을 이루는 입자의 종류, 입자의 구조, 입자의 특성, 전체 물질의 설계도, 시스템과 메커니즘 등의 모든 정보를 읽는 스캐너와 정보를 받고 저장하고 읽어내는 수신자와 물질을 복사하게 하는 원본과 똑같은 재료가 수신자에게도 준비되어 있어야만 합니다. 광자와 같은 소립자는 우주 허공에 바다를 이루므로 이 세상 어디에서나 충분히 존재하므로 문제가 되지 않으나, 사람이나 생물은 분자나 원자나 소립자로 분해되면서 입자와 설계도 등의 모든 정보가 읽혀져야 하고, 정보를 수신하는 곳에는 똑같은 소립자, 원자, 분자, 세포들의 재료가 충분히 있어야 하고 이들이 생체프로그램대로 영과 혼과 물질과 생체에너지와 세포와 생체 정보가 서로 상호작용을 하면서 다시 원본 설계도처럼 재결합되어야만 합니다. 더구나 생물은 무생물같이 입자들의 단순한 결합이 아니고, 정신과 물질과 영이 혼합상호작용하여 생체프로그램에 따라 필요한 시간을 절대적으로 요하며 서서히 만들어지는 연약한 세포들의 작용이므로, 충분한 생체생성 시간 없이 충분한 재료 없이 순간적인 텔레포테이션으로 생물체의 순간적인 원격이동은 연약한 세포의 시설과 능력을 절대적으로 초월하기 때문에 전혀 불가능한 것입니다.

그리고 가장 큰 이유 중에 하나는 생물 복사품을 재구성하는 시스템 설계도와 메커니즘을 어떻게 정확하게 세밀히 알아내는가 하는 점이고 설사 알아낸다고 하더라도 무슨 자연의 힘과 자연의 능력과 인간의 능력으로 순간적으로 빠르게 생물복사품으로 재구성시키게 하느냐 하는 것입니다. 그러므로 순간적인 생물의 텔레포테이션(원격이동)은 불가능한 것입니다. 만일 순간적인 생물의 텔레포테이션이 가능하다면 하나님도 예수님을 번거롭게 마리아로 하여금 10개월간 임신하여 낳게 하시지 않고 하늘나라에서 직접 순간적인 텔레포테이션으로 지상에 보내셨을 것입니다.

만일 인간이 생물을 텔레포테이션으로 원격이동시킨다면, 지구상에는 대 혼란이 일어날 것입니다. 인간은 자신이 보고 싶은 물건이나 생물이나 사람을 텔레포테이션으로 원격이동시켜 언제든지 볼 수 있고, 먹고 싶은 음식이나 과일도 원격이동시켜 언제든지 무엇이나 먹을 수 있기 때문에 소유에 대한 분쟁으로 이 세상은 대혼란 속에 빠져서 탈취하는 자가 승리하는 세상으로 되어 한시도 평안하지 않을 것입니다.

생물세포의 어려운 특성 때문에 하나님도 생물만큼은 수정을 통한 탄생으로 만들어지게 하고, 먹이사슬에 의해 물질과 에너지와 정보가 전달되어 서서히 성장되도록 설계하신 것입니다. 죽은 후 텔레포테이션의 원리에 의해 우리의 죽은 몸은 입자와 에너지로 분해되어 해체되고, 우리의 고유한 정보인 우리의 영혼은 천국의 영혼기(수신자)에 양자얽힘으로 원격복사되면서 텔레포테이션(원격이동)으로 그 곳에 있는 물질로 부활기에 의해 육체와 영혼이 합성되면서 다시 탄생 부활하게 될 것입니다. 하나님은 오직 많은 시간을 필요로 하는 천천히 행해지는 생물 텔레포테이션(원격이동)인 탄생메커니즘(부활메커니즘)으로 인간의 영혼을 원격이동시켜 다시 탄생 부활하게 설계해 놓으신 것입니다.

이 세상과 저 세상의 물질이 똑같으면, 영혼정보와 DNA 유전정보가 양자얽힘(원격정보복사로 동일반응)으로 저 세상에 있는 세포 핵 속에 원격복사되어 똑같은 DNA를 만들고 DNA가 똑같으면 똑같은 단백질 종류를 만들고 똑같은 단백질 종류는 똑같은 신체 조직을 만들어 똑같은 형질을 만들어내므로 똑같은 육체와 똑같은 영혼(혼)으로 되어 있는 똑같은 복사된 인간이 멀리 떨어진 다른 혹성 지구에서 텔레포테이션(원격이동)으로 다시 탄생 부활될 것입니다. 한 육체 안에서 세포의 죽음과 탄생(재생, 부활)을 통하여 영혼이 매번 정확히 복사되는 것이나, 한 우주 안에서 육체의 죽음과 탄생을 통하여 영혼이 매번 정확히 복사되는 것은 단지 거리상의 차이뿐이지 결국은 영들의 원격반응(원격작용)으로 행해지는 똑같은 영혼의 원격복사(양자얽힘)인 것입니다.